Aufgaben begreifen und richtig bearbeiten

● Wissen anwenden und übertragen

Operator	Was genau musst du tun?	Was dir helfen kann
begründe, weise nach (nachweisen)	Du verwendest Gründe, um eine Aussage überzeugend zu machen. In der Aufgabenstellung findest du deshalb immer eine bestimmte Aussage (These).	**Beispiel:** *Begründe, weshalb die Religion der alten Ägypter auch ein Ausdruck ihrer Hochkultur war.* **Tipps:** Du kannst die Aussage auch als Frage formulieren: *Weshalb war die Religion Ausdruck ihrer Hochkultur?* Die Antworten kannst du dann mit *weil* sammeln.
einordnen	Du ordnest ein Ereignis, die Handlungsweise einer Person, das Thema der Quelle bzw. der Darstellung in einen übergeordneten Zusammenhang ein.	**Tipp:** Stelle dir z. B. dazu folgende Fragen: • Was hat sich in dem betreffenden Zeitraum sonst noch ereignet? • In welchem Zusammenhang ist mir das Ereignis, die Person oder das Thema schon einmal begegnet?
erarbeite, arbeite heraus (herausarbeiten), finde heraus (herausfinden)	Du entnimmst einem Material bestimmte Informationen oder Begriffe und stellst deine Ergebnisse in eigenen Formulierungen sachlich dar.	**Tipp:** Achte besonders auf die Gesamtaussage, weil manchmal wichtige Informationen nicht ausdrücklich, sondern nur indirekt genannt werden! Siehe auch die Hinweise für ▶ *fasse zusammen*.
erkläre, erläutere	Du stellst einen Sachverhalt so dar, dass die Inhalte und Zusammenhänge für einen Leser oder Zuhörer verständlich sind. Gelegentlich musst du dabei auch Gründe anführen (▶ *begründe*).	Manchmal sind Sachverhalte kompliziert. Diese sind ausführlicher zu *erklären*. Das nennen wir dann *erläutern*. **Tipp:** Um die Zusammenhänge zu erklären oder zu erläutern, kannst du kausale Konjunktionen verwenden wie *weil …, deshalb …, daher …, dadurch …*
stelle dar (darstellen), schildere	Du verfasst einen Text über bestimmte historische Sachverhalte und Zusammenhänge. Dafür entnimmst du den Materialien gezielt Informationen.	**Tipp:** In diesem Operator sind eigentlich andere versteckt: 1. Um an die Informationen zu kommen, musst du Materialien ▶ *auswerten*. 2. Um Zusammenhänge darzustellen, musst du teilweise auch ▶ *beschreiben*, ▶ *erklären* und ▶ *beurteilen*.
untersuche	Du wertest Lehrbuchdarstellungen, Text- und Bildquellen, Karten oder Schaubilder nach bestimmten Gesichtspunkten (Kriterien) genau aus.	Für eine Untersuchung brauchst du bestimmte Gesichtspunkte. Dies können z. B. Fragen sein, die dir helfen. Du findest solche Fragen in den Methoden-Bausteinen Schritt für Schritt im Buch.
werte aus (auswerten)	wie ▶ *erarbeite*, ▶ *arbeite heraus*: Dieser Operator bezieht sich eher auf Materialien / Quellen wie Karten, Schaubilder und Statistiken.	**Tipp:** Beachte die methodischen Hinweise Schritt für Schritt.

Aufgaben begreifen und richtig bearbeiten

● Über etwas nachdenken, eine eigene Meinung bilden und gemeinsam Probleme lösen

Operator	Was genau musst du tun?	Was dir helfen kann
beurteile	Du ▶ *bewertest* einen bestimmten historischen Sachverhalt. Dabei achtest du genau darauf, dass du die historischen Fakten und Umstände berücksichtigst (= Sachurteil).	**Beispiele:** • *Die Entscheidung des Themistokles war sinnvoll, weil …* • *Die Aussage des Augustus, dass er die Republik wiederhergestellt habe, ist richtig/nicht richtig, da …* Für dein Sachurteil findest du überzeugende Belege aus dem historischen Zusammenhang.
bewerte, nimm Stellung (Stellung nehmen)	Du beziehst wie bei ▶ *beurteile* Stellung zu einem historischen Sachverhalt. Bei *bewerte* sollst du aber auch deine persönlichen Vorstellungen berücksichtigen (= Werturteil).	Du bewertest einen Sachverhalt nach deinen Wertmaßstäben. **Beispiel:** *Die antike Sklaverei war eine Ungerechtigkeit, weil die Sklaven sich nicht aussuchen konnten, für wen sie arbeiten.* Bei Werturteilen spielen also unsere heutigen Vorstellungen eine Rolle.
deute, interpretiere	Du ▶ *untersuchst* die Aussagen eines Textes oder Bildes, und stellst fest, was der Autor oder Künstler damit bewirken wollte.	• *Der Autor möchte mit seinem Text (wahrscheinlich) erreichen, dass …* • *Das Bild will dem Betrachter zeigen, dass …*
diskutiere	Du nimmst zu einer bestimmten Aussage eine Position ein. Damit du einen Leser oder Zuhörer überzeugen kannst, musst du Argumente entwickeln. Dabei kannst du dich am Operator ▶ *begründe* orientieren.	**Tipp:** Beim Diskutieren bleibst du sachlich, vertrittst aber dennoch deine Position. **Beispiel:** *Ich denke, dass die Griechen ohne die Politik von Themistokles nicht gegen die Perser gewonnen hätten, weil …* Im Gespräch musst du immer auch eine Gegenposition berücksichtigen. **Beispiel:** *Die Griechen hätten auch ohne Themistokles gegen die Perser gewonnen, immerhin hatten sie auch in Schlachten auf dem Land gesiegt.*
prüfe, überprüfe	Du ▶ *untersuchst*, ob eine Aussage stimmig ist, und formulierst ein überzeugendes Ergebnis zu deinen Überlegungen.	**Tipp:** Berücksichtige beim Überprüfen die Informationen zu den Operatoren ▶ *beurteile*, ▶ *bewerte* und ▶ *diskutiere*.
vergleiche, stelle gegenüber (gegenüberstellen), unterscheide	Du stellst zwei Aussagen oder Materialien gegenüber und suchst anhand bestimmter Vergleichspunkte nach Gemeinsamkeiten und Unterschieden. Am Schluss formulierst du ein Ergebnis.	**Tipp:** In der Vorbereitung deiner Antwort kann eine Tabelle mit Spalten hilfreich sein: | Vergleichsmerkmal | Material 1 | Material 2 | | … | … | … |

DAS WAREN ZEITEN

1

herausgegeben von
Dieter Brückner
und Josef Koller

C.C.Buchner

Das waren Zeiten – Bayern

Unterrichtswerk für Geschichte an Gymnasien

Band 1 für die Jahrgangsstufe 6:
Von den ersten Menschen bis zu Karl dem Großen

Herausgegeben von Dieter Brückner und Josef Koller

Bearbeitet von Rainer Bach, Stephan Bleitzhofer, Nadja Braun, Dieter Brückner, Elisabeth Demleitner, Marcus Gerber, Mona Kilau, Josef Koller, Susanne Mortensen und Miriam Sénécheau

Dieser Titel ist auch als digitale Ausgabe unter **BN 310611** erhältlich.

1. Auflage, 1. Druck 2017
Alle Drucke dieser Auflage sind, weil untereinander unverändert, nebeneinander benutzbar.

Das Werk folgt der reformierten Rechtschreibung und Zeichensetzung. Ausnahmen bilden Texte, bei denen künstlerische, philologische und lizenzrechtliche Gründe einer Änderung entgegenstehen.

Die Mediencodes des Werkes verweisen auf zusätzliche Unterrichtsmaterialien, die der Verlag in eigener Verantwortung zur Verfügung stellt.
Haftungshinweis: Trotz sorgfältiger Kontrolle wird die Haftung für die Inhalte dieser externen Seiten ausgeschlossen.

© 2017 C.C.Buchner Verlag, Bamberg
Das Werk und seine Teile sind urheberrechtlich geschützt. Jede Nutzung in anderen als den gesetzlich zugelassenen Fällen bedarf der vorherigen schriftlichen Einwilligung des Verlages. Das gilt insbesondere auch für Vervielfältigungen, Übersetzungen und Mikroverfilmungen. Hinweis zu § 52 a UrhG: Weder das Werk noch seine Teile dürfen ohne eine solche Einwilligung eingescannt und in ein Netzwerk eingestellt werden. Dies gilt auch für Intranets von Schulen und sonstigen Bildungseinrichtungen.

Redaktion: Klaus Dieter Hein-Mooren
Korrektorat: Kerstin Schulbert
Layout, Satz, Grafik: ARTBOX Grafik & Satz GmbH, Bremen
Karten: ARTBOX Grafik & Satz GmbH, Bremen; Markus Sanke, Bamberg
Umschlag: ideen.manufaktur, Dortmund
(Bildvorlage: siehe Abbildung auf Seite 38)
Druck- und Bindearbeiten: creo Druck und Medienservice GmbH, Bamberg

www.ccbuchner.de

ISBN: 978-3-661-**31061**-9

Inhalt

Mit diesem Geschichtsbuch arbeiten und lernen

1   Der Mensch und seine Geschichte

Orientierung in Raum und Zeit 10
Von den ersten Menschen zu den Neandertalern 12
Leben in der Altsteinzeit 14
Glaube und Kunst in der Altsteinzeit 16
Neandertaler: Affen, Menschen oder …? 18
Aufbruch in eine neue Zeit 20
Hart verdientes Brot? Alltag in der Jungsteinzeit 22
Treffpunkt Geschichte: Ötzi – ein Mann zwischen Stein- und Metallzeiten .. 24
Das weiß ich! – Gelerntes vertiefen 26
Das kann ich! – Gelerntes anwenden 28

2   Ägypten – eine frühe Hochkultur

Orientierung in Raum und Zeit 32
Ägypten – ein Geschenk des Nil? 34
Das Reich und seine Herrscher 36
Pharaos Volk 38
Hieroglyphen: heilige Zeichen? 40
Treffpunkt Geschichte: Hieroglyphen entziffern 42
Woran glauben die alten Ägypter? 44
Gut vorbereitet für das Jenseits 46
Pyramiden – Rampen zum Himmel 48
Das weiß ich! – Gelerntes vertiefen 50
Das kann ich! – Gelerntes anwenden 52

3   Die griechische Antike

Orientierung in Raum und Zeit 56
Die griechischen Stadtstaaten 58
Mit den Göttern leben 60
Mythen und Epen 62
Olympia: Feste für die Götter 64
Auf der Suche nach einer neuen Heimat 66
Keine politische Gleichberechtigung in Athen 68
Krieg und Mitbestimmung 70

Die Demokratie in Athen – eine Herrschaft des Volkes? 72
Treffpunkt Geschichte: Die athenische Demokratie – ein Vorbild für uns? . . . 76
Alles nur Theater? 78
Das weiß ich! – Gelerntes vertiefen 80
Das kann ich! – Gelerntes anwenden 82

4   Menschen machen Geschichte

Orientierung in Raum und Zeit 86
Hatschepsut – eine Frau auf dem Pharaonenthron 88
Themistokles – Aufstieg und Fall eines Politikers 92
Alexander der Große – Feldherr und Eroberer 96
Das weiß ich – das kann ich! 100

5   Das römische Weltreich

Orientierung in Raum und Zeit 104
Rom wurde nicht an einem Tag erbaut 106
Wer bestimmt in der Römischen Republik? 108
Senat und Volk von Rom – SPQR 110
Sklaven – ein Leben in Ketten? 112
Die Römer erobern Italien 114
Rom dehnt seine Herrschaft über das Mittelmeer aus 116
Ein Söldnerheer entsteht 118
Caesar – Machtkampf mit Folgen 120
Caesars Triumph und Ende 122
Rettet Augustus die Republik? 124
War Augustus ein guter Herrscher? 126
Götter, Geister und Kaiserkult 128
Die Juden unter der Herrschaft der Römer 130
Das Römische Reich wird christlich 132
Rom: Zentrum des Weltreiches 134
Das Imperium Romanum – ein Reich ohne Grenzen? 136
Die Römer bei uns 138
Treffpunkt Geschichte: Die Römer in Bayern – Spurensuche 140
Das weiß ich! – Gelerntes vertiefen 142
Das kann ich! – Gelerntes anwenden 144

6 Von der Antike zum Mittelalter

Orientierung in Raum und Zeit 148
Warum zerfällt das Imperium Romanum? 150
Von Rom nach Byzanz 152
Das Reich der Franken entsteht 154
Von den Merowingern zu den Karolingern 156
Treffpunkt Geschichte: Wer sind die Bajuwaren? 158
Mission und Macht 160
Karl der Große – ein neuer römischer Kaiser? 162
Anderer Glaube, neue Macht: der Islam 164
Das weiß ich! – Gelerntes vertiefen 166
Das kann ich! – Gelerntes anwenden 168

7 Leben in der Familie – damals und heute

Orientierung in Raum und Zeit 172
Familie im antiken Athen 174
Familie in römischer Zeit 179
Familie heute 182
Das weiß ich – das kann ich! 186

Anhang

Arbeitstechniken für das Fach Geschichte 188
Allgemeine Arbeitstechniken 191
Gewusst wie? Tipps und Anregungen für die Aufgaben 194
Grundlegende Daten, Begriffe und Namen 200

Sachregister 204
Namensregister 207

Mit diesem Geschichtsbuch arbeiten und lernen

Das waren Zeiten wird euch durch dieses Schuljahr begleiten. Es ist ein Lese- und Arbeitsbuch. Die folgenden Erklärungen stellen die verschiedenen Teile des Werkes vor. Sie geben an, wie ihr mit dem Buch gut arbeiten und lernen könnt.

Der Auftakt

Am Beginn eines jeden Hauptkapitels zeigt ein großes Bild, wo oder wie wir der Geschichte begegnen können. Kurze Erläuterungen und eine erste Aufgabe sollen euch zum Nachfragen und Nachdenken über das Thema und die Zeit anregen.

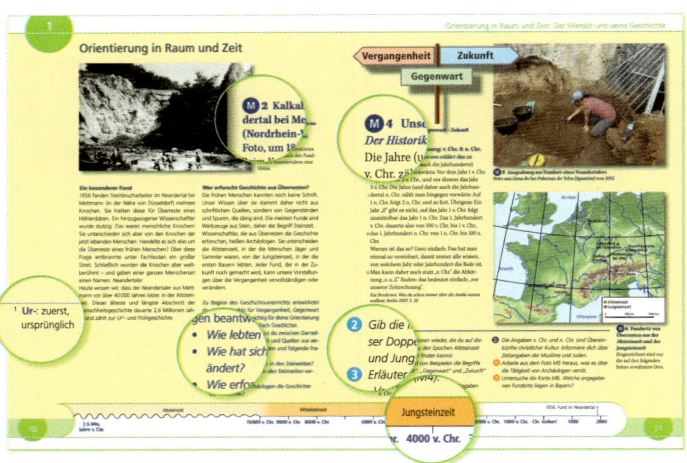

Orientierung in Raum und Zeit

Auf dieser Doppelseite gibt euch ein kurzer Einführungstext erste Hinweise, wieso es sich lohnt, sich mit dem Thema des Hauptkapitels zu beschäftigen. Sogenannte Leitfragen am Ende dieses Textes führen in das Thema ein. Wenn ihr das Kapitel bearbeitet habt, seid ihr in der Lage, diese Fragen zu beantworten.
Mit **M** und einer Ziffer sind alle Materialien (Bilder und Texte) gekennzeichnet. Sie vertiefen die Einführung. Eine Karte und eine Zeitleiste zeigen euch, wie das Hauptkapitel in Raum und Zeit einzuordnen ist.
Erste Aufgaben zu den Materialien schließen die Seiten ab. Tipps zur Bearbeitung aller Aufgaben findet ihr vorne im Buch unter **Aufgaben begreifen und richtig bearbeiten**.

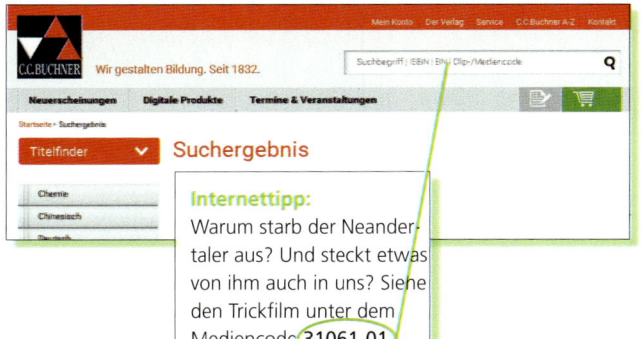

Medientipps

Zu dem einen oder anderen Thema haben wir in den Randspalten **Lese-, Hör-, Medien- und Internettipps** angegeben. Wenn ihr die Tipps einsehen wollt, müsst ihr nur unsere Homepage *www.ccbuchner.de* aufrufen und in das Suchfeld oben rechts den **Mediencode** eingeben. Das gilt auch für die **Kompetenztests**, mit denen die Hauptkapitel abgeschlossen werden.

Mit diesem Geschichtsbuch arbeiten und lernen

Teilkapitel

Auf der linken Buchseite erfahrt ihr das Wichtigste zum jeweiligen Thema der Teilkapitel. Die Texte stammen von uns Schulbuchautoren und enthalten die vom Lehrplan vorgegebenen **Grundlegenden Daten und Begriffe**. Sie sind am fetten Druck erkennbar – und werden am Fußende der Seite nochmals erwähnt. Weitere Fachbegriffe haben wir in den Randspalten erklärt. Auch am Ende dieser Seiten findet ihr Aufgaben. Sie helfen euch, die Texte besser zu erfassen und zu verstehen.

Auf der rechten Buchseite stehen von uns ausgewählte Materialien zum Thema. Mit ihnen könnt ihr selbstständig arbeiten. Vielfältige Lern- und Übungsaufgaben unterstützen euch dabei. Zu allen mit (H) oder (F) markierten Aufgaben geben wir euch Tipps zur Bearbeitung (**H**elfen) und zur Vertiefung (**F**ordern) im Anhang des Buches.

Unter der Überschrift **Schritt für Schritt** lernt ihr nach und nach Arbeitstechniken und -weisen kennen, die für das Fach Geschichte wichtig sind.

Treffpunkt Geschichte

Diese Doppelseiten findet ihr in jedem Hauptkapitel. Hier könnt ihr in Partner- oder Gruppenarbeit Materialien zu einem besonderen Themenbereich bearbeiten.

Das weiß ich – das kann ich!

Am Ende eines jeden Hauptkapitels haben wir den Inhalt des Hauptkapitels zusammengefasst und dazu noch weitere Materialien abgedruckt. Damit könnt ihr die Leitfragen von der Orientierungsseite beantworten, die **Grundlegenden Daten und Begriffe** wiederholen und noch einmal zeigen, wie gut ihr die erlernten Arbeitstechniken und -weisen anwenden könnt.

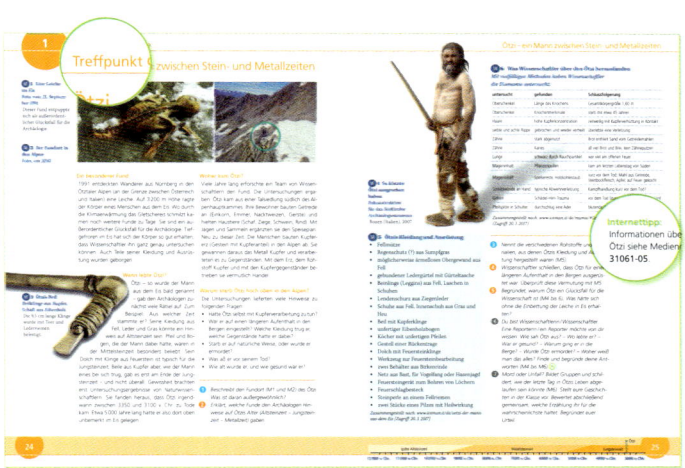

Anhang

Am Ende eures Geschichtsbuches findet ihr die Tipps und Anregungen für die mit (H) oder (F) gekennzeichneten Aufgaben, die Zusammenfassung aller Arbeitstechniken und -weisen **Schritt für Schritt** sowie alle **Grundlegenden Daten und Begriffe** des Schuljahres übersichtlich zusammengestellt.

Sach- und Namensregister helfen euch bei der gezielten Suche nach Informationen. Nutzt sie!

1 Der Mensch und seine Geschichte

Vor über 40 000 Jahren starb im Neandertal bei Mettmann ein Mann. Seine Knochen wurden dort Jahrtausende später in einer Höhle gefunden. Im Jahr 2006 drehte ein Fernsehteam einen Film über ihn. Vorher sammelte die Filmautorin viele Informationen zu folgenden Fragen: Was wissen wir über die frühen Menschen? Wie haben sie gelebt? Wie kann überhaupt die damalige Zeit erforscht werden? Die Filmemacherin las dazu Bücher, ging in Museen und befragte Wissenschaftler. Daraus entstand eine Geschichte. Sie erzählt vom Leben dieses Mannes: von den Gefahren, denen er als Kind ausgesetzt war, und wie die Menschen sich gegenseitig halfen.

1 *Nennt die Themen, über die ihr gerne mehr wissen möchtet.*

M 1 Gegenwart trifft Vergangenheit
Dreharbeiten für die ZDF-Dokumentation „Der Neandertaler – Was wirklich geschah" von 2006

1 Orientierung in Raum und Zeit

M 2 Kalkabbau im Neandertal bei Mettmann (Nordrhein-Westfalen)
Foto, um 1856
Beim Kalkabbau zerstörten die Arbeiter auch den Fundort des Neandertalers: eine Höhle.

[1] **Ur-**: zuerst, ursprünglich
[2] **Quellen**: Überreste (Gegenstände), Texte, Bilder und mündliche Überlieferungen, aus denen wir Kenntnisse über die Vergangenheit gewinnen können. Quellen sind die Grundlage für die Geschichtsschreibung (Darstellungen).
[3] **Geschichte**: alles, was Menschen in der Vergangenheit gemacht haben und durch Quellen überliefert wurde

Ein besonderer Fund

1856 fanden Steinbrucharbeiter im Neandertal bei Mettmann (in der Nähe von Düsseldorf) mehrere Knochen. Sie hielten diese für Überreste eines Höhlenbären. Ein hinzugezogener Wissenschaftler wurde stutzig: Das waren menschliche Knochen! Sie unterschieden sich aber von den Knochen der jetzt lebenden Menschen. Handelte es sich also um die Überreste eines frühen Menschen? Über diese Frage entbrannte unter Fachleuten ein großer Streit. Schließlich wurden die Knochen aber weltberühmt – und gaben einer ganzen Menschenart einen Namen: *Neandertaler*.

Heute wissen wir, dass der Neandertaler aus Mettmann vor über 40 000 Jahren lebte: in der Altsteinzeit. Dieser älteste und längste Abschnitt der Menschheitsgeschichte dauerte 2,6 Millionen Jahre und zählt zur *Ur[1]- und Frühgeschichte*.

Wer erforscht Geschichte aus Überresten?

Die frühen Menschen kannten noch keine Schrift. Unser Wissen über sie stammt daher nicht aus schriftlichen Quellen[2], sondern von Gegenständen und Spuren, die übrig sind. Die meisten Funde sind Werkzeuge aus Stein, daher der Begriff Steinzeit. Wissenschaftler, die aus Überresten die Vergangenheit erforschen, heißen Archäologen. Sie unterscheiden die Altsteinzeit, in der die Menschen Jäger und Sammler waren, von der Jungsteinzeit, in der die ersten Bauern lebten. Jeder Fund, der in der Zukunft noch gemacht wird, kann unsere Vorstellungen über die Geschichte[3] vervollständigen oder verändern.

Zu Beginn des Geschichtsunterrichts entwickelst du ein Verständnis für Vergangenheit, Gegenwart und Zukunft. Das ist wichtig für deine Orientierung in der Zeit – und für das Fach Geschichte. Am Ende des Kapitels kannst du zwischen Darstellungstexten aus heutiger Zeit und Quellen aus vergangenen Zeiten unterscheiden und folgende Fragen beantworten:

- *Wie lebten die Menschen in den Steinzeiten?*
- *Wie hat sich ihr Leben in den Steinzeiten verändert?*
- *Wie erforschen Archäologen die Geschichte des Menschen?*

Altsteinzeit			Mittelsteinzeit
2,6 Mio. Jahre v. Chr.	10 000 v. Chr.	9000 v. Chr.	8000 v. Chr.

Orientierung in Raum und Zeit

M 3 Wie die Zeit vergeht

M 5 Ausgrabung am Fundort eines Neandertalers
Foto aus Sima de las Palomas de Teba (Spanien) von 2015

M 4 Unsere Zeitrechnung: v. Chr. & n. Chr.
Der Historiker Kai Brodersen erklärt das so:
Die Jahre (und daher auch die Jahrhunderte) v. Chr. zählt man rückwärts: Vor dem Jahr 1 v. Chr. liegt das Jahr 2 v. Chr., und vor diesem das Jahr 3 v. Chr. Die Jahre (und daher auch die Jahrhunderte) n. Chr. zählt man hingegen vorwärts: Auf 1 n. Chr. folgt 2 n. Chr. und so fort. Übrigens: Ein Jahr „0" gibt es nicht, auf das Jahr 1 v. Chr. folgt unmittelbar das Jahr 1 n. Chr. Das 1. Jahrhundert v. Chr. dauerte also von 100 v. Chr. bis 1 v. Chr., das 1. Jahrhundert n. Chr. von 1 n. Chr. bis 100 n. Chr.
Warum ist das so? Ganz einfach: Das hat man einmal so vereinbart, damit immer alle wissen, von welchem Jahr oder Jahrhundert die Rede ist. Man kann daher auch statt „v. Chr." die Abkürzung „v. u. Z." finden: das bedeutet einfach „vor unserer Zeitrechnung".

Kai Brodersen, Was du schon immer über die Antike wissen wolltest, Berlin 2007, S. 28

M 6 Fundorte von Überresten aus der Altsteinzeit und der Jungsteinzeit
Eingezeichnet sind nur die auf den folgenden Seiten erwähnten Orte.

② Gib die Informationen wieder, die du auf dieser Doppelseite zu den Epochen Altsteinzeit und Jungsteinzeit finden kannst.

③ Erläutere anhand von Beispielen die Begriffe „Vergangenheit", „Gegenwart" und „Zukunft" (M3).

④ Erkläre anhand von Beispielen die Angaben v. Chr. und n. Chr. (M4).

⑤ Die Angaben v. Chr. und n. Chr. sind Übereinkünfte christlicher Kultur. Informiere dich über Zeitangaben der Muslime und Juden.

⑥ Arbeite aus dem Foto M5 heraus, was es über die Tätigkeit von Archäologen verrät.

⑦ Untersuche die Karte M6. Welche angegebenen Fundorte liegen in Bayern?

1 Der Mensch und seine Geschichte

Von den ersten Menschen zu den Neandertalern

M 1 Neandertaler vor ihrem Zelt
Lebensgroße Figuren aus dem Neanderthal Museum in Mettmann, 1996
Damit wir uns das Leben früher Menschen besser vorstellen können, zeigen Museen oft Rekonstruktionen[1] (Nachbildungen): von den Menschen selbst, von ihrer Kleidung, von ihren Behausungen, von ihren Werkzeugen.

[1] **rekonstruieren:** einen ursprünglichen Zustand genau nachbilden oder wiederherstellen

Die ersten Menschen
Rund 2,6 Millionen Jahre ist das älteste Werkzeug alt, das Archäologen bisher gefunden haben: ein Stein, der so behauen wurde, dass er scharfe Kanten erhielt und zum Hacken oder Schneiden dienen konnte. Viele Tausend Jahre lang nutzten die Menschen solche Werkzeuge. Die meisten Funde stammen aus Afrika. Auch die ältesten Knochen unserer menschlichen Vorfahren, die entdeckt wurden, stammen von dort. Von Afrika aus haben sich die frühen Menschen über die ganze Welt verbreitet.

Warme und kalte Zeiten
Im Verlauf ihrer Geschichte war die Erde starken Klimaschwankungen ausgesetzt. Das letzte Eiszeitalter begann vor 2,6 Millionen Jahren und ging vor etwa 10 000 Jahren zu Ende. Warmzeiten, in denen es teilweise wärmer und trockener war als heute, wechselten sich mit Kaltzeiten ab, in denen die Temperaturen niedriger lagen als bei uns heute.

Über das Leben der Menschen
Die Menschen lebten von der Jagd auf große und kleine Tiere, vom Fischfang und von gesammelter Pflanzennahrung. Wir nennen sie daher Jäger und Sammler. Felsvorsprünge, Höhleneingänge, einfache Hütten sowie Zelte schützten sie vor Kälte, Regen und Tieren.

Wer sind die Neandertaler?
Neandertaler lebten vor etwa 130 000 bis 20 000 Jahren in Europa. Sie sind eine besondere Art früher Menschen: Im Vergleich zu uns waren sie kleiner und schwerer, ihre Knochen kräftiger. Darin sehen Wissenschaftler eine Anpassung an das Leben in einer Kaltzeit: Als Jäger, die sich viel von Fleisch ernährten, trotzten die Neandertaler der Kälte und der Knappheit an nährstoffreichen Pflanzen. Sie erfanden und nutzten zahlreiche Werkzeuge: sogenannte Faustkeile für das Zerlegen von Fleisch, Speere mit Spitzen aus Feuerstein für die Jagd, Geräte zum Abschaben der Felle, spitze Werkzeuge zum Durchbohren von Tierhäuten.

Vom Überrest zur Geschichtsschreibung
Überreste dienen Archäologen heute als **Quellen** für die Erforschung der Vergangenheit. Sie schließen aus Funden auf das Leben der Menschen und ihre Fähigkeiten. Sie beurteilen die gegenständlichen Quellen, um dann in Darstellungen über die Vergangenheit zu berichten: in Texten, Zeichnungen oder Rekonstruktionen.

---

❶ *Beschreibe, was du auf dem Bild (M1) siehst.*
❷ *Arbeite aus dem Text Informationen über die Neandertaler heraus.*

Von den ersten Menschen zu den Neandertalern

M 2 Werkzeug aus Geröllgestein
Gefunden in Hadar (Afrika), 1,7 Millionen Jahre alt
Ein typisches Arbeitsgerät der ersten Menschen.

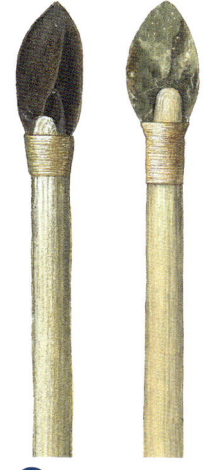

M 3 Gebrauch eines Faustkeils aus Feuerstein
Zeichnung von James Field, 2008
Faustkeile waren gewöhnliche Arbeitsgeräte der Neandertaler. Um sie herstellen zu können, brauchte es gute Kenntnisse über das Material und viel Geschick.

M 5 Speere und Feuersteinmesser der Neandertaler
Zeichnung von James Field, 2008

M 4 Knochenfunde in der Sesselfelsgrotte
Ein Archäologe berichtet 2006:
Das natürliche Felsdach der Sesselfelsgrotte im Altmühltal wurde in der Altsteinzeit immer wieder von Menschen aufgesucht. Archäologen entdeckten dort Werkzeuge aus Feuerstein und die
5 Knochen oder Zähne folgender Tierarten: Wildpferd, Rentier, Gemse, Steinbock, Riesenhirsch, Feld- oder Schneehase, Rot- oder Eisfuchs. Die Überreste sind etwa 40 000 Jahre alt.
Zitiert nach: Utz Böhner, Die Schicht E3 der Sesselfelsgrotte und die Funde aus dem Abri I am Schulerloch, Erlangen-Nürnberg 2006, bes. S. 44-45

Schritt für Schritt:
Quellen von Darstellungen unterscheiden

Die Vergangenheit hinterlässt Überreste und Spuren: Sie sind die Grundlage für die Erforschung der Geschichte. Wir nennen sie Quellen. Archäologen und Geschichtswissenschaftler untersuchen und deuten Quellen. Sie versuchen damit, sich ein Bild von der Vergangenheit zu machen. Ihre Ergebnisse fassen sie in Texten zusammen, die wir Darstellungen nennen. Um herauszufinden, ob es sich um eine Quelle oder eine Darstellung handelt, gehe so vor:
Untersuche die Angaben zu den Abbildungen und Texten. Beantworte mit deren Hilfe folgende Frage: Stammt der Text oder der Gegenstand aus der Zeit, über die wir etwas wissen möchten?
→ ja: **Quelle**
→ nein, er stammt aus einer späteren Zeit: **Darstellung**

---

❸ Beschreibe die Werkzeuge M2 und M3. Erkläre, warum die Herstellung eines Faustkeils schwieriger ist als die eines Geröllwerkzeugs.
❹ Erläutere, welche Schlussfolgerungen du als Archäologe aus den Funden der Sesselfelsgrotte (M4) ziehen würdest.
❺ Finde heraus, wozu die Gegenstände in M5 gedient haben könnten.
❻ Sammle Beispiele für Quellen und für Darstellungen von dieser Doppelseite. Ordne sie in einer Tabelle.

Der Mensch und seine Geschichte

Leben in der Altsteinzeit

M 1 Neandertaler und Jetztmenschen begegnen sich
Zeichnung von James Field, 2008
Eine Zeit lang lebten in der Altsteinzeit verschiedene Menschenformen nebeneinander.

Internettipp:
Warum starb der Neandertaler aus? Und steckt etwas von ihm auch in uns? Siehe den Trickfilm unter dem Mediencode **31061-01**.
Tipps zum Umgang mit dem Internet siehe S. 165.

Neandertaler trifft Jetztmensch
Während in Europa die Neandertaler lebten, entwickelte sich in Afrika eine andere Menschenform: die Jetztmenschen. Sie unterscheiden sich im Knochenbau nicht von uns heutigen Menschen und gelten daher als unsere direkten Vorfahren. Von Afrika aus haben sie sich über die ganze Welt verbreitet. Vor 40 000 Jahren erreichten sie auch unseren Kontinent. Dort lebten sie lange Zeit gleichzeitig mit den Neandertalern. Vor etwa 20 000 Jahren starben die Neandertaler aus. Warum, wissen wir nicht genau.

Die Menschen passen sich an
Auch die Jetztmenschen der **Altsteinzeit** lebten vom Sammeln und von der Jagd. Die letzte Eiszeit brachte in der Zeit zwischen 20 000 und 10 000 Jahren v. Chr. eisige Temperaturen, die bis zu 10 Grad unter den heutigen lagen. Große Teile Europas waren von einer dicken Eisschicht bedeckt. In vielen Gegenden war der Boden ständig gefroren. Es wuchsen Gräser, Büsche und nur einzelne Bäume. Um immer genug Nahrung finden zu können, wechselten die Menschen im Jahreslauf ihre Wohnplätze. Teilweise zogen sie wandernden Tierherden hinterher.

Erfindungen der Altsteinzeit
Aus der Zeit der Jetztmenschen stammen zahlreiche Erfindungen: zum Beispiel Speerschleudern, Harpunen, Angelhaken und Nähnadeln aus Knochen. Auch die ältesten Musikinstrumente kommen aus dieser Zeit. Am Ende der Altsteinzeit schufen die Menschen erste Kunstwerke. Sie ritzten Bilder in Gegenstände aus Knochen oder Geweih, schnitzten Figuren aus Elfenbein und malten Bilder auf Höhlenwände. Dabei stellten sie einen Teil der Natur dar: Rentiere, Mammuts, Wildpferde, Wasservögel, Höhlenbären, Höhlenlöwen. Vielleicht saßen sie auch schon am Feuer und sangen oder erzählten sich Geschichten?

---

① *Der Text erwähnt Gegenstände, die es zur Zeit der Neandertaler noch nicht gab. Nenne sie.*
② *Beschreibe die Unterschiede zwischen den abgebildeten Personen (M1). Berücksichtige Kleidung und Körpermerkmale. Erkennst du, welche Personen Neandertaler sind und welche Jetztmenschen?*
③ *Prüfe, wie sich der Zeichner die Begegnung von Neandertalern und Jetztmenschen vorstellte (M1). Könnte sie auch anders verlaufen sein?* Ⓗ

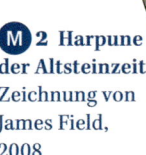

M 2 Harpune der Altsteinzeit
Zeichnung von James Field, 2008

Leben in der Altsteinzeit

M 3 Die Bedeutung des Feuers
Der Journalist Hans-Peter Willig schreibt:
Die Beherrschung des Feuers hat das Leben der Menschen wie kaum eine andere Entdeckung verändert. Feuer tötete Keime ab, z. B. im Fleisch verendeter Tiere, und machte Nahrungsmittel
5 weicher. Das Feuer erschloss unseren Vorfahren neue Nahrungsquellen wie beispielsweise Hülsenfrüchte, die roh ungenießbar sind, gekocht aber gegessen werden können. Als Mittelpunkt des Lagers entfaltete das Feuer seinen ganzen
10 Nutzen: Es wärmte, gab Licht, hielt Raubtiere fern, und der Rauch wehrte lästige Insekten ab. Das Feuer machte auch ein Leben in kälteren und unwirtlicheren Gegenden erträglicher oder erst möglich und verlängerte den Tag. Der Mensch
15 konnte nun auch nach Sonnenuntergang noch arbeiten, spielen, essen …

Hans-Peter Willig, Die Bedeutung von Feuer in der Evolution des Menschen, zitiert nach: www.evolution-mensch.de/thema/feuer/bedeutung-feuer.php [Zugriff am 18.2.2016]

M 4 Ein Schüler testet den Nachbau einer Speerschleuder
Foto von 2012
Die ältesten Speerschleudern sind etwa 20 000 Jahre alt.

M 5 Speere der Altsteinzeit
Zeichnung von James Field, 2008
Solche Speerspitzen bauten Jetztmenschen ab etwa 18 000 v. Chr.

Alter	Speerart	Reichweite
300 000 Jahre	Stoßlanzen aus Holz	bis 3 m
150 000 Jahre	Wurfspeer mit Steinspitze	bis 15 m
20 000 Jahre	Speer mit Speerschleuder	8 bis 30 m

M 6 Unterschiedliche Wurfweiten von Speeren

Schritt für Schritt:
Informationen aus Darstellungen entnehmen

Darstellungen enthalten Informationen. Sie geben die Kenntnisse und die Vorstellungen wieder, die ein Autor von etwas hat. Folgende Fragen und Tipps helfen dir, Informationen aus einer Darstellung zu entnehmen:
1. Stelle fest, worum es im Text insgesamt geht. Berücksichtige dabei die Überschrift.
2. Schreibe die wichtigsten Begriffe (Stichworte) in dein Heft. Wenn du einen Begriff nicht kennst, sieh in einem Wörterbuch, einem Lexikon oder im Internet nach.
3. Fasse anhand der Stichworte den Inhalt des Textes zusammen.

---

4. Untersuche M3 nach der Methode „Schritt für Schritt". Welche Informationen enthält der Text über die Bedeutung des Feuers für die Menschen?
5. Schreibe eine Geschichte: Ein Kind der Altsteinzeit erzählt am Lagerfeuer von seinem Tag. (F)
6. Beschreibe, wie eine Speerschleuder aussieht und wie sie eingesetzt wird (M4).
7. Diskutiert, warum die Weiterentwicklung von Jagdwaffen für die Menschen möglicherweise überlebenswichtig war (M1, M2, M4 bis M6).

1 Der Mensch und seine Geschichte

Glaube und Kunst in der Altsteinzeit

M 1 Tierbilder auf einer Höhlenwand Höhle von Lascaux in Frankreich, Alter: ca. 17 000 Jahre. Die Farbe bestand aus Kohlestaub und anderen Farbstoffen.

Wenn Schriftquellen fehlen

Über den Glauben der Menschen vor 2 000 oder 1 000 Jahren sind wir recht gut informiert: Die Menschen haben darüber etwas aufgeschrieben. Auch gibt es Bauwerke aus alten Zeiten, von denen wir wissen, dass dort Glaube gelebt wurde und teilweise noch gelebt wird. So können wir den Zweck der Bauwerke und die darin enthaltenen Bilder verstehen.

Welche Zeugnisse aber gibt es vom Glauben der Menschen in der Altsteinzeit? Und wie können wir sie deuten, wenn die Menschen keine Schriftzeugnisse hinterlassen haben?

Wozu dienen Höhlenbilder?

Höhlenbilder wurden in der Altsteinzeit an schwer zugänglichen Stellen in den Fels geritzt oder mit farbigem Gesteinspulver aufgetragen. Forscher haben sich die Frage gestellt, warum Männer, Frauen oder Jugendliche diesen Aufwand betrieben haben, denn tief in den Höhlen haben sie nicht gewohnt. Eindeutige Antworten haben die Wissenschaftler nicht gefunden, weil sie nicht genug über die Lebensumstände wissen.

Frühere Forscher vermuteten, dass vor allem Männer der Altsteinzeit in Höhlen vor einer Jagd die Tiergeister beschwören. Höhlen mit Bildern wären also eine Art Kirchen der Altsteinzeit gewesen. Aber heute wissen wir: Selten sind auf den Wänden genau die Tierarten dargestellt, die die Menschen dieser Zeit gejagt haben. Auch gibt es auf Höhlenbildern der Altsteinzeit keine Jagdszenen. Und Menschen wurden ebenfalls nur selten abgebildet. Manchmal zeigen die Bilder Mischwesen – halb Mensch, halb Tier. Vielleicht sind als Tiere verkleidete Menschen dargestellt.

Spuren deuten

In manchen Höhlen haben sich im Lehmboden Fußabdrücke von Menschen erhalten. Aus ihnen haben Fachleute schon geschlossen, dass Jugendliche mit Erwachsenen in die Höhle kamen, um zu feiern, beispielsweise den Übergang in die Welt der Erwachsenen.

Für eine Höhle in Südfrankreich haben Forscher neuerdings eine andere Vermutung: Die etwa 300 Fußabdrücke dort seien nicht durch tanzende Menschen entstanden. Sie stammen eher von einem Erwachsenen und einem Jugendlichen, die Lehm aus einer Grube in der Höhle geholt haben, um an einer anderen Stelle in der Höhle aus dem Lehm zwei Bisonfiguren zu formen. Man kann die Bisons heute noch dort sehen.

Offene Fragen

Wer hat warum in der Altsteinzeit Kunstwerke geschaffen? Ganz genau werden wir das nie wissen. Denn es gibt aus dieser Zeit ausschließlich gegenständliche und bildliche Quellen, die wir deuten können, keine schriftlichen. Nur eines ist sicher: Die Mühe, die sich die Menschen machten, zeigt, dass die Kunstwerke für sie von großer Bedeutung waren.

---

① *Wozu dienten Bilderhöhlen? Nenne verschiedene Deutungen, die es bisher gegeben hat.*
② *Zähle Beispiele auf zum Thema Glauben der Menschen heute. Mache eine Liste für schriftliche, bildliche und gegenständliche Quellen.* Ⓗ

Glaube und Kunst in der Altsteinzeit

M 2   Tanz mit dem Löwenmann

Kunstwerke aus der Altsteinzeit wie der „Löwenmensch" (M4) wecken unsere Fantasie. Die Schriftstellerin Gabriele Beyerlein hat sich folgende Geschichte ausgedacht:

„Tanzt!", forderte der Löwenmann sie auf, nahm eine Trommel und begann zu singen. Hundertfach warfen die Tiergeister seine Stimme zurück. Der Rhythmus der Trommel erfüllte die Höhle,
5 fuhr den Jungen in die Glieder. Sie tanzten. Und je länger sie tanzten, desto lebendiger wurden ihnen die Bilder an den Wänden, desto mehr erfüllte sie die Schönheit, die Kraft und die Weisheit der Tiere, desto vollständiger ergriff sie deren
10 Geist. Eins fühlten sie sich mit der gesamten Natur. Eins fühlten sie sich mit der unsichtbaren Welt der Geister. Eins fühlten sie sich mit sich selbst.
Sie tanzten, bis sie in einen tiefen Schlaf fielen.
15 Die Trommel verstummte. Der Stammesälteste nahm Löwenmaske und Löwenfell ab und bettete beides in eine Nische der Höhle, bis er sie wieder brauchen würde für eine Einweihungsfeier von anderen Jungen. Für diese hier war seine Aufgabe
20 vollbracht. Sie würden Männer werden, die nie die Ehrfurcht verlören vor den Tieren, den Geistern und der Größe der Natur.
So etwa könnte es gewesen sein.

Gabriele Beyerlein und James Field, Steinzeit. Die Welt unserer Vorfahren, Würzburg 2008, S. 41

M 4   „Löwenmensch"
Mammutelfenbein, Höhe: 28 cm,
Alter: 35 000 - 40 000 Jahre
Figur aus der Höhle „Hohlenstein" bei Ulm. Forscher streiten, ob hier ein Mann, eine Frau oder ein geschlechtsloses Wesen dargestellt ist.

M 3   Flöte
Knochen eines Schwans, Länge 12,6 cm,
Alter: ca. 40 000 Jahre
Diese Flöte aus der Geißenklösterle-Höhle bei Blaubeuren ist fast 40 000 Jahre alt. Sie zählt zu den ältesten entdeckten Musikinstrumenten der Welt. Welche Musik mag man wohl mit ihr gemacht haben?

❸ *Erkläre, welche Informationen in der Geschichte (M2)*
  a) *frei erfunden sind,*
  b) *auf früheren Vermutungen von Forschern beruhen,*
  c) *mit Funden aus der Altsteinzeit zusammenhängen.*

❹ *Erfindet Geschichten zur Flöte (M3). Bildet Gruppen und tauscht euch darüber aus, wie sie gebaut wurde und wie sie zum ersten Mal erklingt. Nutzt dazu Informationen aus dem Darstellungstext und den Materialien. Vergleicht eure Geschichten. Was stellt ihr fest?* Ⓕ

Internettipps:
- Ein Klangbeispiel für eine Knochenflöte kannst du dir unter **31061-02** anhören.
- Mehr Informationen zum Löwenmenschen findest du unter **31061-03**.

1 Der Mensch und seine Geschichte

Neandertaler: Affen, Menschen oder ...?

M 1 Ein Neandertaler?
Zeichnung aus der Londoner Tageszeitung „The Illustrated London News", 1909
Sie gibt wieder, wie sich ein Forscher einen Neandertaler vorstellte. Als Grundlage für das Bild dienten Neandertalerknochen, die 1908 in der Höhle La Chapelle-aux-Saints in Frankreich gefunden worden waren.

M 2 Neandertaler
Rekonstruktion aus dem Neanderthal Museum von Elisabeth Daynès, 1996

Funde machen Geschichte

Der Forscher, der 1856 die Knochen des Mannes aus dem Neandertal untersuchte, erkannte darin zwar einen Vorfahren der Menschen. Aufgrund der Knochenmerkmale stellte er sich Neandertaler aber wild vor, Tieren ähnlich und wenig intelligent.
Weitere Funde schienen diese Annahme zunächst zu bestätigen. Die Überreste eines anderen Neandertalers aus Frankreich ließen vermuten: Dieser Mann ging mit gebeugten Beinen und etwas gekrümmt – also wie ein Affe.
Die Forscher schlossen damals, dass er auch dem Wesen nach einem Affen glich. Heute weiß man allerdings, dass dieser 1908 entdeckte Neandertaler zu seinem Todeszeitpunkt schon alt war. Er konnte wegen Alterserscheinungen nur gebückt stehen, seine Haltung stellte eine Ausnahme dar.

Unsere Vorstellungen verändern sich

In den letzten 150 Jahren haben Archäologen viele neue Funde entdeckt: noch mehr Knochen, Werkzeuge und Hinweise auf Kleidung. Sie haben auch genauere Arbeitsweisen entwickelt, um Überreste zu untersuchen: etwa um genauere Schlüsse aus den erhaltenen Knochen zu ziehen oder kleinste Pflanzenreste und Farbreste zu erforschen. Glaubt man heutigen Forschern, waren die Neandertaler uns in ihrem Wesen ganz ähnlich. Die Form ihres Kehlkopfes beispielsweise lässt schließen, dass sie sich mit einer einfachen Sprache verständigten. Farbreste lassen vermuten, dass die Neandertaler manchmal ihre Haut oder ihre Kleidung bemalten. Werkzeuge deuten auf weit reichende Kenntnisse und Fähigkeiten in der Feuersteinbearbeitung hin. Verheilte Verletzungen lassen Pflege durch andere Mitglieder der Gruppe erkennen.

❶ *Vergleiche die Zeichnung (M1) und die Rekonstruktion (M2). Wie hat sich das Bild vom Neandertaler verändert?*
❷ *Erläutere, wie neue Deutungen entstehen.*

Neandertaler: Affen, Menschen oder ...?

M 3 Mehr Tier als Mensch
Ein Forscher schloss 1858 über den im Neandertal entdeckten Schädel:

... dass ein starkes Vortreten der Augenbrauengegend dem menschlichen Antlitz einen ungemein wilden Ausdruck gegeben haben muss. Man darf diesen Ausdruck einen tierischen nennen. Der flache Schädel lässt auf einen geringen Grad an Kultur und Zivilisation schließen.

Hermann Schaafhausen 1858, zitiert nach: Bärbel Auffermann und Jörg Orschiedt, Die Neandertaler. Eine Spurensuche, Stuttgart 2002, S. 14 (gekürzt und vereinfacht)

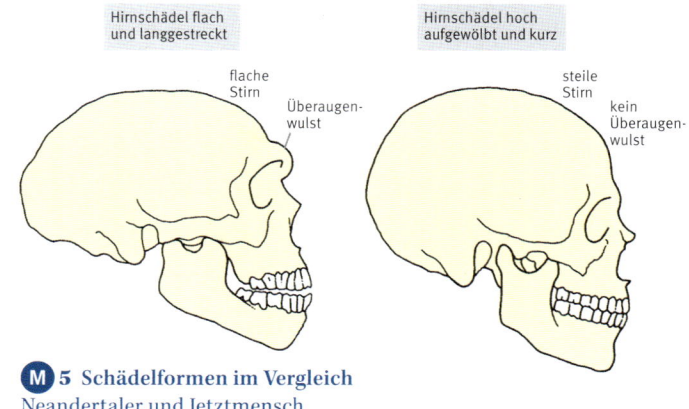

M 5 **Schädelformen im Vergleich**
Neandertaler und Jetztmensch

M 4 Sie kümmerten sich
Ruth Omphalius über ihren Film „Der Neandertaler – Was wirklich geschah" (siehe M1, S. 9):

Neue Forschungen machen den Versuch möglich, das Leben des Mannes aus dem Neandertal nachzuzeichnen. Beispielsweise erlitt der Mann als Jugendlicher eine schwerwiegende Verletzung. Ein heftiger Stoß gegen das linke Ellbogengelenk führte dazu, dass er den linken Arm nicht mehr benutzen konnte. Trotz dieser Behinderung überlebte er in der Gemeinschaft bis zu seinem Tod mit 40 Jahren. Wissenschaftler schließen daraus, dass die Neandertalergruppen in höchstem Maße sozial waren und verletzte oder kranke Gruppenmitglieder versorgten.

Außerdem haben sie manche wichtige Erfindungen gemacht. Beispielsweise haben sie aus Birkenrinde Klebstoff hergestellt, um Feuersteinwerkzeuge mit Holz zu verbinden. Dies machte den Bau bestimmter Werkzeuge und Waffen erst möglich.

Ruth Omphalius, Die ZDF-Dokumentation „Der Neandertaler" im Jubiläumsjahr, in: Rheinisches Landesmuseum Bonn/Gabriele Uelsberg, Roots. Wurzeln der Menschheit, Mainz 2006, S. 190 (gekürzt und vereinfacht)

M 6 **Ein verletzter Neandertaler wird gepflegt**
Zeichnung von James Field, 2008

Lesetipp:
„Die Heilerin. Eine Erzählung über die Neandertaler", siehe Mediencode **31061-04**.

---

③ *Erkläre, mit welcher Begründung Forscher früher meinten, der Neandertaler sei ein affenähnliches Wesen. Berücksichtige die Darstellung sowie M1, M3 und M5.*

④ *Untersucht in Partnerarbeit M4 und M6. Tauscht euch darüber aus, welche Aussagen auf Forschungsergebnissen beruhen und welche frei erfunden sind.*

⑤ *Erfinde eine Geschichte auf der Basis des Bildes M6.* (H)

1 Der Mensch und seine Geschichte

Aufbruch in eine neue Zeit

M 1 Leben in einem Dorf der Jungsteinzeit
Zeichnung von Fritz Wendler, um 1990
Für die Zeit ab 5500 v. Chr. finden Archäologen Spuren von Dingen, die es vorher nicht gegeben hat: Häuser, Tongefäße, Getreidekörner, Sicheln für die Getreideernte, Steinbeile für die Holzbearbeitung und Knochen von Haustieren.

Es wird wärmer
Vor etwa 12 000 Jahren wurde es auf der Erde insgesamt wärmer. Die Eiszeit ging zu Ende. Auf unserem Kontinent wuchsen nun Wälder, Kälte liebende Tiere zogen fort.
Die Menschen stellten sich darauf ein, indem sie am Rande der Laubwälder, an Flüssen und Seen ihre Lagerplätze einrichteten. Fischfang und das Sammeln von Früchten gewannen gegenüber der Altsteinzeit an Bedeutung. Von dieser Umstellung zeugen Pfeil und Bogen, geknüpfte Fischreusen, Werkzeuge mit sehr kleinen bearbeiteten Feuersteinen, erste Boote aus ausgehöhlten Baumstämmen und die ersten Beile aus zugeschlagenem Stein für die Holzbearbeitung. Archäologen nennen diesen Abschnitt der Ur- und Frühgeschichte *Mittelsteinzeit*.

Eine neue Lebensweise aus dem Osten
Gleichzeitig begannen Menschen in sehr fruchtbaren Regionen östlich des Mittelmeeres, gezielt Getreide anzubauen und auch Tiere zu halten, um Fleisch und Milch zu gewinnen. Sie bauten Dörfer, in denen sie dauerhaft wohnten. Die ältesten Spuren dieser neuen Lebensweise gibt es im heutigen Syrien und Irak. Im Laufe vieler Jahrhunderte verbreitete sich die Lebensweise über ganz Europa.
Eine Zeit lang lebten letzte Jäger und erste Bauern wohl nebeneinander, bis sich die neue Lebensform der sesshaften Ackerbauern und Viehhalter durchsetzte. Mit ihr begann ein neuer Abschnitt der Geschichte: die **Jungsteinzeit**.

Erste Bauern in Mitteleuropa
Die ersten Bauern besiedelten ab 5500 v. Chr. in Mitteleuropa zunächst besonders fruchtbare Gebiete mit Lößböden. Sie stellten verzierte Tongefäße her, in denen sie Nahrung über dem Feuer zubereiteten und Vorräte aufbewahrten. Die Häuser der ersten Bauern waren über weite Gebiete ähnlich gebaut. Ihre Toten begruben sie ebenfalls recht einheitlich auf der Seite liegend mit Beigaben. Erstmals griffen Menschen stark in ihre Umwelt ein: Sie wählten Tiere und Pflanzen aus, die sie weitervermehren wollten. Sie rodeten Wälder, um Felder anzulegen und Häuser zu bauen.

Lesetipp:
Gabriele Beyerlein und Herbert Lorenz, Die Sonne bleibt nicht stehen. Eine Erzählung aus der Jungsteinzeit, Würzburg 2014.

① *Nenne ausgehend vom Verfassertext und M1 Gegenstände und Erfindungen, die in der Jungsteinzeit neu sind.*
② *Erkläre den möglichen Zusammenhang von Klimawandel und bäuerlicher Lebensweise.*

Aufbruch in eine neue Zeit

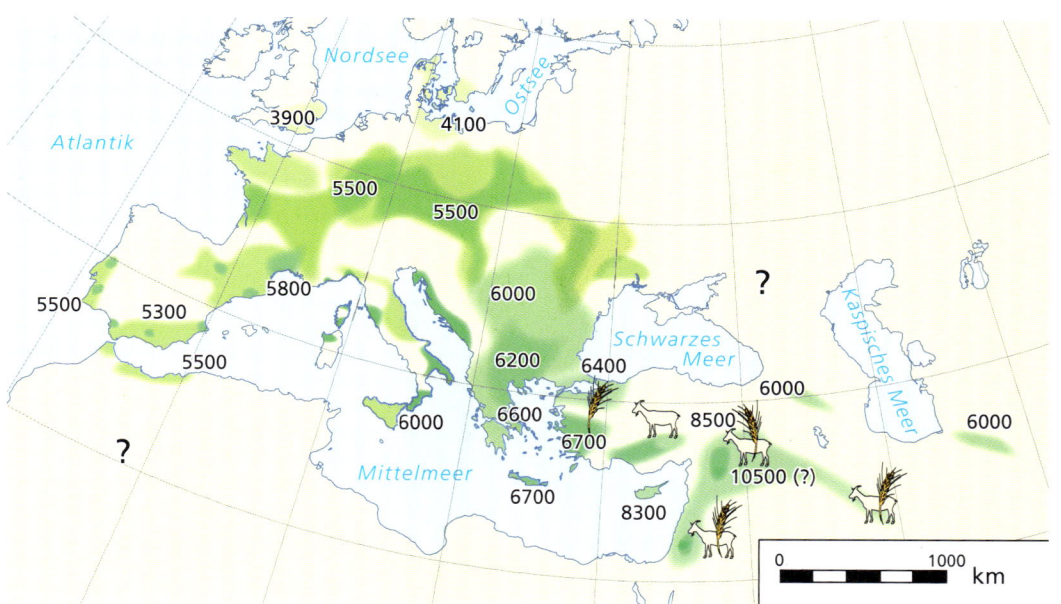

M 2 Beginn von Ackerbau und Viehhaltung in Europa
Alle Zahlen in der Karte = Jahre v. Chr.
Die neue Lebensweise verbreitete sich langsam, ausgehend von Gebieten östlich des Mittelmeeres. Dort wurden erstmals die Wildformen von Weizen und Gerste angebaut sowie Ziegen und Schafe gehalten.

M 3 Eine Begegnung am Fluss
Die Schriftstellerin Gabriele Beyerlein erzählt in einer Geschichte:

Aus dem Wald heraus sahen sie, wofür sie keine Worte kannten. Da standen riesige Häuser mit schilfgedeckten Dächern. Schweine wühlten im Dreck, und Menschen gingen einer seltsamen Tä-
5 tigkeit nach: Sie traten und schlugen Körner aus Unmengen vertrockneter Halme, welche die Kinder nicht kannten. Ein Mädchen der Bauern kam vom Fluss her und trug ein großes Ding auf dem Kopf. Die Kinder starrten. Ein Junge unter ihnen
10 fasste sich ein Herz und lief zu dem Mädchen, fragte: „Was machst du da?" Es lachte: „Ich hole Wasser!" und setzte das Tongefäß ab. Neugierig sah es den Jungen an. „Du kommst aus dem Wald?" Er nickte. „Ich heiße Rikut", sagte er. „Und
15 ich Mire", erwiderte das Mädchen. „Willst du?", fragte Rikut und hielt Mire seinen Beutel Haselnüsse hin. Mire nahm den Beutel und lächelte. „Warte!", sagte sie, rannte ins Haus und kam mit einem Beutel zurück. „Das ist Brot!", erklärte sie.
20 Er bedankte sich. „Abends bin ich immer am Fluss!", sagte sie und ging. Das Brot teilte Rikut mit den anderen. Doch nach dem Nüsse-Sammeln lief er nicht mit zurück zum Lager. Er lief zum Fluss. So etwa könnte es gewesen sein.
25 *Gabriele Beyerlein und James Field, a. a. O., S. 45 (gekürzt)*

M 4 Tongefäß der Jungsteinzeit
Fund vom Schlossberg bei Tiefenellern, um 5000 v. Chr.; Höhe: 13,8 cm
Die Jungfernhöhle in Tiefenellern ist ein besonderer Fundplatz in Bayern. In der Jungsteinzeit wurden dort Frauen, Kinder und Jugendliche bestattet. Solche Gefäße gab man ihnen mit ins Grab. Vielleicht enthielten sie Lebensmittel.

❸ *Erläutere mithilfe von M2, warum Archäologen davon ausgehen, dass sich Ackerbau und Viehhaltung von Südosten nach Norden ausbreiteten. Stelle fest, wann die Entwicklung einsetzte und wann sie bei uns begann.*

❹ *Schreibe eine Fortsetzung der Geschichte (M3): Rikut zeigt Mire die Zeltsiedlung der Jäger und Sammler.*

❺ *Erkläre, warum Tongefäße (M3, M4) erst für die Menschen der Jungsteinzeit eine sinnvolle Erfindung waren.*

1 Der Mensch und seine Geschichte

Hart verdientes Brot? Alltag in der Jungsteinzeit

M 1 Korn mahlen in der Jungsteinzeit
Darstellung aus dem Museum für Urgeschichte(n) in Zug (Schweiz)

[1] **Keramik**: geformte und gebrannte Gegenstände aus Ton

Viel zu tun
Zwar konnten mit Ackerbau und Viehhaltung mehr Menschen pro Fläche ernährt werden, gleichzeitig aber war die Abhängigkeit von einer guten Ernte und einer erfolgreichen Vorratshaltung groß. Manche Erfindungen machten das Leben vielleicht etwas bequemer. Dennoch gab es viel zu tun: Tiere hüten und melken, Getreide ernten und mahlen, Brot backen, Wasser holen, Kleidung herstellen, Vorräte trocknen und einlagern, den Wald roden, Häuser bauen, Keramik[1] brennen, Werkzeuge herstellen …

Kinderarbeit
Anhand von Knochenmerkmalen an jungsteinzeitlichen Skelettresten fanden Wissenschaftler heraus: Erwachsene wie Kinder haben körperlich hart gearbeitet. Kinder halfen wohl spätestens ab sechs Jahren mit, auch bei anstrengenden Tätigkeiten.

Handel und Wandel
Wie schon in der Altsteinzeit betrieben die Menschen mit kostbaren Rohstoffen weit reichenden Handel. Zum Beispiel mit Schnecken und Muscheln, die sie gerne zu Schmuck verarbeiteten, oder mit Feuerstein, den Menschen der Jungsteinzeit erstmals in Bergwerken abbauten. Es ist möglich, dass dadurch Aufgaben unter den Menschen stärker aufgeteilt wurden und erste „Berufe" entstanden: Während einige Personen vor allem im Bergwerk arbeiteten, wurden sie von anderen mit Nahrungsmitteln versorgt.

Unterschiede entstehen
Wer mit begehrten Rohstoffen handelte, konnte sich vielleicht andere Dinge leichter leisten. Da Aufgaben verteilt werden mussten, gab es sicher auch Personen, die mehr zu bestimmen hatten als andere. So entwickelten sich Unterschiede: in Bezug auf Armut und Reichtum, auf Macht und Anerkennung.
Spuren von Verletzungen an Skeletten zeigen, dass Menschen in dieser Zeit Streit auch gewaltsam ausgetragen haben. Worüber mögen sie gestritten haben: Um die Macht im Dorf? Um Nahrungsmittel? Um begehrte Rohstoffe?

M 2 Steinbeil aus der Jungsteinzeit
Zeichnung von James Field, 2008
Mit einem Steinbeil konnten Bäume für den Hausbau gefällt werden. Für einen Stamm mit einem Durchmesser von 20 cm benötigte man etwa 1 ½ Stunden.

❶ Nenne Tätigkeiten, die zum Alltag in einem jungsteinzeitlichen Dorf gehörten.
❷ Erläutere, wie durch Handel mit begehrten Rohstoffen Unterschiede zwischen den Menschen entstehen.

Hart verdientes Brot? Alltag in der Jungsteinzeit

M 3 Fortschritt?
Ein Archäologe schreibt in einem Online-Lexikon über die Jungsteinzeit:

In der Jungsteinzeit kam es zur entscheidenden Veränderung in der gesamten Geschichte des Menschen überhaupt. Mit dem Anbau von Getreide konnte er nun planen, sein Leben steuern; er legte Vorräte an, musste nicht stets seine Lager wechseln, sondern konnte feste Siedlungen bauen. Damit war die Entwicklung zahlreicher neuer Werkzeuge verbunden. Mit der festen Siedlungsweise entstanden neue Technologien für den Hausbau, und schließlich wurden jetzt auch feste Gefäße aus Keramik hergestellt.

Christian Strahm, Jungsteinzeit: Ackerbauern und Viehzüchter; zitiert nach: http://universal_lexikon.deacademic.com/257459/Jungsteinzeit%3A_Ackerbauern_und_Viehzüchter [Zugriff am 20.4.2016]

M 5 Ackerbau und Viehhaltung in der Jungsteinzeit
Zeichnung von James Field, 2008

M 4 Rückschritt?
Die Archäologin Brigitte Röder ist folgender Meinung:

Die verbreitete Vorstellung, dass Jäger und Sammler stets am Rande des Existenzminimums leben und die Übernahme der Landwirtschaft für sie ein Gewinn wäre, ist falsch. Im Gegenteil – sie haben im Grunde alles, was sie brauchen, und benötigen für ihre Existenzsicherung nur einen Bruchteil der Zeit, die Bauern dafür aufwenden. Um eine bäuerliche Gesellschaft in eine Krise zu stürzen, genügen zwei nasse, kalte Jahre. Allgemein verschlechterte sich der Gesundheitszustand der Menschen und die Lebenserwartung sank. Grund waren schnell verbreitete Krankheiten, Mangelerscheinungen durch einseitige Ernährung und immer wieder auftretende Hungersnöte.

Brigitte Röder, in: Bärbel Auffermann und Gerd-Christian Weniger (Hrsg.), Frauen – Zeiten – Spuren, Mettmann 1998, S. 242, 245 f. und 260 (gekürzt und vereinfacht)

M 6 Sichel der Jungsteinzeit
Zeichnung von James Field, 2008
Mit Sicheln schnitten die Menschen das Getreide auf dem Feld. Scharfkantige Feuersteine wurden mit Kleber aus Birkenrinde im Stiel befestigt.

Schritt für Schritt:
Eine Diskussion vorbereiten

In einer Diskussion werden verschiedene Meinungen zu einer Sache ausgetauscht. So bereitet ihr eine Diskussion vor:
1. Ihr legt das Thema oder die Streitfrage fest, über die ihr diskutieren wollt.
2. Ihr sammelt für jede Meinung Begründungen (Argumente und Beispiele).
3. In der Diskussion tragt ihr Argumente und Beispiele vor und begründet.

---

3 Wähle M2 oder M6. Beschreibe Material und Zweck des Gegenstandes.

4 Erkläre, warum Menschen der Altsteinzeit keine Verwendung für M6 hatten.

5 Diskutiert, ob die neue Lebensweise einen Fortschritt oder einen Rückschritt bedeutete (M3 und M4). Berücksichtigt dabei die Tipps in „Schritt für Schritt".

1 Treffpunkt Geschichte

Ötzi – ein Mann zwischen Stein- und Metallzeiten

M 1 Eine Leiche im Eis
Foto vom 21. September 1991
Dieser Fund entpuppte sich als außerordentlicher Glücksfall für die Archäologie.

M 2 Der Fundort in den Alpen
Foto, um 2010

Ein besonderer Fund

1991 entdeckten Wanderer aus Nürnberg in den Ötztaler Alpen (an der Grenze zwischen Österreich und Italien) eine Leiche. Auf 3 200 m Höhe ragte der Körper eines Menschen aus dem Eis. Wo durch die Klimaerwärmung das Gletschereis schmilzt, kamen noch weitere Funde zutage. Sie sind ein außerordentlicher Glücksfall für die Archäologie. Tiefgefroren im Eis hat sich der Körper so gut erhalten, dass Wissenschaftler ihn ganz genau untersuchen können. Auch Teile seiner Kleidung und Ausrüstung wurden geborgen.

Wann hat Ötzi gelebt?

Ötzi – so wurde der Mann aus dem Eis bald genannt – gab den Archäologen zunächst viele Rätsel auf. Zum Beispiel: Aus welcher Zeit stammte er? Seine Kleidung aus Fell, Leder und Gras könnte ein Hinweis auf Altsteinzeit sein. Pfeil und Bogen, die der Mann dabei hatte, waren in der Mittelsteinzeit besonders beliebt. Sein Dolch mit einer Klinge aus Feuerstein ist typisch für die Jungsteinzeit. Beile aus Kupfer aber, wie der Mann eines bei sich trug, gab es erst am Ende der Jungsteinzeit – und nicht überall. Gewissheit brachten erst Untersuchungsergebnisse von Naturwissenschaftlern. Sie fanden heraus, dass Ötzi irgendwann zwischen 3350 und 3100 v. Chr. zu Tode kam. Etwa 5 000 Jahre lang hatte er also dort oben unbemerkt im Eis gelegen.

M 3 Ötzis Beil
Beilklinge aus Kupfer, Schaft aus Eibenholz
Die 9,5 cm lange Klinge wurde mit Teer und Lederriemen befestigt.

Woher kommt Ötzi?

Viele Jahre lang erforschte ein Team von Wissenschaftlern den Fund. Die Untersuchungen ergaben: Ötzi kam aus einer Talsiedlung südlich des Alpenhauptkammes. Ihre Bewohner bauten Getreide an (Einkorn, Emmer, Nacktweizen, Gerste) und hielten Haustiere (Schaf, Ziege, Schwein, Rind). Mit Jagen und Sammeln ergänzten sie den Speiseplan. Neu zu dieser Zeit: Die Menschen bauten Kupfererz (Gestein mit Kupferanteil) in den Alpen ab. Sie gewannen daraus das Metall Kupfer und verarbeiteten es zu Gegenständen. Mit dem Erz, dem Rohstoff Kupfer und mit den Kupfergegenständen betrieben sie vermutlich Handel.

Warum stirbt Ötzi hoch oben in den Alpen?

Die Untersuchungen lieferten viele Hinweise zu folgenden Fragen:
- Hatte Ötzi selbst mit Kupferverarbeitung zu tun?
- War er auf einen längeren Aufenthalt in den Bergen eingestellt? Welche Kleidung trug er, welche Gegenstände hatte er dabei?
- Starb er auf natürliche Weise, oder wurde er ermordet?
- Was aß er vor seinem Tod?
- Wie alt wurde er, und wie gesund war er?

---

① Beschreibt den Fundort (M1 und M2) von Ötzi. Was ist daran außergewöhnlich?

② Erklärt, welche Funde den Archäologen Hinweise auf Ötzis Alter (Altsteinzeit – Mittelsteinzeit – Jungsteinzeit) gaben.

Ötzi – ein Mann zwischen Stein- und Metallzeiten

M 4 So könnte Ötzi ausgesehen haben
Rekonstruktion für das Südtiroler Archäologiemuseum, Bozen (Italien), 2007

M 6 Was Wissenschaftler über Ötzi herausfanden
Mit vielfältigen Methoden haben Wissenschaftler die Eismumie untersucht:

untersucht	gefunden	Schlussfolgerung
Oberschenkel	Länge des Knochens	Gesamtkörpergröße 1,60 m
Oberschenkel	Knochenmerkmale	starb mit etwa 45 Jahren
Haare	hohe Kupferkonzentration	zeitweilig mit Kupferverhüttung in Kontakt
siebte und achte Rippe	gebrochen und wieder verheilt	überlebte eine Verletzung
Zähne	stark abgenutzt	Brot enthielt Sand vom Getreidemahlen
Zähne	Karies	aß viel Brot und Brei, kein Zähneputzen
Lunge	schwarz durch Rauchpartikel	war viel am offenen Feuer
Mageninhalt	Pflanzenpollen	kam am letzten Lebenstag von Süden
Mageninhalt	Speisereste, Holzkohlestaub	kurz vor dem Tod: Mahl aus Getreide, Steinbockfleisch, Apfel; auf Feuer gekocht
Schnittwunde an Hand	typische Abwehrverletzung	Kampfhandlung kurz vor dem Tod?
Gehirn	Schädel-Hirn-Trauma	vor dem Tod Sturz oder Schlag auf den Kopf
Pfeilspitze in Schulter	durchschlug eine Ader	blutende Wunde, mögliche Todesursache

Zusammengestellt nach: www.iceman.it/de/mumie/#Gesundheitszustand (Zugriff: 20.3.2017)

M 5 Ötzis Kleidung und Ausrüstung
- Fellmütze
- Regenschutz (?) aus Sumpfgras
- möglicherweise ärmelloses Obergewand aus Fell
- gebundener Ledergürtel mit Gürteltasche
- Beinlinge (Leggins) aus Fell, Laschen in Schuhen
- Lendenschurz aus Ziegenleder
- Schuhe aus Fell, Innenschuh aus Gras und Heu
- Beil mit Kupferklinge
- unfertiger Eibenholzbogen
- Köcher mit unfertigen Pfeilen
- Gestell einer Rückentrage
- Dolch mit Feuersteinklinge
- Werkzeug zur Feuersteinbearbeitung
- zwei Behälter aus Birkenrinde
- Netz aus Bast, für Vogelfang oder Hasenjagd
- Feuersteingerät zum Bohren von Löchern
- Feuerschlagbesteck
- Steinperle an einem Fellriemen
- zwei Stücke eines Pilzes mit Heilwirkung

Zusammengestellt nach: www.iceman.it/de/oetzi-der-mann-aus-dem-Eis [Zugriff: 20.3.2017]

3 Nennt die verschiedenen Rohstoffe und Materialien, aus denen Ötzis Kleidung und Ausrüstung hergestellt worden sind (M5).

4 Wissenschaftler schließen, dass Ötzi für einen längeren Aufenthalt in den Bergen ausgerüstet war. Überprüft diese Vermutung mit M5.

5 Begründet, warum Ötzi ein Glücksfall für die Wissenschaft ist (M4 bis M6). Was hätte sich ohne die Einbettung der Leiche in Eis erhalten?

6 Du bist Wissenschaftlerin/Wissenschaftler. Eine Reporterin/ein Reporter möchte von dir wissen: Wie sah Ötzi aus? – Wo lebte er? – War er gesund? – Warum ging er in die Berge? – Wurde Ötzi ermordet? – Woher weiß man das alles? Finde und begründe deine Antworten (M4 bis M6). (H)

7 Mord oder Unfall? Bildet Gruppen und schildert, wie der letzte Tag in Ötzis Leben abgelaufen sein könnte (M6). Stellt eure Geschichten in der Klasse vor. Bewertet abschließend gemeinsam, welche Erzählung ihr für die wahrscheinlichste haltet. Begründet euer Urteil.

Internettipp:
Für Informationen über Ötzi siehe Mediencode **31061-05**.

Das weiß ich! – Gelerntes vertiefen

M 1 Vogeljagd beim Lagerplatz am See Zeichnung von James Field, 2008
So stellte sich der Zeichner die Jagd der letzten Jäger in der Mittelsteinzeit vor.

Auf einen Blick: Der Mensch und seine Geschichte

In der **Altsteinzeit** lebten die Menschen vom Jagen und Sammeln. Sie wechselten dabei immer wieder ihre Wohnplätze, um Tieren auf ihren Wanderungen zu folgen und genug Pflanzennahrung zu finden.

Neandertaler sind Menschen der Altsteinzeit, die mit ihrem kleinen, starken Körper gut an das Leben in der Kälte angepasst waren. Jetztmenschen, die sich von uns heute nicht unterscheiden, lösten sie in der Altsteinzeit ab. Von ihnen stammen wohl die ältesten Kunstwerke.

Nach einer letzten Eiszeit wurde es auf der Erde wärmer und Wälder wuchsen. Die Menschen der Mittelsteinzeit passten sich an. Östlich des Mittelmeeres begannen Männer und Frauen, Getreide anzubauen und Tiere zu halten. Sie lebten in Häusern. Die **Jungsteinzeit** ist der Beginn unserer heutigen Lebensweise.

Über die Menschen in Alt-, Mittel- und Jungsteinzeit forschen Archäologen. Weil es damals noch keine Schrift gab, nutzen Wissenschaftler andere **Quellen**: Überreste von Gebrauchsgegenständen, Nahrung und Behausungen. Auch die Knochen der Menschen verraten viel über ihr Leben. Jeder neue Fund kann unsere Vorstellung von der Vergangenheit verändern.

Das weiß ich! – Gelerntes vertiefen

MUSEUM FÜR UR- UND FRÜHGESCHICHTE
Abteilung „Steinzeiten"

M 2 Ausstellungsstücke

a) Getreide ernten	b) Werkzeug herstellen und verwenden
c) Vorräte anlegen und später verzehren	d) mit Harpunen Fische fangen
e) Musikinstrumente spielen	f) ein Haus bauen

M 3 Leben heute
Alles, was auf den Kärtchen steht, können Menschen heute machen. Viele Tätigkeiten haben ihren Ursprung in der Ur- und Frühgeschichte.

① Lege einen Zeitstrahl für die Zeit zwischen 40 000 v. Chr. und 5000 n. Chr. auf einem Blatt an (DIN A4 quer, 10 000 Jahre = 5 cm).
  a) Markiere auf dem Zeitstrahl die Abschnitte „Vergangenheit", „Gegenwart" und „Zukunft".
  b) Füge folgende Angaben ein: die ungefähre Lebenszeit von Ötzi, wann der „Neandertaler" im Neandertal gefunden wurde, wann die Höhlenbilder in Lascaux entstanden, das Alter des Keramikgefäßes aus Tiefenellern sowie das Alter der Flöte aus der Geißenklösterle-Höhle.

② Beschreibe das Bild M1, S. 26. Nenne die Gegenstände auf der Zeichnung, die zeigen, dass es sich um eine Szene aus der Mittelsteinzeit handeln soll. Vergleiche mit dem Darstellungstext auf S. 20.

③ Nach einem Museumseinbruch konnte die Polizei gestohlene Ausstellungsstücke sicherstellen (M2). Ihr sollt sie in die richtigen Vitrinen zurückbringen. Die Polizisten fragen sich, ob ihr das könnt. Schreibt zu jedem Fundstück eine kurze Beschreibung und erklärt den Beamten die Zuordnung der Stücke. Hinweis: Die Funde aus der Mittelsteinzeit blieben verschwunden. Wodurch könnten sie ersetzt werden?

④ Ergänze die Ausstellungsstücke (M2) um weitere Gegenstände und Rekonstruktionen, die in diesem Buch abgebildet sind.

⑤ Ordne die Tätigkeiten in M3 der Epoche zu, in der sie erfunden wurden. Finde im Buch Bilder oder Texte zu jeder Neuerung.

Das kann ich! – Gelerntes anwenden

M 1 Abenteuer Steinzeit
Bild aus einer Fernsehdokumentation von 2007
13 Personen haben einen Sommer lang versucht, wie in der Jungsteinzeit zu leben. Sie wohnten in einem nachgebauten Dorf am Bodenseeufer und machten vieles, was zum Leben notwendig war, selbst. Manches fiel ihnen gar nicht leicht!

Das kann ich! – Gelerntes anwenden

M 2 Zurück zur Natur?
Eine Zeitung berichtet im April 2015 über die Sehnsüchte von Menschen im Zeitalter von Hightech:

Manchmal erfreut uns TV-Werbung mit Bildern unberührter Landschaften und ursprünglicher Natur. Wir sehen einen Wanderer einen Wald durchstreifen, eine Höhle passieren oder Wasser
5 aus einem Gebirgsbach schöpfen. Da entflieht einer dem Stress der Hochleistungsgesellschaft, entwindet sich einer Zivilisation, die sich von der Natur entfernt hat. Er will urwüchsige Natur, Freiheit, Stille und Weite, Einfachheit. Hierfür ist er
10 bestens ausgestattet durch eine bayerische Firma für Outdoor-Bekleidung.
Die verzückten Kommentare im Netz („schönste Werbung ever", „genial") zeigen, dass die Reklame Ausdruck einer verbreiteten Sehnsucht ist, die
15 sich auch in anderen Massenmedien zeigt. Mit dem Rückzug zum Einfachen und Ursprünglichen verschwinden Probleme der Gegenwart wie Klimaerwärmung und Umweltzerstörung, Kriege oder der Hunger in der Welt aus unserem Blick-
20 feld.

Hans-Dieter Fronz, Alles will zurück zur Natur, in: Südkurier vom 22. April 2015 (gekürzt und vereinfacht); zitiert nach: www.suedkurier.de/nachrichten/kultur/Alles-will-zurueck-zur-Natur;art10399,7796802 (Zugriff: 10. 4. 2016)

Kompetenztest:
Einen Test, mit dem du überprüfen kannst, was du kannst und was du noch üben solltest, findest du unter **31061-06**.

---

1 Entwirf ein Interview mit drei bis fünf Fragen an die Teilnehmer des „Steinzeitexperiments" (M1). Was willst du über deren Erfahrungen im täglichen Leben des Steinzeitdorfes wissen?

2 Für eure Schülerzeitung wollt ihr einen Artikel schreiben mit dem Titel „Warum es sich lohnt, mehr über die Steinzeit zu wissen". Erstellt in Gruppenarbeit ein Skript. Verwendet dabei die Begriffe „Quellen", „Altsteinzeit" und „Jungsteinzeit".

3 Diskutiert, ob es überhaupt möglich ist, zu einem Leben „wie in den Steinzeiten" zurückzukehren" (M2). Beachtet dabei die Methode „Schritt für Schritt: Eine Diskussion vorbereiten" (siehe S. 23).

4 Beurteile, wie sich das Leben der Menschen heute im Vergleich zu den Steinzeiten verändert hat.

Jungsteinzeit						1856: Fund im Neandertal	
6000 v. Chr.	5000 v. Chr.	4000 v. Chr.	3000 v. Chr.	2000 v. Chr.	1000 v. Chr.	Chr. Geburt	1000 · 2000

2 Ägypten – eine frühe Hochkultur

Das Museum für Ägyptische Kunst in München verfügt über eine eindrucksvolle Sammlung ägyptischer Altertümer: Statuen, Figuren, Gefäße, Särge, Schmuckstücke und vieles mehr. Erste Objekte wurden bereits in der zweiten Hälfte des 16. Jahrhunderts erworben. Seit 2013 sind die alten Kunstwerke in einem neuen Museum untergebracht. Jährlich schauen sich über 100 000 Besucher – darunter viele Schulklassen – die Ausstellung an.

❶ *Besprecht, was euch in dem Museum besonders interessieren würde.*

Ⓜ **1 Ein Besuch im Museum für Ägyptische Kunst in München**
Foto von Marianne Franke, 2016

2 Orientierung in Raum und Zeit

M 2 Touristen im Pyramidenbezirk von Gizeh in Ägypten
Foto von 2007
Die Pyramiden von Gizeh galten bereits im Altertum als Weltwunder. Sie zählen heute zu den ältesten erhaltenen Bauwerken und gehören zum „Welterbe". Was es mit den Pyramiden und dem Großen Sphinx auf sich hat, erfährst du auf S. 48.

Das alte Ägypten lockt
Ausstellungen altägyptischer Kunstwerke locken jährlich Millionen Besucher in Museen. Darüber hinaus reisen jedes Jahr sehr viele Touristen aus aller Welt nach Ägypten. Sie machen dort Urlaub am Roten Meer oder eine Kreuzfahrt auf dem Nil. Die meisten Gäste kommen aber auch, um sich die jahrtausendealten Pyramiden und Tempel sowie andere beeindruckende Überreste der altägyptischen Kultur anzusehen.

Die Geschichte einer frühen Hochkultur
Das Leben im alten Ägypten unterschied sich stark von den Verhältnissen in anderen Teilen der Welt. Das Klima, die Landschaft, der Nil und die vielfältigen Fähigkeiten der Ägypter beeinflussten, wie sie ihr Land bewirtschafteten, welchen Tätigkeiten sie nachgingen, welche Erfindungen sie machten, woran sie glaubten und wer über sie herrschte. Sie entwickelten hier eine Hochkultur, die anderswo noch unbekannt war und über dreitausend Jahre bestand. Dann geriet Ägypten immer mehr unter den Einfluss fremder Kulturen, so auch unter den der Römer.

Am Ende des Kapitels kannst du bestimmte Leistungen der alten Ägypter für die Menschheit erklären und folgende Fragen beantworten:
- *Was kennzeichnet die Hochkultur der alten Ägypter?*
- *Welche Bedeutung haben die technischen und kulturellen Leistungen der alten Ägypter für die Menschheit?*
- *Wie ist die Herrschaft der Pharaonen zu beurteilen?*

Zeit der ägyptischen Hochkultur

3000 v. Chr. 2000 v. Chr. 1000 v. Chr.

Metallzeiten in Deutschland

Orientierung in Raum und Zeit

M 3 Überschwemmung im Niltal
Foto, um 1938
Im Hintergrund die Pyramiden von Gizeh.

M 4 Ägypten – Land am Nil
Satellitenaufnahme von 2004

Lesetipp:
Wolfgang Korn, Das Alte Ägypten. Geheimnisvolles Land am Nil, Hildesheim 2010.

2 Beschreibe die Besonderheiten der ägyptischen Landschaft (M3 und M4).

3 Bestimme den ungefähren Standort der Pyramiden (M2 und M3) auf dem Satellitenbild (M4). Nutze dazu die Karte auf S. 37.

4 Die Pyramiden von Gizeh (M2 und M3) gehören zum „Welterbe". Informiere dich auf der Homepage der Organisation der Vereinten Nationen für Bildung, Wissenschaft und Kultur (UNESCO) über den Titel „Welterbe". Finde heraus, aus welchen Gründen er verliehen wird. (H)

2 Ägypten – eine frühe Hochkultur

Ägypten – ein Geschenk des Nil?

M 1 Ein Feld wird vermessen Wandmalerei aus dem Grab des Menna, Theben-West, um 1375 v. Chr. (Ausschnitt)
Der Schreiber Menna war ein königlicher Beamter. Im Auftrag des Herrschers ließ er die Felder nach jeder Nilschwemme mithilfe von Seilen neu vermessen. Seinem Amt verdankte Menna Ansehen und Wohlstand, daher konnte er sich eine prunkvolle Grabanlage leisten.

---

[1] **Nomaden**: Menschen, die nicht sesshaft leben. In der Steinzeit waren es Jäger und Sammler. In späteren Zeiten zählten Wanderhirten dazu, die der Nahrung für sich und ihre Tiere folgten.

[2] **Flachs** (= Leinen): Pflanze, aus der Fasern für Textilien gewonnen werden können.

Wie kommt es zur Besiedlung des Nilufers?
Viele Jahrtausende zogen Hirten (*Nomaden*[1]) mit ihren Herden durch Nordafrika. Am Ende der letzten Eiszeit vor etwa 10 000 Jahren wurde es wärmer und der Regen nahm ab. Das Grasland der Savannen verwandelte sich in Wüsten.
Am Nil wurden viele Menschen sesshaft. Sie fischten im Fluss und nutzten ihn als Verkehrsweg. An den hunderte Kilometer langen Ufern legten sie Felder und Gärten an. Aus Flachs[2] fertigten sie Kleidung, Seile sowie Segel und aus dem am Ufer wachsenden Papyrus stellten sie Matten, Boote und Schreibmaterial her. Der Fluss entwickelte sich zu ihrer Lebensader.

Lebensader mit Gefahren
Wenn im Frühjahr am Oberlauf des Nil die Regenzeit begann, wurden anschließend die ebenen Uferflächen am Unterlauf auf mehreren Kilometern Breite überschwemmt. Ging die Nilschwemme dann zurück, bedeckte fruchtbarer schwarzer Schlamm den feuchten Boden. Er düngte das Land und ließ Getreide und andere Pflanzen gedeihen. Dazu lieferte er noch Lehm, aus dem Ziegel und Tongefäße gemacht werden konnten.
Allerdings konnte der Nil auch zur Gefahr werden. Denn in ihm lebten nicht nur gefährliche Krokodile und Nilpferde, manchmal gab es heftige Überschwemmungen. Sie zerstörten Felder, Gärten und Dörfer. Fiel aber die Nilschwemme zu gering aus, führte das zu schlechten Ernten – und die Menschen mussten hungern.

Der Nil macht erfinderisch
Die Ägypter lernten, mit dem Fluss zu leben. Sie errichteten ihre Dörfer auf kleinen Anhöhen und legten ein System zur künstlichen Bewässerung an. Dazu bauten sie Dämme, Gräben, Kanäle und Wasserbecken.
Nach den Überschwemmungen wurden die Flächen der Äcker regelmäßig neu vermessen, da die Grenzmarkierungen nicht mehr zu sehen waren. Dazu brauchten die alten Ägypter geometrische und mathematische Kenntnisse. Durch genaue Beobachtung stellten sie auch fest, dass die Nilflut regelmäßig nach dem Erscheinen des Sterns Sirius am Nachthimmel begann. Das war der Anfang der *Astronomie*, der Wissenschaft von den Sternen. Als die Ägypter herausfanden, dass die Nilschwemme immer nach rund 365 Tagen wiederkehrte, entwickelten sie einen *Kalender*. Sie unterteilten 360 Tage in drei Jahreszeiten zu je vier Monaten (Überschwemmung, Aussaat und Ernte) und fügten am Jahresende noch fünf Tage hinzu.

---

❶ *Erkläre die Bedeutung des Klimas bei der Besiedlung des Niltals. Vergleiche mit der Jungsteinzeit in unserem Land.*
❷ *Der griechische Geschichtsschreiber Herodot meinte um 450 v. Chr., Ägypten sei ein Geschenk des Nil. Beurteile seine Aussage.* (H)

Ägypten – ein Geschenk des Nil?

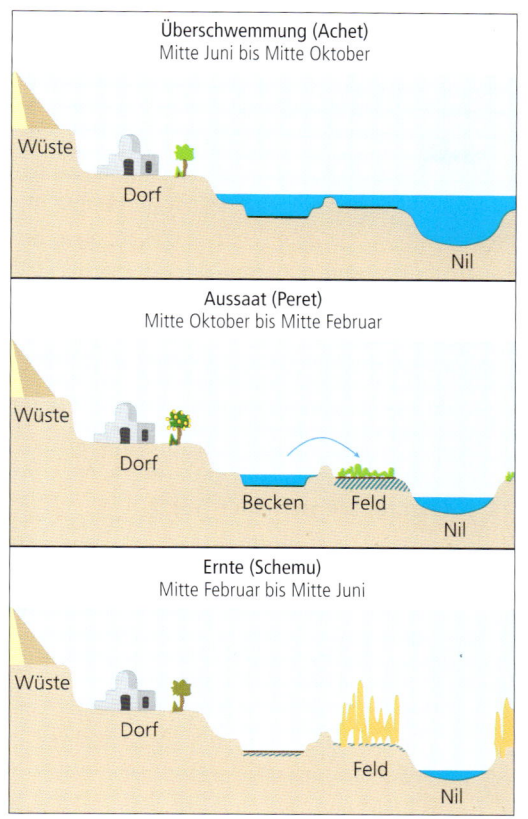

M 2 Abfolge der Jahreszeiten nach dem Nilkalender
Schaubild von 2014
Die Ägypter teilten das Jahr nach dem Wasserstand des Nil in drei Jahreszeiten zu vier Monaten ein.

M 4 Am Nilufer
Zeichnung von Philippe Biard, 1992

M 3 Über den Nil

Aus einem Lobgesang aus dem 13./12. Jh. v. Chr. an den Nil, den die alten Ägypter „Hapi" nennen und als Gottheit verehren:

Gegrüßt seist du, *Hapi*, der herauskommt aus der Erde und herbeikommt, um Ägypten zu beleben. Unbegreiflich in seinem Wesen, dunkel am Tage. Schlammflut aus Oberägypten, der das Land
5 überschwemmt, geschaffen von [dem Sonnengott] *Re*, um einen jeden Dürstenden zu beleben. Der die Fluren sättigt und mit Wellen hereinbricht, der Geliebte des [Erdgottes] *Geb*. Wegbereiter des [Korngottes] *Nepri*, der die Werkstätten
10 des [Schöpfergottes] *Ptah* gedeihen lässt. Herr der Fischer, der du die Zugvögel nach Süden ziehen lässt – nicht einen Vogel gibt es, der außerhalb seiner Zeit käme. Der die Gerste erschafft, der den Emmer [Weizen] entstehen lässt
15 und die Tempel der Städte festlich macht. Wenn er faul ist, dann ist die Nase der Menschen verstopft, sie können nicht mehr leben, und alle Leute verarmen.
Hapi, mögest du fruchtbar sein, Verborgener!
20 Komme nach Ägypten, der du alles entstehen lässt und Ägypten fruchtbar werden lässt.

Christine Strauß-Seeber, Der Nil. Lebensader des alten Ägypten, Darmstadt 2007, S. 15 f. (gekürzt)

---

3 *Nenne die Gründe, weshalb die alten Ägypter den Nil verehrten (M3).*

4 *Erklärt euch gegenseitig die „drei Jahreszeiten" (M2 und M4). Bestimmt zuerst den Begriff „Jahreszeiten" und erarbeitet dann ihre Kennzeichen. Vergleicht sie mit unseren Jahreszeiten.*

5 *Begründe die Notwendigkeit der künstlichen Bewässerung des Landes.* (F)

2 Ägypten – eine frühe Hochkultur

Das Reich und seine Herrscher

M 1 Tutanchamun
Goldsarg, um 1325 v. Chr.
Der 110,4 kg schwere und 1,88 m lange Sarg aus Gold, Glas und Halbedelsteinen enthielt die Mumie[1] des Tutanchamun, der von etwa 1332 bis 1323 v. Chr. regierte. Ägyptische Herrscher erkennt man an der Krone oder dem königlichen Kopftuch (*Nemes*). An der Stirn befinden sich häufig die Schutzgötter des Landes: eine Kobra (*Uräus*) und der Kopf der Geiergöttin *Nechbet*. Der König trägt einen geflochtenen, künstlichen Kinnbart. In den Händen hält er vor der Brust eine Geißel (Wedel) und einen Krummstab (Hirtenstab) als weitere Herrschaftszeichen. Der Goldsarg befindet sich heute im Ägyptischen Museum in Kairo.

Internettipp:
Mehr über das Grab des Pharaos Tutanchamun und seine Schätze erfährst du auf der interaktiven Website **31061-07**. Tipps zum Umgang mit dem Internet siehe S. 165.

[1] Zu den Mumien siehe S. 46.
[2] Zu den Göttern siehe S. 44.
[3] Zu Hatschepsut lies später noch S. 88–91.
[4] Zu Kleopatra siehe S. 124.

Wer herrscht?
Über eine lange Zeit bestanden in Ägypten zwei Herrschaftsbereiche: Unterägypten im Norden und Oberägypten im Süden. Um etwa 3000 v. Chr. wurden beide Teile zu einem Reich vereint – ob mit friedlichen Mitteln oder mit Waffengewalt ist bis heute nicht eindeutig geklärt.
Im alten Ägypten regierten Könige. Sie erbten in der Regel die Macht und herrschten auf Lebenszeit. Diese Art der Alleinherrschaft bezeichnen wir als **Monarchie**.
Der Fachbegriff für einen ägyptischen König lautet seit etwa 1500 v. Chr. **Pharao** (= großes Haus) – abgeleitet vom königlichen Palast. Das entspricht in etwa unserem heutigen Sprachgebrauch, wenn wir vom „Weißen Haus" sprechen und damit den amerikanischen Präsidenten meinen.

Aufgaben des Herrschers
Der Pharao verfügte über das Land und herrschte über die Menschen. Er gab Anweisungen und Befehle, erließ Gesetze, sprach Recht und setzte hohe Beamte ein, mit deren Hilfe er die Abgaben der Bauern prüfte und die Ernteüberschüsse in Speichern einlagern ließ. Als Herrscher musste er sein Reich gegen Feinde schützen, Kriege führen und Handelsexpeditionen in fremde Länder unternehmen. In seinem Auftrag wurden Paläste, Tempel und Grabanlagen errichtet.

Der Pharao: Mensch oder Gott?
Seine wichtigste Aufgabe war der Dienst an den Göttern. Nur ein Pharao konnte und durfte mit ihnen in Kontakt treten, denn er galt als Stellvertreter des Gottes *Horus* auf Erden und Sohn des Sonnengottes *Re*.[2] Die Menschen glaubten fest daran, dass nur mit seiner Unterstützung die Nilschwemme ausreiche für gute Ernten und ein Zustand der göttlichen Ordnung und Gerechtigkeit, den die Ägypter *Maat* nannten, zu sichern sei. Da kein König mehrmals täglich in allen Tempeln des Landes die vielen Götter versorgen konnte, halfen ihm Hunderte von Priestern unter Leitung von Hohepriestern.
Aufgrund seiner angeblich göttlichen Abstammung verehrten die Ägypter ihren König als gottähnlich. Nach dem Tod wurden die Pharaonen nach Vorstellung der Ägypter sogar selbst zu Göttern.
Im alten Ägypten herrschten etwa 330 Pharaonen über drei Jahrtausende. Darunter waren auch Königinnen wie Hatschepsut[3] und Kleopatra VII.[4]

---

① *Zähle die Aufgaben eines Pharaos auf.*
② *Erläutere einem Mitschüler, woran du erkennen kannst, dass der Sarg (M1) für einen König bestimmt war.* (H)
③ *Ein Pharao teilt seinem Sohn und Nachfolger die Eigenschaften und Fähigkeiten mit, über die er als Herrscher verfügen sollte. Verfasse einen entsprechenden Text.*

Das Reich und seine Herrscher

M 2 „Tu du als König das Rechte …"
Der Prinz Merikare wird von seinem Vater um 2075 v. Chr. wie folgt belehrt:

Sei gewandt im Reden, damit du die Oberhand behältst, denn die Zunge ist die Macht eines Mannes, und Reden ist erfolgreicher als jedes Kämpfen. Niemand kann den Klugen überlisten.
5 Ahme deine Väter nach, die vor dir dahingingen. Sei nicht böse, freundlich sein ist gut. Es ist gut, für die Zukunft zu sorgen. Mache deine Räte vermögend, damit sie nach deinen Gesetzen handeln. Der Mittellose wagt nicht, die Wahrheit zu
10 sagen. Er ist parteiisch für den, der eine Bezahlung für ihn hat. Tu du als König das Rechte, solange du auf Erden weilst. Hüte dich davor, ungerechterweise zu strafen. Mache keinen Unterschied zwischen dem Sohn eines Vornehmen und
15 dem niedriger Abkunft, hole dir einen Mann wegen seiner Fähigkeiten. Mache Denkmäler, das lässt den Namen dessen, der sie errichtet, leben.

Zitiert nach: Friedrich Wilhelm Freiherr von Bissing, Altägyptische Lebensweisheit, Zürich 1955, S. 54 f. (gekürzt)

M 3 „Glücklich kehrt das Heer heim …"
Im Auftrag von Pharao Pepi I. führt General Weni um 2250 v. Chr. Krieg. Er berichtet:

Glücklich kehrt das Heer heim, nachdem es das
    Land der Beduinen[1] zerhackt hat.
Glücklich kehrt das Heer heim, nachdem es seine
    Festungen niedergerissen hat.
5 Glücklich kehrt das Heer heim, nachdem es seine
    Feigenbäume und Weinstöcke gefällt hat.
Glücklich kehrt das Heer heim, nachdem es alle
    seine Gebäude abgebrannt hat.
Glücklich kehrt das Heer heim, nachdem es
10   zehntausend Mann geschlagen hat.
Glücklich kehrt das Heer heim, nachdem es viele
    Gefangene gemacht hat.
Seine Majestät lobte mich gar sehr.

Zitiert nach: Hermann A. Schlögl, Das Alte Ägypten. Geschichte und Kultur von der Frühzeit bis zu Kleopatra, München 2006, S. 115

M 4 Das alte Ägypten und die Ausdehnung des Reiches

- Thema der Karte
- Legende: Erklärung der Farben und Zeichen
- Maßstabsleiste: Hilfe, um Entfernungen zu ermitteln

Schritt für Schritt:
Geschichtskarten auswerten

Geschichtskarten verbinden geografische und historische Angaben. Sie enthalten nur ausgewählte und stark vereinfachte Informationen. Folgende Tipps helfen dir, eine Geschichtskarte zu lesen:
1. Stelle das Thema der Karte fest. Beziehe den Titel und die Zeichen der Legende mit ein.
2. Auf welchen Raum bezieht sich die Karte?
3. Welche historischen Informationen enthält sie?
4. Zeigt die Karte einen bestimmten Zustand oder eine Entwicklung?

[1] Beduinen: nicht sesshafte Wüstenbewohner

4 Fasse die Ratschläge des Pharaos mit eigenen Worten zusammen (M2).
5 Erläutere die Haltung gegenüber Feinden (M3). Vergleiche sie mit M2.
6 Werte die Karte M4 mithilfe der oben genannten Tipps aus.
7 Untersuche die Karte M4. Wo verlief die Südgrenze des Reiches unter Pharao Pepi I. (M3)?

2 Ägypten – eine frühe Hochkultur

Pharaos Volk

M 1 Sabu und seine Frau Meretites
Kalksteinstatue (Höhe: 56 cm), um 2400 v. Chr.
Die Figur steht im Museum für Ägyptische Kunst in München.

Nicht alle sind gleich
Alle Frauen, Männer und Kinder, die in einem Gebiet zusammenleben und sich selbst als Gemeinschaft verstehen, nennen wir Gesellschaft. Doch nicht alle Menschen in der ägyptischen Gesellschaft waren gleich. Es bestand eine von oben nach unten gegliederte Rangordnung, in die Ägypter meist hineingeboren wurden. Am oberen Ende dieser *Hierarchie* stand der Pharao mit seiner Familie.

Nur wenige Menschen konnten damals lesen und schreiben. Der Beruf des Schreibers wurde oft vom Vater an den Sohn weitergegeben. Er brachte ein sicheres Einkommen, Ansehen und Macht. Zu den Schreibern zählten vor allem die Männer, die das Land im Auftrag des Pharaos verwalteten, aber auch Gelehrte und Dichter.

Die einfachen Schreiber notierten und kontrollierten die Abgaben der Bauern, das Vermessen der Felder, die staatliche Vorratshaltung oder die Zuteilung der Materialien an die Handwerker sowie ihre Arbeitsleistung. Sie wurden von den höheren Beamten überwacht. Diese wiederum erhielten vom höchsten Beamten, dem Wesir, ihre Anweisungen.

Einige Beamte unterstützten den Pharao auch als Priester bei seinen religiösen Pflichten in den vielen Tempeln. Auch hier gab es Rangunterschiede. Außerdem bestand eine Besonderheit: Offiziere konnten zeitweise Priester mittlerer Ränge und Bauern vorübergehend niedere Priester oder Soldaten sein.

Die große Mehrheit der Bevölkerung
Am unteren Ende der Gesellschaft standen die vielen Handwerker sowie die große Masse der Bauern, obwohl gerade sie einen wichtigen Beitrag zum Wohlstand des Reiches leisteten. Nur Unfreie und Diener hatten einen noch schlechteren Stand. Viele von ihnen waren als Kriegsgefangene nach Ägypten verschleppt worden. Sie waren von ihren Arbeitgebern abhängig und wurden von ihnen mit dem Lebensnotwendigen versorgt. Unfreie hatten jedoch Rechte und konnten im Laufe der Zeit ihre Freiheit erlangen. Einige stiegen sogar in hohe Beamtenränge auf.

Männer und Frauen
Frauen waren rechtlich selbstständig und den Männern gleichgestellt. Sie konnten vor Gericht klagen, über eigenen Besitz verfügen, erben und vererben. Trotzdem waren sie benachteiligt: Lesen und schreiben konnten sie – wenn überhaupt – nur in Ausnahmefällen erlernen. Trotzdem gab es einflussreiche Priesterinnen und sogar einige Königinnen wie Hatschepsut.[1]

Die Hauptaufgabe der Frau bestand in der Sorge um die Familie, den Haushalt, die Kinder und den Besitz. Deshalb nannte man sie „Herrinnen des Hauses".

---

❶ *Beschreibe die Statue (M1). Wie sind Mann und Frau dargestellt? Was sagen ihre Körperhaltungen aus? Berücksichtige bei deiner Beschreibung auch das Foto auf S. 30/31.*

---
[1] Lies zu Hatschepsut S. 88-91.

M 2 Über das Los der Bauern

Folgende Lehre stammt aus dem 12./11. Jh. v. Chr.:
Man sagt zu mir, du habest das Schreiben aufgegeben, ergehst dich in Vergnügungen, beschäftigst dich mit der Feldarbeit, vernachlässigst die Hieroglyphen[1]. Erinnerst du dich denn nicht an die Lage des Bauern während der Registrierung der Ernte? Die Raupe nimmt eine Hälfte weg, das Nilpferd frisst den Rest. Die Mäuse sind zahlreich im Feld, die Heuschrecke kommt herab. Das Vieh frisst und die Spatzen nehmen weg: Wehe da dem Bauern! Den Rest auf dem Boden der Scheune, den erledigen vollends die Diebe.
Der Schreiber landet am Uferdamm an, um die Ernte zu registrieren. Seine Begleiter haben einen Schlagstock dabei. Sie sagen: „Gib das Getreide her!" Er sagt: „Ich habe keines!" Sie schlagen ihn mit krachenden Schlägen, er wird gefesselt und in den Brunnen hinabgelassen, er wird untergetaucht, Hals über Kopf. Seine Frau ist gebunden vor ihm, seine Kinder sind in Fesseln. Seine Hilfsarbeiter gehen weg, sie fliehen und verlassen ihr Getreide. Anders der Schreiber. Er ist der Leiter von allen: Es gibt keine Verpflichtung zum Arbeitssoll beim Schreiben, er hat keine Vorschriften.

Zitiert nach: Stephan Jäger, Altägyptische Berufstypologien, Göttingen 2004, S. 242 f. (gekürzt)

---
[1] **Hieroglyphen**: Siehe S. 40 und 42 f.

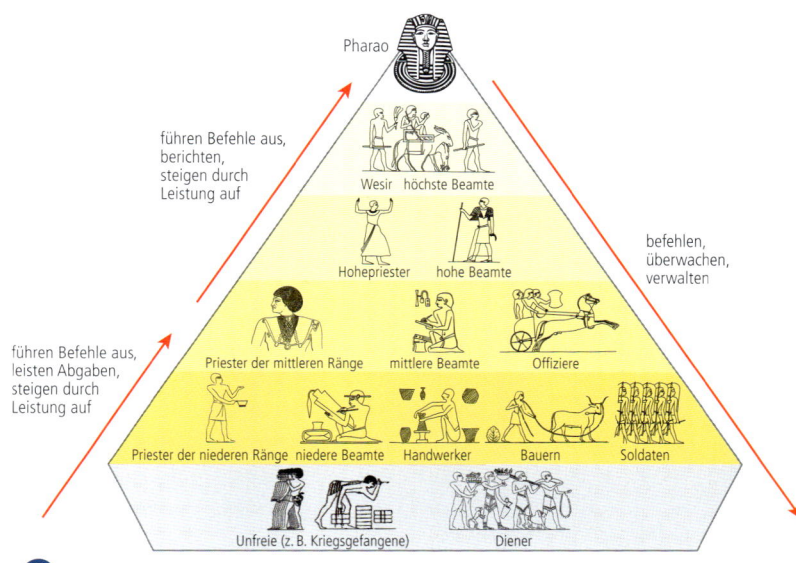

M 3 Bestrafung eines Bauern
Wandmalerei aus dem Grab des Menna, Theben-West, um 1375 v. Chr. (Detail)

M 4 Aufbau der altägyptischen Gesellschaft
Schaubild von 2014

Schritt für Schritt:
Schaubilder verstehen

Schaubilder vereinfachen komplizierte Zusammenhänge grafisch. Um sie verstehen zu können, muss man die Beziehungen zwischen den einzelnen Bestandteilen eines Schaubildes erläutern. Manchmal ist auch die Form der Grafik wichtig für die Deutung. Mögliche Arbeitsfragen für das Schaubild M4 sind:

1. Wer steht an der Basis und wer an der Spitze der Gesellschaft?
2. Wer hat welche Aufgaben, Rechte und Pflichten?

---

2 *Beschreibe das Los der Bauern (M2 und M3).*
3 *Diskutiert, ob die Darstellung in der Textquelle M2 der Realität entsprochen hat.* (F)
4 *Übernimm die Rolle eines Wesirs und erkläre fremden Besuchern mithilfe des Schaubildes (M4) den Aufbau der ägyptischen Gesellschaft. Was zeigt die Grafik nicht?* (H)
5 *Die Griechen nannten die in M4 dargestellte Rangordnung „Hierarchie" (= heilige Ordnung). Erkläre, was sie damit über die Gesellschaftsordnung im alten Ägypten aussagten.*
6 *Begründe, weshalb es sinnvoll ist, für die Darstellung der Gesellschaft im alten Ägypten diese Form des Schaubildes M4 zu wählen.* (H)

2 Ägypten – eine frühe Hochkultur

Hieroglyphen: heilige Zeichen?

M 1 Gefäßanhänger mit Schriftzeichen
Elfenbeinplättchen (4,3 x 4,2 cm), um 3000 v. Chr.
Die alten Ägypter hängten solche Plättchen mit Informationen über den Inhalt und dessen Herkunft an Gefäße für Getreide, Wein oder Öl. Durch das Loch oben rechts lief eine Schnur, mit der der Anhänger an Wein- oder Getreidegefäßen befestigt wurde. Dieses Stück befindet sich im Ashmolean Museum in Oxford (Großbritannien).

M 2 Der Königsname Ramses II. in Hieroglyphen
In altägyptischen Inschriften werden die Königsnamen in einem ovalen Rahmen in Form einer doppelt gelegten Schnur (Kartusche) geschrieben. Ramses II. herrschte im 13. Jh. v. Chr. Sein Name bedeutet „Re [Sonnengott] ist der, der ihn geboren hat".

Wie kommen die Ägypter zur Schrift?
Vor mehr als 5 000 Jahren verwendeten die Ägypter erste Schriftzeichen. Auf Gefäßen oder kleinen Anhängern brachten sie Informationen über Inhalt, Herkunft und Abfülldaten an oder sie notierten auf Schreibmaterial Ernteerträge sowie Steuern. Ab etwa 3000 v. Chr. hielten sie auch die Namen ihrer Könige und Götter sowie vieles andere schriftlich fest. Ohne die Schrift wären die Verwaltung eines so großen Reiches und die Entstehung einer **Hochkultur ab 3000 v. Chr.** gar nicht möglich gewesen.

Geheimnisvolle Zeichen
Im Laufe der Zeit entstanden rund tausend Schriftzeichen. Die Griechen nannten sie später *Hieroglyphen*: „heilige Zeichen". Aus ihnen entwickelten sich unsere lateinischen Buchstaben. Es gibt jedoch Unterschiede. Wie bei unserem Alphabet entsprechen 24 Zeichen einem einzelnen Laut. Die meisten Hieroglyphen aber stehen für mehr als einen Laut. Manche Hieroglyphen sind sogar Darstellungen der Objekte, für die sie stehen (Begriffszeichen).

Hieroglyphen kann man von rechts nach links, von links nach rechts und von oben nach unten schreiben. An den abgebildeten Gesichtern der Menschen und Tiere erkennst du die Leserichtung. Schauen sie nach links, musst du von links nach rechts lesen.

Neben den Hieroglyphen entwickelten die Ägypter eine schneller zu schreibende Schrift, das *Hieratische*, und im 7. Jh. v. Chr. das *Demotische*.

Papyrus oder Scherben?
Das bekannteste Schreibmaterial der alten Ägypter ist *Papyrus*. Unser Wort „Papier" leitet sich davon ab. Papyrus wurde aus der gleichnamigen Pflanze hergestellt. Die bis zu sechs Meter hohen Stauden wuchsen im Uferschlamm des Nil. Da die Herstellung aufwändig und teuer war, wurden für Notizen, kurze Mitteilungen und Schreibübungen Scherben aus Ton oder Kalkstein (griech. *Ostraka*) benutzt. Sie gab es kostenlos und in großer Menge.

Und was schreiben die Ägypter auf?
Die Ägypter verwendeten ihre Schrift für viele Zwecke. Auf den Wänden von Tempeln und Gräbern sowie auf Statuen finden wir noch heute eingemeißelte Hieroglyphen mit Herrschernamen, Gebeten und sonstigen Texten. Überdies sind zahlreiche Papyri und Ostraka erhalten. Sie informieren nicht nur über Anordnungen, Gesetze und Ereignisse, sondern enthalten auch Weisheitslehren, Lobgesänge, Gedichte, Märchen sowie religiöse und wissenschaftliche Texte. Diese schriftlichen Quellen geben uns Auskunft über Religion, Herrschaft, Wirtschaft, Wissenschaft und Gesellschaft der alten Ägypter.

---

1. *Nennt verschiedene Einsatzmöglichkeiten der Schrift. Berücksichtigt dabei auch M1 und M2.*
2. *Diskutiert, warum viele Geschichtswissenschaftler der Ansicht sind, dass die eigentliche Geschichte erst mit der Schrift beginnt.*

Hieroglyphen: heilige Zeichen?

M 4 „Werde Schreiber!"
Textquellen aus dem 16. bis 13. Jh. v. Chr. überliefern eine alte Weisheitslehre für Schüler, die dem Schreiber Cheti zugeschrieben wird. Er gibt darin seinem Sohn folgenden Rat:

Es gibt nichts, das über die Bücher ginge. Ich lasse dich die Schriften mehr lieben als deine Mutter. Ich führe dir ihre Schönheit vor Augen; sie ist größer als die aller anderen Berufe, und im ganzen Land gibt es nichts, was ihnen gliche.
Der Steinmetz graviert mit dem Meißel in allerlei harten Steinen. Hat er die Arbeit vollendet, so versagen ihm seine Arme, und er ist müde. Wenn er sich des Abends niedersetzt, sind seine Knie und sein Rücken gebrochen.
Der Töpfer steckt in seinem Lehm. Der beschmiert ihn mehr als ein Schwein, bis er seine Töpfe gebrannt hat. Seine Kleidung ist steif vor Lehm.
Der Gärtner trägt das Joch, seine Schultern tragen die Wasserkrüge, eine große Last liegt auf seinem Nacken. Morgens gießt er Gemüse, am Abend andere Pflanzen. Er macht Feierabend erst, nachdem sein Leib angegriffen ist. Todmüde setzt er sich nieder.
Ich spreche dir auch von dem Fischer. Er ist elender dran als irgendein Beruf. Seine Arbeit hat er auf dem Fluss mitten unter den Krokodilen.
Siehe, es gibt keinen Beruf, in dem einem nicht befohlen wird, außer dem des Beamten. Da ist er es, der befiehlt. Wenn du schreiben kannst, wird dir das mehr Nutzen bringen als alle die Berufe, die ich dir dargelegt habe. Nützlich ist dir schon ein Tag in der Schule, und eine Ewigkeit hält die in ihr geleistete Arbeit vor, wie Berge.

Zitiert nach: Friedrich Wilhelm Freiherr von Bissing, Altägyptische Lebensweisheit, Zürich 1955, S. 57 - 59 (gekürzt)

M 3 Schreiber
Kalksteinfigur (Höhe 53 cm), um 2500 v. Chr.
Der am Boden hockende Schreiber hat auf seinem Schoß ein Papyrusblatt entrollt.
Die Figur befindet sich heute im Louvre in Paris.

---

3 Beschreibe die Körperhaltung und den Gesichtsausdruck der Figur (M3).

4 Fasse zusammen, wie der Vater versucht, seinen Sohn für den Schreiberberuf zu gewinnen (M4). (H)

5 Übertrage die Thematik von M4 in die Gegenwart und verfasse einen Dialog zwischen einem Elternteil und einem Kind mit einer ähnlichen Thematik. Diskutiert nun, ob bestimmte Aussagen von Cheti (M4) noch heute Gültigkeit haben.

Zeit der ägyptischen Hochkultur

| 4000 v. Chr. | 3000 v. Chr. | 2000 v. Chr. | 1000 v. Chr. | Chr. Geb. |

2 Treffpunkt Geschichte

Hieroglyphen entziffern

Ein Rätsel wird gelöst

Das Wissen über die Hieroglyphen geriet nach dem Ende der Pharaonenzeit in Vergessenheit. Etwa anderthalb Jahrtausende konnte niemand mehr die geheimnisvollen Zeichen der Ägypter lesen.

Erst mithilfe des Steins von Rosette gelang dem Franzosen Jean-François Champollion im Jahre 1822 der große Durchbruch bei der Entzifferung. Auf diesem großen dunkelgrauen Stein, der im Jahr 1799 in Rosette, einer Hafenstadt am westlichen Mündungsarm des Nil von französischen Soldaten gefunden wurde, ist nämlich der gleiche Text in drei verschiedenen Schriften eingraviert: in Hieroglyphen, in Demotisch und in Griechisch.

Da Champollion wusste, dass die Königsnamen von ovalen Umrandungen (Kartuschen) umschlossen sind, konnte er durch den Vergleich mit dem griechischen Text die Namen „Ptolemaios" und „Kleopatra" entziffern. So fand er den Schlüssel zum Geheimnis der Hieroglyphen.

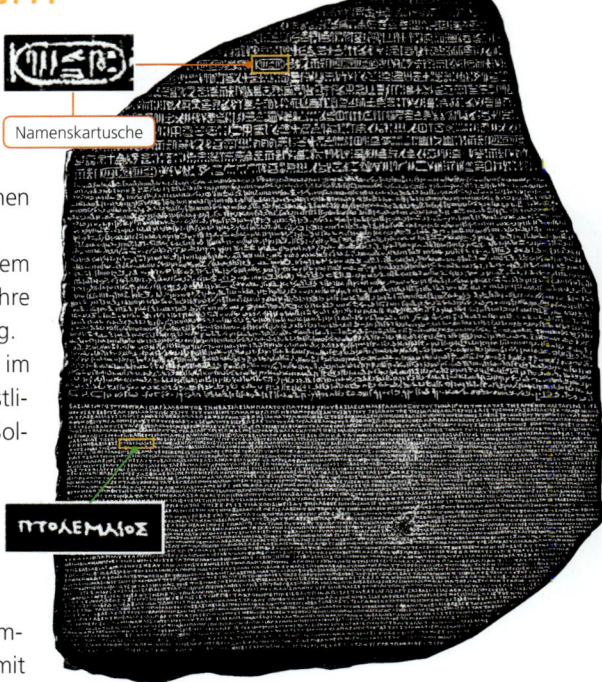

Namenskartusche

M 1 Stein von Rosette
Basaltstein, der 196 v. Chr. beschriftet wurde
Höhe 112 cm, Breite 76 cm, Gewicht ca. 800 kg
Dieser Stein befindet sich heute im Britischen Museum in London.

M 2 Ägyptische Schriftzeichen

Die Hieroglyphenschrift besteht aus Zeichen für einzelne Konsonanten, für ganze Silben oder für Dinge, die sie bezeichnen. Von wenigen Ausnahmen abgesehen schrieben die alten Ägypter keine Vokale, daher wissen wir auch nicht, wie die Wörter ausgesprochen wurden. Um sich dennoch über die Lesung der alten ägyptischen Texte zu verständigen, haben Wissenschaftler eine Umschrift (Transkription) entwickelt, in der die hieroglyphische Schreibung in die entsprechenden Laute umgesetzt wird.

	Greifvogel	A		Schilfblätter	I (J)		Mund	R
	Bein	B		Korb mit Henkel	K		gefalteter Stoff	S
	Brunnenschacht	CH		Löwe	L		Teich	SCH
	Hand	D		Eule	M		Brotlaib	T
	Schilfblatt	E		Wasser	N		Wachtelküken	U, V, W
	Hornviper	F		Schlinge	O		Türriegel	Z
	Krugständer	G		Hocker	P		Seil	TSCH
	Hof	H		Abhang	Q		Schlange	DSCH

1. Untersucht, welche Rolle der Stein von Rosette für die Entzifferung der Hieroglyphen spielte.

2. Schreibt eure Vornamen in Hieroglyphen. Nutzt dazu M2. Achtet darauf, euren Namen so zu schreiben, wie er gesprochen wird. Setzt hinter einen Mädchennamen 𓁐 und hinter einen Jungennamen 𓀀!
Beispiele:
Felix
Melanie

Hieroglyphen entziffern

M 3 „Ich hab's!"

Ein erfundenes Interview mit Jean-François Champollion, dem im Jahr 1822 die Entzifferung der altägyptischen Schrift gelungen ist:

Reporter: Monsieur Champollion, es wird inzwischen überall behauptet, dass Sie die Geheimnisse der altägyptischen Schrift gelüftet haben.

Champollion: Halt, halt! Das geht zu weit! Bis jetzt kann ich lediglich die Namen ägyptischer Pharaonen entziffern.

Reporter: Nun gut. Aber vielleicht können Sie unseren Lesern erklären, wie Sie zu diesem sensationellen Erfolg gekommen sind.

Champollion: Durch Ausdauer, Kombinationsvermögen und Glück.

Reporter: Ist es richtig, dass Sie sich schon als Elfjähriger vorgenommen haben, das Rätsel der Hieroglyphen zu lösen?

Champollion: Ja. Das war vor ziemlich genau 21 Jahren. Damals habe ich eine Abbildung des Steines von Rosette gesehen, der wenige Jahre vorher bei Rosette in Ägypten gefunden worden war. Sie wissen, er enthält drei Texte: einen in griechischer Schrift, zwei in unbekannten ägyptischen Schriften. Ich bin von der Annahme ausgegangen, dass alle drei Texte denselben Inhalt haben, und bemühte mich, die beiden unbekannten Schriften zu entziffern.

Reporter: Das haben schon viele versucht. Wieso waren gerade Sie erfolgreich?

Champollion: Viele Gelehrte meinten, die Hieroglyphen seien eine reine Bilderschrift. Das ist falsch. Ich war schon seit Langem überzeugt, dass die einzelnen Zeichen auch Laute darstellen können. Weitergeholfen hat mir meine Vermutung, dass Zeichen, die von einer sogenannten Kartusche umschlossen werden, Namen eines Pharaos sind. Und diese Namen mussten ja auch im griechischen Text auf dem Stein von Rosette vorkommen und im Ägyptischen ähnlich klingen wie im uns bekannten Griechischen, sodass ...

Reporter: Sodass Sie „nur noch" die Texte miteinander vergleichen mussten, um festzustellen, ob die Zeichenfolge in den Namen ähnlich war.

Champollion: Genauso war es. Wenig später sah ich auf einem Obelisken[1] eine neue Namenskartusche und auf Griechisch den Namen Kleopatra[2]. Ich vermutete, dass die Kartusche ebenfalls diesen Namen enthielt. Und tatsächlich: Ich konnte die Kartusche mithilfe der auf dem Stein von Rosette identifizierten Buchstaben lesen! Heute bin ich in der Lage, ein beinahe lückenloses ägyptisches Alphabet zusammenzustellen.

Reporter: Das Rätsel der Hieroglyphen ist also gelöst!

Champollion: Noch lange nicht. Es bleibt noch viel zu erforschen, bis wir altägyptische Texte lesen können. Die Bedeutung vieler Zeichen ist uns heute noch unklar. Und wir wissen auch noch nichts über die Grammatik dieser Sprache. Vor allem aber werden wir niemals wissen, wie diese Sprache klang, wenn sie gesprochen wurde.

Dieter Brückner

M 4 Der Ägyptologe Jean-François Champollion
Gemälde von Victorine Angélique Amélie Rumilly von 1823

[1] **Obelisk**: freistehende rechteckige Säule, die nach oben immer schmaler wird und eine pyramidenförmige Spitze hat (siehe Abbildung M3, S. 45)
[2] Zu Kleopatra siehe S. 124.

Internettipp:
Mehr über die Hieroglyphen und ihre spannende Entzifferung erfährst du unter **31061-08**.

---

3 *Gestaltet in Partnerarbeit ein Plakat über die Entzifferung der Hieroglyphen. Berücksichtigt dabei M1 bis M4. Findet eine interessante Überschrift.*

4 *Vergleicht die Hieroglyphen (M2) mit der lateinischen Schreibschrift, die ihr verwendet. Nennt Gemeinsamkeiten und Unterschiede.* (F)

5 *Diskutiert folgende Fragen:*
a) Warum gilt die Schrift als Kennzeichen einer Hochkultur?
b) Warum sind Schriften für Geschichtsforscher besonders wichtig?

- Entstehung der Hieroglyphenschrift
- Zeit der ägyptischen Hochkultur
- Erste Hieroglyphen werden entziffert

3000 v. Chr. | 2000 v. Chr. | 1000 v. Chr. | Chr. Geb. | 1000 | 2000

2 Ägypten – eine frühe Hochkultur

Woran glauben die alten Ägypter?

Viele Götter

Die alten Ägypter verehrten viele Götter. Wir nennen das *Polytheismus*, im Gegensatz zum Glauben an nur einen Gott (*Monotheismus*). Für sie wirkten überall göttliche Kräfte: in den Pflanzen, in der Luft, im Wasser, in der Sonne und vor allem in den Tieren.

Ihre Götter stellten sie sich in Menschen- oder Tiergestalt und als Mischwesen mit menschlichem Körper und Tierkopf vor. Zu den wichtigsten Göttern zählen der Sonnengott *Re*, der falkenköpfige Himmelsgott *Horus*, sein Vater *Osiris* (Herrscher der Unterwelt), die Göttin der wahren und gerechten Weltordnung *Maat*, der ibisköpfige Mond- und Schreibergott *Thot*, der Gott der Begräbnisbräuche *Anubis* mit Schakalkopf und die Göttin des Krieges, der Krankheit und der Heilung *Sachmet*.
Die Priester verfassten Gebete und Göttergeschichten und entwickelten bestimmte Handlungen für die Götter (Rituale). Es entstand eine Lehre von den Göttern (Theologie). Auch dies war ein Ausdruck der ägyptischen Hochkultur.

Wohnhäuser für die Götter

Die Tempel waren aus Sandstein gebaut und von einer großen Mauer aus Lehmziegeln umgeben. Sie bestanden meist aus mehreren hintereinanderliegenden Höfen mit Säulen. Zur Zeit der Pharaonen waren die Wände mit bunten Bildern geschmückt. Diese berichten von den Taten der Könige oder zeigen sie beim Götterkult.
Waren die Tempel die Kirchen der Ägypter? Nein. Die Ägypter bauten die Tempel als Wohnhäuser für ihre Götter und nur Priester hatten Zugang. Die Bevölkerung durfte lediglich den ersten Hof betreten.
Im Allerheiligsten, im hintersten Teil des Gebäudes, standen die Götterstatuen. In ihnen konnten die Gottheiten nach Vorstellung der Ägypter zeitweise anwesend sein.

Orte der Macht

Die Tempel sollten den Menschen zeigen, wie mächtig ihr Pharao war. Außerdem wurde in ihnen der Totenkult für verstorbene Könige vollzogen. Deshalb ließen die Herrscher prächtige Tempel errichten.
Manche Tempelanlagen legten sie wie Städte mit Schulen, Bibliotheken, Werkstätten, Gärten, Vorratshäusern und Wohnungen an. Neben den vielen Priestern waren dort Bauern, Handwerker, Ärzte, Schreiber und einfache Arbeiter beschäftigt.

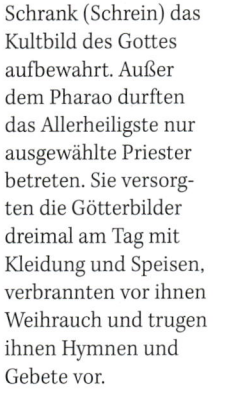

M 1 Im Allerheiligsten eines Tempels Zeichnung von Janet Jones, 1995
Der wichtigste Raum im Tempel war das Allerheiligste. Hier wurde in einem heiligen Schrank (Schrein) das Kultbild des Gottes aufbewahrt. Außer dem Pharao durften das Allerheiligste nur ausgewählte Priester betreten. Sie versorgten die Götterbilder dreimal am Tag mit Kleidung und Speisen, verbrannten vor ihnen Weihrauch und trugen ihnen Hymnen und Gebete vor.

M 2 Darstellung einiger altägyptischer Götter

- **Re** Gott der Sonne, Vater aller Götter
- **Maat** Göttin der Weltordnung, Wahrheit und Gerechtigkeit
- **Horus** Himmels- und Königsgott
- **Osiris** Gott des Jenseits
- **Thot** Gott der Schreiber und der Weisheit
- **Anubis** Gott der Begräbnisbräuche
- **Amun** Reichsgott

---

1. Erkläre die Funktion der Tempel (M1). Beachtet, dass sie sich von Kirchen, Synagogen und Moscheen unterscheiden.

2. Vergleiche den Glauben der alten Ägypter mit einer anderen Religion, die du kennst. Nenne einige Unterschiede. (F)

Woran glauben die alten Ägypter?

M 3 Die Götter kommen
Zeichnung von Gilbert Hoube, um 1990
Der Einzug von Götterbildern in den Tempel von Luxor, wie er um 1200 v. Chr. während eines Festes stattgefunden haben könnte. Vor dem Tempeleingang stehen zwei Obelisken. Im Vordergrund tragen Priester auf Gestellen Schiffe ohne Masten (Barken). Darauf befand sich auch eine Statue des Reichsgottes Amun.

M 4 Festzüge für das Volk
Der französische Ägyptologe Pierre Montet beschreibt den Verlauf eines Umzuges wie folgt:
Nur bei den Festzügen konnten sich die Gläubigen den Göttern nähern, ihnen ihre Probleme und Sorgen mitteilen sowie ihnen danken. Die Gelegenheit dazu ergab sich mindestens einmal im Jahr dann, wenn der Herr des Ortes unter großem Aufwand seine Heimstätte verließ und der Stadt und ihrer Umgebung einen Besuch abstattete. Die ganze Stadt pflegte dabei den Atem anzuhalten, ja manche Götter konnten sich rühmen, die Bevölkerung eines ganzen Landstrichs in ihren Bann zu ziehen. Die Frauen schwangen dabei unaufhörlich ihre Klappern, einige Männer bliesen auf der Flöte, andere sangen dazu und klatschten in die Hände.

Pierre Montet, Ägypten. Leben und Kultur in der Ramses-Zeit, übersetzt von Wilhelm Hein, Stuttgart ²1982, S. 238 (Text leicht geändert und gekürzt)

Lesetipp:
„Das schöne Fest vom Wüstental", siehe Mediencode **31061-09**.

3 Beschreibe den Einzug der Götter. Nutze dazu die Abbildung (M3) und den Text (M4).

4 Begründe, weshalb die Religion der alten Ägypter auch ein Ausdruck ihrer Hochkultur war. (H)

2 Ägypten – eine frühe Hochkultur

Gut vorbereitet für das Jenseits

M 1 Mumie des Pharaos Ramses II.
Ramses II. war 1,72 m groß und wurde 85 bis 90 Jahre alt. Er starb 1213 v. Chr. Die Einbalsamierer entnahmen dem Toten Gehirn und Eingeweide, nicht aber das Herz. Die Organe bestatteten sie in besonderen Gefäßen (Kanopen). Anschließend wurde der Leichnam etwa 40 Tage in Natronsalz gelegt, um ihn auszutrocknen. Dann füllte man den Körper mit Leinen oder Sägespänen und umwickelte ihn mit wohlduftenden Binden: Der Tote war nun eine Mumie. Die Mumie des Ramses befindet sich heute im Ägyptischen Museum von Kairo.

Was passiert nach dem Tod?
Die alten Ägypter stellten sich ihr Leben nach dem Tod ähnlich wie ihr irdisches Dasein vor. Das Jenseits wurde „Schöner Westen" genannt, da sie es auf dem Westufer des Nil vermuteten. Der große Unterschied zum Leben auf der Erde bestand jedoch darin, dass es ewig dauerte. Daher spielte die Vorbereitung auf das Jenseits bei ihnen eine besonders wichtige Rolle.

Wer es sich leisten konnte, sorgte für eine reich ausgestattete Grabanlage mit Nahrungsmitteln, Kleidung, Möbeln, Schmuck, Dienerfiguren (Uschebti) und mumifizierten Haustieren. Die Grabbesitzer ließen auch Texte an den Wänden anbringen, die von ihren Leistungen erzählten und ihre Frömmigkeit zum Ausdruck brachten.

Allerdings musste sich jeder Verstorbene in einer unterirdischen Gerichtshalle vor dem Totenrichter Osiris für seine Taten im Leben verantworten. Nur wer dieses Totengericht bestand, durfte überhaupt in den „Schönen Westen" eintreten.

Körper für die Ewigkeit
Eine Bedingung für das Weiterleben nach dem Tod war der Erhalt des Körpers. Anfangs setzten die Ägypter ihre Toten im heißen Wüstensand bei. Dadurch trockneten die Körper aus und blieben erhalten. Im Laufe der Zeit entwickelten die Priester dann für die wohlhabenden Ägypter ein kompliziertes Verfahren der Mumifizierung. Die einfachen Menschen begruben ihre Toten weiterhin im Sand.

M 2 Anubis versorgt eine Mumie
Wandmalerei aus dem Grab des Sennedjem, Theben-West; um 1200 v. Chr.
Zu Anubis siehe S. 44, M2.

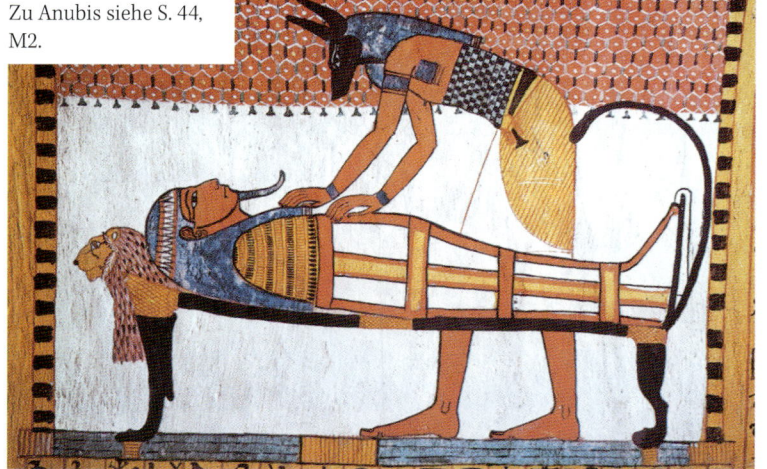

M 3 Uschebti
Bemalter Kalkstein (Höhe 24 cm), um 1200 v. Chr.
Die alten Ägypter hatten große Angst, im Jenseits zu körperlichen Arbeiten für den Totengott Osiris herangezogen zu werden. Aus dem Grunde gaben sie ihren Toten kleine Dienerfiguren (Uschebti) aus Stein, Ton, Wachs oder Holz mit ins Grab. Dieser Uschebti ist im Walters Art Museum in Baltimore (USA) ausgestellt.

❶ *Ohne den Jenseitsglauben und die Bestattungsbräuche der alten Ägypter wüssten wir viel weniger über ihre Hochkultur. Begründe diese Feststellung mithilfe von M1 bis M3.*

Gut vorbereitet für das Jenseits

M 4 Die „große Prüfung": das Totengericht

Ausschnitt aus dem „Totenbuch" des Schreibers Hunefer, Papyrus (Höhe: 39 cm), um 1300 v. Chr. Reiche Ägypter nahmen „Totenbücher" mit ins Grab. Das waren Papyrusrollen mit Sprüchen und Zeichnungen, die vor Gefahren in der Unterwelt schützen und beim Totengericht helfen sollten. Die Texte enthielten auch Antworten auf die Fragen des Totengerichts (M5). Das Dokument befindet sich heute im Britischen Museum in London.

Der Verstorbene und Anubis (siehe S. 44, M2)

Schleifenkreuz: Zeichen für das ewige Leben

Der Verstorbene kniet im Gericht vor den Göttern.

Waage: Auf der linken Seite liegt das Herz des Toten, auf der rechten Seite steht eine Feder. Das Herz ist Zeichen für den Sitz des Verstandes und der Seele; es gibt ein Bekenntnis über die Lebensführung (siehe M5) ab. Die Feder ist das Symbol für **Maat**: die Wahrheit, Gerechtigkeit und Ordnung.

Die „Große Fresserin", ein Fantasiewesen aus Krokodil, Löwe und Nilpferd, wartet auf das Ergebnis. Ist das Herz zu schwer, frisst sie es und verhindert ein Weiterleben im Jenseits.

Thot (siehe S. 44, M2) notiert das Ergebnis der „großen Prüfung".

Horus (siehe S. 44, M2) begleitet den Toten zu **Osiris** (siehe S. 44, M2).

M 5 Rechtfertigung im Totengericht

Aus einem um 1500 v. Chr. entstandenen „Totenbuch":

Ich habe kein Unrecht gegen Menschen begangen, und ich habe keine Tiere misshandelt. Ich habe keinen Gott beleidigt. Ich habe kein Waisenkind an seinem Eigentum geschädigt. Ich habe nichts
5 getan, was die Götter verabscheuen. Ich habe keinen Diener bei seinem Vorgesetzten verleumdet. Ich habe nicht Schmerz zugefügt und niemanden hungern lassen, ich habe keine Tränen verursacht. Ich habe nicht getötet, und ich habe auch
10 nicht zu töten befohlen; niemandem habe ich ein Leid angetan. Ich habe am Hohlmaß nichts hinzugefügt und nichts vermindert, ich habe das Flächenmaß nicht geschmälert und am Ackerland nichts verändert. Ich bin rein, ich bin rein, ich bin
15 rein, ich bin rein!

Zitiert nach: Altägyptische Dichtung, ausgewählt, übersetzt und erläutert von Erik Hornung, Stuttgart 1996, S. 121-122 (gekürzt)

Schritt für Schritt:
Bildquellen lesen lernen

Bilder teilen uns immer etwas über die Zeit mit, in der sie entstanden sind, und über die Vorstellungen der Menschen. Du kannst sie lesen und verstehen lernen, indem du sie genau beschreibst und Fragen an sie stellst. Nicht alle lassen sich bei jedem Bild beantworten. Oft musst du weitere Informationen einholen. Folgende Fragen helfen dir:
1. Wann, wo und für wen wurde das Bild geschaffen?
2. Welche Personen/Götter erkennst du?
3. Was ist auf dem Bild besonders hervorgehoben? Woran erkennst du das?

❷ *Werte die Bildquelle (M4) mithilfe der oben genannten Tipps aus.*

❸ *Gestaltet einzelne Szenen des Totengerichts (M4) als Standbilder. Überlegt, was die Figuren sagen sollen. Berücksichtigt dazu die Informationen aus M5.*

2 Ägypten – eine frühe Hochkultur

Pyramiden – Rampen zum Himmel

M 1 Pyramide des Cheops und Großer Sphinx in Gizeh
Undatiertes Foto
Die Pyramide ist das Grabmal des Pharaos Cheops, Baubeginn 2560 v. Chr. Der Sphinx (in der archäologischen Fachsprache: *der* Sphinx) ist die figürliche Darstellung eines Pharaos, bestehend aus einem Löwenkörper mit menschlichem Königskopf. Er versinnbildlicht die Macht und Kraft des Pharaos über den Pyramidenbezirk.

[1] Siehe auch die Abbildungen auf S. 32, 33 und 50.

Bauwerke für die Ewigkeit
Einige Pharaonen ließen sich für den Aufstieg zum Himmel **Pyramiden** bauen. Denn die Jenseitsvorstellungen verhießen ihnen dort die Aufnahme in die Gemeinschaft der Götter. Die älteste Pyramide ist die Stufenpyramide von Sakkara für König Djoser, der um 2620 v. Chr. starb.
Insgesamt wurden in Ägypten ungefähr 80 Pyramiden entdeckt. Sie bezeugen das hohe Niveau der damaligen Baukunst. Die größte Pyramide ist die des Pharaos Cheops in Gizeh[1], der um 2550 v. Chr. regierte. Jede Seite misst 230 m, ihre Höhe betrug ursprünglich 147 m. Rund 2,3 Millionen Kalksteinblöcke wurden verbaut. Im Durchschnitt wiegt jeder Block 2500 kg, etwa so viel wie zwei Autos. Noch immer ist unklar, wie genau die Ägypter die gewaltigen Steine hoben und zusammenfügten.

Grabstätten der Pharaonen
Eine Pyramide war Teil einer großen Anlage. Dazu gehörten Totentempel, Prozessionsstraßen vom Nilufer her, kleinere Pyramiden für Königinnen und Prinzessinnen sowie Friedhöfe mit den Gräbern hoher Beamter. Alles diente dazu, das Weiterleben des Herrschers im Jenseits zu ermöglichen und den Wohlstand des Volkes zu sichern. Am Pyramidenbau mitwirken zu können, war für alle Ägypter eine religiöse Pflicht und eine große Ehre.
Seit etwa 1500 v. Chr. ließen sich die Herrscher dann unterirdische Grabanlagen im Tal der Könige am Westufer des Nil nahe der Stadt Luxor bauen. Viele Pharaonen wurden dort mit kostbaren Grabbeigaben bestattet.

❶ *Vergleiche die Höhe und das Alter der Cheops-Pyramide mit dem höchsten Gebäude deines Schulortes.*

Pyramiden – Rampen zum Himmel

Die Pyramide ist 62,5 m hoch.

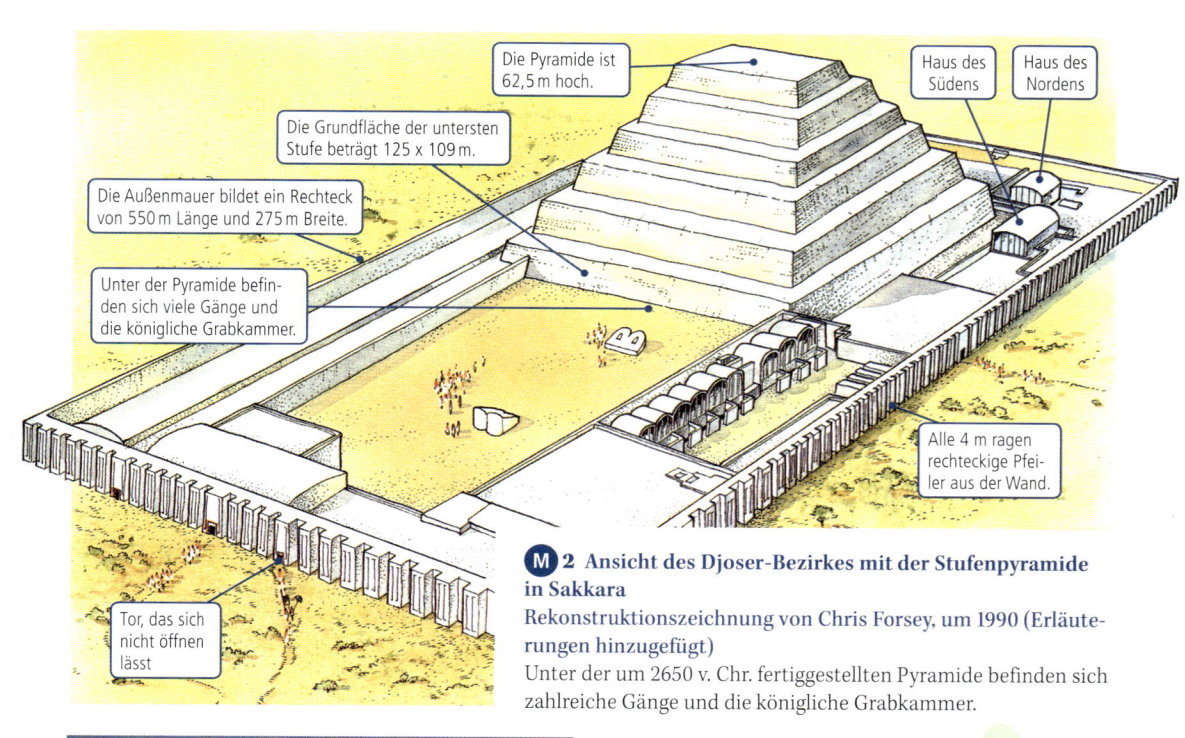

Die Grundfläche der untersten Stufe beträgt 125 x 109 m.

Die Außenmauer bildet ein Rechteck von 550 m Länge und 275 m Breite.

Unter der Pyramide befinden sich viele Gänge und die königliche Grabkammer.

Haus des Südens

Haus des Nordens

Alle 4 m ragen rechteckige Pfeiler aus der Wand.

Tor, das sich nicht öffnen lässt

M 2 Ansicht des Djoser-Bezirkes mit der Stufenpyramide in Sakkara
Rekonstruktionszeichnung von Chris Forsey, um 1990 (Erläuterungen hinzugefügt)
Unter der um 2650 v. Chr. fertiggestellten Pyramide befinden sich zahlreiche Gänge und die königliche Grabkammer.

M 3 Stufenpyramide des Pharaos Djoser
Kalkstein, Foto von 2009

M 4 Rampe zum Himmel
Text auf der Wand eines unterirdischen Raumes einer Pyramide von 2330 v. Chr.:
Eine Rampe wird ihm zum Himmel gebaut, dass er darauf zum Himmel steige. Er fliegt auf als Vogel und lässt sich nieder als Käfer auf einem leeren Sitz, der in der Barke des Re[1] ist. Er fliegt
5 fort von euch, ihr Menschen. Er ist nicht mehr auf Erden, er ist am Himmel.
Zitiert nach: Sylvia Schoske und Dietrich Wildung, Das Münchner Buch der Ägyptischen Kunst, München 2013, S. 49

Schritt für Schritt:
Bauwerke erforschen

Bauwerke sind geschichtliche Quellen. Ihre Gestaltung enthält Hinweise auf die Zeit, in der sie entstanden sind. Die ägyptischen Tempel und Pyramiden haben Jahrtausende überdauert. Wir können ihnen Informationen über die Architektur und die Technik sowie über den Glauben der alten Ägypter entnehmen. Folgende Fragen helfen dir, ein Bauwerk zu erforschen:
1. Wann und wo entstand das Bauwerk?
2. Welchem Zweck diente es?
3. Wer gab den Auftrag?
4. Welche Form und Größe hat es?
5. Welche Materialien wurden verwendet?
6. In welchem Zustand befindet es sich heute?

Internettipp:
Mehr zum Pyramidenbau erfährst du unter **31061-10**.

❷ Untersucht in Partnerarbeit die in diesem Kapitel abgebildeten Tempel und Pyramiden mithilfe der Fragen in „Schritt für Schritt".

❸ Erarbeitet Gemeinsamkeiten und Unterschiede zwischen der Pyramide des Djoser (M2 und M3) und der des Cheops (M1 und S. 32-33). Berücksichtigt auch M4.

[1] **Re**: Siehe S. 44, M2.

2650 v. Chr.: Pyramide des Djoser (Fertigstellung) • 2560 v. Chr.: Pyramide des Cheops (Baubeginn)

Zeit der ägyptischen Hochkultur

4000 v. Chr. — 3000 v. Chr. — 2000 v. Chr. — 1000 v. Chr. — Chr. Geb.

2 Das weiß ich! – Gelerntes vertiefen

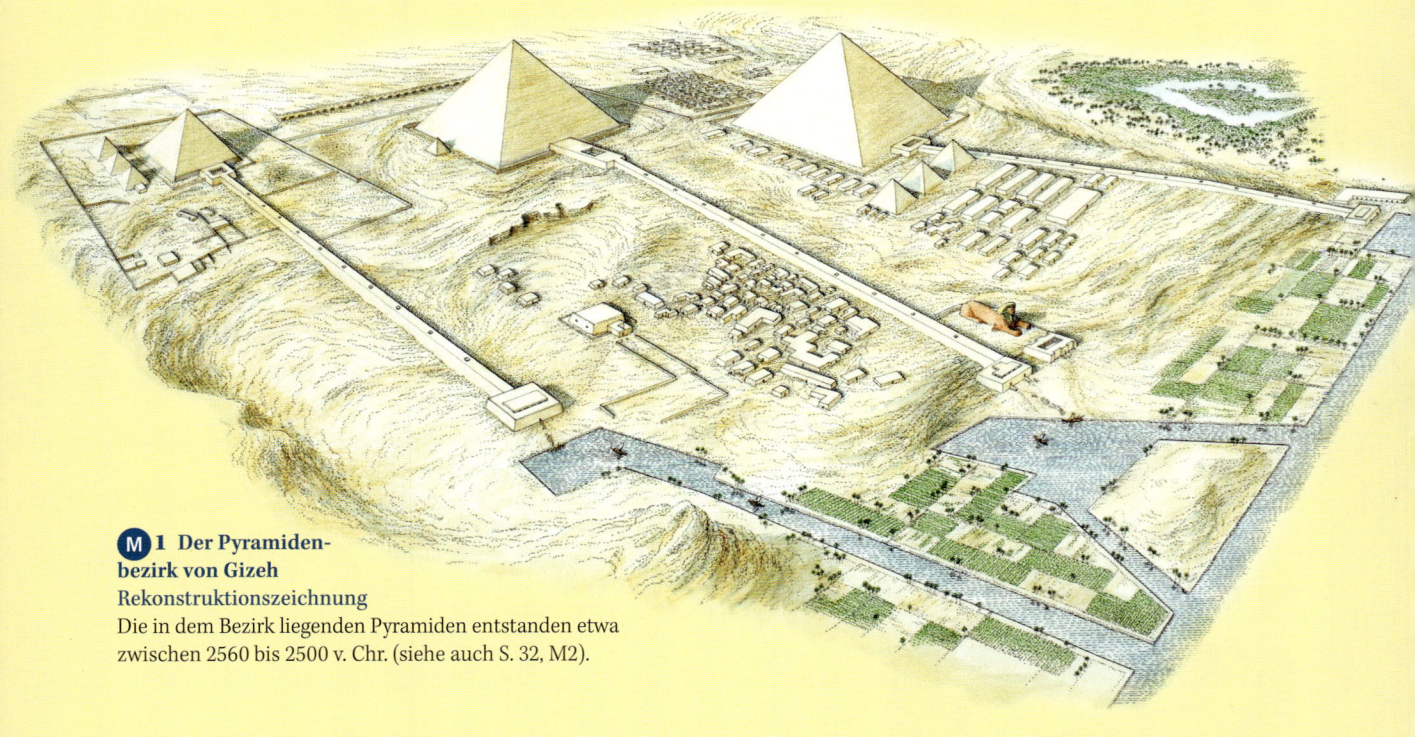

M 1 Der Pyramidenbezirk von Gizeh
Rekonstruktionszeichnung
Die in dem Bezirk liegenden Pyramiden entstanden etwa zwischen 2560 bis 2500 v. Chr. (siehe auch S. 32, M2).

Auf einen Blick: Ägypten – eine frühe Hochkultur

Die Lebensweise der alten Ägypter unterschied sich von den Verhältnissen in der Jungsteinzeit sowie vom Leben der Menschen in anderen Gebieten zur selben Zeit. Sie wurde vor allem vom Nil beeinflusst. Der große Fluss prägte ihren Lebensraum, die Grundlagen ihres Lebens und ihre Kultur entscheidend.

Die alten Ägypter bauten Dämme, Kanäle und Bewässerungssysteme. So wurde eine ertragreiche Landwirtschaft möglich. Der fruchtbare Boden konnte viele Menschen auf engem Raum ernähren und erbrachte Überschüsse für Notzeiten. Sie lernten, den Zeitpunkt der Nilschwemme zu berechnen, und entwickelten dazu einen Kalender. Ohne Astronomie, Geometrie und Mathematik war das alles nicht möglich. Seit etwa 3000 v. Chr. nutzten die alten Ägypter außerdem eine Schrift.

Dies alles sowie die Religion der alten Ägypter und die **Monarchie** (Alleinherrschaft) ihrer **Pharaonen** prägten die **Hochkultur ab 3000 v. Chr.**
Der Pharao war sehr mächtig und herrschte allein. Er konnte über politische, gesellschaftliche und religiöse Angelegenheiten bestimmen, indem er Befehle gab oder Gesetze erlassen. Die altägyptische Gesellschaft war hierarchisch gegliedert. Unter dem Pharao standen z. B. Priester und Beamte, dann folgten Handwerker und Bauern. Eine große Bedeutung hatte die Religion, der Glaube an viele Götter (*Polytheismus*) und an ein Leben nach dem Tode. Herrschaft und Religion bewirkten die Entstehung von außergewöhnlichen Bauwerken wie den **Pyramiden** und auffallend schönen Kunstwerken, die wir noch heute bewundern.

Zeit der ägyptischen Hochkultur

3000 v. Chr. — 2000 v. Chr. — 1000 v. Chr.

Metallzeiten in Deutschland

Das weiß ich! – Gelerntes vertiefen

1. Hilfsmittel, um ein Reich zu verwalten — S ▲▲🔺▲▲▲▲▲
2. Bezeichnung für die Herrscher — P ▲▲▲▲▲🔺
3. angesehener Beruf — S 🔺▲▲▲▲▲▲▲
4. Rangfolge in einer Gesellschaft — H ▲▲▲▲▲▲🔺▲▲
5. wichtig für die Bewässerung der Felder — 🔺▲▲▲
6. Landwirte — B 🔺▲▲▲▲
7. „Lebensader" Ägyptens — N 🔺
8. wo die Menschen nach dem Tod leben — J ▲▲▲▲▲▲
9. vor dem Verfall geschützter Leichnam — M 🔺▲▲▲
10. „Rampe zum Himmel" — P 🔺▲▲▲▲▲

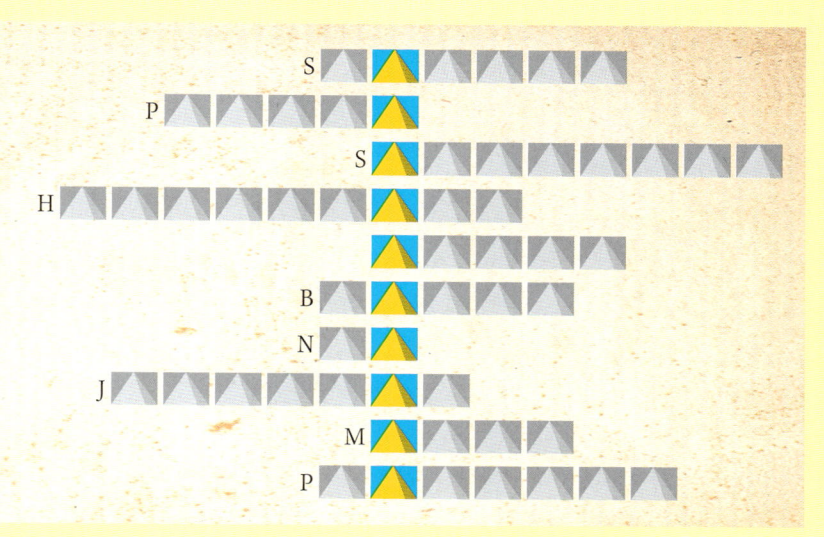

M 2 Was oder wer war das?

(Pyramidenschaubild der altägyptischen Gesellschaft: Pharao an der Spitze; darunter Hohepriester, hohe Beamte; Wesir, höchste Beamte; Priester mittlerer Ränge, mittlere Beamte, Soldaten; Priester niederer Ränge, niedere Beamte, Handwerker, Bauern, Offiziere; Unfreie (z. B. Kriegsgefangene), Diener. — „führen Befehle aus, leisten Abgaben, steigen durch Leistung auf"; „führen Befehle aus, berichten, steigen durch Leistung auf"; „verwalten")

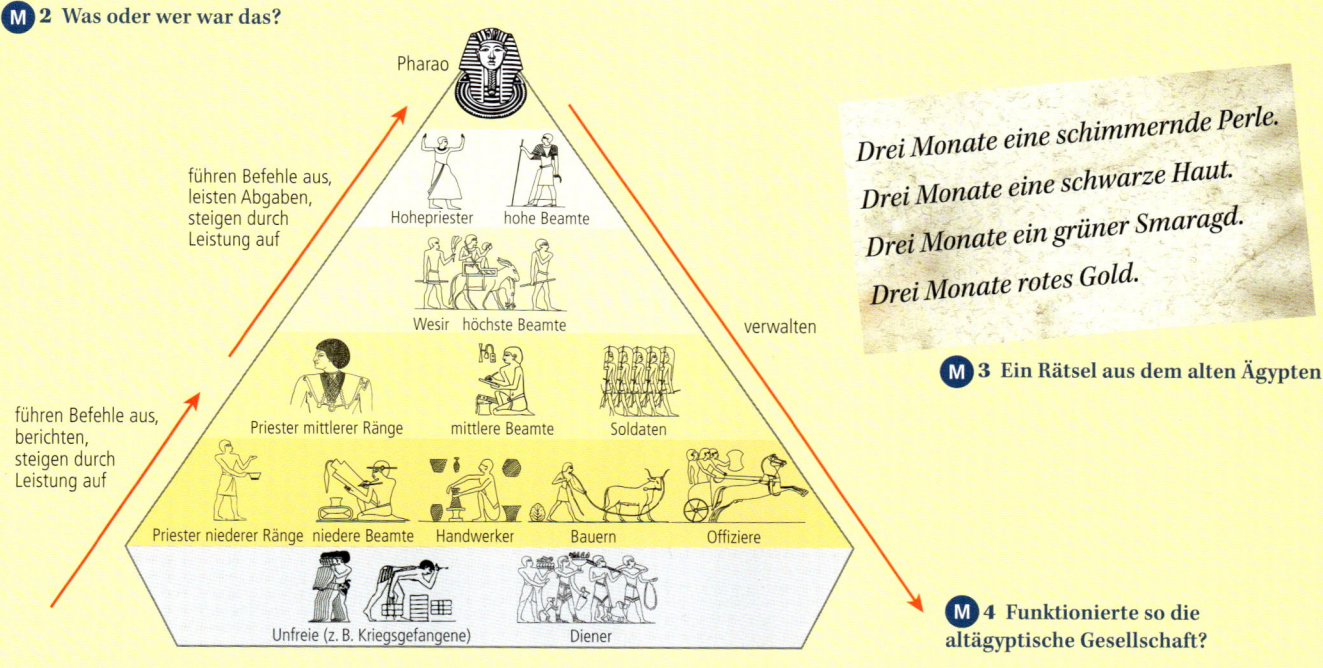

Drei Monate eine schimmernde Perle.
Drei Monate eine schwarze Haut.
Drei Monate ein grüner Smaragd.
Drei Monate rotes Gold.

M 3 Ein Rätsel aus dem alten Ägypten

M 4 Funktionierte so die altägyptische Gesellschaft?

---

1. Lege eine Zeitleiste an und trage folgende Angaben ein:
   - den Baubeginn der Cheops-Pyramide,
   - seit wann die Ägypter Schriftzeichen verwendeten,
   - das Ende der Regierungszeit Tutanchamuns,
   - die Entstehungszeit der Statue von Sabu und seiner Frau Meretites und
   - die Entzifferung der Hieroglyphen.

2. Beschreibe den Pyramidenbezirk (M1).
3. Löse die beiden Rätsel (M2 und M3). Schreibe die Lösungswörter in dein Heft und erläutere sie.
4. Erkläre die Begriffe „Pharao", „Monarchie" und „Pyramide".
5. Überprüfe das Schaubild (M4). Welche Einträge sind falsch? Begründe deine Aussagen.

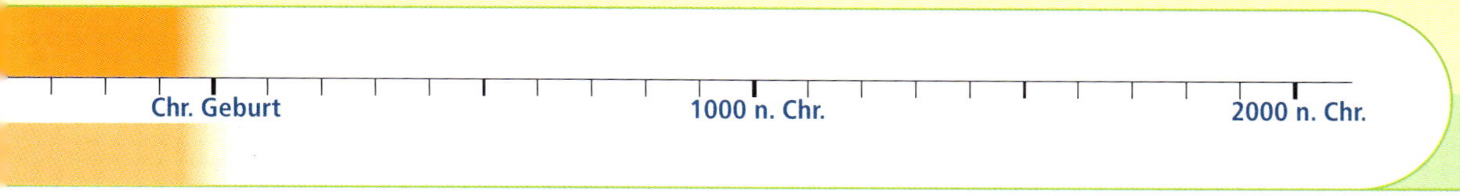

Chr. Geburt — 1000 n. Chr. — 2000 n. Chr.

2

Das kann ich! – Gelerntes anwenden

M 1 Feldarbeit
Wandmalerei aus dem Grab des Menna, Theben-West, um 1375 v. Chr. (Ausschnitt)

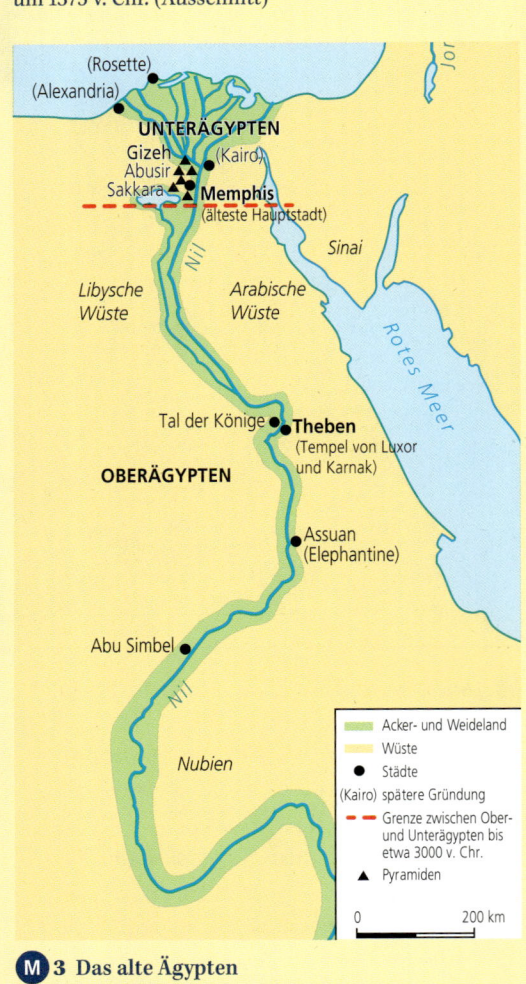

M 2 Ägypten – Land am Nil
Satellitenaufnahme von 2004

M 3 Das alte Ägypten und die Ausdehnung des Reiches

Legende:
- Acker- und Weideland
- Wüste
- ● Städte
- (Kairo) spätere Gründung
- ─ ─ Grenze zwischen Ober- und Unterägypten bis etwa 3000 v. Chr.
- ▲ Pyramiden

0 200 km

Zeit der ägyptischen Hochkultur

3000 v. Chr.   2000 v. Chr.   1000 v. Chr.

Metallzeiten in Deutschland

Das kann ich! – Gelerntes anwenden

M 4 Eine internationale Übereinkunft
1970 beschließt die Generalkonferenz der Organisation der Vereinten Nationen für Erziehung, Wissenschaft und Kultur (UNESCO):

Jeder Staat hat das Recht, das in seinem Hoheitsgebiet[1] vorhandene Kulturgut vor den Gefahren des Diebstahls, der unerlaubten Ausgrabung und der unzulässigen Ausfuhr zu schützen. Die Vertragsstaaten erkennen an, dass die unzulässige Einfuhr, Ausfuhr und der Verkauf von Kulturgut eine der Hauptursachen für den Verlust des kulturellen Erbes der Ursprungsländer darstellen. Die Einfuhr, Ausfuhr und Übereignung von Kulturgut gelten als unzulässig, wenn sie im Widerspruch zu den Bestimmungen stehen, die von den Vertragsstaaten angenommen worden sind.

Zitiert nach: www.unesco.de/infothek/dokumente/uebereinkommen/konvention-gegen-illegalen-handel-mit-kulturgut.html (stark gekürzt und vereinfacht; Zugriff: 20.01.2017)

[1] **Hoheitsgebiet**: Gebiet, in dem ein Staat für Recht und Ordnung sorgt

M 5 Soll die „Nofretete" zurück?
Im Februar 2011 melden verschiedene Zeitungen:

Der Leiter der ägyptischen Altertümerverwaltung fordert von den deutschen Behörden die Rückgabe der „Nofretete". Die Büste war 1912 von einem deutschen Archäologen bei Ausgrabungen in Ägypten entdeckt und 1913 mit Genehmigung der damaligen ägyptischen Regierung nach Berlin gebracht worden. Schon 2002 hatte der ägyptische Kulturminister verlangt, die Figur den Ägyptern „im Interesse der Menschheit" zurückzugeben. Die Forderung wurde von deutscher Seite mit dem Hinweis abgelehnt, die Büste befinde sich „aufgrund einer durch Vertrag vereinbarten Fundteilung" rechtmäßig in Berlin.

Nach: www.spiegel.de/wissenschaft/mensch/archaeologie-aegypten-fordert-nofretete-offiziell-zurueck-a-741185.html (Zugriff: 23.02.2017)

M 6 Nofretete
Foto aus dem Ägyptischen Museum in Berlin von 2012
Die 47 cm hohe Büste aus Kalkstein entstand um 1350 v. Chr. Sie stellt Nofretete dar, die Frau des Pharaos Amenophis IV. (Echnaton), der von 1364 bis 1347 v. Chr. herrschte.

Kompetenztest:
Einen Test, mit dem du überprüfen kannst, was du kannst und was du noch üben solltest, findest du unter **31061-11**.

---

1. Beschreibe die Tätigkeiten auf der Wandmalerei (M1). Was sagen die Bilder über die altägyptische Wirtschaft und Gesellschaft aus?
2. Vergleiche die beiden Karten (M2 und M3). Nenne Gemeinsamkeiten und Unterschiede.
3. Heute befinden sich altägyptische Kunstwerke in Museen auf der ganzen Welt. Hinweise dazu findest du in den Bildlegenden des Kapitels. Besonders wertvolle Stücke wie die Nofretete werden inzwischen von ägyptischen Politikern zurückgefordert (M5 und M6). Sie berufen sich dabei auch auf die Übereinkunft von 1970 (M4). Beurteile die Rückgabeforderungen und nimm dann dazu schriftlich Stellung. (H)
4. Die Pyramiden von Gizeh sind besondere Leistungen der alten Ägypter für die Menschheit. Begründe die Aussage in einem Beitrag für einen Geschichtsblog. Verwende dabei die Begriffe „Pharao" und „Hochkultur". Berücksichtige auch die Religion der alten Ägypter. (F)

3 Die griechische Antike

Die Athener errichteten diesen Tempel vor rund zweieinhalb Jahrtausenden zu Ehren ihrer Stadtgöttin Athene auf der Akropolis – zum Dank für die Errettung vor den Persern. In den folgenden Jahrhunderten musste das Heiligtum hin und wieder restauriert werden. 2014 warnten Fachleute vor einem möglichen Zusammenbruch. Zum Glück kam es nicht so weit. Viele Staaten halfen, dieses „Welterbe" zu erhalten.

❶ *Was spricht für oder gegen den Erhalt dieses Tempels? Sucht Informationen und diskutiert darüber.*

M 1 Der Parthenon-Tempel in Athen
Foto von 2012

3 Orientierung in Raum und Zeit

M 2 Die Walhalla in Donaustauf bei Regensburg. Undatiertes Foto

M 3 Zwei-Euro-Münze aus Griechenland von 2002

Den alten Griechen sei Dank

Die Walhalla sieht aus wie der Parthenon in Athen. Sie steht aber nicht in Griechenland. Der bayerische König *Ludwig I.* ließ diesen „Tempel" nach dem Athener Vorbild in Donaustauf bei Regensburg errichten. 1842 wurde die Walhalla feierlich eröffnet. Seitdem wird dort an große Persönlichkeiten der deutschen Geschichte erinnert.

Ludwig I. war, wie wir heute sagen würden, ein Fan der „alten Griechen". Er sah in dem, was sie späteren Generationen hinterlassen haben, eine Wurzel für die Kultur Europas und ein Vorbild für seine Gegenwart.

Mit seiner Meinung stand und steht er bis heute nicht allein. Dichter und Philosophen, Architekten und Bildhauer, Historiker und Politiker sind sich heute einig: Mit den Griechen trat für uns Europäer ein so tief greifender Wandel in vielen Lebensbereichen ein, dass damit ein neuer Abschnitt der Geschichte begann: die Antike (lat. *antiquus*: alt, ehrwürdig). Sie wurde von den alten Griechen und Römern geprägt. Davon zeugen nicht nur Überreste von Tempeln, Rüstungen, Münzen oder Vasen oder die Idee der Olympischen Spiele. Auch in unserer Sprache lebt die Antike noch. Wir benutzen ganz selbstverständlich Begriffe wie *Politik, Gymnasium, Theater, Philosophie, Architektur* und *Physik*. Sie alle kommen aus der griechischen Sprache.

Am Ende des Kapitels hast du erkannt, dass im antiken Griechenland wichtige Grundlagen der europäischen Kultur geschaffen wurden. Du kannst dann auch folgende Fragen beantworten:

- *Wie begünstigte die Landschaft Griechenlands das Entstehen von Stadtstaaten?*
- *Worin unterscheiden sich die Wanderungsbewegungen der alten Griechen von denen der Gegenwart?*
- *Unter welchen Umständen entstand in Athen die Demokratie?*
- *Worin unterscheiden sich antike und moderne Demokratie?*

6000 v. Chr.   5000 v. Chr.   4000 v. Chr.   3000 v. Chr.

Orientierung in Raum und Zeit

M 5 Der höchste Berg Griechenlands: der Olymp
Foto von 1998

M 6 Die Ebene von Thessalien
Foto von 1998

M 4 Wo die Griechen um 750 v. Chr. lebten

M 7 Die Küste der Insel Kreta
Foto von 2006

M 8 Die Landschaft Attikas
Foto von 2006

② Beschreibe die Landschaften mithilfe der Karte und der Fotos (M4–M8).

③ Seit der Altsteinzeit wanderten Menschen in das Gebiet des heutigen Griechenland ein. Wo hättest du dich angesiedelt? Begründe deine Meinung.

④ Vergleiche die landschaftlichen Gegebenheiten Griechenlands mit denen in Ägypten (siehe S. 33, M4 und S. 37, M4). Ⓗ

⑤ Verfasse einen Reisetipp für Griechenland. Nutze dazu die Informationen auf den Seiten 54 bis 57.

Antike

1000 v. Chr. — Chr. Geburt — 1000 n. Chr. — 2000 n. Chr.

Zeit der ägyptischen Hochkultur

3 Die griechische Antike

Die griechischen Stadtstaaten

M 1 Im Schatten der Akropolis
Landschaftsbild von 1998
So stellt sich ein Künstler die Anfänge der Polis Athen um 800 v. Chr. vor. Die Akropolis war damals die befestigte Bergsiedlung (Oberstadt). Siehe dazu auch S. 80, M1.

Lesetipp:
Die Welt der Griechen, vorgestellt von Arnulf Zitelmann, Frankfurt am Main 2008.

Stadtstaaten entstehen
Aus dem Nordwesten wanderten Menschen auf die griechische Halbinsel ein. Ihre Anführer gründeten an den schmalen Küstenstreifen, in den Ebenen und auf den Inseln Siedlungen. Dort lebten die Bewohner als Bauern, Fischer, Handwerker und Händler. Aus den Ansiedlungen entstanden nach 800 v. Chr. viele kleine Stadtstaaten. Die Griechen nannten sie **Polis** (dt. Burg, Stadt; Plural *poleis*). Sie bestanden aus dem städtischen Zentrum und dem Umland. Im 5. Jh. v. Chr. gab es über 1 000 griechische Poleis. Die meisten waren nicht größer als 50 bis 100 km² und hatten nur wenige Hundert Einwohner. Die großen Stadtstaaten Athen und Sparta waren Ausnahmen.

Wo Politik gemacht wird
Mittelpunkt einer Polis war die *Agorá*. Auf diesem zentralen Platz wurde gehandelt und gemeinsam gefeiert. Hier besprach man, was alle Bürger der Polis betraf. Kurz: Dort wurde Politik gemacht. In der Nähe der Agorá fanden auch Gerichtsverhandlungen statt und wurden Münzen geprägt.

Von der Monarchie zur Aristokratie
Die Bürger einer Polis bildeten eine Gemeinschaft im Frieden und im Krieg. Anfangs standen einzelne Männer an der Spitze einer Polis. Das waren die obersten Heerführer, Priester und Richter in einer Person, die wie Könige allein herrschten. Gegen diese Form der Monarchie lehnten sich in manchen Stadtstaaten Männer vornehmer Herkunft auf. Diese *Adligen* hatten sich im Kampf Mann gegen Mann hervorgehoben, besaßen viel Land und nannten sich voller Stolz „Aristoi": die Besten. Sie entmachteten die Alleinherrscher und gründeten **Aristokratien** (von griech. *aristos*: Bester; *kratia*: Herrschaft = Regierung „der Besten"). Gemeinsam herrschten die Aristokraten über die Bürger.

Wir sind wir
Ziel jeder aristokratischen Führung einer Polis war es, nach eigenen Gesetzen leben zu können. Man versorgte sich so weit wie möglich selbst, verehrte seine eigenen Stadtgottheiten, feierte seine eigenen Feste und grenzte sich von anderen Stadtstaaten ab. Häufig führten die Poleis gegeneinander Kriege, in denen es oft um Ackerland und Bodenschätze ging.
Anders als die Ägypter gründeten die Griechen kein Reich unter der Herrschaft eines Monarchen. Stattdessen schlossen die Bürger der Poleis bei Bedarf Bündnisse gegen Feinde.

---

① *Nenne die Unterschiede zwischen aristokratischer und monarchischer Herrschaft.*
② *Unser Wort „Politik" stammt von „polis". Erkläre den Zusammenhang.*
③ *In Griechenland entstand im Gegensatz zu Ägypten kein Großreich. Diskutiert mögliche Gründe.*

Polis   Aristokratie

Die griechischen Stadtstaaten

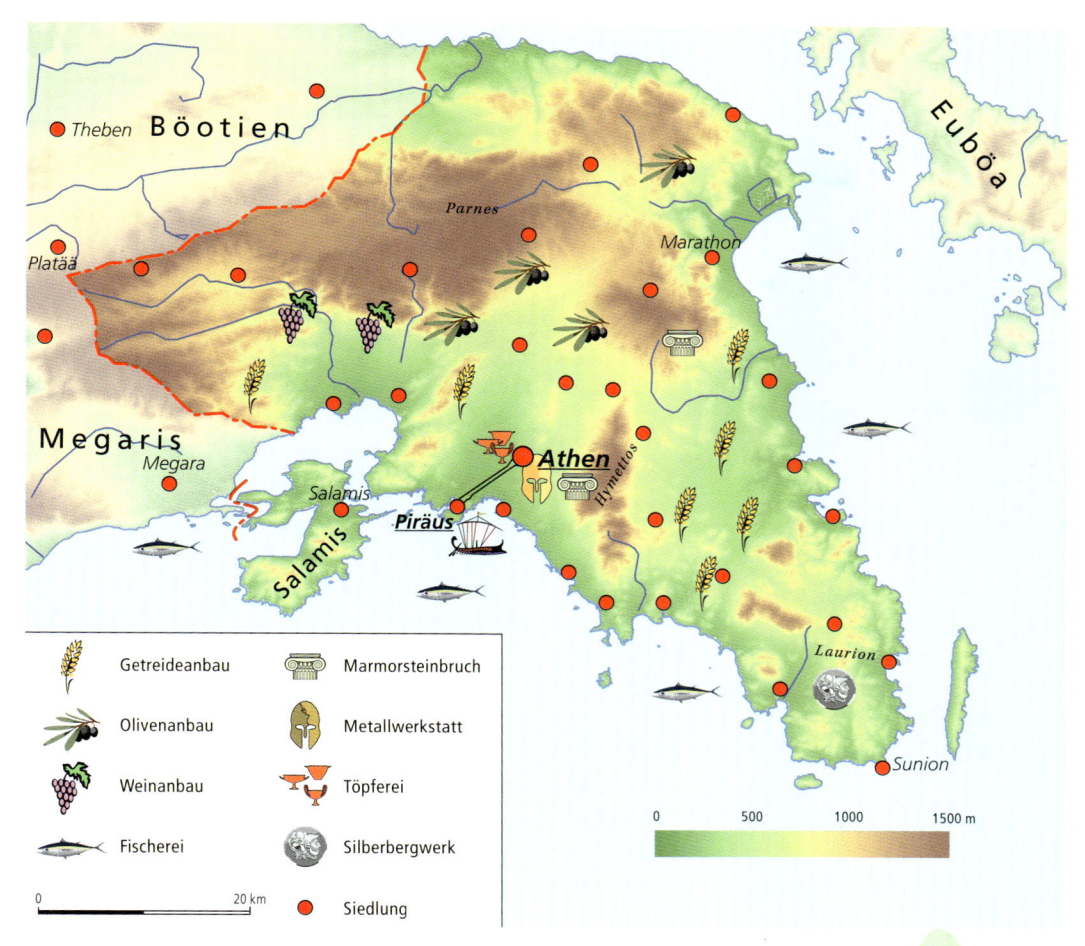

M 2 Attika und Athen im 5. Jh. v. Chr.
Athen liegt auf der Halbinsel Attika. Sie war die größte griechische Polis und bestand aus Stadt und Umland. Attika nahm ein Gebiet von ungefähr 2 600 km² ein. Das entspricht etwa der Fläche des Saarlandes. Zum Zentrum Athens im 5. Jh. v. Chr. siehe S. 74, M4.

M 3 Was ist eine Polis?

Der Historiker Klaus Rosen schreibt in einem im Jahr 2000 veröffentlichten Buch:

Das Wort *pólis* bezeichnet zunächst die Burg oder den Palast, von dem aus der Herrscher regiert. Auf einer nächsten Stufe kann *pólis* dann auch die umliegenden Häuser miteinbeziehen. Ihre
5 Bürger bilden in guten und schlechten Tagen eine Gemeinschaft. Sie feiern ihre Feste zusammen, entscheiden in geregeltem Verfahren ihre Zwistigkeiten und bilden eine Verteidigungsgemeinschaft. Zur Polis gehörte schließlich ihre wirt-
10 schaftliche Selbstständigkeit. Die meisten Bürger lebten von der Landwirtschaft. Sie hatten Grundbesitz im Umkreis der Stadt, den sie selbst bebauten.

Klaus Rosen, Griechische Geschichte erzählt. Von den Anfängen bis 338 v. Chr., Darmstadt 2000, S. 70 - 73 (vereinfacht und gekürzt)

Schritt für Schritt:
Wirtschaftskarten auswerten

Wirtschaftskarten enthalten ausgewählte Informationen über Güter, die die Bewohner eines Gebietes zum Lebensunterhalt und für den Handel zu einer bestimmten Zeit nutzten. Folgende Tipps helfen dir, sie auszuwerten:

1. Auf welchen Raum und auf welche Zeit bezieht sich die Karte?
2. Welche wirtschaftlichen Informationen enthält sie?
3. Welche Zeichen sind besonders häufig, wie sind sie verteilt?

4 Das Besondere an einer Polis ist, dass sie sich selbst versorgen kann (siehe M3). Erläutere die Aussage. Werte dazu die Karte M2 mithilfe der Tipps aus.

[1] Zum Zentrum Athens im 5. Jh. v. Chr. siehe S. 74, M4.

3 Die griechische Antike

Mit den Göttern leben

M 1 Die zwölf Hauptgötter
Im Stil einer griechischen Vasenmalerei nachgestaltet

① **Zeus**
Göttervater, Himmels- und Donnergott

② **Hera**
Königin der Götter, Göttin der Ehe und Geburt

③ **Hestia**
Göttin der Familie und des Herdfeuers

④ **Ares**
Gott des Krieges

⑤ **Apollon**
Gott des Lichts, der Musik und der Dichtkunst

⑥ **Athene**
Göttin der Weisheit, der Kunst und des Krieges; Stadtgöttin Athens

⑦ **Poseidon**
Gott des Meeres und der Erdbeben

⑧ **Hermes**
Bote der Götter, Beschützer der Reisenden

⑨ **Aphrodite**
Göttin der Liebe und der Schönheit

⑩ **Artemis**
Göttin der Jagd

⑪ **Hephaistos**
Gott der Handwerker und des Schmiedefeuers

⑫ **Demeter**
Göttin des Ackerbaus

Internettipp:
Zu den Göttern siehe Mediencode **31061-12**.

Götter und Halbgötter

Obwohl die Griechen in selbstständigen Poleis lebten und verschiedene Dialekte sprachen, fühlten sie sich doch als ein Volk. Das lag vor allem an ihrer Religion. Sie verehrten bestimmte Götter gemeinsam. Dazu hatte jede Polis ihre besonderen Gottheiten.

Neben den besonderen Göttern ihrer Polis verehrten die Griechen zwölf Götter. Sie hatten ihren Wohnsitz auf dem Olymp, dem höchsten Berg Griechenlands. Der oberste Gott war *Zeus*, er beherrschte gemeinsam mit seinen vier Geschwistern und sieben Kindern den Götterhimmel.

Nach den Vorstellungen der Griechen hatten die unsterblichen Götter nicht nur die Welt geschaffen. Sie griffen auch ständig in das Leben der Menschen ein und waren für alles verantwortlich, was auf der Erde, im Wasser und im Himmel geschah. Dabei zeigten sie typisch menschliche Eigenschaften. Sie erlebten Glück und Leid und empfanden Liebe und Hass, sie stritten sich, waren eitel, zickig, geltungssüchtig und unberechenbar.

Etwas Besonderes kam hinzu: Die Griechen konnten sich auch vorstellen, dass Göttinnen und Götter mit Menschen Kinder zeugten: *Heroen* (Sing.: *Heros*). Diese Halbgötter besaßen übermenschliche Kräfte.

Götter ehren

Jede Polis hatte ihr besonderes Heiligtum. Darüber hinaus gab es in Delphi, Olympia, Isthmia und Nemea Heiligtümer für alle Griechen.[1] Dorthin zogen die Gläubigen aus den Poleis, um die olympischen Götter zu verehren.

An die Götter wandten sich die Menschen mit Gebeten und Gesängen vor jeder wichtigen Handlung, sei es eine Hochzeit, eine Handelsreise oder ein Kriegszug. Ihnen zu Ehren wurden Feste gefeiert und Opfer dargebracht. Solche Feiern stärkten die Gemeinschaft.

Orakel befragen

Um den Willen der Götter zu erkunden, befragten die Griechen bei wichtigen privaten und öffentlichen Anlässen auch *Orakel*. Dort gaben Priesterinnen oder Priester den Ratsuchenden im Namen der Götter geheimnisvolle Zeichen für das, was sie tun sollen. Besondere Bedeutung hatte das Orakel von Delphi. Dorthin zogen Griechen aus allen Poleis. Sie trafen sich dort nicht nur, um göttlichen Rat zu suchen, sondern auch, um Informationen zu bekommen und um Kontakte zu knüpfen.

❶ *Erkläre, warum die Religion das Zusammengehörigkeitsgefühl aller Griechen beeinflusste.*

❷ *Vergleicht in Partnerarbeit die griechischen mit den ägyptischen Göttern. Berücksichtigt ihr Aussehen und ihre Eigenschaften.*

❸ *Nenne religiöse Feste und Bräuche der Gegenwart und vergleicht sie mit denen der alten Griechen.*

---

[1] Siehe die Karte mit der Heiligtümern auf S. 57 und das Kapitel über Olympia, S. 64 f.

Mit den Göttern leben

M2 Eine Familie schreitet zum Opfer
Bemalte Holztafel (15 x 30 cm) aus Korinth, um 540 v. Chr.
Die Frau vor dem Altar trägt auf dem Kopf einen Korb mit Opfergaben.

M3 Das delphische Orakel
Attische Trinkschale (Ø 32 cm, Höhe 12,5 cm) aus gebranntem Ton (Keramik), um 430 v. Chr.; gefunden in Vulci in Süditalien
In Delphi verehrten die Griechen Apollon, den Gott des Lichts, der Musik, der Dichtung und der Heilkunst. Er konnte das Dunkel der Zukunft durchdringen. Dabei half ihm die Priesterin Pythia.

M4 Bei der Pythia in Delphi
Der Historiker Frank Schwieger schreibt in einem Jugendsachbuch:

Meist ging es um private Angelegenheiten: Soll ich den einen oder den anderen Acker kaufen? Soll ich noch in diesem Jahr heiraten? Wie kann ich mich mit meinem Nachbarn versöhnen? Manchmal schickten aber auch Städte oder Könige Gesandtschaften nach Delphi, um die Pythia in großen Staatsangelegenheiten um Rat zu fragen: Wo sollen wir eine Kolonie gründen? Was sollen wir beim Angriff der Perser machen?[1] Wie eine Missernte überwinden? Aus Dankbarkeit machten sie dann kostbare Geschenke, die in Schatzhäusern rund um den Tempel aufbewahrt wurden.
Der Ablauf einer Orakelbefragung war genau festgelegt. Bevor die Pythia befragt werden konnte, besprengte ein Priester eine Ziege mit kaltem Wasser. Blieb die Ziege ruhig, fiel das Orakel für diesen Tag aus. Zuckte die Ziege jedoch zusammen, galt dies als gutes Omen der Götter: Die Ziege wurde als Opfertier geschlachtet und auf einem Altar verbrannt. Die Pythia nahm ein Bad in einer heiligen Quelle und ging dann zum Apollon-Tempel, wo sie sich auf ihren Dreifuß setzte und dem Ratsuchenden ihren Orakelspruch verkündete.

Frank Schwieger, Das Alte Griechenland. Zu Gast bei Zeus, Sokrates & Co., Hildesheim 2014, S. 37

4 Beschreibe den Opferzug und alles, was für die Feier vor den Altar gebracht wird (M2).

5 Diskutiert darüber, warum die Orakel so geheimnisvoll abliefen (M3 und M4).

[1] Siehe dazu S. 70 f.

3 Die griechische Antike

Mythen und Epen

M1 Trojanisches Pferd
Undatiertes Foto
In Troja (heute ein Ort in der Türkei) steht ein Modell des hölzernen Pferdes. Kinder können über eine Leiter in das Innere des großen Holzpferdes klettern und griechische Eroberer spielen.

Lesetipps:
- Homer, Die Odyssee, nacherzählt von Ulrich Karger, Stuttgart 2004.
- Waldtraut Lewin, Griechische Sagen, Bindlach 2013.

Hörtipps:
- Griechische Sagen. Neu erzählt von Dimiter Inkiow, Dortmund 2014.
- Walter Jens, Ilias und Odyssee, Sprecher Stefan Kurt, Hamburg 2006.

[1] **Barbaren:** Angeblich haben die Griechen diese Bezeichnung verwendet, weil die Sprache der Fremden in ihren Ohren unverständlich wie „bar-bar" klang.

Homer

Die berühmtesten Epen verfasste *Homer*, ein Dichter aus Kleinasien, dessen genaue Lebenszeit nicht bekannt ist und der wohl im 8. Jh. v. Chr. gelebt hat. Sein Epos „Ilias" erzählt einen Ausschnitt aus der Geschichte des zehnjährigen Krieges der Griechen gegen die kleinasiatische Stadt Troja. Im Mittelpunkt stehen der griechische Heros *Achilles*, ein Sohn der Meeresgöttin *Thetis*, und der trojanische Prinz *Hektor*. In der „Odyssee" geht es um den griechischen Helden *Odysseus* von der Insel Ithaka, der nach der Eroberung und Zerstörung Trojas erst nach zehnjährigen Irrfahrten und vielen Abenteuern in seine Heimat zurückkehren kann.

Einfach sagenhaft

Von Göttern, Heroen und anderen Helden und ihren Taten und Schicksalen handeln die *Mythen* (dt. Reden, Erzählungen; Sing.: *Mythos*). Jede Polis, die etwas auf sich hielt, hatte ihren eigenen Mythos, in dem erzählt wurde, wie eine Gottheit oder ein Heros bei ihrer Gründung beteiligt gewesen war. Auch Adlige ließen oft Mythen verbreiten, die belegten, dass sie direkt von einer Gottheit oder einem Heros abstammten.

Diese Götter- und Heldensagen trugen ursprünglich Sänger mündlich vor. Erst nach dem 8. Jh. v. Chr. wurden sie zusammengefasst und schriftlich überliefert. Im Laufe der Zeit wurden sie ausgeschmückt, ergänzt, erweitert oder miteinander verknüpft. Die kunstvollsten Erzählungen waren in Versform verfasst und wurden *Epen* genannt (griech. für Wort, Vers, Erzählung, Gedicht; Sing.: *Epos*). Die Geschichte von der Entführung der *Europa* geht auf eine solche Erzählung zurück.

Überall, wo Griechen siedelten, wurden diese Mythen und Epen weitererzählt. Egal, ob in Italien, Nordafrika oder am Schwarzen Meer: Überall kannte man bald dieselben Götter- und Heldengeschichten. Ihre Hauptfiguren und deren Taten waren auf Tempelwänden und Vasen oder in Form von Statuen allgegenwärtig. Das stärkte ihr Zusammengehörigkeitsgefühl, führte aber auch dazu, dass sie sich von den nichtgriechischen „Barbaren"[1] abgrenzten.

Noch heute bekannt

Das trojanische Pferd, die Taten des Herakles oder die Irrfahrten des Odysseus sind heute noch vielen Menschen bekannt. Dazu trugen über Jahrtausende die Dichter bei. Wenn wir heute von einem „Trojaner" reden oder davon sprechen, dass jemand eine „Odyssee" hinter sich hat, können wir damit rechnen, dass viele ohne Weiteres verstehen, was wir damit zum Ausdruck bringen wollen, obwohl sie Homers Epen gar nicht mehr kennen.

① *Erkläre, was ein Mythos ist.*
② *Informiere dich über das Ende des Trojanischen Krieges. Das Bild M1 hat damit zu tun. Erzähle die Geschichte deiner Klasse.*
③ *Recherchiere, was wir über den Dichter Homer wissen. Schreibe das Ergebnis in dein Heft.*
④ *Erkläre, was wir unter „Trojaner", „Odyssee", „Herakles-Taten" verstehen.*

Mythen und Epen

M 2 Die Entführung der Europa
Seit der Antike wird folgende Geschichte erzählt.

Verzweifelt blickte Europa zum Himmel und klagte: „Ihr Götter, wie konntet ihr das nur zulassen?" Aber im gleichen Atemzug machte sie sich selbst Vorwürfe: „Kann ich denn alle Schuld auf die Göt-
5 ter wälzen? Bin ich nicht selbst schuldig? Wie konnte ich so unvorsichtig sein, mich dem fremden Stier zu nähern und mich sogar auf seinen Rücken zu setzen? Geschah es mir da nicht recht, dass er mich forttrug?"
10 Schaudernd erinnerte sie sich an ihre Reise. Eine Nacht und einen Tag lang war sie auf dem Rücken des weißen Stieres durch das Meer geschwommen. Er hatte sie von ihrer Heimat Phönizien an die Küste einer fremden Insel im Westen gebracht.
15 Den Namen der Insel kannte sie nicht einmal. Für einen Augenblick dachte Europa daran zu sterben. Da hörte sie ein leises Geräusch. Als sie sich umdrehte, sah sie eine Frauengestalt, die sich ihr näherte, ohne den Boden mit den Füßen zu
20 berühren.
„Hör auf, so zu jammern", begann sie zu sprechen. „Kennst du mich noch? Ich bin Aphrodite, die Göttin der Liebe. Neulich bin ich dir im Traum erschienen, um dir mitzuteilen, dass der Göttervater
25 Zeus in dich verliebt ist." Europa starrte sie ungläubig an. Aphrodite fuhr fort: „Und was meinst du, wer dich hierher auf die Insel Kreta trug? Etwa ein normaler Stier? Hast du dich nicht gewundert, dass dich auf dem Meer kein Tropfen Wasser be-
30 netzt hat, obwohl die Wellen hochgingen? – Nein, der Stier war niemand anderer als Zeus. Er hatte dich vom Olymp aus erblickt und sich aufgrund deiner Schönheit sofort in dich verliebt. Um dich zu besitzen, beschloss er, dich zu entführen. Du
35 bist", fuhr Aphrodite etwas schnippisch fort, „zwar nicht die einzige Geliebte unseres mächtigsten Gottes, aber tröste dich: Als Tochter des Königs von Tyros hätte man dich vielleicht geehrt, als Geliebte des Zeus
40 wirst du unsterblich werden. Denn der Erdteil, zu dem Kreta gehört und in den er dich entführt hat, soll deinen Namen tragen: Europa."

Dieter Brückner

M 3 Europa und der Stier
Griechische Trinkschale (Ø 21,5 cm) aus gebranntem Ton (Keramik), um 330 v. Chr.
Das Gefäß wurde in Unteritalien (Apulien) gefunden.

Schritt für Schritt:
Gegenständliche Quellen erforschen

Gegenstände sind wichtige Quellen der Geschichte (siehe S. 13). Keramikfunde wie dieser können viele Auskünfte geben über ihre Entstehungszeit, Herstellungsweise, Bemalung und Verwendung lassen Rückschlüsse auf Alltag, Gesellschaft, Religion und Handelsbeziehungen zu.
Mit folgenden Fragen kannst du Keramiken erforschen:
1. Um welche Art von Keramik handelt es sich? Wozu wurde sie verwendet?
2. Wo und wann wurde sie hergestellt?
3. Wo wurde sie gefunden?
4. Wie groß ist sie?
5. Wurde sie unbeschädigt, teilweise oder nur in Bruchstücken überliefert?
6. Ist sie mit Bildern verziert? Was zeigen sie?

---

5 Fasse die Geschichte (M2) zusammen und suche nach einer Erklärung, warum unser Erdteil heute Europa heißt.

6 Untersuche mithilfe der Methode „Schritt für Schritt" M3 sowie M3 auf S. 61. Berücksichtige die Informationen zu den Bildmotiven. Präsentiere deine Ergebnisse der Klasse.

7 Vergleiche das Bildmotiv auf M3 mit dem auf der Münze (siehe M3, S. 56). Erläutere den Zusammenhang. (H)

3 Die griechische Antike

Olympia: Feste für die Götter

M 1 Olympia
Die Zeichnung von Jean-Claude Golvin (2003) zeigt das Heiligtum im 4. Jh. v. Chr.
① Heiliger Hain
② Tempel der Hera
③ Tempel des Zeus
④ Tempel der Kybele, der Mutter aller Götter
⑤ Schatzhäuser
⑥ *Prytaneion*, Tagungsort der Verwalter, Ort der Festmähler für die Wettkampfsieger
⑦ *Gymnasion*, Übungsplatz der Läufer
⑧ *Palästra*, Übungsplatz der Ringer, Boxer und Weitspringer
⑨ Sitz der Priester
⑩ Gasthof für vornehme Gäste
⑪ *Buleuterion* mit Zeus-Altar, hier leisteten die Athleten den olympischen Eid
⑫ *Stadion* mit Platz für 45 000 Zuschauer
⑬ *Hippodrom* für Pferde- und Wagenrennen

Internettipp:
Zu Olympia siehe Mediencode **31061-13**.

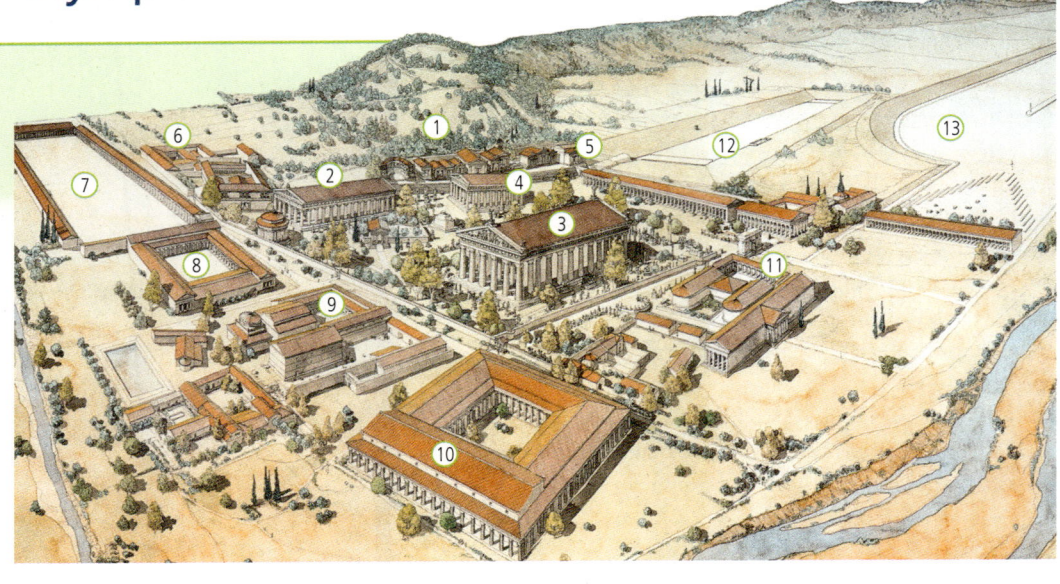

Die Olympischen Spiele – mehr als Sport

Seit dem 11. Jh. v. Chr. fanden am Heiligtum des Zeus und seiner Gemahlin *Hera* in Olympia religiöse Feste statt. Hier wurden bald nicht nur Gottesdienste gefeiert, sondern auch Dichterlesungen, Theateraufführungen und Sportwettkämpfe ausgetragen. Eine überlieferte Quelle nennt Sieger ab 776 v. Chr. Die Spiele fanden danach alle vier Jahre statt. Dieser Zeitraum wurde daher als Olympiade bezeichnet.

Teilnehmer und Bedeutung

Während der Feiern in Olympia sollten Streit und kriegerische Auseinandersetzungen zwischen den Poleis ruhen. Doch das geschah nur selten.
Seit Mitte des 5. Jh. v. Chr. konnten alle wehrfähigen Griechen mit Bürgerrecht, die es sich leisten konnten, an den Wettkämpfen teilnehmen. Verheirateten Frauen war es unter Androhung der Todesstrafe nicht einmal erlaubt zuzusehen. Erst viel später gab es für Frauen eigene Laufwettbewerbe.
Die Feste in Olympia wurden im Laufe der Zeit immer größer und die Zahl der Teilnehmer nahm zu. Die Tempel und Wettkampfplätze wurden vergrößert und besondere Schatzhäuser errichtet, in denen die teilnehmenden Poleis kostbare Gaben für die Götter aufstellen ließen.

Ruhm und Unsterblichkeit

Wer bei den Wettkämpfen siegte, erhielt in Olympia einen Kranz aus Zweigen des heiligen Ölbaums des Zeus. In der Heimat erwarteten einen Sieger allerdings noch hohe Ehren und Prämien, da er mit seinem Sieg das Ansehen seiner Polis vergrößert hatte. Darüber hinaus wurden Statuen der Gewinner auf öffentlichen Plätzen aufgestellt. Dichter verfassten Gedichte für sie wie für Heroen. Sie sollten die Sieger unsterblich machen.
Da in Olympia viel auf dem Spiel stand, kämpften die Athleten nicht nur mit vollem Einsatz, sondern auch rücksichtslos gegeneinander. Immer wieder verliefen die Wettkämpfe nicht fair, sodass Strafbestimmungen gegen Bestechung und Betrug eingeführt wurden.

Ende und Neuanfang

Ende des 4. Jh. n. Chr. wurden die Olympischen Spiele von einem christlichen Herrscher verboten. Sie galten ihm als heidnisch. Die Olympische Idee geriet in Vergessenheit. Sie wurde erst 1896 wieder zum Leben erweckt.

---

❶ *Erkläre, welche Anlagen dem Götterkult und welche der Sportveranstaltung dienten (M1).*

Olympia: Feste für die Götter

M 2 Höhepunkte der Olympischen Spiele
Im 5./4. Jh. v. Chr. verlaufen die Spiele in etwa wie folgt:
Erster Tag: Prozessionen, Opferdarbietungen und Eid aller Athleten, die Regeln anzuerkennen; Wettkämpfe der Knaben (12 - 18-Jährige): Wettlauf, Ringen und Faustkampf
Zweiter Tag: Wagenrennen der Vier- und Zweigespanne, Wettreiten, Fünfkampf (Diskuswerfen, Weitsprung, Speerwerfen, Laufen und Ringen); Totenopfer
Dritter Tag: Feierliche Prozession zum großen Altar des Zeus: Höhepunkt des Festes; danach Langlauf (rund 3 840 m), Stadionlauf (rund 192 m) und Doppellauf (rund 384 m)
Vierter Tag: Ringen, Faustkampf und Pankration (eine Art Catchen, bei dem Würgen, Treten und Beißen erlaubt waren) und zum Abschluss der Waffenlauf (rund 384 m mit einem bronzenen Schild am linken Arm)
Fünfter Tag: Siegerehrung, Dankopfer und Festessen

Nach: Ludwig Drees, Olympia. Götter, Künstler und Athleten, Stuttgart 1967, S. 77 ff. (vereinfacht)

M 3 Die Bedeutung der Spiele
Der Schriftsteller Isokrates aus Athen schreibt um 380 v. Chr.:
Mit Recht lobt man diejenigen, welche die Festversammlungen eingeführt haben, denn sie überlieferten die Sitte, dass wir uns nach Verkündung des Gottesfriedens und nach Beilegung der schwebenden Feindschaften an einem Ort zusammenfinden, um den Göttern gemeinschaftlich Gebete und Opfer darzubringen. Dabei erinnern wir uns der bestehenden Verwandtschaft, verbessern für die Zukunft das gegenseitige Verständnis, erneuern alte und schließen neue Freundschaften.

Isokrates, Panegyrikos 43, übersetzt von Theodor Flathe, Berlin o. J. (vereinfacht)

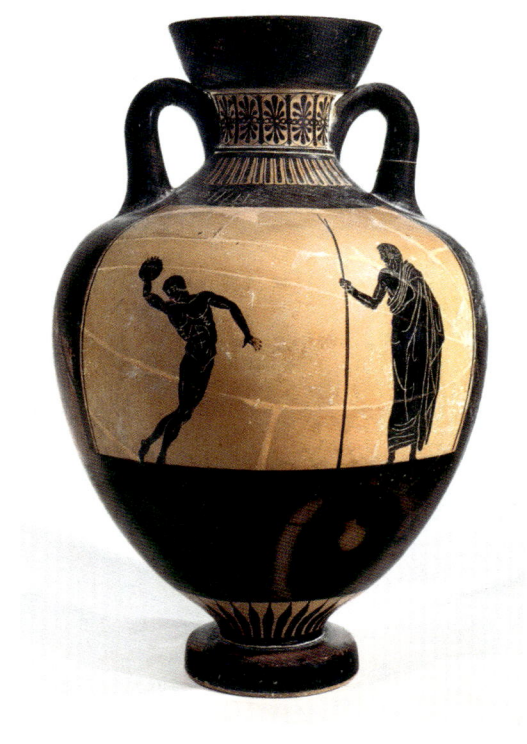

M 4 Amphore mit Diskuswerfer und Kampfrichter
Die (Amphore = „Doppelträger") wurde um 430 v. Chr. hergestellt, hat eine Höhe von 50 cm und einen Bauchumfang von 32 cm. Sie wurde in Cumae (Süditalien) gefunden. Solche Gefäße wurden siegreichen Athleten in Athen geschenkt und enthielten rund 17 Liter feinstes Körperöl.

M 5 Diskuswerfer
Foto von den Olympischen Spielen in Rio de Janeiro 2016 mit dem Goldmedaillengewinner Christoph Harting

---

② Beschreibe Ablauf und Bedeutung der Olympischen Spiele (Darstellung, M2 und M3).

③ Arbeite aus M4 alle für die Geschichte des Sports interessanten Informationen heraus.

④ Vergleiche die Diskuswerfer auf M4 und auf M5. Nenne Unterschiede und Gemeinsamkeiten.

• 776 v. Chr.: angeblich erste Olympische Spiele
Alle vier Jahre finden Olympiaden statt
• 393 n. Chr.: Die Olympischen Spiele werden vom christlichen Kaiser verboten
• 1896: Wiederbegründung als „Olympische Spiele der Neuzeit", die ersten Wettkämpfe finden in Athen statt

800 v. Chr. | 400 v. Chr. | Chr. Geb. | 400 | 800 | 1200 | 1600 | 2000

3 Die griechische Antike

Auf der Suche nach einer neuen Heimat

M 1 Wo viele Griechen sich niederließen (750 - 550 v. Chr.)

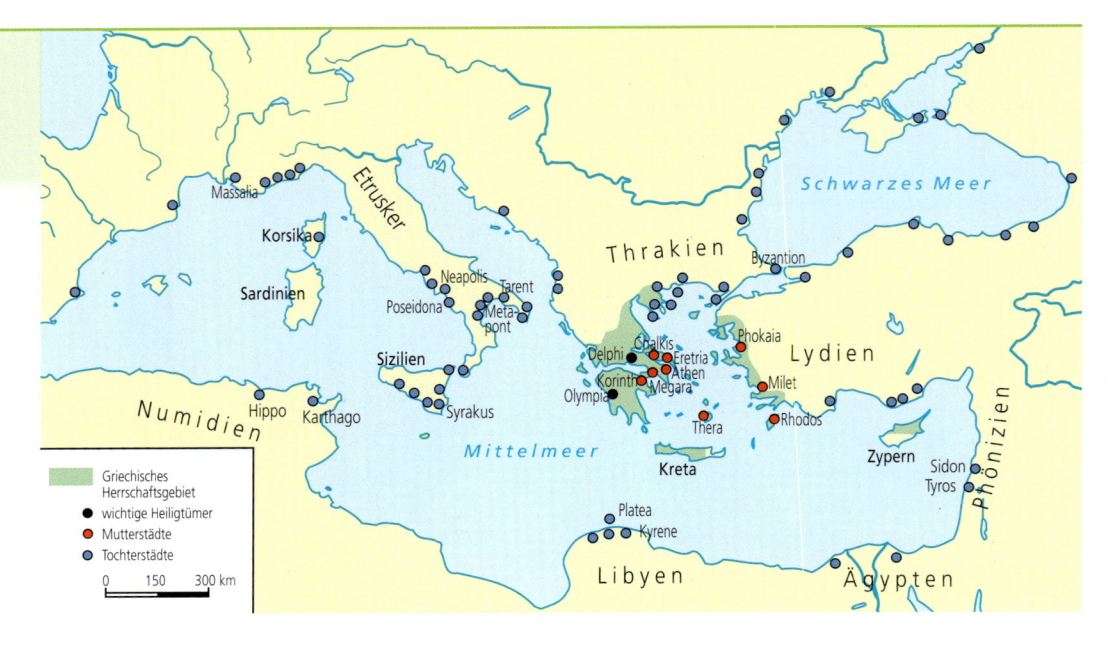

Griechen verlassen ihre Polis

Seefahrt und Handel brachten die Griechen mit anderen Völkern und Kulturen in Kontakt, denen sie viele Anregungen verdankten. Von den Phöniziern übernahmen sie beispielsweise das Alphabet und von den Lydern das Münzgeld.

Seit dem 8. Jh. v. Chr. verließen immer wieder Gruppen von ein- bis zweihundert Griechen unter Führung von Aristokraten ihre heimatliche Polis. Sie zogen übers Meer und ließen sich dort nieder, wo es fruchtbares Land gab und wo sie ihr Auskommen fanden.

Historiker nennen solche Wanderungsbewegungen **Migration** (lat. *migrare*: wandern). Da sie mit Landnahmen verbunden waren, wurde diese Entwicklung später auch als *Kolonisation* (von lat. *colere*: Land bebauen) bezeichnet. Die Kolonisation verlief nicht immer friedlich. Einheimische verloren ihr Land, wurden vertrieben oder versklavt.

Ursachen und Folgen

Die Ursachen der griechischen Wanderungsbewegungen waren vielfältig und änderten sich im Laufe der Zeit. Dazu zählten die Zunahme der Bevölkerung, Mangel an Land, Missernten, Armut und Hunger, Streitigkeiten zwischen den führenden Familien einer Polis, Kriege und Angst vor Versklavung. Manche Griechen trieb aber auch reine Abenteuerlust in die Fremde.

Die Auswanderer gründeten im Laufe der Zeit an den Küsten des Mittelmeeres und des Schwarzen Meeres mehr als 150 griechische „Tochterstädte". Das Bürgerrecht ihrer alten Heimat gaben sie auf. Dafür nahmen sie ihre Sprache, ihre Religion, ihre Mythen und Epen sowie ihr gesamtes Wissen und Können mit in die neue Heimat. Ihre Migration förderte Wirtschaft und Handel und trug zu Veränderungen der Lebensweisen in den alten und neuen Gebieten bei.

---

❶ Das Ergebnis der griechischen Wanderungsbewegung fasste der Philosoph Platon im 4. Jh. v. Chr. in einem interessanten Vergleich zusammen. Er meinte, die Griechen säßen um das Mittelmeer wie Frösche oder Ameisen um einen Teich. Erkläre den Vergleich. (H)

❷ Diskutiert, welche Bedeutung Religion, Mythen und Epen für die Auswanderer hatten.

❸ Unterscheide bei den in der Darstellung genannten Ursachen zwischen erzwungener und freiwilliger Migration.

Medientipp:
Eine weitere Karte zur griechischen Kolonisation findest du unter **31061-14**.

Hörtipp:
„Warum gehst du fort?", siehe Mediencode **31061-15**.

Auf der Suche nach einer neuen Heimat

M 2 „Das Land ist ..."
Der Dichter Homer (siehe S. 62) beschreibt um 700 v. Chr., wie sein Held Odysseus zu einer Insel kommt und was ihm dabei auffällt:

Diesmal trieb der widrige Wind den armen Odysseus nach Nordwesten, auf Italien zu. Das Land ist reich, Weizen, Gerste und Wein wachsen wie von selbst. Jedermann ist sein eigener Herr,
5 wohnt auf den Gipfeln der Berge weitab von den Nachbarn und gebietet mit eherner Faust über Frauen und Kinder. Handwerker haben die Bewohner nicht, weder Zimmerleute noch Ärzte. Der Hafen steht leer, kein Schiff liegt dort an der
10 Mole. Wie viele köstliche Schätze könnte wohl ein verständiger Mann dem Boden entreißen; denn die Wiesen sind grün, Pappeln säumen den Weg und Quellen entströmen der duftenden Erde!

Ilias und Odyssee. Nacherzählt von Walter Jens, Ravensburg 25*2014, S. 54 (vereinfacht)*

M 4 Griechischer Tempel in Paestum
Foto von 2014
Der Tempel wurde von den Griechen Mitte des 5. Jh. v. Chr. an der süditalienischen Mittelmeerküste in Poseidonia (heute Paestum) errichtet.

M 3 Chancen der Migration
Der Migrationsforscher Khalid Koser stellt 2007 in einer Veröffentlichung fest:

Migration war immer ein einflussreicher Faktor in der menschlichen Geschichte. Sie hat das Wachstum der Weltwirtschaft unterstützt, zur Entwicklung von Staaten und Gesellschaften bei-
5 getragen und zahlreiche Kulturen und Zivilisationen bereichert. Migranten gehörten oft zu den dynamischsten und unternehmerisch aktivsten Mitgliedern ihrer Gesellschaften. Es sind Menschen, die bereit sind, das Risiko auf sich zu neh-
10 men, die Heimat zu verlassen, um für sich und ihre Familien neue Möglichkeiten zu erschließen.

Khalid Koser, Internationale Migration. Aus dem Englischen übersetzt von Manfred Weltecke, Stuttgart 2011, S. 19 f.

M 5 Schiff mit Flüchtlingen auf dem Mittelmeer
Foto vom Mai 2016
Bei der Flucht über das Mittelmeer kamen 2015 etwa 3 500 und 2016 etwa 5 000 Menschen ums Leben.

---

4. Homers Zeilen (M2) geben Motive für Auswanderer an. Nenne sie.
5. Diskutiert, ob die in M3 genannten Chancen der Migration auch auf die griechische Kolonisation zutreffen.
6. Viele griechische Tempel stehen in Italien (M2). Auswanderer haben sie errichtet. Schreibe eine Geschichte aus der Perspektive von Auswanderern, die Gründe für den Bau eines Tempels nennen. (H)
7. Informiert euch auf der Homepage der UN-Flüchtlingshilfe (Zahlen und Fakten), warum Menschen trotz Gefahren (M5) ihre Heimat verlassen. Diskutiert über die Folgen. (F)

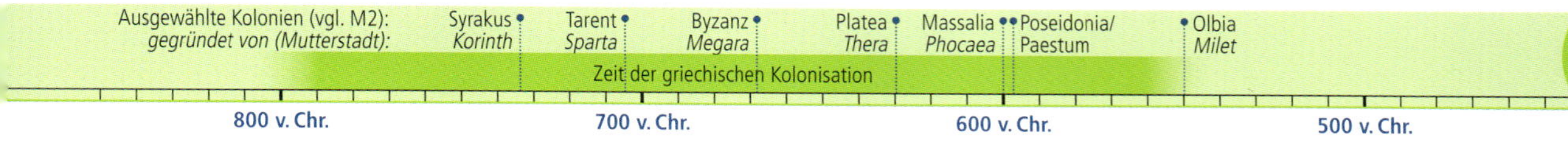

Ausgewählte Kolonien (vgl. M2): gegründet von (Mutterstadt):	Syrakus Korinth	Tarent Sparta	Byzanz Megara	Platea Thera	Massalia Phocaea	Poseidonia/ Paestum	Olbia Milet
	800 v. Chr.		700 v. Chr.		600 v. Chr.		500 v. Chr.

Zeit der griechischen Kolonisation

3 Die griechische Antike

Keine politische Gleichberechtigung in Athen

M 1 Griechische Schwerbewaffnete treffen aufeinander Umzeichnung einer griechischen Vasenmalerei aus Korinth, um 640 v. Chr.
Anfangs kämpften die Griechen „Mann gegen Mann". Seit dem 7. Jh. v. Chr. stellten manche Griechen Schlachtreihen auf (griech. *phalangen*: Walzen). Jeder war nun auf jeden angewiesen. Das stärkte die Gemeinschaft. Die Krieger schützten sich mit einem Schild (griech.: *hoplon*), von dem Wort ist der Begriff „Hoplit" abgeleitet.

Eine ungleiche Gesellschaft

Die Bürger der Polis Athen in der Region Attika verstanden sich im 8./7. Jh. v. Chr. als Gemeinschaft der Krieger. Man kannte sich von Angesicht zu Angesicht.
Die Adligen gaben gegenüber den Bauern, Handwerkern, Händlern, Fischern und der großen Zahl der Besitzlosen den Ton an.
Die Frauen standen unter der Vormundschaft ihrer Männer. In der Öffentlichkeit traten sie vor allem als Priesterinnen in Erscheinung.[1]
Die zugewanderten Fremden (*Metöken*) konnten frei leben und arbeiten, besaßen aber keine politischen Rechte, obwohl sie im Kriegsfall für Athen kämpfen mussten.
Die Sklaven galten als Sache und waren unfrei. Die meisten waren als Kriegsgefangene nach Athen gekommen und mussten als Hilfsarbeiter, Hausdiener oder Handwerker arbeiten.

Am Rande eines Bürgerkrieges

Ende des 6. Jh. v. Chr. standen wieder einmal viele Bauern Attikas vor dem Ruin. Ihre Höfe waren immer kleiner geworden, da jeder Sohn erbberechtigt war. Kriege hatten darüber hinaus die Felder zerstört und Dürrekatastrophen zu Missernten geführt. Um ihre Höfe zu retten, nahmen manche Bauern bei reichen Adligen Kredite auf. Wenn sie ihre Schulden nicht zurückzahlen konnten, gerieten sie in *Schuldknechtschaft*. Dann verloren sie ihren Besitz und mussten samt ihrer Angehörigen als Sklaven arbeiten, bis sie ihre Schulden bezahlt hatten. Dagegen vor Gericht zu gehen, brachte oft nichts, da dort adlige Richter in der Regel zugunsten ihrer Standesgenossen entschieden.

Solons Reformen

Um einen Krieg der Bürger gegen die Bürger zu verhindern und die Not zu lindern, suchten die Athener 594 v. Chr. Rat bei dem adligen Kaufmann und Dichter *Solon*. Er gestaltete Wirtschaft und Recht um. So untersagte er die Ausfuhr von Getreide und förderte den Export von Wein und Öl, um den Wohlstand der Athener wiederherzustellen. Als „Schiedsrichter" bemühte er sich um eine „Herrschaft des Rechts". Neue Gesetze ließ er öffentlich aufstellen. Außerdem schaffte er die Schuldknechtschaft ab. Versklavte Bauern wurden wieder frei.
Jeder freie Bürger sollte fortan in den Volksversammlungen mitreden und Richter beim Volksgericht werden können. Alle Athener, die sich eine Ausrüstung für den Krieg leisten konnten, durften jetzt niedere Ämter bekleiden. Aber nur wer viele Steuern für Heer, Flotte und andere öffentliche Aufgaben zahlte, sollte wichtige Staatsämter übernehmen dürfen. Durch Leistung für die Polis hatte man nun auch politischen Einfluss, selbst wenn man kein Adliger war. An der Stellung von Frauen, Fremden und Sklaven änderte Solon nichts.
Solons Ordnung hielt nicht lange Zeit. Unter der Führung von Aristokraten schlossen sich unzufriedene Bewohner Attikas zusammen und kämpften gegeneinander. In dieser Lage übernahmen *Tyrannen*[2] die Herrschaft. Sie wurden aber bald als unrechtmäßig abgelehnt.

---

[1] Zur Rolle der Frauen siehe auch S. 177.
[2] **Tyrann**: Adliger, der allein regierte und gegen Gesetze verstieß, um seine Ziele zu erreichen und seine Macht zu erhalten

❶ *Begründe, warum Solon die Gesetze veröffentlichen ließ. Vergleiche mit heute.* (H)

Keine politische Gleichberechtigung in Athen

M 2 Unsere Polis

Der etwa 45 Jahre alte Solon rechtfertigt seine Reformen in einem um 594/593 v. Chr. verfassten Gedicht. Hier eine vereinfachte und in Prosa übertragene Fassung:

Es ist der Wille der Götter, dass unsere Stadt nie von Feinden vernichtet wird. Denn die Göttin Athene beschützt sie. Aber aus
5 Unverstand drohen die Bürger selbst diese große Stadt zu vernichten: Sie lassen sich durch Geld und seine Verlockungen verführen. Und genauso bedroh-
10 lich für die Stadt ist, dass die Lenker des Volkes sich nicht an Recht und Gesetz halten. Denn sie stehlen und raffen an sich, was sie nur bekommen können,
15 weil sie frech missachten, wie man sich richtig verhält. Die Folge ist überall Streit. Bürgerkrieg macht es Feinden leicht, unsere einst blühende Stadt zu erobern. Und es ist nicht gut, wenn viele Arme als rechtlose Sklaven in die Fremde ver-
20 kauft werden. Auf diese Weise stürzt das ganze Volk ins Unglück, Haus für Haus.
Mein Gewissen befiehlt mir, das Volk von Athen zu belehren, dass eine solche Unordnung dem Staat großes Unglück bringt. Eine gute Ordnung
25 dagegen sorgt dafür, dass der bestraft wird, der das Recht übertritt. Sie verhindert, dass Regeln und Gesetze missachtet werden, sie sorgt dafür, dass übertretene Gesetze wieder eingehalten werden, verhindert Überheblichkeit, Streit und Ge-
30 walt zwischen den Bürgern. Wo es eine gerechte Ordnung gibt, wird alles sofort gut und klar.

Solon, Eunomia-Elegie (Fragment 4); nacherzählt von Dieter Brückner

M 3 Einteilung der Gesellschaft nach Solon

	Steuerleistung	politischer Einfluss	Pflichten im Krieg
1. Steuerklasse (Adel, Großgrundbesitzer)	sehr hohe Abgaben	höchste Ämter	z. B. Bau und Ausstattung von Kriegsschiffen
2. Steuerklasse (Grundbesitzer, Kaufleute)	hohe Abgaben	hohe Ämter	Ausrüstung und Dienst als Kämpfer mit Pferd
3. Steuerklasse (Bauern, Handwerker)	geringe Abgaben	niedere Ämter	Ausrüstung und Dienst als schwerbewaffneter Fußsoldat (Hoplit)
4. Steuerklasse (Lohnarbeiter, Besitzlose)	keine Abgaben	kein politisches Mitspracherecht	vom Militärdienst befreit
fremde Mitbewohner (Metöken)	Abgaben	kein politisches Mitspracherecht	Militärdienst
Frauen, Kinder, Sklaven	keine Abgaben	kein politisches Mitspracherecht	

M 4 Kritik an Solon

Eine um die Mitte des 4. Jh. v. Chr. verfasste Schrift überliefert folgende Kritik an Solon:

Nachdem er den Staat in der besagten Weise geordnet hatte, trat man an ihn heran und beschwerte sich über seine Gesetze. Viele der Vornehmen waren ihm wegen seines Schulden-
5 erlasses feindlich gesinnt. Doch wurde er vom einfachen Volk und von den Vornehmen kritisiert. Das einfache Volk war gegen ihn eingenommen, denn es hatte geglaubt, er werde alles neu verteilen, die Vornehmen hingegen, er werde die
10 frühere Ordnung wiederherstellen oder doch nur wenig ändern.
Solon aber widerstand beiden Parteien und nahm es lieber in Kauf, bei beiden verhasst zu werden, indem er das Vaterland rettete und als Gesetz-
15 geber sein Bestes tat.

Aristoteles, Der Staat der Athener. Übersetzt und herausgegeben von Martin Dreher, Stuttgart 1993, S. 39 (gekürzt und vereinfacht)

---

2 Fasse den Inhalt von Solons Botschaft (M2) schriftlich zusammen.

3 Erkläre den Zusammenhang zwischen Vermögen und Mitspracherecht im Staat (M3).

4 Diskutiert, ob die Staffelung der Mitsprache im Staat nach Vermögen gerecht ist (M3).

5 Beurteile die Kritik an Solons Reformen (M4). Ⓗ

3 Die griechische Antike

Krieg und Mitbestimmung

M 1 Attische Triere: „Dreidecker" Rekonstruktion
Mit diesen damals ganz modernen Kampfschiffen besiegten die Athener die Perser in der Seeschlacht bei Salamis (siehe S. 71, M3). Die Boote waren etwa 40 m lang und 5 m breit. Im Gefecht wurden die feindlichen Schiffe mit dem Rammsporn kampfunfähig gemacht (siehe S. 94, M3).

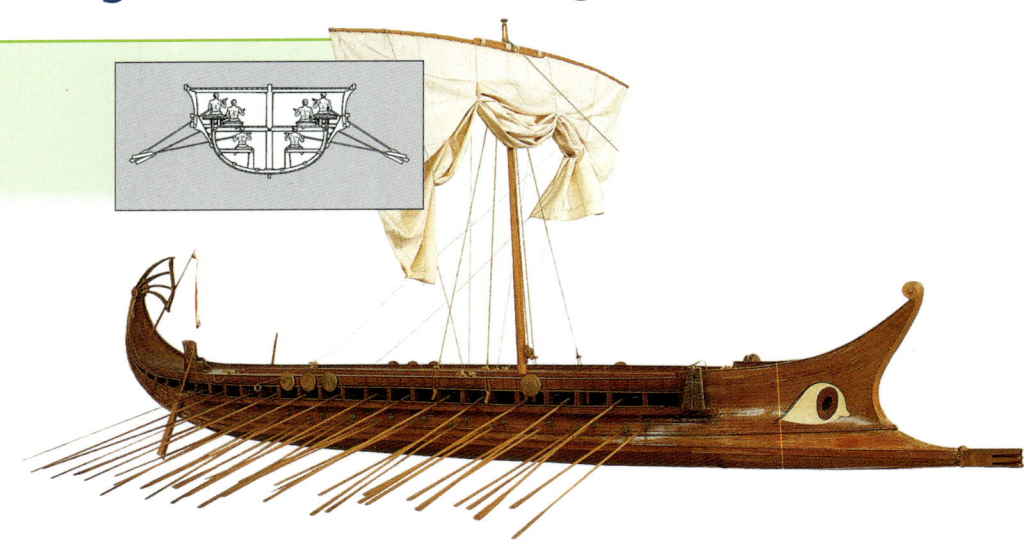

M 2 Persischer Bogenschütze
Farbiger Rekonstruktionsversuch einer um 490 v. Chr. entstandenen Figur

[1] Themistokles: Siehe S. 92–95.

Aufstieg der einfachen Bürger

In den Jahren 490 und 480/479 wehrten die Athener gemeinsam mit verbündeten Poleis zwei Angriffe des Perserreiches ab. Maßgeblichen Anteil an diesem Sieg hatten nicht die Schwerbewaffneten (*Hopliten*), sondern die Flotte. Sie war vor dem Krieg gegen die Perser auf Anraten von *Themistokles*[1] modernisiert und vergrößert worden. Das war zunächst umstritten gewesen, da der Schiffbau sehr teuer war. Er musste durch die Erträge der staatlichen Silberbergwerke in Attika und von den ganz reichen Athenern finanziert werden. Es gelang, in zwei Jahren etwa einhundert neue Schiffe zu bauen. Jedes Schiff benötigte bis zu 170 Ruderer. Dafür kamen nun die Einwohner infrage, die bislang vom Kriegsdienst befreit oder ausgeschlossen waren, weil sie sich keine eigene Rüstung leisten konnten. Mit dem Ausbau der Flotte hatten somit rund vier Fünftel der männlichen Bevölkerung Athens eine völlig neue Bedeutung erhalten.

Von der Aristokratie zur Demokratie

Mit den Siegen über die Perser begann im **5. Jh. v. Chr. die Blütezeit Athens**. Zugleich forderten die unteren Bevölkerungsschichten mehr Mitsprache in Athen. Schließlich hatten sie als Ruderer einen wichtigen Beitrag zur Verteidigung ihrer Polis geleistet. Sie und ihre Fürsprecher konnten sich dabei auf Solon berufen. Er hatte festgelegt: Wer eine militärische Leistung für die Polis erbringt, darf dafür politische Ämter bekleiden und mitbestimmen. Um den inneren Frieden zu sichern, kam man nicht umhin, die Rechte und Zuständigkeiten der Volksversammlung und der Volksgerichte zu stärken: Sie fällten nun alle wichtigen Beschlüsse, kontrollierten die höheren Beamten und entschieden Rechtsfälle.

An Macht verlor der Rat der ehemaligen obersten Beamten: der *Areopag*. Er stammte noch aus der Zeit der frühen Aristokratie und war so etwas wie das höchste Gericht. Damit hatte sich in Athen allmählich eine Regierungsform entwickelt, die wir heute **Demokratie** (Volksherrschaft) nennen. Die Athener aber nannten sie „Herrschaft des Volkes über sich selbst".

❶ *Begründe, weshalb mit dem Ausbau der Flotte die politische Bedeutung der einfachen Athener zunahm.*

Krieg und Mitbestimmung

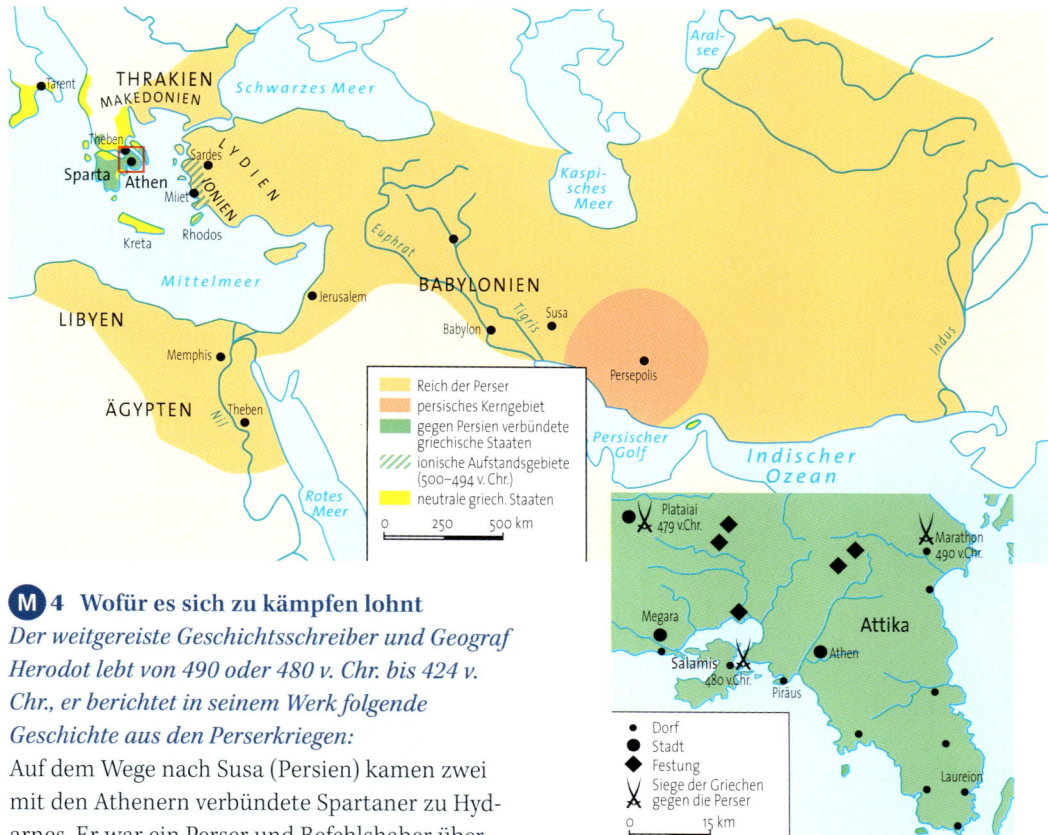

M 3 Griechenland und das Reich der Perser, um 500 v. Chr.

M 4 Wofür es sich zu kämpfen lohnt
Der weitgereiste Geschichtsschreiber und Geograf Herodot lebt von 490 oder 480 v. Chr. bis 424 v. Chr., er berichtet in seinem Werk folgende Geschichte aus den Perserkriegen:

Auf dem Wege nach Susa (Persien) kamen zwei mit den Athenern verbündete Spartaner zu Hydarnes. Er war ein Perser und Befehlshaber über alle Truppen an der asiatischen Küste. Hydarnes
5 nahm sie freundlich auf, lud sie zu Tisch und richtete dabei an sie folgende Frage:
„Männer aus Sparta, warum sträubt ihr euch, Freunde des Großkönigs zu werden? Ihr seht ja an mir und meiner Stellung, wie der König es ver-
10 steht, tüchtige Männer zu ehren. Auch euch hält mein König für tüchtig. Wenn ihr euch ihm ergäbet, dann könnte jeder von euch in Griechenland ein mächtiger Herr werden."
Darauf erwiderten die beiden Spartaner:
15 „Dein Rat, Hydarnes, ist bei uns nicht angebracht. Du kennst nur die Knechtschaft, die Freiheit aber hast du noch nicht erfahren. Du weißt nicht, wie süß sie ist. Hättest du sie gekostet, du würdest uns raten, nicht nur mit dem Speer, sondern auch
20 mit der Axt für sie zu kämpfen."
So antworteten sie dem Hydarnes. Als die beiden Spartaner dann nach Susa gelangten und vor die Augen des Großkönigs traten, wurden sie unter Zwang aufgefordert, vor ihm niederzufallen und
25 ihm göttliche Ehren zu erweisen. Sie erklärten aber, dass sie das niemals tun würden, auch wenn man sie auf den Kopf stellen sollte. Denn bei ihnen sei es nicht Brauch, einem Menschen göttliche Ehren zu erweisen.

Herodot, Historien VII, 130; zitiert nach: Das Geschichtswerk des Herodot von Halikarnassos, übersetzt von Theodor Braun, Frankfurt am Main 2001 (vereinfacht)

---

2 *Vergleiche das Reich der Perser mit dem Gebiet der Griechen (M3). Was sagt der Vergleich über die Chancen der Athener bei einem Angriff der Perser aus?*

3 *Fasse den Inhalt des Gespräches (M4) schriftlich zusammen.*

4 *Diskutiert, welchen Eindruck Herodot von den Persern und welchen er von den Griechen vermitteln will (M4).* (H)

3 Die griechische Antike

Die Demokratie in Athen – eine Herrschaft des Volkes?

M 1 Volksversammlung Rekonstruktionszeichnung
Im 5. Jh. versammelten sich die Athener etwa 30 bis 40 Mal im Jahr auf dem Pnyx-Hügel im Westen von Athen (siehe S. 74, M4). Ihre Versammlungen begannen bei Tagesanbruch und konnten mehrere Stunden dauern.

Lesetipp:
Hartmut Leppin, Die erste Demokratie. Athen im 5. Jahrhundert v. Chr., Hildesheim 2004.

[1] Zur Zusammensetzung der Bevölkerung Athens Mitte des 5. Jh. v. Chr. siehe S. 75, M6.

[2] **Scherbengericht**: Das Verfahren wurde 507 v. Chr. eingeführt und im 5. Jh. v. Chr. oft angewendet. Dazu mussten mindestens 6 000 Bürger auf einer Volksversammlung den Namen des Politikers auf eine Tonscherbe (griech.: *Ostrakon*) ritzen, den sie für zehn Jahre aus ihrer Stadt verbannen wollten. Es musste derjenige gehen, dessen Name am häufigsten genannt wurde. Siehe dazu ein Beispiel auf S. 95.

Demokratische Grundsätze
Mit dem Sieg über die Perser wuchs das Selbstbewusstsein der einfachen Bürger.[1] Den wehrfähigen Männern reichte es nicht mehr, nur vor dem Gesetz gleich zu sein. Sie wollten in Zukunft mitentscheiden, was alle betraf. Adlige Politiker wie *Perikles* nutzten die Stimmung, um die politische Ordnung weiter zu verändern. Sie setzten durch, dass nun alle wehrfähigen Athener ab ihrem 18. Lebensjahr unabhängig von ihrem Steuereinkommen öffentliche Ämter übernehmen und als Richter Recht sprechen durften. Zugleich schränkte Perikles das Bürgerrecht ein: Nur noch die rechtmäßigen Söhne aus Ehen zwischen einem gebürtigen Athener und einer gebürtigen Athenerin erhielten es.

Kontrolle der Macht
Um die Macht im Staat kontrollieren zu können, wurden ab Mitte des 5. Jh. v. Chr. die meisten öffentlichen Ämter nur für die Dauer eines Jahres vergeben und bis auf wenige Ausnahmen ausgelost. Diejenigen, die Ämter übernahmen, konnten kontrolliert und zur Rechenschaft gezogen werden.

Darüber hinaus durfte die Volksversammlung einmal im Jahr Bürger, die im Verdacht standen, der Demokratie zu schaden, durch ein besonderes Scherbengericht (griech.: *Ostrakismos*) aus Athen verbannen.[2]

Alle diese Vereinbarungen schlossen Mitte des 5. Jh. v. Chr. die Entwicklung von der Aristokratie zur Demokratie ab. Die Athener waren wohl die ersten Bürger auf der Welt, die sich eine **Verfassung** gegeben haben, in der sie ihre demokratischen Rechte und Pflichten festlegten.

Herrscht wirklich das Volk?
Trotz der demokratischen Grundsätze blieben in Athen hohe Staatsämter in den Händen weniger Männer adliger Herkunft. Nur sie besaßen in der Regel die Bildung, um die Bürger auf den Volksversammlungen mit ihren Reden zu überzeugen, und nur sie hatten die Mittel, öffentliche Aufgaben wie die Ausrüstung von Kriegsschiffen zu bezahlen.

Die „Herrschaft des Volkes über sich selbst" war von Anfang an umstritten. Sie musste Mitte des 4. Jh. v. Chr. der Monarchie weichen, nachdem der König von Makedonien auch Athen erobert hatte.

---

❶ Nenne die Regeln, die die Athener aufstellten, um eine Tyrannis zu verhindern.
❷ Erkläre folgende Aussage: „Jeder war vor dem Gesetz gleich."
❸ Vergleiche die Herrschaft in Athen Mitte des 5. Jh. v. Chr. mit der im alten Ägypten.

Verfassung

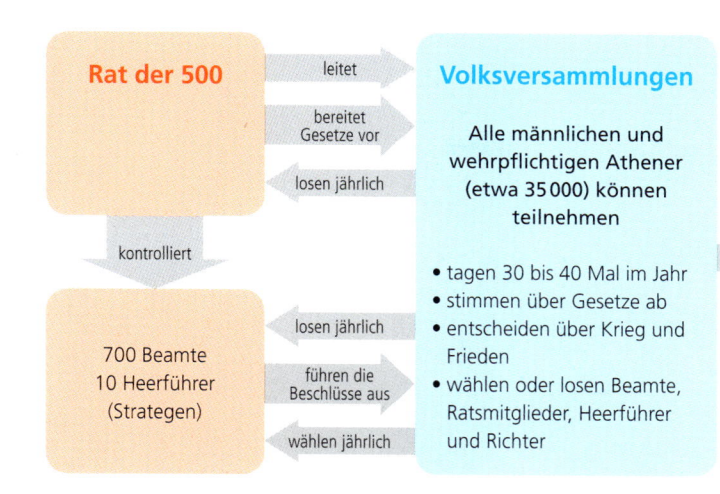

Die Demokratie in Athen – eine Herrschaft des Volkes?

Rat der 500 — leitet → **Volksversammlungen**
- bereitet Gesetze vor
- losen jährlich

kontrolliert ↓

700 Beamte / 10 Heerführer (Strategen)
- losen jährlich
- führen die Beschlüsse aus
- wählen jährlich

Volksversammlungen

Alle männlichen und wehrpflichtigen Athener (etwa 35 000) können teilnehmen

- tagen 30 bis 40 Mal im Jahr
- stimmen über Gesetze ab
- entscheiden über Krieg und Frieden
- wählen oder losen Beamte, Ratsmitglieder, Heerführer und Richter

losen jährlich →

Volksgerichte

6 000 Richter

- zuständig für die allgemeine Rechtsprechung
- Urteile durch Mehrheitsentscheide

M 2 Athener Verfassung um 450 v. Chr.

M 3 Wer darf was?

Drei Einrichtungen teilen sich seit der Mitte des 5. Jh. v. Chr. die Macht in Athen:

- Über allen stand die *Volksversammlung*. Sie trat etwa vierzigmal im Jahr zusammen und konnte mit Mehrheit über Gesetze, Krieg und Frieden sowie über Einnahmen und Ausgaben
5 der Polis entscheiden, wenn mindestens 6 000 Bürger an den Abstimmungen teilnahmen. Für die Teilnahme erhielten die Athener erst nach 403/402 v. Chr. Tagegelder (Diäten).
- Der *Rat der 500* war die Regierung. Er beriet
10 vorab über Anträge, die in der Volksversammlung besprochen werden sollten, bereitete Gesetze vor, plante die Außenpolitik, beaufsichtigte das Staatsvermögen und kontrollierte die Beamten.
15 • Die *Volksgerichte* entschieden alle Streitfälle. Jährlich wurden 6 000 Athener über 30 Jahre als Richter ausgelost. Kläger und Beklagte trugen ihre Standpunkte öffentlich vor. Am Ende entschieden die Richter in geheimer Abstim-
20 mung über schuldig oder nicht schuldig. Als Ausgleich für ihren Verdienstausfall erhielten die Richter Sitzungsgelder.

Die Aufträge des Rates und die Beschlüsse der Volksversammlung führten etwa 700 Beamte aus.
25 Auch sie wurden durch Los bestimmt und waren nur ein Jahr im Amt. Lediglich die zehn Feldherren (Strategen) wurden jährlich neu gewählt.

Klaus Dieter Hein-Mooren

Schritt für Schritt:
Schaubilder deuten

Schaubilder vereinfachen komplizierte Zusammenhänge grafisch (siehe die Informationen auf S. 39). Achte bei einem Verfassungsschema (siehe M2) besonders auf Pfeile und Erläuterungen. Dazu kannst du folgende Fragen stellen:

1. Welche Ämter, Einrichtungen und Gruppen der Bevölkerung werden erwähnt?
2. Wer hat welche Aufgaben, Rechte oder Pflichten?
3. Wer arbeitet mit wem zusammen?
4. Wer hat wie viel Macht? Ist jemand von der Macht ausgeschlossen?

Bevor du mit deiner Deutung beginnst, musst du dich entscheiden, an welcher Stelle des Schaubildes du beginnen willst und in welcher Reihenfolge du fortfährst.

---

4 Beschreibe das Schaubild (M2) und nenne drei Stellen, die zeigen, dass hier eine demokratische Ordnung dargestellt wird.

5 Vergleiche das Schaubild (M2) mit den Ausführungen in M3. Stelle fest, welche Informationen in der Grafik verarbeitet wurden und welche fehlen.

6 Beurteile die Verfassung der Athener (M2). Ist die Verteilung von Macht, Aufgaben, Rechten und Pflichten sinnvoll und gerecht?

• 507 v. Chr.: Scherbengericht eingeführt
Perikles (490 - 429 v. Chr.)
Blütezeit Athens

600 v. Chr. — 550 v. Chr. — 500 v. Chr. — 450 v. Chr. — 400 v. Chr.

3 Die griechische Antike

M 4 Athen in der 2. Hälfte des 5. Jh. v. Chr. Rekonstruktionszeichnung
1. Akropolis (siehe S. 80, M1)
2. Pnyx, Ort der Volksversammlungen (siehe auch S. 72, M1)
3. Münzanstalt
4. Brunnenhaus
5. Säulengang
6. Gerichtshof
7. Sitz der Feldherren (Strategen)
8. Sitz des Rates der 500
9. Agorá
10. Heilige Straße

M 5 Androklos erklärt Megakles die politische Ordnung Athens

Was den Stadtstaat Athen vor rund 2500 Jahren ausmacht, zeigt das folgende – erfundene – Gespräch zwischen dem Athener Megakles und seinem aus Delos stammenden Freund und Geschäftspartner Androklos. Die Unterhaltung könnte an einem Tag im Jahre 435 v. Chr. in Athen stattgefunden haben.

„Ich muss mich beeilen, sonst komme ich zu spät zur Volksversammlung!" „Geh nur, ich werde mich inzwischen hier ein wenig umsehen. – Als Fremder darf ich ja nicht mit auf den Pnyx-
5 Hügel!", erwiderte Androklos.
Während Androklos sich auf der Agorá umsah, ging ihm durch den Kopf, was Megakles über seine Heimatstadt erzählt hatte. Hier war wirklich vieles anders als in den Staaten, die er kannte –
10 und als Kaufmann war er weit herumgekommen. Am stärksten war Androklos der Stolz seines Freundes auf die politische Ordnung aufgefallen. Sie nannten sie Herrschaft des Volkes, weil jeder wehrfähige Mann ohne Rücksicht auf Herkunft
15 und Reichtum an der Volksversammlung teilnehmen durfte. Wenn er es richtig verstanden hatte, bekam aber das Bürgerrecht nur der, dessen Vater und Mutter bereits aus Athen stammten und der seinen Wehrdienst geleistet hatte. Und dem
20 32-jährigen Freund war es wohl auch erst seit zwei Jahren möglich, selbst Staatsämter zu übernehmen. Megakles hatte nicht ohne Stolz erwähnt, dass er bereits einmal Mitglied des Rates der 500 gewesen war. Überhaupt schienen, so
25 war Androklos' Eindruck, die meisten Athener alles, was mit ihrer Polis zusammenhing, als ihre ureigenste Angelegenheit zu betrachten. Sie fühlten sich für ihren Staat verantwortlich. Deshalb besuchten sie wohl auch – wenn sie konnten –
30 die Volksversammlungen und übernahmen öffentliche Ämter.
Nachdem Megakles um die Mittagszeit von der Volksversammlung zurückgekehrt war, setzten sich die beiden in den Schatten der Säulenhalle:
35 „Sehr zufrieden siehst du nicht gerade aus", begann Androklos nach einer Weile das Gespräch. „Ach ja, die heutige Versammlung hat mir man-

Die Demokratie in Athen – eine Herrschaft des Volkes?

che Schwächen unserer Staatsform gezeigt." Und er begann zu erzählen, dass wieder einmal die mittellosen Stadtbewohner die Mehrheit in der Versammlung gebildet hätten. Denn für viele Landbewohner war die Entfernung nach Athen zu weit, und jetzt, während der Erntezeit, konnten sie ihre Felder ja nicht einfach im Stich lassen. Dasselbe galt auch für kleine Handwerker, die dringende Aufträge zu erledigen hatten und ihre Kunden nicht verlieren wollten. „Kein Wunder auch, dass viele Leute von ihrem Rederecht so gut wie keinen Gebrauch gemacht haben, weil sie Angst hatten, sich zu versprechen und ausgelacht zu werden. Also haben wieder einmal die Volksführer, die Demagogen, die aus reichem Hause stammen und gute Redner sind, das große Wort geführt und den Armen das Blaue vom Himmel heruntergesprochen. So kommen doch keine klugen Beschlüsse zustande! – Zum Glück ist das aber nicht immer so", fuhr Megakles hastig fort, als er seinen erstaunten Freund sah. „Es gab und gibt immer noch Volksführer, die ihrem Gewissen folgen und ohne Eigennutz und im Interesse vieler das Wort führen."

„Warum unbedingt Demokratie? In anderen Staaten kommt man auch ohne sie ganz gut aus", meinte daraufhin Androklos. „Für uns ist sie immer noch mit Abstand die beste Staatsform", antwortete Megakles auf die Frage. „Gemeinsam haben unsere Väter die Perser vertrieben, gemeinsam wollen wir dafür sorgen, dass in Zukunft kein Feind uns besiegt. Wir wollen, dass die Gesetze für alle gleichermaßen gelten und keine Willkür herrscht. Jeder muss dazu seine Meinung offen sagen können, und jeder, der will, soll sich in einem öffentlichen Amt bewähren."

„Aber wie steht es dann mit Perikles?", fragte Androklos nach einigem Nachdenken. „Ich habe gehört, dass er in eurem Staat so gut wie allein bestimmt, was gemacht wird. Ist das nicht undemokratisch?" Megakles antwortete schroff: „Nein, überhaupt nicht! Denn er ist nur so lange einflussreich, wie er die Mehrheit der Bürger in der Volksversammlung davon überzeugen kann, dass das, was er will und tut, richtig ist und unserer Gemeinschaft nützt. Als Heerführer unterscheidet er sich nicht von den anderen, die dieses Amt innehaben: Er wird immer nur für ein Jahr gewählt, dann muss er sich einer neuen Wahl stellen. Dazu wird er – wie alle, die ein öffentliches Amt ausüben – auf seine Rechtschaffenheit hin überprüft. Und während seiner Amtszeit kann ihn jeder Bürger vor dem Volksgericht anklagen, wenn er sich ungerecht behandelt fühlt oder den Verdacht haben sollte, dass Perikles sein Amt missbraucht. Abgesehen davon", ergänzte Megakles, „können wir – wenn wir wollen – in jedem Jahr die Volksführer, die wir als gefährlich für unsere Demokratie ansehen, durch ein Scherbengericht verbannen."

Dieter Brückner

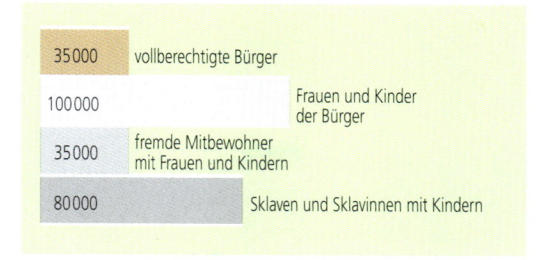

35 000	vollberechtigte Bürger
100 000	Frauen und Kinder der Bürger
35 000	fremde Mitbewohner mit Frauen und Kindern
80 000	Sklaven und Sklavinnen mit Kindern

M 6 Zusammensetzung der Bevölkerung Athens
Um die Mitte des 5. Jh. v. Chr. lebten in der Polis Athen (Stadt und Umland) nach heutigen Schätzungen etwa 250 000 Menschen.

---

7 Arbeite für einen Gästeführer einen Stadtrundgang zu den wichtigsten Orten des politischen Athen aus (M4). Erläutere die jeweiligen Stationen. Berücksichtige dazu M5.

8 Fasst die Informationen über die attische Demokratie in Stichworten zusammen (M5). Entwickelt daraus ein Rollenspiel zum Thema: „Zwei Frauen unterhalten sich über den politischen Alltag."

9 Arbeite aus M6 die ungefähre Zahl der Einwohner Athens heraus, die keine Mitbestimmungsrechte hatten.

---

507 v. Chr.: Scherbengericht eingeführt
Perikles (490 - 429 v. Chr.)
Blütezeit Athens

600 v. Chr.   550 v. Chr.   500 v. Chr.   450 v. Chr.   400 v. Chr.

3 Treffpunkt Geschichte

Die athenische Demokratie – ein Vorbild für uns?

Perikles lebte von etwa 490 v. Chr. bis 429 v. Chr. in Athen. Er stammte aus einer Adelsfamilie und war ein bedeutender Redner. Von 443 v. Chr. bis zu seinem Tod wurde er alljährlich in das Feldherrnamt wiedergewählt.

Thukydides lebte um 460 v. Chr. bis etwa 400 v. Chr. Wie Perikles kam er aus einer Adelsfamilie. 424 v. Chr. hatte er das Feldherrnamt inne. Da er in einer Schlacht scheiterte, wurde er aus Athen verbannt. In der Fremde schrieb er die „Geschichte des Peloponnesischen Krieges".

M 1 Lob für die Demokratie

Im Sommer 431 v. Chr. beginnt der Peloponnesische Krieg. Bald darauf sind die ersten Toten zu beklagen. Perikles wird aufgefordert, eine Trauerrede zu halten. Ob Thukydides sie gehört hat, ist umstritten. Er überliefert aber in seinem später verfassten Geschichtswerk eine Fassung. Darin lässt er Perikles sagen:

Zunächst will ich unserer Vorfahren gedenken. Es gehört sich in einem solchen Augenblick, ihnen die Ehre zu erweisen. Denn die Freiheit dieses Landes haben sie an uns weitergegeben.
5 Unsere politische Ordnung ahmt nicht die Verfassung anderer nach. Sie ist sogar ein Vorbild für andere. Ihr Name ist „Demokratie", denn die Macht liegt nicht in den Händen weniger, sondern einer größeren Zahl von Bürgern.
10 Mag jemand noch so arm sein, so ist ihm doch der Weg zur Auszeichnung nicht versperrt – wenn er nur dem Vaterland nützt.
Wir gewähren jedem Zutritt zu unserer Stadt, und wir vertreiben niemals Fremde, um ihnen
15 den Blick auf etwas zu verwehren, was für einen Feind wissens- oder sehenswert sein könnte; denn wir bauen weniger auf Rüstung und Überraschung als auf unseren eigenen zur Tat entschlossenen Mut.
20 Zusammenfassend sage ich: Unsere Stadt ist in jeder Hinsicht die Lehrmeisterin für ganz Griechenland. Jeder einzelne Bürger kann sich bei uns in vielfältigster Weise entfalten. Für eine solche Stadt sind unsere Krieger in einem ehrenvollen
25 Kampf gefallen.

Thukydides, Geschichte des Peloponnesischen Krieges, Buch II, 37–41 (nach der Übertragung von Georg Peter Landmann von Dieter Brückner vereinfacht und stark gekürzt)

M 2 Kritik an der Demokratie

Ein unbekannter Autor, dessen Werk nur bruchstückhaft überliefert worden ist, schreibt (wahrscheinlich) in den ersten Jahren des Peloponnesischen Krieges:

Was aber die Verfassung der Athener angeht, dass sie sich für diese Art der Verfassung entschieden haben, lobe ich nicht, deswegen, weil sie sich damit zugleich dafür entschieden haben, dass es
5 den schlechtesten Leuten besser geht als den guten: Deswegen also lobe ich das nicht.

Pseudo-Xenophon, Die Verfassung der Athener. Griechisch und deutsch, hrsg., eingeleitet und übersetzt von Gregor Weber, Darmstadt 2010, I, 1 ff.

Schritt für Schritt:
Textquellen verstehen, einordnen und deuten

Textquellen sind die wichtigsten geschichtlichen Zeugnisse. Um ihren Inhalt zu erfassen, solltest du so vorgehen:

Erster Schritt: die Textquelle verstehen
- Lies den Text sorgfältig durch. Oft erschließt sich sein Sinn beim zweiten Lesen schon besser.
- Notiere dir unbekannte Namen und Begriffe. Kläre sie mithilfe eines Wörterbuches, eines Lexikons oder des Internets.*

Zweiter Schritt: die Textquelle einordnen
- Wann und wo entstand der Text?
- Wer hat ihn verfasst? Suche nach Hinweisen auf den Verfasser.

Dritter Schritt: die Textquelle deuten
- Nenne die wichtigsten Aussagen des Textes.
- Stelle fest, was der Verfasser wohl damit bewirken wollte.

---
* Tipps zum Umgang mit dem Internet siehe S. 165.

---

① Untersucht die Textquelle M1 in Gruppenarbeit mithilfe der Methode „Schritt für Schritt". Besprecht gemeinsam eure Ergebnisse.

② Erläutert die Einstellung des Autors von M2.

③ Deutet die Textquelle M2 und vergleicht eure Ergebnisse mit M1. (H)

Die athenische Demokratie – ein Vorbild für uns?

M 3 Sitzung des Deutschen Bundestages
Foto aus dem Berliner Reichstagsgebäude von 2017
Anfang 2017 zählte der Deutsche Bundestag 630 Abgeordnete (232 Frauen und 398 Männer). Die Abgeordneten tagen im Jahr 20 bis 25 Mal. Die meiste Zeit arbeiten sie in Ausschüssen zu speziellen Fragen wie Umwelt, Sicherheit oder Außenpolitik.

M 4   Aus unserem Grundgesetz
Das Grundgesetz von 1949 ist unsere Verfassung, also das oberste Gesetz. Es regelt, wie und nach welchen Grundsätzen Deutschland regiert wird (siehe M5), und enthält folgende Grundrechte:
Artikel 1
Die Würde des Menschen ist unantastbar. Sie zu achten und zu schützen ist Verpflichtung aller staatlichen Gewalt.
Artikel 3
(1) Alle Menschen sind vor dem Gesetz gleich.
(2) Männer und Frauen sind gleichberechtigt.
(3) Niemand darf wegen seines Geschlechts, seiner Abstammung, seiner Rasse, seiner Sprache, seiner Heimat und Herkunft, seines Glaubens, seiner religiösen oder politischen Anschauungen benachteiligt oder bevorzugt werden. Niemand darf wegen seiner Behinderung benachteiligt werden.
Zitiert nach: www.bundestag.de/gg (Zugriff vom 20.11.2016; gekürzt)

M 5   Demokratie bei uns heute
1. Frauen und Männer über 18 Jahren, die deutsche Staatsbürger sind, wählen alle vier Jahre Abgeordnete der Parteien in den Bundestag, das Parlament der Bundesrepublik Deutschland.
2. Die Partei mit den meisten Abgeordneten stellt die Bundeskanzlerin oder den Bundeskanzler.
3. Die Bundeskanzlerin oder der Bundeskanzler bestimmt die Richtlinien der Politik.
4. Die Bundeskanzlerin oder der Bundeskanzler bildet eine Regierung aus Ministern, die für bestimmte Fachgebiete wie Arbeit, Innenpolitik oder Umwelt zuständig sind.
5. Die Abgeordneten des Bundestages, vor allem diejenigen, deren Parteien nicht regieren, kontrollieren die Regierung.

Klaus Dieter Hein-Mooren

---

4 *Demokratie im Athen des 5. Jh. v. Chr. – Demokratie bei uns heute: Zweimal derselbe Begriff, aber meinen wir damit dasselbe wie die „alten Griechen", handelt es sich um dieselbe Sache? Arbeitet wichtige Unterschiede zwischen der antiken und unserer Demokratie heraus (M3 bis M5 und S. 72 f.).*

5 *Monarchie, Aristokratie und Demokratie. Stellt die wichtigsten Merkmale der drei Staatsformen dar.*

3 Die griechische Antike

Alles nur Theater?

M 1 Szene aus einer Antigone-Aufführung Foto von Nik Schölzel aus dem Mainfranken Theater in Würzburg vom März 2017. Die „Antigone" stammt von Sophokles und wurde 441 v. Chr. erstmals in Athen aufgeführt.

Theater – mehr als Unterhaltung

Anders als heute dienten Theateraufführungen damals nicht nur der Unterhaltung, dem Vergnügen und der Belehrung. Sie waren im alten Griechenland Teil von religiösen Feiern. In der Polis Athen waren sie dem Gott *Dionysos*[1] geweiht. Ihm zu Ehren fanden seit dem 6. Jh. v. Chr. Feste statt, zu denen Prozessionen, Opfer und Schauspiele gehörten.

Priester und alle Bürger der Polis waren am Ablauf diese Feiern beteiligt. Organisiert und geleitet wurden sie im Athen des 5. Jh. v. Chr. von gewählten hohen Beamten aus allen Regionen Attikas. Sie suchten die Theaterstücke aus, sorgten sich um die Aufführungen und zeichneten die besten Dichter aus.

Tragödien belehren – Komödien unterhalten

Im 5. Jh. v. Chr. entstanden so mehr als tausend Theaterstücke, von denen aber nur wenige erhalten sind. Besonders geachtet wurden die *Tragödien* (Trauerspiele). Ihre Themen stammen häufig aus Mythen und Epen.[2] Sie handeln von Menschen, denen die Götter ein schweres Schicksal auferlegt haben, oder von Männern und Frauen, die durch ihr Handeln in einen Konflikt mit den Göttern geraten sind. Sie zeigen, wie die Freiheit in der Demokratie zu Auseinandersetzungen führen kann, und klagen über die Folgen der Kriege.

Der Zuschauer durchleidet mit den Helden eine „tragische" Geschichte. Dadurch soll er Mitleid mit den Hauptfiguren, Ehrfurcht vor den Göttern und Respekt vor den Gesetzen empfinden. Die bedeutendsten Tragödiendichter des 5. Jh. v. Chr. waren *Aischylos*, *Sophokles* und *Euripides*.

Mehr Vergnügen boten die *Komödien* (Lustspiele). Sie legten durch komische und manchmal auch derbe Übertreibungen Missstände in der Polis offen. Sie übten Kritik an menschlichen Schwächen. Dabei machten sie sich auch über führende Politiker lustig. Sie konnten aber auch Vorurteile und Fremdenfeindlichkeit verbreiten. Die Stücke von *Aristophanes* gelten als Höhepunkt der athenischen Komödie.

Die politische Bedeutung des Theaters

Das Theater gab den Bürgern (Männern) die Gelegenheit, durch Beifall und Lachen zu zeigen, ob sie mit den Zuständen in ihrer Polis zufrieden waren oder nicht. Insofern waren die Theateraufführungen wie die Volksversammlungen und die Gerichte Teil der politischen Öffentlichkeit Athens. Sie konnten den Einfluss der Politiker stärken oder schwächen. Wobei die vermögenden Bürger auch zur Zeit der Demokratie im Vorteil waren: Sie bezahlten die Aufführungen, die Ausstattung, den Chor, die Schauspieler und die Preisgelder.

---

[1] *Dionysos*: Gott der Freude, der Verzückung und des Weins
[2] Lies dazu nochmals S. 62.

---

❶ Informiert euch über die „Antigone", über den Autor und das Thema des Stückes. Berichtet darüber und/oder entwerft dazu Plakate.

❷ Forscht nach, ob das Theater noch die Funktionen wahrnimmt, die es im antiken Athen hatte. Nennt andere Formen der Unterhaltung, die heute auf amüsante Weise das gesellschaftliche und politische Leben kritisieren.

Alles nur Theater?

M 2 Das Dionysos-Theater von Athen in der 2. Hälfte des 5. Jh. v. Chr.
Rekonstruktionsmodell im Deutschen Theatermuseum München
Das Theater lag am Südhang der Akropolis. Im Vordergrund die Sitzreihen aus Holz, dahinter das Bühnenhaus, vor dem gespielt und getanzt wurde. Im Hintergrund rechts ein Tempel.

M 4 Das Dionysos-Theater von Athen im späten 4. Jh. v. Chr.
Rekonstruktionszeichnung von Peter Connolly, um 1998
In dem neuen Theater fanden auf 78 Sitzreihen aus Stein etwa 17 000 Zuschauer Platz.
① **Orchestra**: „Tanzplatz"; Platz für den Chor und die Schauspieler
② **Parodos**: Eingang für den Chor
③ **Proskenion**: Bühne
④ **Theatron**: Zuschauerraum

M 3 „Nichts ist dem Volke so verhasst …"
In der Tragödie „Die Hilfeflehenden" von Euripides, die nach 424 v. Chr. in Athen aufgeführt wird, tritt Theseus, ein Held der griechischen Mythologie, auf und spricht:

Nichts ist dem Volke so verhasst wie ein Tyrann[1]. Dort gelten nicht als Höchstes die gemeinsamen Gesetze; *einer* schaltet als Gesetzesherr ganz unumschränkt; und das ist keine Gleichheit mehr.
5 Doch wurden die Gesetze schriftlich festgelegt, genießt der Arme wie der Reiche gleiches Recht; die freie Rede steht dem Armen zu wie dem vom Glück Gesegneten, wenn er beleidigt wird, und hat er Recht, besiegt der kleine Mann den
10 großen.
So klingt der Ruf der Freiheit: „Wer will einen Rat, der unsrem Staate nützt, vor die Versammlung bringen?"
Wo gibt es größere Gleichheit noch in einem
15 Staat?

Zitiert nach: Euripides, Die Hilfeflehenden, Verse 410 ff., in: Ders., Tragödien, Dritter Teil. Griechisch und deutsch von Dietrich Ebener, Berlin ²1976

M 5 Schauspieler
Malerei auf einer Scherbe, um 350 v. Chr.
Der Schauspieler hat nach der Aufführung einer Tragödie die Maske zum Applaus abgenommen. Nebenbei: Schauspieler waren ausschließlich Männer. Sie spielten auch die Frauenrollen.

③ Beschreibe die beiden Theater (M2 und M4). Was wurde alles verändert?
④ Fasse die Aussage von Theseus zusammen (M3). Was hält er für besonders wichtig?
⑤ Diskutiert, was Euripides mit dem Text (M3) beim Publikum erreichen wollte.

[1] **Tyrann**: Siehe S. 68.

3 Das weiß ich! – Gelerntes vertiefen

M 1 Akropolis von Athen
Rekonstruktionszeichnung von Peter Connolly, vor 1998
Im Vordergrund ein Festzug, der durch den Torbau (Propyläen) geht. Im Hintergrund steigt Rauch vom Altar auf. Rechts davon der Parthenon (siehe S. 54/55, M1).

Internettipps:
Informationen zur Akropolis von Athen früher und heute siehe unter **31061-16**.
Eine dynamische Karte zum antiken Griechenland siehe unter **31061-17**.

Auf einen Blick: Die griechische Antike

Die Landschaft auf der griechischen Halbinsel war gebirgig und zerklüftet. Große Flüsse gab es nicht, dafür viele Küsten. Hier entstand kein großes Reich wie in Ägypten, sondern es entwickelten sich ab dem 8. Jh. v. Chr. viele kleine Stadtstaaten. Jede **Polis** versorgte sich größtenteils selbst und bestimmte ihre eigene Politik. Anfangs herrschte über die Polis nur ein Mann. Seine Alleinherrschaft (Monarchie) wurde vielerorts durch die Herrschaft mehrerer Adliger abgelöst: die **Aristokratie**. Die Aristokraten regierten, beschützten ihre Polis oder zogen für sie in den Krieg. Sie besaßen auch das meiste Land.

Die gemeinsame Vorstellung von einer Götterfamilie, die das Schicksal aller Griechen lenkt, trug zu einem Zusammengehörigkeitsgefühl bei. Überall wurden Tempel zu Ehren der Götter errichtet. Mit Gebeten, Opfern, Umzügen (Prozessionen) und Wettkämpfen wie den Olympischen Spielen versuchte man, die Götter freundlich zu stimmen. Mythen und Epen wie die „Ilias" und die „Odyssee" des Dichters Homer erzählen vom Wesen und Handeln dieser griechischen Götter. Darüber hinaus suchten die Griechen Rat bei Orakeln. Bilder auf Keramikgefäßen und Statuen zeugen davon.

Viele Poleis gründeten zwischen dem 7. und 5. Jh. v. Chr. Tochterstädte rund um das Mittelmeer und das Schwarze Meer. Diese griechische Kolonisation belegt zum einen, dass Menschen schon immer aus politischen, wirtschaftlichen und persönlichen Gründen ihre Heimat verließen. Zum anderen trugen diese Wanderungsbewegungen (**Migration**) dazu bei, die griechische Kultur der **Antike** über weite Teile Europas und Kleinasiens zu verbreiten. Sie legten Grundlagen unserer europäischen Kultur.

In der Polis von Athen wurde ab dem 6. Jh. die Aristokratie schrittweise verdrängt. Bevölkerungswachstum, wirtschaftliche Ungerechtigkeiten zwischen dem Adel und den abhängigen Bauern sowie Kriege führten dazu, dass die freien Bürger Athens immer mehr Mitsprache in der Politik verlangten. Durch Solons Ratschläge kam es zu Veränderungen in der Wirtschaft und der Politik. Die freien Athener erhielten mehr Mitspracherechte, und zwar je nach ihrem Beitrag zum Nutzen aller – sei es durch Steuerleistung oder Militärdienst. Durch den Sieg der Griechen über die Perser wurde deutlich, wie wichtig jeder wehrhafte Bürger für die Verteidigung der Polis war. Alle, die Kriegsdienst leisteten, – jetzt auch die Ruderer der Trieren – konnten nun mitbestimmen und politische Ämter übernehmen. Diese „Herrschaft des Volkes" prägte die politische Ordnung (**Verfassung**) Athens. Wir nennen sie **Demokratie**.

Einen Eindruck von der **Blütezeit Athens im 5. Jh. v. Chr.** liefert auch das Theater. Alles, was den Athenern politisch, religiös und im Zusammenleben miteinander wichtig war, stellten ihre Dichter in Theaterstücken dar. Das Theater hatte die Aufgabe, Denkanstöße zu geben sowie Lob und Kritik an den bestehenden Verhältnissen unter das Volk zu bringen. Noch heute werden viele Stücke von damals aufgeführt.

Das weiß ich! – Gelerntes vertiefen

M 2 „Vorwärts Europa!"
Foto von 2000
Die 3,50 m hohe Skulptur ist von Léon de Pas und steht vor dem Gebäude des Europäischen Rates in Brüssel. Der Künstler hat sie in den 1990er-Jahren aus Bronzeplatten und Kupferschnüren gefertigt.

M 3 Griechische Tonscherbe
Die Scherbe ist 9 cm breit, stammt von einem um 540 v. Chr. hergestellten Gefäß und wurde in Süditalien gefunden.

M 4 Was war wann?

1. Seit dem 7. Jh. v. Chr. ...	a. ... geraten viele Bauern in die Schuldknechtschaft
2. Im 6. Jh. v. Chr. ...	b. ... finden die Perserkriege statt
3. 594 v. Chr. ...	c. ... nennt man die Blütezeit Athens
4. In den Jahren 490 bis 479 v. Chr. ...	d. ... verließen Gruppen von Griechen ihre Polis und gründeten Tochterstädte – Kolonisation
5. Mitte des 5. Jh. v. Chr.	e. ... schlägt der Adlige Solon Reformen vor, die zur Grundlage der Demokratie werden.
6. Das 5. Jh. v. Chr. ...	f. ... wird die Entwicklung von der Aristokratie zur Demokratie in Athen abgeschlossen.

1. Nenne mögliche Gründe, weshalb noch heute mithilfe von Kunstwerken (M2) an den griechischen Europa-Mythos erinnert wird.
2. Oft werden nur noch Bruchstücke antiker Gegenstände gefunden. Archäologen und Historiker müssen daher ganz genau hinsehen, wenn sie einen Fund gemacht haben. Beschreibe genau, was du auf der Scherbe M3 erkennen kannst (Personen, Gesten, Tätigkeiten). Beachte dabei die Methode „Schritt für Schritt" auf S. 63.
3. Um zu erkennen, was auf M3 abgebildet ist, musst du die Geschichte vom Untergang Trojas kennen. Tipp: Die Abbildung auf S. 62 gibt dir einen Hinweis.
4. In der Tabelle M4 ist einiges durcheinandergeraten. Ordne die Ereignisse den richtigen Zeitpunkten zu. Dazu kannst du in deinem Heft auch eine Zeitleiste anlegen.

Antike
1000 v. Chr.   Chr. Geburt   1000 n. Chr.   2000 n. Chr.
Zeit der ägyptischen Hochkultur

3 Das kann ich! – Gelerntes anwenden

M 1 Klassensprecherwahl in der 6a
Foto aus dem Willibald-Gymnasium in Eichstätt von 2017

	Anzahl der Herrscher?
Monarchie	**1**
Aristokratie	**?**
Demokratie	**?**

M 4 Griechische Staatsformen

M 2 Klassensprecherwahl
Folgende Diskussion könnte in einer Klasse vor der Wahl ablaufen:
„Heute werden wir die Klassensprecher wählen", kündigt der Klassenlehrer gleich zu Beginn der Stunde an. „Das wird ja eh wieder ein Junge, schließlich sind wir nur vier Mädchen in der Klas-
5 se", schmollt Julia. „Am besten sollten wir die Klassensprecher auslosen, das wäre da noch gerechter." „Mir wäre es auch lieber, ich könnte die Klassensprecher selbst ernennen. Da könnte ich wenigstens die auswählen, auf die ich mich ver-
10 lassen kann", wirft der Lehrer ein. „Aber wir leben doch in einer Demokratie!", entrüsten sich die Schüler.
Stephan Bleitzhofer

M 3 Schulordnung
Die 2016 in Kraft getretene Schulordnung für die Gymnasien in Bayern (Gymnasialschulordnung – GSO) legt in § 8 fest:
(1) Über das Wahlverfahren von Klassensprecherinnen und Klassensprechern entscheidet der Schülerausschuss im Einvernehmen mit der Schulleiterin oder dem Schulleiter. Die Wahl fin-
5 det innerhalb von vier Wochen nach Unterrichtsbeginn statt.
Zitiert nach: www.gesetze-bayern.de/Content/Document/BaySchO2016-8?hl=true (Zugriff: 26. 01. 2017)

M 5 Demokratie und Führungsanspruch der Adligen
Ein Historiker urteilt 2005 über die attische Demokratie so:
Die Athener Demokratie war das Werk ehrgeiziger Aristokraten und nicht das Ergebnis eines irgendwie gearteten demokratischen Gedankens. Offiziell priesen die Redner zwar die Gleichheit
5 aller Bürger in der Volksversammlung und vor dem Gesetz, tatsächlich war es jedoch bis in die Zeit des Peloponnesischen Krieges nur eine kleine Schicht adliger Politiker, die in der Volksversammlung das große Wort führten, die Posten
10 der Strategen besetzten und die innere und auswärtige Politik bestimmten. Auf Widerstand der breiten Volksschichten trafen sie selten.
Raimund Schulz, Die Antike und das Meer, Darmstadt 2005, S. 94 (gekürzt)

1. Nenne die Vorschläge, wie in der Klasse ein Klassensprecher bestimmt werden soll (M2).
2. Diskutiert Vor- und Nachteile der jeweiligen Verfahren (M2 und M3).
3. Bereite eine Rede vor, mit der du im Schülerausschuss (siehe M3) für ein bestimmtes Wahlverfahren wirbst. Bedenke, dass du überzeugende Argumente brauchst, um deine Vorschläge umzusetzen.

Das kann ich! – Gelerntes anwenden

M 6 Diskuswerferin
Foto von den Paralympischen Sommerspielen in Rio de Janeiro von 2016
Die Leichtathletin Marianne Buggenhagen ist Jahrgang 1953 und sitzt seit ihrem 23. Lebensjahr im Rollstuhl. Sie nahm an fünf Paralympics teil und gewann neun Goldmedaillen. 2016 holte sie eine Silbermedaille im Diskuswerfen.

M 7 Recht auf Asyl
Die „Allgemeine Erklärung der Menschenrechte" von 1948 enthält folgenden Artikel:
(1) Jeder hat das Recht, in anderen Ländern vor Verfolgung Asyl[1] zu suchen und zu genießen.
(2) Dieses Recht kann nicht in Anspruch genommen werden im Falle einer Strafverfolgung, die tatsächlich aufgrund von Verbrechen nichtpolitischer Art oder aufgrund von Handlungen erfolgt, die gegen die Ziele und Grundsätze der Vereinten Nationen[2] verstoßen.
Zitiert nach: www.menschenrechtserklaerung.de (Zugriff: 30.05.2017)

[1] **Asyl**: Schutz vor Gefahr und Verfolgung
[2] **Vereinte Nationen**: 1945 gegründete internationale Organisation, der fast alle unabhängigen Staaten der Welt angehören

M 9 Die Olympische Idee
Der französische Historiker und Pädagoge Pierre de Coubertin hat sich in den 1890er-Jahren für die Wiederbelebung der antiken Sportwettkämpfe eingesetzt. Über den Sinn und Zweck der Olympischen Idee schreibt er:
Die Olympischen Spiele feiern, heißt, sich auf die Geschichte berufen. Sie ist es, die am besten den Frieden sichern kann. Von den Völkern verlangen, sich gegenseitig zu lieben, ist eine Art Kinderei; sie aufzufordern, sich zu achten, ist keine Utopie; aber um sich zu achten, muss man sich zunächst kennen.
Pierre de Coubertin, Der Olympische Gedanke. Reden und Aufsätze, übersetzt von Hans-Joachim Lope, Stuttgart 1967, S. 154

Kompetenztest: Einen Test, mit dem du überprüfen kannst, was du kannst und was du noch üben solltest, findest du unter **31061-18**.

M 8 Tag der Migranten
Seit 2000 wird am 18. Dezember der „Internationale Tag der Migranten" weltweit begangen. 2012 erklärt Ban Ki-moon, der Generalsekretär der Vereinten Nationen:
Migranten haben mehr als nur Angst und Ungewissheit. Sie haben auch Hoffnung, Mut und die Entschlossenheit, sich ein besseres Leben aufzubauen. Mit der richtigen Unterstützung können sie einen Beitrag zum gesellschaftlichen Fortschritt leisten.
Zitiert nach: www.unric.org/de/uno-schlagzeilen/26867-internationaler-tag-der-migranten (Zugriff: 12.05.2017)

4. Löse das Rätsel (M4). Begründe deine Aussage schriftlich.
5. Nimm Stellung zum Urteil des Historikers über die attische Demokratie (M5).
6. Informiert euch, warum 1948 das Recht auf Asyl (M7) zum Menschenrecht erklärt wurde.
7. Diskutiert, ob ein „Internationaler Tag der Migranten" (M8) wichtig ist. Berücksichtigt dabei, was ihr aus der griechischen Geschichte zu dem Thema erfahren habt (siehe S. 66/67).
8. Überprüfe das Foto (M6) und die Einstellung Coubertins (M9). Entsprechen sie den antiken Vorstellungen? Schreibe einen Beitrag über den Wandel der Olympischen Idee.

4 Menschen machen Geschichte

...nicht als die großer Männer (Thomas Carlyle, 1795

Wer „macht Geschichte"? Wird Geschichte überhaupt „gemacht"? Waren es einzelne Personen, die die ägyptische oder die griechische Geschichte geprägt haben? Reicht es aus, wenn wir etwas über das Leben der Herrscher und Herrscherinnen wissen, um eine Zeit zu verstehen? Sicher nicht! Trotzdem ist es wichtig herauszufinden, unter welchen Umständen einzelne Persönlichkeiten wirkten, woher sie kamen, was sie antrieb, wie sie an die Macht kamen und wofür sie verantwortlich waren. Damit erfahren wir nicht nur etwas über sie, sondern auch über ihre Mitmenschen. Zugleich können wir erkennen, wie bis heute an die Menschen erinnert wurde und wird, die „Geschichte machten".

❶ „Die Geschichte der Welt ist nichts als die Biographie großer Männer." Dieses Zitat auf dem Whiteboard im Klassenzimmer fordert zum Widerspruch heraus. Es stammt von Thomas Carlyle, einem berühmten Geschichtsschreiber des 19. Jh. Wie viele seiner Zeitgenossen war er fest davon überzeugt, dass es reicht, das Leben der großen Männer zu kennen, um die Geschichte der Welt zu verstehen. Versucht zu erklären, wie solche Ansichten entstehen konnten. Diskutiert, was für und was gegen diese Sichtweise spricht.

M 1 Schüler des Gymnasiums Veitshöchheim diskutieren
Foto von Markus Gläßel vom 19. Juni 2017

4 Orientierung in Raum und Zeit

M 2 Besuch in der Glyptothek in München
Foto von Josef Koller vom März 2016
Der Name „Glyptothek" ist gebildet aus den altgriechischen Wörtern *glyphein* (meißeln) und *theke* (Ablage). Er bezeichnet also einen Aufbewahrungsort für Skulpturen. Hier werden griechische und römische Marmorstatuen gezeigt. Auf dem Foto ist der Saal der römischen Bildnisse zu sehen.

Geschichte wird von Menschen gemacht

Hinter jedem historischen Ereignis stehen Menschen mit ihren Ideen, Vorstellungen, Entscheidungen und Handlungen. Aber nur von ganz wenigen wissen wir, wie sie ihre Zeit prägten.

Wer sind diese Menschen, die Geschichte gemacht haben? Weshalb sind diese Personen noch heute bekannt? Welche Wirkungen hatte ihr Handeln auf die Mitmenschen und auf die folgenden Generationen?

Wenn wir uns mit dem Leben historischer Persönlichkeiten beschäftigen, drängen sich viele Fragen auf: Woher wissen wir überhaupt etwas über sie? Haben sie eigene Lebensbeschreibungen verfasst? Wurde ihr Handeln von Zeitzeugen aufgezeichnet oder ist es später beschrieben worden? Welche weiteren Quellen gibt es über sie und ihre Zeit?

Schon immer interessierte man sich für Lebensgeschichten (Biografien). Das gilt auch für Herrscher, die in der **Antike** lebten und Kriege führten. Weil Historikerinnen und Historiker zu allen Zeiten **Quellen** ausgewertet und erklärt haben, wissen wir heute verhältnismäßig viel über den Griechen *Themistokles* und den Makedonen *Alexander den Großen*. Themistokles tat sich in den Perserkriegen des frühen 5. Jh. v. Chr. hervor. Alexander eroberte im 4. Jh. v. Chr. ein Weltreich. Aber selbstverständlich machten nicht nur Männer Geschichte, auch Frauen prägten sie. Ein Beispiel dafür ist *Hatschepsut*, die Mitte des 15. Jh. v. Chr. Ägypten regierte.

Am Ende des Kapitels kannst du erkennen, wie diese drei historischen Persönlichkeiten ihre Macht nutzten, und folgende Fragen beantworten:
- *Was macht eine historische Persönlichkeit aus?*
- *Welche Ideen haben Hatschepsut, Themistokles und Alexander der Große verfolgt? Welche Möglichkeiten hatten sie, diese umzusetzen? Wo stießen sie an ihre Grenzen?*
- *Welche Bedeutung hatten ihre Leistungen für die Menschen damals und haben sie noch heute?*

4000 v. Chr.   3000 v. Chr.

Orientierung in Raum und Zeit

M 3 Hatschepsut
Bemalter Kalksteinkopf aus dem 15. Jh. v. Chr. Hatschepsut ist hier als Osiris (Gott des Jenseits) dargestellt. Ihr Geburtsjahr ist unbekannt, sie regierte wahrscheinlich von 1479 bis 1458 v. Chr.

M 5 Themistokles
Römische Kopie einer griechischen Marmorbüste von 480/470 v. Chr.
Der Staatsmann und Feldherr Themistokles wurde um 525 v. Chr. in Athen geboren und starb um 459 v. Chr. in Magnesia am Mäander in Kleinasien.

M 4 Alexander der Große
Römische Kopie einer griechischen Marmorbüste von 320 v. Chr.
Alexander der Große wurde 356 v. Chr. in Pella (Makedonien) geboren. Er wurde nach dem Tod seines Vaters mit 20 Jahren König und starb 323 v. Chr. in Babylon.

2 In Museen wie der Glyptothek (M2) findet ihr Bildnisse berühmter Männer und Frauen aus der Antike. Formuliert Fragen, die ihr an solche Personen stellen könntet.

3 Begründe, weshalb es sich hier um bedeutende Personen handelt und nicht um gewöhnliche Menschen.

4 Vergleicht die Bildnisse M3 bis M5. Was haben die dargestellten Personen gemeinsam, was unterscheidet sie?

Hatschepsut (vor 1500 - um 1458 v. Chr.)
Zeit der ägyptischen Hochkultur
1000 v. Chr. | Themistokles (525 - 459 v. Chr.) | Alexander der Große (356 - 323 v. Chr.) | Chr. Geburt
Blütezeit Athens

4 Menschen machen Geschichte

Hatschepsut – eine Frau auf dem Pharaonenthron

M 1 Hatschepsut
Oberteil einer Statue, um 1500 v. Chr.
Hatschepsut war die Tochter des Königs Thutmosis I. und die Gemahlin ihres Stiefbruders Thutmosis II.

Wer ist Hatschepsut?
Im Verlauf der über 3000 Jahre dauernden Geschichte der alten Ägypter herrschten über 350 Männer. Wir kennen aber nur wenige Frauen, die **Pharao** wurden. Eine davon ist Hatschepsut. Sie zählt zu den außergewöhnlichsten Herrscherpersönlichkeiten Ägyptens. Warum regierten nur so wenige Frauen? Nach altägyptischer Tradition konnte nur ein Mann Pharao werden. Deshalb erscheint in den Herrscherlisten auch immer nur die männliche Bezeichnung für König. Möglicherweise gab es also mehr Frauen auf dem Pharaonenthron, als wir bisher wissen.

M 2 Thutmosis III.
Oberteil einer Statue, um 1500 v. Chr.
Thutmosis III. stammte aus der Verbindung des Königs Thutmosis II. mit einer Nebenfrau. Hauptgemahlin von Thutmosis II. war Hatschepsut (M1). Erst nach ihrem Tode regierte Thutmosis III. von 1479 v. Chr. bis 1425 v. Chr. allein.

M 3 Wie kam Hatschepsut auf den Thron?
Der französische Ägyptologe Christian Jacq beantwortet die Frage in einem Jugendbuch von 1996 so:
Hatschepsut verehrte ihren Vater und hatte wohl von ihm die Kunst des Regierens gelernt. Sie beeindruckte alle durch ihre
5 starke Persönlichkeit. Vielleicht war ihr Mann etwas anfällig für Krankheiten, auf jeden Fall starb er nach einer ziemlich kurzen Regierungszeit, in der Hatschepsut schon die wichtigsten Machtbefugnisse übernommen hatte.
10 Trotzdem wurde zunächst ein neuer Pharao bestimmt, Thutmosis III. Da dieser aber noch im Kindesalter war und die Regierungsgeschäfte nicht übernehmen konnte, wurde Hatschepsut Regentin¹.
Die Pharaonen, erzählt von Christian Jacq. Aus dem Französischen von Phoebe Lesch, München/Wien 1998, S. 76 (leicht verändert)

M 4 Hintergründe ihrer Machtübernahme
Die Ägyptologin Marianne Schnittger schreibt:
Die Machtergreifung war längst erfolgt, als Hatschepsut beschloss, sich offiziell zum König ausrufen zu lassen. Die „Gottesgemahlin des Amun"²
5 – so lautete ihr offizieller Titel – wurde mit großer Wahrscheinlichkeit von der Amun-Priesterschaft unterstützt. Außerdem waren viele der früheren Offiziere und hohen Beamten, die schon unter den vorigen Königen gedient hatten, ihrer Familie treu ergeben. Sie verdankten ihr die
10 Karriere, erhofften weitere Wohltaten und versagten ihr schon deshalb nicht ihre Unterstützung. Damit stellt sich aber auch eine ganz andere Frage: Waren diese hohen Offiziere und leitenden Beamten nicht ohnehin die wirklich
15 mächtigen politischen Kräfte hinter dem König?
Marianne Schnittger, Hatschepsut. Eine Frau als König von Ägypten, Mainz 2008, S. 39 (vereinfacht)

---

① Beschreibe die beiden Statuen (M1 und M2). Achte dabei auf folgende Punkte:
- Woran kannst du erkennen, dass es sich um Herrscher handelt?
- Was sind Gemeinsamkeiten und Unterschiede?

② Erkläre die Hintergründe der Thronbesteigung. Werte dazu M1 bis M4 aus. (H)

③ Diskutiert, ob Hatschepsut die Voraussetzungen für die Herrschaftsübernahme erfüllt hat (M1 und M3).

---

¹ **Regentin**: Herrscherin
² **Amun**: Reichsgott; siehe S. 44

Hatschepsut (vor 1500 - 1458 v. Chr.)
Zeit der ägyptischen Hochkultur

4000 v. Chr. — 3000 v. Chr. — 2000 v. Chr. — 1000 v. Chr. — Chr. Geb.

Hatschepsut – eine Frau auf dem Pharaonenthron

Hatschepsut – eine Friedensfürstin?

Lange Zeit glaubten die Forscher, Hatschepsut sei eine „Friedensfürstin" gewesen. Tatsächlich aber gab es während ihrer Regierungszeit kriegerische Auseinandersetzungen. Sie ließ die Grenzen des Reiches sichern und fremde Länder wie Nubien unterwerfen. Zu Beginn ihrer Monarchie und nach ihrem Tod fanden Aufstände in den von ihren Vorgängern eroberten Gebieten statt. Das war damals nach jedem Machtwechsel üblich. Dennoch erlebte Ägypten in ihrer Regierungszeit eine großartige Entwicklung. Hatschepsut ließ beispielsweise in Deir el-Bahari einen weitläufigen Tempel bauen. Er ist wie die Pyramiden von Gizeh[1] ein Zeichen der ägyptischen **Hochkultur**. Darüber hinaus wissen wir von einer großen Expedition Hatschepsuts nach Punt, das vermutlich südöstlich von Ägypten lag, im heutigen Gebiet von Eritrea und Somalia.

M 5 „Alle fremden Länder sind mir untertan"
Folgendes lässt Hatschepsut über ihre Herrschaft auf Inschriften verbreiten:

Der Gott weiß alles von mir, Amun, der Herr der Throne Beider Länder[2], veranlasst, dass ich zur Belohnung das Rote Land und das Schwarze Land[3] regiere. Niemand rebelliert gegen mich in all meinen Ländern. Alle fremden Länder sind mir untertan. Er ließ die Grenzen meines Landes bis an den Himmel stoßen. Ein jeder unter der Sonne steht in meinen Diensten.

Joyce Tyldesley, Hatschepsut. Der weibliche Pharao. Aus dem Englischen von Christa Broermann und Andrea Kann, München 1997, S. 188

[1] **Gizeh**: Siehe S. 48.
[2] **Beide Länder**: Gemeint sind Ober- und Unterägypten.
[3] **Rotes und Schwarzes Land**: Die östlich und westlich vom Nil gelegenen Wüsten wurden „Rotes Land" und das fruchtbare Land am Nilufer „Schwarzes Land" genannt.

M 6 Taltempel der Hatschepsut in Deir el-Bahari
Undatiertes Foto
Nördlich von Theben, auf der Westseite des Nil gegenüber der modernen Stadt Luxor, liegt ein Terrassentempel aus Kalkstein. Er wurde zwischen 1490 und 1468 v. Chr. als Toten- und Göttertempel erbaut. Aufgrund der drei übereinanderliegenden, durch Rampen verbundenen Terrassen mit offenen Pfeilerhallen unterscheidet er sich von allen anderen ägyptischen Tempeln. Die Anlage gilt als architektonisches Meisterwerk.

---

4 Beschreibe, wie sich Hatschepsut darstellt (M4).

5 Vergleiche die Inschrift (M5) mit dem Verfassertext. Was stellst du fest?

6 Untersuche die Tempelanlage (M6) und erläutere, was den Tempel so außergewöhnlich macht. (H)

4 Menschen machen Geschichte

M 7 Flotte der Königin Hatschepsut in Punt
Nachzeichnung eines Reliefs des Tempels in Deir el-Bahari (siehe S. 89, M6).
Die unterste Bildreihe zeigt die Abfahrt der etwa 21 m langen Segelschiffe. Darüber, in der mittleren Reihe, sieht man das Beladen der Boote in Punt. Ganz oben sind die Bewohner von Punt dargestellt. Sie bringen Tiere und Waren.

M 8 Weihrauch für die Götter
In ihrem siebten oder achten Regierungsjahr veranlasst Hatschepsut eine Expedition nach Punt. Christian Jacq (siehe S. 88, M3) erzählt:
Ihr göttlicher Vater Amun erschien Hatschepsut im Traum und befahl ihr, dem Tempel Weihrauch für die Rituale zu spenden. Wo hätte man besseren Weihrauch finden können als im Land Punt,
5 das sich im Südosten Ägyptens befand, nicht weit vom heutigen Eritrea und Somalia entfernt? Nach einer Reise ohne Zwischenfälle gingen fünf ägyptische Schiffe in fischreichem Wasser vor Anker. Eine Delegation[1] überreichte dem König und der
10 Königin von Punt Geschenke. Man organisierte inmitten tropischer Landschaft ein Festmahl und schloss danach Geschäfte ab. Die ägyptische Delegation bekam, was sie wollte: Ebenholz, Leopardenfelle, Affen und vor allem Weihrauchbäu-
15 me, deren Wurzeln man sorgfältig in feuchte Matten wickelte.
Auf der Rückfahrt trieben die Affen auf den Schiffen allerlei Unsinn, bevor man sie schließlich in Ägypten ihren neuen Herren übergab. Die Matro-
20 sen Hatschepsuts wurden bei ihrer Ankunft in Theben freudig begrüßt, die Stadt feierte den großen Erfolg mit einem rauschenden Fest. Hatschepsut selbst wog im Garten von Deir el-Bahari das Gold, maß das frische Weihrauchholz ab und
25 pflanzte Weihrauchbäume. Und Amun freute sich über die Opfergabe.

Die Pharaonen, erzählt von Christian Jacq. Aus dem Französischen von Phoebe Lesch, München/Wien 1998, S. 76

---

[1] **Delegation**: Abordnung

7 Verfasse einen Bericht über die Reise nach Punt. In M7 und M8 findest du die nötigen Informationen.

8 Diskutiert, ob die Expedition (M8) mit dem heutigen Fernhandel verglichen werden kann.

Hatschepsut – eine Frau auf dem Pharaonenthron

Die Erinnerung an Hatschepsut wird zerstört

Einige Jahre nach Hatschepsuts Tod wurden im Auftrag von Thutmosis III. zahlreiche Statuen der Herrscherin zerstört. Auch ihren Namen entfernte man von den Wänden der Tempel. Darüber hinaus ließ ihr Nachfolger ihren Namen aus den Königslisten entfernen. Trotzdem gelang es Thutmosis III. nicht, die Erinnerung an Hatschepsut auszulöschen. Wollte er sich an der Frau rächen, mit der er so lange die Herrschaft teilen musste?

M 9 Warum wurden ihre Spuren verwischt?
Der britische Ägyptologe Toby Wilkinson schreibt:
Erst in der Spätzeit seiner Regierung befahl Thutmosis III., die Erinnerung an Hatschepsut zu tilgen. Ihre Statuen wurden zertrümmert, ihre Bilder herausgemeißelt, ihre Obelisken in Karnak
5 mittels Schutzwänden vor den Blicken verborgen. Doch handelte es sich um gezielte Zerstörungen? Nur Hatschepsut als „König" befand sich im Visier der Bilderstürmer, ihre Bildnisse und Monumente als des Königs Große Gemahlin wurden
10 verschont. Daher scheint es, dass Thutmosis III. nicht durch persönliche Rache an der Frau beseelt war, die ihn vom Thron ferngehalten hatte, sondern von dem Wunsch, die Urkunden zu korrigieren und jedes Zeichen einer Frau zu tilgen,
15 die das heilige Königsamt innegehabt hatte. Der Name Hatschepsuts wurde so in späteren Königslisten ausgelassen, doch ihre Denkmäler und ihr Ruhm bestehen bis auf den heutigen Tag fort: fortdauernde Zeugnisse für eine außergewöhn-
20 liche Frau.

Toby Wilkinson, Who is who im alten Ägypten. Herrscher – Höflinge – Handwerker. Aus dem Englischen von Helmut Schareika, Darmstadt 2008, S. 150 f. (vereinfacht)

M 10 Hatschepsuts Osiris-Statuen
Undatiertes Foto
Die Statuen zeigen Hatschepsut im Gewand des Gottes Osiris (siehe S. 44, M2). Insgesamt 26 dieser Figuren standen einst vor den Pfeilern der Eingangshalle zur obersten Terrasse des Taltempels in Deir el-Bahari (siehe S. 89, M6). Thutmosis III. ließ diese Figuren zerstören. Inzwischen konnten sieben restauriert und wieder aufgestellt werden.

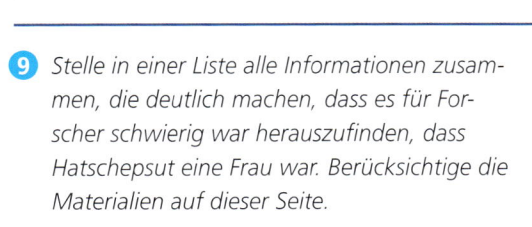

9 Stelle in einer Liste alle Informationen zusammen, die deutlich machen, dass es für Forscher schwierig war herauszufinden, dass Hatschepsut eine Frau war. Berücksichtige die Materialien auf dieser Seite.

10 Begründe, warum Hatschepsut als eine bedeutende historische Persönlichkeit gelten kann.

11 Erläutere, warum Thutmosis III. die Erinnerung an Hatschepsut auszulöschen versuchte (M9 und M10).

4 Menschen machen Geschichte

Themistokles – Aufstieg und Fall eines Politikers

M 1 Themistokles
Griechischer Geldschein von 1955

Wer ist Themistokles?
Der Staatsmann Themistokles wurde um 525 v. Chr. als Sohn eines athenischen Vaters und einer Mutter, die nicht aus Athen kam, geboren. Aufgrund seiner Herkunft hätte er rund fünfzig Jahre später, nachdem die **Demokratie** in Athen eingeführt worden war, keine Chancen mehr für eine politische Karriere gehabt. Das Bürgergesetz von 451 v. Chr. setzte voraus, dass Athener nur sein konnte, wessen Vater und Mutter aus Athen kamen.

Welche Umstände trugen zu seinem Aufstieg bei? Die Athener hatten 510 v. Chr. ihren letzten Tyrannen[1] aus der Stadt vertrieben, und die alten adligen Familien verloren zunehmend an Einfluss. Nicht mehr allein die Herkunft, sondern auch die Fähigkeit, die Bürger in den Volksversammlungen zu überzeugen, wurde wichtig. So gelang es Themistokles, der über eine ausgezeichnete Rednergabe verfügte, im Amtsjahr 493 bis 492 v. Chr. zu einem der obersten Beamten Athens (*Archon*) gewählt zu werden.

M 2 Über die politische Begabung des Themistokles
Von dem griechischen Historiker Thukydides (siehe S. 76), der einige Jahrzehnte nach Themistokles gelebt hat, erfahren wir:

Mit der angeborenen Schärfe seines Verstandes analysierte Themistokles nach allerkürzestem Überdenken die unmittelbare Gegenwart und sah wie kein anderer voraus, wie sich auch in sehr fer-
5 nen Zeiten die Zukunft gestalten würde. Und was er anpackte, konnte er auch zu einem guten Ende bringen. Auch wenn er etwas vorher noch nie gemacht hatte, fehlte es ihm nicht an der Urteilskraft, die für die Ausführung nötig war. Ob etwas
10 besser oder schlechter war, konnte er in unklaren Situationen im Voraus erkennen.

Thukydides, Geschichte des Peloponnesischen Krieges, Buch I, 138 (übersetzt und vereinfacht von Susanne Mortensen)

M 3 Süchtig nach Ruhm
Der griechische Schriftsteller Plutarch (45 - 125 n. Chr.), der rund 500 Jahre nach Themistokles gelebt hat, schreibt:

Politik scheint auf Themistokles früh einen starken Zauber ausgeübt zu haben, wie ihn auch die Begierde nach Ruhm völlig in Bann geschlagen hatte. Von Anfang an stachelte ihn dieser Ehrgeiz
5 auf, der erste zu sein, und unbekümmert nahm er dafür die Feindschaft der angesehensten und einflussreichsten Männer der Stadt auf sich.
Trotz alledem hing das Volk an ihm, denn er wusste jeden einzelnen Bürger beim Namen zu
10 nennen und hatte sich in Streitfällen als unparteiischer Richter bewährt.

Plutarch, Große Griechen und Römer, Bd. 1, Themistokles 3 und 5, Zürich 1954 (übersetzt von Konrat Ziegler; vereinfacht und gekürzt)

---

① Nenne mögliche Gründe, warum man in Griechenland nach über 2 500 Jahren mit einem Geldschein an Themistokles erinnerte (M1).
② Arbeite aus den Quellen M2 und M3 heraus, welche Stärken und Fähigkeiten Themistokles zugeschrieben werden.
③ Beurteile die Voraussetzungen für eine politische Karriere in Athen. Berücksichtige die Zeit vor und nach der Einführung der Demokratie.

[1] **Tyrann**: Siehe S. 68.

Themistokles (525 - 459 v. Chr.)
• 480 v. Chr.: Seeschlacht bei Salamis
Blütezeit Athens

600 v. Chr. — 500 v. Chr. — 400 v. Chr. — 300 v. Chr.

Themistokles – Aufstieg und Fall eines Politikers

Themistokles – Retter Athens?

Themistokles hatte erkannt, dass die Macht und die Sicherheit Athens durch den Aufbau einer starken Flotte gesteigert werden könnten.

Am Anfang der Entwicklung stand die Bedrohung durch die Perser. Sie hatten Ende des 5. Jh. v. Chr. ganz Vorderasien unter ihre Kontrolle gebracht und versucht, ihre Macht auf weitere griechische Poleis auszudehnen.

Nachdem die Athener das persische Heer 490 v. Chr. bei Marathon abgewehrt hatten, griffen die Perser 480 v. Chr. mit einer großen Armee erneut Griechenland zu Wasser und zu Lande an. Bei der Insel Salamis, die direkt vor Athen liegt[1], kam es zu einer großen Seeschlacht. Mithilfe der schlagkräftigen modernen Flotte konnte Athen nicht nur die Perser erfolgreich abwehren, sondern anschließend auch eine Vormachtstellung im gesamten Mittelmeergebiet aufbauen.

[1] Siehe die Karte auf S. 71, M3.

M4 Was tun?

Vor der Seeschlacht bei Salamis (480 v. Chr.) haben die Athener zweimal Gesandte nach Delphi geschickt, um das Orakel (siehe S. 61) zu befragen, was sie in Zukunft tun sollen, um den Persern standhalten zu können. Der griechische Geschichtsschreiber und Reisende Herodot (484 - 425 v. Chr.) gibt den Spruch der wahrsagenden Priesterin wieder und berichtet:

„Aber Zeus wird dafür sorgen, dass euch Athener eine Mauer aus Holz schützt. Zieht euch darum zurück und erwartet den Angriff der Reiter und Fußsoldaten nur nicht auf dem Festland. Wende
5 ihm den Rücken zu, einst wirst du ihm von vorne begegnen."

In Athen aber war neuerdings ein Mann zu hohem Ansehen gelangt, Themistokles, der Sohn des Neokles. Der erklärte, die Zeichendeuter leg-
10 ten das Orakel unrichtig aus. Er riet ihnen also, sich auf den Krieg zur See einzurichten; denn die Schiffe wären die hölzerne Mauer. Den Athenern leuchtete das ein, und sie beschlossen, lieber den Rat des Themistokles zu befolgen als den der Zei-
15 chendeuter, die von Widerstand überhaupt nichts wissen wollten, sondern sagten, man müsse Attika aufgeben und sich anderswo niederlassen.

Herodot, Historien VII, 141 und 143 (Nach der Übersetzung von Theodor Braun; gekürzt)

M5 Themistokles lässt Athen räumen

Eine griechische Inschrift aus dem 3. Jh. v. Chr. überliefert folgenden Entschluss:

Themistokles stellte den Antrag: Die Stadt soll man anvertrauen der Athena und den anderen Göttern allen, dass sie sie beschützen und die Perser abwehren. Die Athener und die Fremden,
5 die in Athen wohnen, sollen die Kinder und die Frauen nach Troizen[1] bringen. Die Alten aber und den Besitz sollen sie nach Salamis bringen. Die Schatzmeister aber und die Priesterinnen sollen auf der Akropolis bleiben, indem sie den Besitz
10 der Götter bewachen. Die übrigen Athener alle und die Fremden im waffenfähigen Alter sollen an Bord der bereitgestellten zweihundert Schiffe gehen und die Barbaren[2] abwehren, sowohl um ihrer eigenen Freiheit willen als auch der der
15 übrigen Griechen.

Zitiert nach: Hans-Joachim Gehrke und Helmuth Schneider (Hrsg.), Geschichte der Antike. Quellenband, Stuttgart/Weimar 2007, S. 72 (übersetzt nach Klaus Meister; gekürzt)

[1] **Troizen**: Ort an der Ostküste des Peloponnes; siehe die Karte auf S. 57.
[2] **Barbaren**: Gemeint sind die Perser.

---

4 Untersucht in Partnerarbeit die Textquellen (M4 und M5). Was schlägt Themistokles den Athenern vor?

5 Werte den Entschluss (M5) aus. Welche Maßnahmen waren deiner Meinung nach besonders wichtig?

4 Menschen machen Geschichte

M6 Seeschlacht bei Salamis
Illustration von Peter Dennis, um 2010
Die Athener nutzten in der Schlacht ihre modernen Kampfschiffe. Sie waren etwa 40 m lang und 5 m breit. Zur Besatzung gehörten bis zu 170 Ruderer. Hinzu kamen zehn Schwerbewaffnete und vier Bogenschützen.

M7 Über die Schlacht bei Salamis
Von Plutarch (siehe S. 92, M3) erfahren wir über die Schlacht bei Salamis:

Ganz gewiss hatte Themistokles sowohl den richtigen Zeitpunkt als auch den passenden Ort für die Schlacht erkannt und abgepasst. Er ließ nämlich seine Trieren erst dann gegen die persischen
5 Schiffe auslaufen, als wie gewöhnlich die Stunde kam, zu der ein frischer Wind vom Meere her die Strömung durch die Meerengen drückte. Diese brachte den griechischen Schiffen keinen Schaden, denn sie waren flach und recht niedrig ge-
10 baut. Die persischen Schiffe aber besaßen alle ein hohes Heck und hochgezogene überdachte Aufbauten, sodass sie nur mühsam vorwärtskamen und ins Schwanken gerieten, wenn die Strömung auf sie traf. Dadurch boten sie den Griechen, die
15 mit voller Geschwindigkeit auf sie zufuhren, ihre Breitseiten dar. Die Griechen aber orientierten sich an Themistokles, der am besten sah, was nützlich war. Sie waren den Persern zwar zahlenmäßig unterlegen, doch konnten die Perser in der
20 Meerenge nur in kleinen Abteilungen den Kampf führen und versperrten sich dabei gegenseitig den Weg. So konnten die Griechen sie bis zum Abend in die Flucht schlagen. Erreicht wurde dieser Sieg durch den Mut und das Selbstvertrauen
25 aller, die damals zur See gekämpft hatten, aber auch durch die Klugheit und hohe Intelligenz des Themistokles.

Plutarch, Themistokles 14 f. (übersetzt und vereinfacht von Susanne Mortensen)

---

6 *Erarbeite mithilfe der Materialien, warum die Athener bei Salamis siegten. Berücksichtige dabei die Taktik von Themistokles sowie die Bedeutung der Schiffe und ihrer Besatzung (M6 und M7).*

Themistokles – Aufstieg und Fall eines Politikers

Die Bedeutung der Schlacht bei Salamis und Themistokles' Ende

Der Sieg über die Perser veränderte die Demokratie in Athen. Die siegreichen Bürger forderten und bekamen mehr politische Rechte. Themistokles kümmerte sich um den Wiederaufbau der Akropolis[1] und die Erneuerung der Flotte. Mit seinen Erfolgen und seinem Verhalten schuf er sich aber auch Gegner und Neider. Sie sorgten 471/470 v. Chr. dafür, dass er durch ein Scherbengericht[2] aus Athen verbannt wurde. 465 v. Chr. wurde Themistokles sogar wegen angeblicher Zusammenarbeit mit Athens Feinden als Hochverräter angeklagt und in Abwesenheit zum Tode verurteilt. In einer abenteuerlichen Flucht gelangte er schließlich in das Reich des persischen Großkönigs, der ihm in Kleinasien eine kleine Herrschaft schenkte. Dort ist er 459 v. Chr. gestorben.

[1] **Akropolis**: Siehe S. 80.
[2] **Scherbengericht**: Siehe S. 72.

M 8 Kampf für die Freiheit
Der Dichter Aischylos lässt in seinem Drama „Die Perser", das 472 erstmals aufgeführt worden ist, die Athener während der Schlacht Folgendes rufen:

Ihr Söhne der Hellenen[1], auf!
Befreit unser Vaterland. Auf, auf, befreit
die Kinder, Frauen, unsrer Heimatgötter Sitz,
der Vorfahr'n Gräber; nun für alles gilt der Kampf!

Aischylos, Die Perser, Vers 402 f. (übersetzt von Oskar Werner)

M 9 Über die Bedeutung der Schlacht bei Salamis
Der Historiker Hans-Joachim Gehrke deutet die Perserkriege aus Sicht der Griechen so:

Es handelte sich beim Sieg über die Perser nicht allein um einen wichtigen Erfolg gegen die Weltmacht, sondern um den Sieg in einem grundsätzlichen Kampf zweier Welten. Die Griechen hatten
5 für die Freiheit und gegen den Despotismus[2] gekämpft. Hellenen geeint gegen das Barbarentum, Maß gegen Übermaß, Ordnung gegen Wildheit, Europa gegen Asien. Die Vorstellung von dem Gegensatz zwischen Hellenen und Barbaren hat hier
10 ihren Ursprung und war in Griechenland schnell verbreitet.

Hans-Joachim Gehrke, Kleine Geschichte der Antike, München 1999, S. 99 (vereinfacht)

M 11 Kein Großmut der Athener
Der Historiker Winfried Schmitz schreibt über das Verhalten der Athener:

Die Person des Themistokles war zu einem Beispiel geworden, wie die athenische Demokratie mit außergewöhnlichen Staatsmännern umging: Als Retter Athens und der Griechen haben ihn die
5 Athener verbannt und unter der Anklage des Landesverrats durch Griechenland gejagt. Der persische Großkönig, dessen stolze Flotte er vernichtet hatte, sah großmütig darüber hinweg, ehrte und schätzte ihn wegen seiner Klugheit.

Winfried Schmitz, Themistokles, in: Kai Brodersen (Hrsg.), Große Gestalten der griechischen Klassik. 58 historische Portraits, München 1999, S. 327

M 10 Tonscherben eines Scherbengerichts
Diese Tonscherben (griech.: Ostraka) belegen die Verbannung des athenischen Staatsmannes Themistokles 471/470 v. Chr.

[1] **Hellenen**: Eigenbezeichnung der Griechen (Griechenland = Hellas)
[2] **Despotismus**: Gewaltherrschaft

---

7 Fasse zusammen, wie sich der Sieg auf Athen ausgewirkt hat (Darstellung, M8 und M9).

8 Nenne Folgen des Sieges der Griechen über die Perser (M9). Lies dazu nochmals S. 70 ff.

9 Erstellt in Gruppenarbeit Lernplakate, auf denen ihr die Bedeutung und die Besonderheit der Seeschlacht bei Salamis darstellt.

10 Diskutiert über den Umgang der Athener mit Themistokles (M10 und M11) und beurteilt ihr Verhalten. (F)

Themistokles (525–459 v. Chr.) • 480 v. Chr.: Seeschlacht bei Salamis

Blütezeit Athens

600 v. Chr. — 500 v. Chr. — 400 v. Chr. — 300 v. Chr.

4 Menschen machen Geschichte

Alexander der Große – Feldherr und Eroberer

Wer ist Alexander der Große?
Über das Leben Alexanders des Großen gibt es viele abenteuerliche Geschichten. Sie beruhen fast alle auf Darstellungen, die Jahrhunderte nach seinem Tod entstanden sind.
Alexander war kein Grieche. Er wurde als Sohn des Königs von Makedonien in Pella geboren. Die Makedonen hatten 338 v. Chr. die Vorherrschaft über die griechische Staatenwelt erobert – und damit in der **Polis** Athen die **Demokratie** endgültig abgeschafft und die **Monarchie** eingeführt.

Alexander war von bedeutenden Lehrern wie dem großen Philosophen *Aristoteles* ausgebildet worden und kannte die griechische Götterwelt sowie die Heldendichtung Homers sehr genau.[1] Er galt als intelligent, mutig, neugierig und geschickt, aber auch als dickköpfig und aufbrausend. Schon als Jugendlicher nahm er an der Seite seines Vaters an Kriegszügen teil. 336 v. Chr. wurde sein Vater unter ungeklärten Umständen ermordet. Mit Gewalt setzte sich der 20-jährige Alexander als Nachfolger durch und übernahm die Herrschaft.

[1] Siehe dazu S. 62.

M 1 Geschickt und mutig
Von dem Geschichtsschreiber Plutarch (siehe S. 92, M3) ist folgende Geschichte überliefert:
Philipp von Makedonien, dem Vater von Alexander, wird der Hengst Bukephalos zum Kauf angeboten. Aber das Pferd lässt keinen Reiter an sich heran und der Kauf scheint
5 zu scheitern, bis Alexander zu bedenken gibt: „Welch schönes Pferd verliert man da, bloß weil man es aus Mangel an Mut und Geschick-
10 lichkeit nicht zu behandeln weiß."
Philipp verspricht seinem Sohn den Hengst, wenn er ihn bändigen könne. Und da
15 lief Alexander zum Pferde hin, fasste es beim Zügel und kehrte es gegen die Sonne, vermutlich weil er bemerkt hatte, dass es durch den vor ihm niederfallenden und hin und her schwankenden
20 Schatten scheu würde. Dabei lief er ein wenig neben dem Pferd her und streichelte es, solange er es noch vor Zorn und Hitze schnauben sah; dann aber ließ er unbemerkt seinen Mantel fallen, schwang sich behende auf den Rücken des Pfer-
25 des und setzte sich zurecht.

Nach: Hermann Schreiber, Alexander. Zurecht der Große genannt, in: Georg Popp (Hrsg.), Die Großen der Geschichte, Würzburg 1990, S. 72 f.

M 2 Alexander zähmt den Hengst Bukephalos
Rückseite einer Bronzemünze (Ø 2,6 cm), die 218 n. Chr. in Makedonien geprägt wurde

M 3 Nach der Übernahme der Regierung
Plutarch (siehe M1) berichtet außerdem:
Alexander übernahm nun in einem Alter von zwanzig Jahren die Regierung, welche jedoch von gewaltiger Missgunst, furchtbarem Hass und großen Gefahren umringt war. Die benachbarten Barbarenstämme wollten die Knechtschaft nicht dulden, sondern sehnten sich nach ihren angestammten Fürstenhäusern zurück. Ebenso war Griechenland zwar von Philipp durch Gewalt der Waffen überwunden, aber in einem Zustande vielfacher Unruhe. Die Makedonier waren der Ansicht, dass Alexander Griechenland völlig aufgeben müsse. Dagegen sollte er die Barbaren, von denen ein Abfall drohte, durch Freundlichkeit wieder an sich ziehen und jeden beginnenden Aufruhr mit großer Nachsicht behandeln.

Nach: Plutarch, Alexander der Eroberer. Aus dem Griechischen übersetzt von Eduard Eyth, München 2008, S. 19 (vereinfacht und gekürzt)

---

1. Finde einen passenden Schluss für Plutarchs Geschichte (M1). Beginne so: Philipp und seine Begleiter …
2. Diskutiert, aus welchen möglichen Gründen die Münze (M2) geprägt wurde und warum Plutarch die Geschichte (M1) überliefert hat.
3. Fasse Alexanders Lage zu Beginn seiner Regierungszeit zusammen (M3). Verwende dabei die Begriffe Polis, Demokratie und Monarchie.

Alexander der Große – Feldherr und Eroberer

Alexander erobert ein Weltreich

334 v. Chr. setzte Alexander auf 160 Kriegsschiffen mit einem Heer von etwa 35 000 Fußsoldaten und 7 000 Reitern nach Kleinasien über. Einer der größten Eroberungszüge der Geschichte begann. Er war zugleich ein großer Erkundungszug in den reichen und fremden Osten, an dem auch Gelehrte teilnahmen.

Alexander übernahm die Herrschaft in allen eroberten Gebieten. In Ägypten verehrte man ihn als Pharao und in Persien als gottgleichen Großkönig. Häufig setzte Alexander einheimische Herrscher als Statthalter (persisch: *Satrapen* = Herren der Provinz) ein. Sie verwalteten die Länder in seinem Sinne.

Im Sommer 327 v. Chr. begann Alexander, Indien zu erobern. Ein Jahr später standen er und seine Truppen am Indus. Er wollte noch weiter – bis an die Grenze der Welt. Aber nach den zahllosen Kämpfen und dem monatelangen Monsunregen weigerten sich seine Soldaten weiterzuziehen. Alexander musste nachgeben. Ein mühsamer Rückmarsch durch die Wüsten begann. Hitze, Durst und Erschöpfung forderten zahllose Tote.

Zurück in der alten persischen Hauptstadt Susa übernahm er als Großkönig die persischen Hofsitten. Besucher mussten vor ihm wie vor einem Gott auf die Knie fallen. Alexander heiratete 324 v. Chr. zwei persische Prinzessinnen und forderte seine Beamten, Heerführer und Soldaten auf, ebenfalls Perserinnen zu heiraten.

Kurz nach seiner Rückkehr plante Alexander den nächsten Feldzug. Arabien war sein Ziel. Doch dazu kam es nicht mehr. Er erkrankte und starb im Juni 323 v. Chr. mit gerade einmal 32 Jahren in Babylon.

Das eroberte Reich fiel in die Hände seiner obersten Feldherren. Diese Nachfolger (griech.: *Diadochen*) kämpften gegeneinander um die Macht und das Alexanderreich zerfiel.

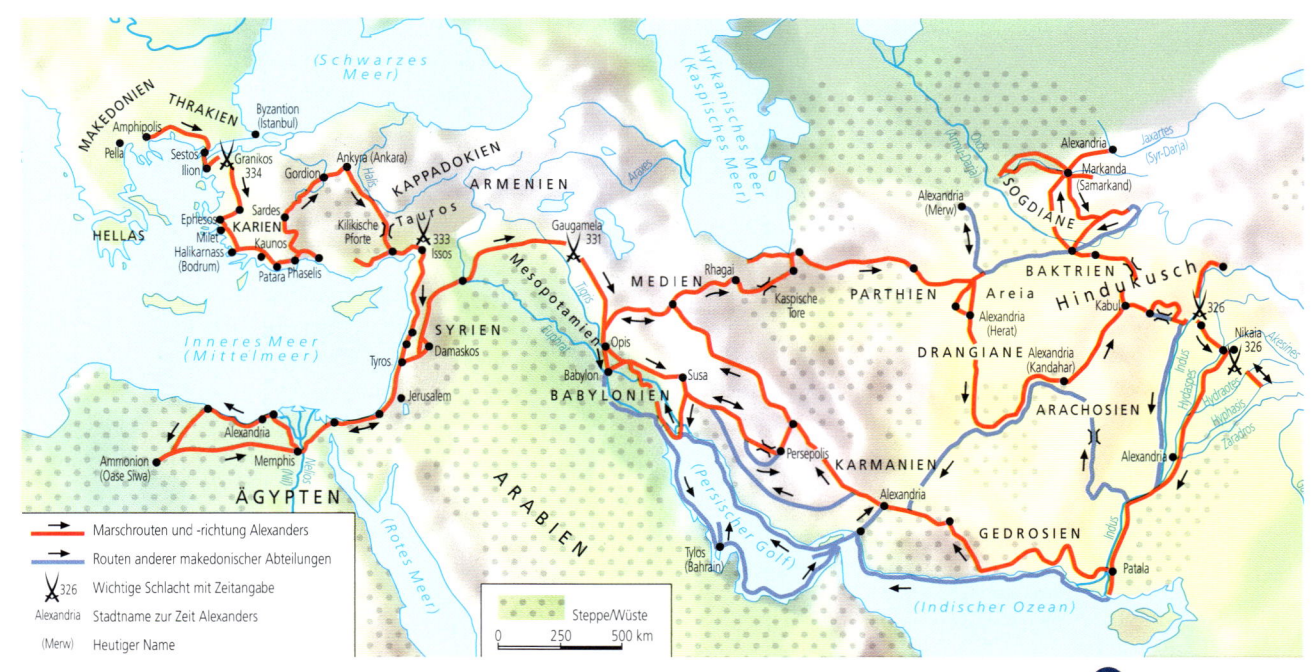

M 4 Alexanders Eroberungszüge

Internettipp: Für eine dynamische Karte zum Ablauf des Alexanderzuges siehe auch Mediencode 31061-19.

④ Beschreibe das Thema der Karte. Worüber informiert sie dich? (H)

⑤ Untersuche den Alexanderzug.
- Wie viele Kilometer haben seine Soldaten und er ungefähr zurückgelegt? (H)
- Wie lange dauerte der Feldzug?
- Durch welche heutigen Staaten führte der Alexanderzug? Siehe dazu die Karte im Buch hinten.

⑥ Diskutiert die Motive des Feldzuges.

M 5 Makedonische Phalanx

Rekonstruktionszeichnung von Peter Conolly, um 1981

Die makedonische Phalanx bestand aus 256 Fußsoldaten. Sie trugen eine etwa fünf Meter lange Lanze als Angriffswaffe. Zur Verteidigung hatten sie außerdem lange Messer oder Schwerter.

M 6 Alexanders Leistungen

Der Geschichtsschreiber Plutarch (siehe S. 92, M3) hält fest:

Aber weil Alexander Asien die Kultur brachte, deshalb wurde Homer das Lesebuch dieser Völker, und die Kinder der Perser, Susianer und Gedrosier sangen die Lieder aus den Tragödien des
5 Sophokles und Euripides. Alexander gründete im Barbarenland über siebzig Städte. Er übersäte Asien mit Pflanzstädten griechischer Kultur und rottete die rohe Wildheit des Lebens aus. In Ägypten gäbe es kein Alexandria, in Mesopotami-
10 en kein Seleukeia, in Sogdiane kein Prophthasia, in Indien kein Bukephaleia und nicht eine griechische Stadt am Fuß des Kaukasus. Als sie aufblühten, erlosch die Wildnis, und die rohen Sitten wandelten sich zur Milde.
15 Er durchzog ja Asien nicht nach Räuberart. Vielmehr legte er die neue Tracht in der Absicht an, alle Länder der Welt einer Herrschaft zu unterwerfen und zu Teilen eines Staates zu machen, ja, alle Menschen zu einem Volk zusammenzuschlie-
20 ßen.

Zitiert nach: Pierre Briant, Alexander, Eroberer der Welt. Übersetzt von Ingeborg Kuhn-Régnier, Ravensburg 1990, S. 136 f. (gekürzt)

M 7 Neue Maßstäbe?

Die Historikerin und Schriftstellerin Maria Regina Kaiser schreibt über das Vorgehen des Feldherrn Alexander:

Alexander aber legte neue Maßstäbe an sich und seine Truppen. Er ging dabei sehr überlegt vor. Um vorher nie Gewagtes zu erreichen, bediente er sich der technischen Möglichkeiten seiner Zeit.
5 Er arbeitete mit Abschreckungsmaßnahmen wie der Zerstörung ganzer Städte – Theben, Halikarnass, Tyros. Er ging rücksichtslos gegen jede Treulosigkeit vor. Er benutzte seine Truppen als Menschenmaterial, um seine Ziele zu erreichen.
10 Von Anwandlungen, die neuen Untertanen auszubeuten und zu demütigen, waren weder Alexander noch die von ihm ernannten Satrapen und Befehlshaber frei. Fast überall kam es zu beschämenden Übergriffen gegen die Bevölkerung und
15 Willkürakten, die Alexander dann in einer späteren Phase energisch bestrafte. Er selbst ließ die Palastanlagen von Persepolis in betrunkenem Zustand anzünden. Es entstand ein verheerender und völlig überflüssiger Großbrand.

Maria Regina Kaiser, Alexander der Große und die Grenzen der Welt, Würzburg 2007, S. 84 f. (vereinfacht und gekürzt)

---

7 Beschreibe die Kampfweise der makedonischen Schwerbewaffneten (M5). Vergleiche ihre Bewaffnung mit der der griechischen Hopliten (vgl. S. 68) und der Perser (vgl. S. 70). Wie wird diese Phalanx auf ihre Gegner gewirkt haben?

8 Fasse die Taten Alexanders in einer Tabelle zusammen (Darstellung, M6 und M7). Überlege dir passende Oberbegriffe und führe jeweils Beispiele an.

9 Nimm Stellung zu der Aussage der Historikerin (M7).

Alexander der Große – Feldherr und Eroberer

Verdient Alexander den Beinamen „der Große"?

Die Frage, ob Alexander ein „Großer" war, wird seit der Antike gestellt. Die Antworten fallen noch heute verschieden aus.

M 8 Alexanderschlacht
Fußbodenmosaik (5,82 x 3,13 m) aus Pompeji (Italien), um 100 v. Chr. Das Mosaik ist vermutlich die Kopie eines griechischen Großgemäldes, das kurz nach Alexanders Tod 323 v. Chr. entstand. Dargestellt ist, wie Alexander (links) auf den persischen Großkönig Dareios III. trifft, der schließlich auf der Flucht starb.

M 9 Anerkennung …
Der griechische Geschichtsschreiber Diodor lebt rund 200 Jahre nach Alexanders Tod, er beschreibt ihn so:

In kurzer Zeit hat dieser König große Taten vollbracht. Dank seiner eigenen Klugheit und Tapferkeit übertraf er an Größe der Leistungen alle Könige, von denen die Erfahrung weiß. In nur zwölf
5 Jahren hatte er nämlich nicht wenig von Europa und fast ganz Asien unterworfen und damit zu Recht weitreichenden Ruhm erworben, der ihn den alten Heroen und Halbgöttern gleichstellte.

Zitiert nach: Hans-Joachim Gehrke, Alexander der Große, München ⁶2013, S. 9

M 10 … und Kritik
Der römische Politiker und Philosoph Seneca urteilt im 1. Jh. n. Chr. über Alexander:

Den unglücklichen Alexander trieb seine Zerstörungswut sogar ins Unerhörte. Oder hältst du jemanden für geistig gesund, der mit der Unterwerfung Griechenlands beginnt, wo er doch seine Er-
5 ziehung erhalten hat? […] Nicht zufrieden mit der Katastrophe so vieler Staaten, die sein Vater Philipp besiegt oder gekauft hatte, wirft er die einen hier, die anderen dort nieder und trägt seine Waffen durch die ganze Welt. Und nirgends macht
10 seine Grausamkeit erschöpft halt, nach der Art wilder Tiere, die mehr reißen als ihr Hunger verlangt.

Zitiert nach: Hans-Joachim Gehrke, a. a. O.

---

10 Untersuche Gestik und Mimik von Alexander und Dareios auf dem Mosaik (M8). Was drücken sie aus?

11 Vergleiche die Ansichten Diodors und Senecas (M9 und M10). Welche Sichtweise überzeugt dich mehr?

12 Diskutiert abschließend, ob Alexander den Beinamen „der Große" verdient hat. Berücksichtigt dabei auch S. 98, M6 und M7.

Das weiß ich – das kann ich!

Auf einen Blick: Menschen machen Geschichte

Seit der **Antike** wurden die Menschen vor allem von Männern regiert. Sie hatten die Macht oft von ihren Vätern geerbt und herrschten allein (**Monarchie**). Trotzdem waren sie immer auf Unterstützung angewiesen. Widerstand von einflussreichen Gegnern im Lande oder Bedrohung durch äußere Feinde konnten ihre Herrschaft einschränken oder beenden.

An den Ufern des Nil entwickelte sich **ab 3000 v. Chr.** eine **frühe Hochkultur**: das alte Ägypten. Das riesige Reich wurde in seiner langen Geschichte fast immer von einem **Pharao** regiert, der allein herrschte. Eigentlich konnte nur ein Mann Pharao werden, aber es gab auch Ausnahmen: *Hatschepsut* war ein solcher Sonderfall. Sie regierte etwa 20 Jahre lang, ließ beeindruckende Bauwerke errichten und schickte Handelsexpeditionen ins Ausland.

Eine andere Form der Herrschaft entwickelte sich in der **Polis** Athen im 5. Jh. v. Chr.: die **Demokratie**. Der einflussreiche Staatsmann *Themistokles* überzeugte seine Mitbürger davon, für den Kampf gegen die Perser eine starke Flotte zu bauen. Dank dieses Entschlusses besiegten die Athener mit ihren Verbündeten die feindlichen Perser. Der Kriegsausgang stärkte die Macht aller Bürger und schwächte den Einfluss des Adels. Die Polis Athen wurde zur Großmacht. Die kulturelle **Blütezeit Athens** begann **im 5. Jh. v. Chr.** Obwohl Themistokles den Weg für die „Herrschaft des Volkes" bereitet hatte, verbannten die Athener ihn später.

Auf eine ganz andere Weise machte *Alexander der Große* aus Makedonien Geschichte. Er erbte die Macht von seinem Vater und nutzte sie, um mit seinem Heer in wenigen Jahren einen Großteil der damals bekannten Welt zu erobern. Alexander der Große war ein kühner und rastloser Feldherr. Kritik und Widerstand schlug er allerdings oft mit gnadenloser Härte nieder. Sein erobertes Großreich war nicht von Dauer. Es zerfiel bald nach seinem Tod.

M 1 Hatschepsut

M 2 Themistokles

M 3 Alexander der Große

4000 v. Chr.   3000 v. Chr.

Das weiß ich – das kann ich!

> „Die Menschen machen ihre eigene Geschichte. Aber sie machen sie nicht aus freien Stücken, nicht unter selbstgewählten, sondern unter unmittelbar vorgefundenen, gegebenen und überlieferten Umständen."

M 4 Ein Zitat des Journalisten, Philosophen und Wirtschaftswissenschaftlers Karl Marx von 1852

1 Hatschepsut, Themistokles und Alexander der Große (M1 bis M3) haben Geschichte gemacht. Nenne konkrete Beispiele dafür, wo sie deiner Meinung nach die Geschichte besonders geprägt haben. Ergänze in deinem Heft folgende Tabelle:

Hatschepsut	Themistokles	Alexander der Große
• Frau als Pharao	• …	• …
• Expedition nach Punt	• …	• …
• …	• …	• …

2 Nenne Umstände, die das Handeln von Herrschern einschränken. (H)

3 Erzähle eine Episode aus dem Leben von Hatschepsut, Themistokles oder Alexander dem Großen. Gestalte die Erzählung anschaulich und spannend. Tauscht dann eure Texte aus und überprüft, was der historischen Wirklichkeit entspricht und wo der Erzähler Inhalte hinzuerfunden hat. (H)

4 Verfasse zu den drei Personen Beiträge für ein Jugendlexikon.

5 Erarbeitet in Gruppenarbeit ein fiktives Streitgespräch zwischen Themistokles und Alexander dem Großen. Lasst sie darüber diskutieren, ob sie zu Recht als bedeutende Persönlichkeit in die Geschichte eingegangen sind.
Fragenpool: Wo lagen ihre Stärken und Schwächen? Wer von ihnen war bedeutender und warum? Wer hat nicht nur die jeweilige Gegenwart, sondern auch die Zukunft geprägt?

6 Karl Marx (1818-1883) hat sich ganz besonders für Geschichte interessiert. Diskutiert, was er mit dem Zitat (M4) meinte. Verwendet Aussagen daraus. (F)

Kompetenztest: Einen Test, mit dem du überprüfen kannst, was du kannst und was du noch üben solltest, findest du unter 31061-20.

Hatschepsut (vor 1500 - um 1458 v. Chr.)
Zeit der ägyptischen Hochkultur
1000 v. Chr. — Themistokles (525 - 459 v. Chr.) — Blütezeit Athens — Alexander der Große (356 - 323 v. Chr.) — Chr. Geburt

5 Das römische Weltreich

Vor 2 000 Jahren hatte jede größere römische Stadt eine Arena. Vorbild für viele dieser Amphitheater (griech. *amphi*: ringsum) war das Kolosseum in Rom. Es wurde 80 n. Chr. eingeweiht. Hier vergnügten sich bis zu 50 000 Menschen bei Gladiatorenkämpfen, Tierhetzen und anderen Vorführungen. Der Name „Kolosseum" stammt von einem fast 40 m hohen Standbild (Koloss) des Kaisers Nero, das einst in der Nähe der Arena aufgestellt war. Nachdem das Kolosseum jahrhundertelang nicht benutzt wurde, finden hier inzwischen wieder Konzerte, Theateraufführungen und andere Veranstaltungen statt.

1 Findet Gemeinsamkeiten und Unterschiede zwischen den Veranstaltungen in antiken Arenen und heutigen Stadien heraus.

M 1 Konzert im Kolosseum von Rom
Foto von 2009
Zum Standort der Arena siehe S. 134, M1; eine Außenaufnahme findest du auf S. 142.

5 Orientierung in Raum und Zeit

M 2 „Römerfest Biriciana"
Foto von Hugo Beyer vom September 2015
Auf dem Gelände des Kastells Biriciana finden alle zwei Jahre „Römerfeste" statt. Dann tauchen die Besucher in die Welt am Limes vor 1 800 Jahren ein und Handwerker, Händler und Krieger von beiden Seiten des Limes beleben das Weißenburger Kastellgelände wieder.

Römische Spuren auf drei Kontinenten

Große Teile Europas, Nordafrikas und Vorderasiens waren in der Antike römisch. Überreste wie Amphitheater, Wasserleitungen (Aquädukte), Grenzbefestigungen und Militärlager (Kastelle) erinnern daran. Sie locken jährlich Millionen von Besuchern an.

Bis heute prägend

Das Römische Reich dauerte rund 1 000 Jahre. Auch wenn es nicht mehr besteht, seine Kultur prägt die unsere bis heute: Die Sprache der Römer, Latein, wird noch immer an vielen Schulen gelehrt. Und zahlreiche Sprachen wie Italienisch, Französisch, Spanisch oder Rumänisch haben sich aus dem Lateinischen entwickelt.
Hier in Bayern verdanken wir den Römern die ersten Städte. Augsburg (*Augusta Vindelicum*), Kempten (*Cambodunum*) oder Regensburg (*Castra Regina*) sind römische Gründungen. Auch im Bereich der Rechtsprechung haben die Römer Bedeutendes geleistet: Viele noch heute gültige Regeln gehen auf sie zurück, so zum Beispiel der Grundsatz „Im Zweifel für den Angeklagten" (lat. *in dubio pro reo*). Ganz entscheidend ist, dass die Römer das Christentum im 4. Jh. n. Chr. zu ihrer Staatsreligion machten und verbreiteten.

Am Ende des Kapitels hast du erkannt, dass durch das Römische Reich wichtige Grundlagen unserer Kultur geschaffen wurden, und du kannst folgende Fragen beantworten:

- *Wie zuverlässig sind die Mythen von der Gründung Roms für die Geschichtsschreibung?*
- *In welchen Etappen dehnte Rom sein Herrschaftsgebiet aus?*
- *Welche Spuren haben die Römer bis heute hinterlassen?*
- *Wie unterscheidet sich die Römische Republik von der Kaiserzeit?*
- *Wie gingen die Römer mit Christen und Juden um?*

Latein	Übersetzung	Bedeutung heute
fabula	Geschichte, Erzählung	fabulieren (Geschichten erfinden)
mensa	Tisch	Mensa in der Schule oder Universität
hortus	Garten	Hort in der Schule
natio	Stamm, Volk	Nation

- 753 v. Chr.: Gründung Roms der Sage nach

Römische Republik

800 v. Chr. | 700 v. Chr. | 600 v. Chr. | 500 v. Chr. | 400 v. Chr. | 300 v. Chr. | 200 v. Chr.

Blütezeit Athens
Ende der ägyptischen Hochkultur

Orientierung in Raum und Zeit

M 3 Hadrianswall (England), 2. Jh. n. Chr. Foto um 1990

M 4 Theater von Orange (Südfrankreich), 1. Jh. n. Chr. Foto um 1990

M 5 Hadrians-Thermen in Leptis (Libyen), 2. Jh. n. Chr. Undatiertes Foto

M 9 Vom römischen Stadtstaat zum Weltreich (Imperium Romanum)
Die Karte zeigt Rom um 510 v. Chr. und das Imperium Romanum zur Zeit seiner größten Ausdehnung um 117 n. Chr.

M 6 Aquädukt in Segovia (Spanien), 1. Jh. n. Chr. Foto um 1990

M 7 Tempel in Palmyra (Syrien), 2. Jh. n. Chr. Undatiertes Foto, vor 2015

M 8 Theater von Aspendos (Türkei), 2. Jh. n. Chr. Foto von 2015

2 Informiert euch, welche römischen Überreste in Weißenburg zu sehen sind und aus welchen Jahrhunderten sie stammen (M2).

3 Recherchiert in Gruppenarbeit Informationen zu den abgebildeten Sehenswürdigkeiten (M3 bis M8).

4 Bestimme grob die Ausdehnung des Römischen Reiches von Norden nach Süden und von Westen nach Osten. Nutze dazu den Maßstab der Karte M9.

5 Nenne die Staaten, die heute auf dem Gebiet des Imperium Romanum liegen. Siehe dazu die Karte hinten im Buch.

6 Erläutere das Sprichwort „Rom wurde nicht an einem Tag erbaut".

---

27 v. Chr. - 14 n. Chr.: Zeitalter des Augustus

Römische Kaiserzeit

Chr. Geburt | 100 n. Chr. | 200 n. Chr. | 300 n. Chr. | 400 n. Chr. | 500 n. Chr. | 600 n. Chr.

5 Das römische Weltreich

Rom wurde nicht an einem Tag erbaut

M 1 Rom – die Hügel um 900 v. Chr.
Roms Hügel (rot) und Siedlungsspuren um 900 v. Chr.
Der Tiber bildete damals die Grenze zwischen dem Volk der Latiner, zu dem die Römer gehörten, und den Etruskern.

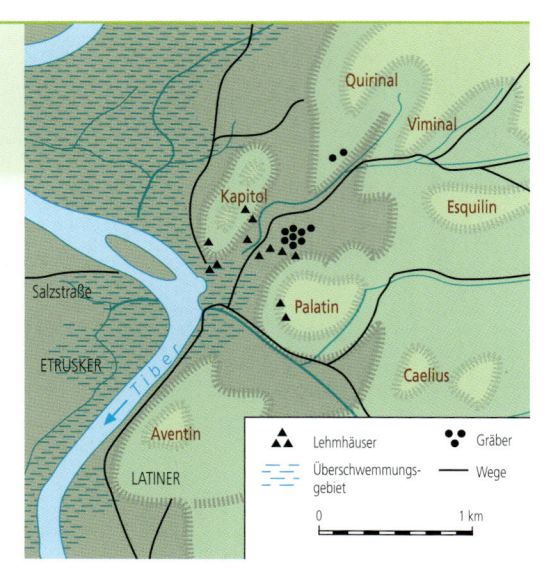

M 2 Hütte auf dem Palatin, 9./8. Jh. v. Chr.
Rekonstruktion einer Hütte nach archäologischen Funden. Sie galt als Wohnhaus des Stadtgründers Romulus.

Romulus, Remus und die Wölfin
Über die Gründung Roms gibt es keine zeitgenössischen Zeugnisse, aber eine antike Sage. Da sie eine Mischung aus Dichtung und Wahrheit ist, sprechen wir von einem **Gründungsmythos**. Die Erzählung geht wie folgt:

Der griechische Held Aeneas floh aus dem brennenden Troja und kam erst nach langer Irrfahrt an den Ort, wo heute Rom steht. Eine Nachfahrin des Aeneas gefiel dem römischen Kriegsgott Mars so sehr, dass er die Zwillinge Romulus und Remus mit ihr zeugte. Der Onkel der Zwillinge setzte die beiden Säuglinge jedoch in einem Körbchen auf dem Tiber aus, weil er fürchtete, sie könnten ihm später einmal die Herrschaft wegnehmen. Aber das Schicksal meinte es gut mit den beiden Jungen. Sie wurden ans Ufer gespült und dann von einer Wölfin gesäugt. So überlebten sie, bis sie von dem Hirten Faustulus und seiner Frau gefunden und groß gezogen wurden.

Als die Zwillinge junge Männer waren, gründeten sie eine Stadt. Romulus grub eine Furche, an der die künftige Stadtmauer stehen sollte, nannte den Ort nach sich selbst „Rom" und wollte der erste König der Römer sein. Damit war Remus nicht einverstanden und sprang über die Furche. Daraufhin erschlug Romulus seinen Bruder und rief zornig: „So soll es jedem ergehen, der es wagt, Roms Mauern zu missachten."

„7-5-3, Rom schlüpft aus dem Ei"?
Die antiken Geschichtsschreiber hielten den 21. April 753 v. Chr. für den Gründungstag Roms. Dieses Datum diente ihnen als Ausgangspunkt für ihre Zeitrechnung. Sie zählten dann das Jahr „seit Gründung der Stadt" (lat. *ab urbe condita*).

Und was sagt die heutige Wissenschaft über die Anfänge Roms? Die ältesten Siedlungsspuren stammen schon aus dem 11. bis 9. Jh. v. Chr. Damals besiedelten Bauern und Hirten den Palatin und seine Nachbarhügel. Sie gehörten den italischen Stämmen der Latiner und Sabiner an. Die Menschen hatten den Ort gewählt, weil es hier eine Insel im Tiber gab, die den Übergang über das Wasser erleichterte. Außerdem war der Fluss bis zu dieser Stelle schiffbar, und es kreuzten sich in der Nähe mehrere wichtige Straßen.

Die nördlichen Nachbarn der Latiner und Sabiner waren die Etrusker. Im 7. Jh. v. Chr. brachten sie die Hügel am Tiber unter ihre Herrschaft. Etruskische Könige aus dem Geschlecht der Ruma ließen einen Wall mit Graben um die Siedlungen bauen und das sumpfige Tal zwischen den Hügeln entwässern. Ein Markt- und Versammlungsplatz entstand, das spätere Forum Romanum.[1]

---

① *Vergleiche den Gründungsmythos mit den wissenschaftlichen Erkenntnissen. Welche Gemeinsamkeiten und Unterschiede fallen dir auf? Woran erkennst du, dass der eine Text ein Mythos ist und der andere die historische Wirklichkeit wiedergeben möchte?*

② *Errechne, in welchem Jahr wir nach der römischen Jahreszählung „ab urbe condita" leben.*

---

[1] Siehe S. 134, M1.

Gründungsmythos | **753 v. Chr.: mythische Gründung Roms**

Rom wurde nicht an einem Tag erbaut

M 3 Über die Gründungssage Roms
Der römische Geschichtsschreiber Livius (59 v. Chr. - 17 n. Chr.) beurteilt die Gründungssage und das Wissen über die Anfänge Roms wie folgt:

Über die Zeit vor der Gründung Roms oder über die Gründung selbst gibt es Nachrichten, die aber eher ausgeschmückte Erfindungen von Dichtern als wahre Darstellungen der Ereignisse sind. Ich
5 will mich nicht darauf einlassen, sie zu bestätigen oder für unwahr zu erklären. Manche Völker wagen es, ihre Ursprünge für heilig zu halten, und führen sie direkt auf die Götter zu-
10 rück. Das römische Volk war aber so erfolgreich im Krieg, dass es den allermächtigsten Mars für seinen eigenen Vater und den Vater seines Gründers hält. Diese Erzählung ak-
15 zeptieren alle Völker, und genauso haben sie nichts dagegen, die Herrschaft der Römer zu akzeptieren.

Livius, Ab urbe condita, Vorwort 6, 7 (übersetzt und vereinfacht von Susanne Mortensen)

M 4 Die Wölfin säugt Romulus und Remus
Rückseite einer römischen Münze, Anfang des 2. Jh. v. Chr. Links ist der Hirte Faustulus zu sehen, der die Zwillinge großzog. Im oberen Teil erkennt man den Feigenbaum. Er stand dort, wo das Körbchen der Sage nach ans Ufer geschwemmt wurde.

Schritt für Schritt:
Textquellen auswerten und interpretieren

Erste Schritte zur Arbeit mit Textquellen hast du bereits gemacht (siehe S. 76), hier findest du weitere Tipps:

1. Informiere dich über den Autor (z. B. Lebenszeit, gesellschaftliche Stellung, „Beruf" usw.) und die Textquelle (z. B. Entstehungszeit, Textsorte, für wen ist sie geschrieben?).
2. Schlage Begriffe, Daten oder Namen nach, die du nicht kennst.
3. Formuliere das Thema der Quelle in einem Kernsatz.
4. Unterstreiche auf einer Kopie die wichtigsten Informationen. Benutze dazu zwei Farben: eine für neutrale Fakten, eine für persönliche Wertungen des Autors.
5. Beurteile, ob die Informationen richtig oder falsch bzw. subjektiv oder objektiv dargestellt sind.

M 5 Die „kapitolinische Wölfin" – Roms Wahrzeichen
Die lebensgroße Bronzefigur der Wölfin wurde wohl nach antiken Vorbildern zwischen dem 9. und 13. Jh. hergestellt. Die Figuren der Zwillinge stammen erst aus dem 16. Jh.
Das Kunstwerk soll über Jahrhunderte auf dem Kapitol, dem religiösen Mittelpunkt Roms, gestanden haben (siehe S. 134, M1). Heute befindet es sich in den Kapitolinischen Museen in Rom.

---

3 *Werte die Textquelle (M3) aus und interpretiere sie. Nutze dazu die Methode „Schritt für Schritt".*
4 *Beschreibe die Bildquellen M4 und M5 und erläutere, was sie uns über die Bedeutung des Gründungsmythos für die Römer sagen.*

Mehrere Siedlungen …	… wachsen zu Rom zusammen	753 v. Chr.: Gründung Roms der Sage nach		Etruskische Könige herrschen in Rom
1100 v. Chr. — 1000 v. Chr. — 900 v. Chr. — 800 v. Chr. — 700 v. Chr. — 600 v. Chr. — 500 v. Chr.				

5 Das römische Weltreich

Wer bestimmt in der Römischen Republik?

M 1 „Der Volksredner"
1,85 m hohe Bronzefigur, um 80 v. Chr. Der Mann trägt eine Toga, ein Kleidungsstück, das aus einem etwa sechs Meter langen und 2,50 Meter breiten Stück Stoff besteht. Die abgebildete Toga hat einen eingewebten Streifen auf dem Saum. Dazu trägt der Mann am Finger der linken Hand einen Ring. Beides kennzeichnet den „Redner" als Patrizier.

Von der Monarchie zur Republik

Im Jahre 510 v. Chr. vertrieben römische Adlige den etruskischen König aus ihrer Stadt. Über ihren Stadtstaat herrschte damit kein Monarch (König) mehr. Rom wurde **Republik** – eine „öffentliche Angelegenheit" (lat. *res publica*).

Der große Einfluss der Patrizier

Die vornehmsten Familien Roms waren adliger Herkunft. Sie wurden *Patrizier* (von lat. *patres*: Väter) genannt und verfügten über großen Landbesitz. Zu Beginn der Republik konnten nur sie Oberpriester werden, das Heer führen, Gesetze machen und als Richter Recht sprechen. Patrizier wurde man nicht durch Reichtum oder Leistung. Man war es von Geburt an. Die Heirat zwischen Patriziern und den restlichen römischen Bürgern, den *Plebejern* (von lat. *plebs*: Volk, Masse), war in der frühen Zeit Roms verboten. Beide Stände sollten sich nicht vermischen.

Die Plebejer erkämpfen sich Rechte

Im 5. Jh. v. Chr. waren die Plebejer es leid, dass sie als Bauern und Handwerker die schweren Arbeiten verrichten und Kriegsdienst leisten mussten, aber kaum Rechte hatten. Sie wussten, dass die Patrizier sie dringend brauchten, und drohten immer wieder damit, nicht mehr für Rom zu kämpfen. Diese lange andauernden Auseinandersetzungen zwischen Patriziern und Plebejern werden *Ständekämpfe* genannt.

Zwischen 494 v. Chr. und 287 v. Chr. erstritten sich die Plebejer folgende Rechte:

- Jährlich durften sie aus ihren Reihen zehn *Volkstribune* wählen. Sie besaßen das Recht, gegen Entscheidungen der Patrizier ein Veto (von lat. *veto*: ich verbiete) einzulegen. Damit konnten neue Gesetze oder Bestrafungen gestoppt werden.
- Ab etwa 450 v. Chr. wurden die Gesetze auf Bronzetafeln veröffentlicht.
- Das Heiratsverbot zwischen Patriziern und Plebejern wurde aufgehoben. Aber: Der Vater musste der Hochzeit seines Sohnes oder seiner Tochter zustimmen!
- Plebejer konnten alle wichtigen politischen Ämter bekleiden. Aber: Für die Tätigkeit gab es kein Geld!
- Plebejer durften Gesetze beschließen, die auch die Patrizier befolgen mussten.

Patrone und Klienten

Trotz dieser Erfolge hatte auch nach den Ständekämpfen nur eine kleine Oberschicht in der Politik und in der Rechtsprechung das Sagen. Diese Oberschicht bestand seitdem aus Patriziern und sehr reichen Plebejern und wurde *Nobilität* genannt. Deshalb blieb es üblich, dass sich ein einfacher Plebejer einem mächtigen Mann aus der Nobilität unterstellte. Sie wurden so zu Klient und Patron. Der Patron schützte seinen Klienten, half in Notsituationen oder vertrat ihn vor Gericht. Als Gegenleistung stimmte der Klient bei Wahlen für seinen Patron, sodass dieser im Staat wichtige Ämter bekleiden konnte.

---

1 *Entwurf mit einem Partner einen Dialog zwischen zwei Plebejern: Einer von euch ist mit den Erfolgen, die in den Ständekämpfen erreicht wurden, zufrieden, ein anderer ist noch unzufrieden. Begründet, warum ihr mit dem Erreichten zufrieden bzw. unzufrieden seid.* **F**

Republik

Wer bestimmt in der Römischen Republik?

M 2 Eine Fabel als Geschichtsquelle?
Der Geschichtsschreiber Livius (siehe S. 107, M3) erzählt folgende Geschichte über den Streit zwischen den Plebejern und den Patriziern:

Es schien ein Morgen wie viele andere zu sein. Der vornehme Lucius Cornelius ging zum Forum. Das Gedränge war so groß wie immer um diese Zeit. Aber plötzlich fiel ihm auf, dass die Leute heute nicht zum Marktplatz gingen. Nein, ganze Familien zogen aus der Stadt. Da erkannte Lucius Cornelius in der Menge den Plebejer Quintus. „Was ist hier los?", wollte er wissen. Ohne den sonst üblichen Respekt gegenüber dem vornehmen Patrizier raunzte Quintus zurück: „Was soll schon los sein? Es reicht uns. Wir gehen." Lucius Cornelius war so verblüfft, dass er ganz vergaß, Quintus wegen seines groben Tons zu tadeln. „Was reicht euch? Wohin geht ihr?" Quintus baute sich breitbeinig vor ihm auf: „Wir haben es satt, dass ihr Patrizier, mit euren angeblich so vornehmen Vorfahren, hier in der Stadt schaltet und waltet, wie es euch in den Kram passt. Ihr plündert uns aus, ihr biegt euch die Gesetze so zurecht, wie ihr sie braucht. Wir arbeiten, und ihr schiebt euch die hohen Ämter gegenseitig zu. Ihr befehlt, wir buckeln! Jetzt hat es sich ausgebuckelt. Wir haben beschlossen, Rom zu verlassen und einen eigenen Staat zu gründen."

Quintus blickte Lucius Cornelius triumphierend an, dem bei diesen Worten beinahe die Luft weggeblieben wäre, und ging weiter, doch nach ein paar Schritten drehte er sich noch einmal um: „Und eure hübschen Töchter könnt ihr für euch behalten. Ihr gebt sie uns ja sowieso nicht als Bräute."

Auf dem Forum hatten sich unterdessen die Oberhäupter der Patrizierfamilien versammelt. Lucius Cornelius hörte sie schon von Weitem durcheinanderreden. Gerade rief einer: „Sie erklären uns den Krieg. Wir müssen sie züchtigen. Das bedeutet Krieg! Bürgerkrieg!" „Und ich kann dir sagen, wer ihn verlieren wird: wir!", lautete die knappe Antwort eines anderen. „Sie sind viel mehr als wir. Und den Zeitpunkt ihres Auszugs haben sie gut gewählt. Unsere Neider in der Nachbarschaft werden sich die Gelegenheit nicht entgehen lassen und uns angreifen. Wie sollen wir uns ohne Hilfe der Plebejer verteidigen?" „Er hat Recht", meinte ein Dritter. „Wir müssen versuchen, sie zurückzuholen." „Das kannst du gerne tun", spottete der erste Patrizier. „Ich bin gespannt, wie lange sie dich reden lassen."

Nach langem Hin und Her ergriff Menenius Agrippa das Wort: „Ich werde gehen."
Im Lager der Plebejer wurde er mit einer Mischung aus Überraschung und Misstrauen empfangen. Als sich die Menge um ihn versammelt hatte, begann er: „Stellt euch einen Körper vor mit Kopf, Armen, Beinen, Rumpf und Magen. Eines Tages empörten sich die Glieder dieses Körpers. Denn sie mussten ja schließlich alle für den Magen arbeiten, der selbst nichts anderes tat, als faul …" Weiter kam Menenius Agrippa nicht. Wütende Zwischenrufe unterbrachen ihn: „Wir wollen keine Märchen hören! Wir wollen endlich gerecht behandelt werden – und mitbestimmen!"
Nur mühsam beruhigten einige der Umstehenden die aufgebrachte Menge. Menenius Agrippa konnte fortfahren: „Die empörten Glieder sprachen sich untereinander ab. Die Hände wollten keine Speisen mehr zum Mund führen, der Mund weigerte sich, Essen aufzunehmen, und die Zähne hörten auf, Nahrung zu zerkleinern. Bald mussten sie aber erkennen, dass der ganze Körper verfiel. Sie selbst wurden immer schwächer, nur weil sie geglaubt hatten, sie könnten den Magen durch Hunger bestrafen und auf ihn verzichten." An dieser Stelle hörte Menenius Agrippa einfach auf zu sprechen. Wortlos ging er durch die Menge der schweigenden Plebejer zurück nach Rom.

Livius, Römische Geschichte II, 32 (nacherzählt von Dieter Brückner)

M 3 Menenius Agrippa erzählt den Plebejern die Fabel vom Magen und den Gliedern
Wandgemälde von August Eisenmenger, um 1885

Hörtipp:
„Die Plebejer streiken", siehe Mediencode 31061-21.

❷ *Nenne die zentrale Aussage der Fabel (M2).*
❸ *Untersuche, ob der Verfasser eher auf der Seite der Patrizier oder der Plebejer steht.*

5 Das römische Weltreich

Senat und Volk von Rom – SPQR

M 1 Der Senat tagt
Undatierte Rekonstruktionszeichnung von Peter Connolly
Der Senat traf sich seit Anfang des 1. Jh. n. Chr. in der Curia Iulia auf dem Forum Romanum (siehe S. 144, M2). Bis Ende des 1. Jh. v. Chr. zählte er 300 Männer, später stieg seine Mitgliederzahl auf das Doppelte oder sogar zeitweise auf das Dreifach an (siehe S. 122).

Beamte leiten und verwalten die Republik
In der Republik nahmen Patrizier und Plebejer am politischen Leben teil. Das bedeutete aber nicht, dass alle römischen Bürger Führungs- und Leitungsfunktionen bekleiden konnten. Wer Karriere machen wollte, musste eine Ämterlaufbahn (lat. *cursus honorum*) durchlaufen, ein bestimmtes Mindestalter haben und gewählt werden. Darüber hinaus musste er reich sein, denn der Staat bezahlte seine hohen Beamten (*Magistrate*) nicht.

Nie wieder eine Alleinherrschaft
Um eine Rückkehr in die Königsherrschaft oder eine andere Form der Alleinherrschaft zu verhindern, legten die Römer folgenden Regeln fest:
- Jeder Magistrat durfte sein Amt nur für ein Jahr bekleiden.
- Jedes Amt wurde mit wenigstens zwei Männern besetzt, sodass jeder Magistrat einen Kollegen hatte, mit dem er sich einigen musste.
- Es durften keine zwei Ämter gleichzeitig oder unmittelbar hintereinander bekleidet werden.

Der Senat lenkt die Politik
Die ehemaligen Magistrate gehörten dem **Senat**[1] lebenslang an. Die Senatoren besaßen Erfahrung in der Politik, Staatsverwaltung und Kriegsführung und genossen großes Ansehen. Sie versammelten sich regelmäßig. Ihre wichtigsten Aufgaben waren:
- Probleme des Staates zu benennen und den Magistraten Ratschläge zu geben,
- Gesetze zur Abstimmung vorzubereiten,
- Kandidaten für die Ämter vorzuschlagen und
- die Leitlinien der Außenpolitik festzulegen.

Das Volk entscheidet mit
Neben dem Senat durften auch alle wehrfähigen Männer auf Volksversammlungen die Politik mitbestimmen. Die römischen Bürger hatten in den Versammlungen jedoch kein Rederecht. Die Anwesenden konnten nur mit Ja oder Nein abstimmen. Auf den Volksversammlungen wurden die Beamten gewählt, Gesetze beschlossen und Entscheidungen über Krieg und Frieden getroffen.

Der Diktator – eine Notlösung
Wenn große Gefahr für das Gemeinwesen drohte, konnte auf Veranlassung des Senats für sechs (später für zwölf) Monate anstelle der beiden Konsuln ein **Diktator** regieren. Seinen Anweisungen hatten sich alle unterzuordnen. Er durfte aber weder die Verfassung der Republik verändern, noch eigenmächtig Kriege erklären und neue Steuern erheben.

M 2 Die römische Ämterlaufbahn

Konsuln	Sie leiteten alle Staatsgeschäfte, waren für die Gesamtpolitik verantwortlich und führten im Kriegsfall das Kommando. Mindestalter: 43 Jahre
Praetoren	Sie vertraten die Konsuln und überwachten die Rechtsprechung. Mindestalter: 40 Jahre
Aedile	Sie waren verantwortlich für die Stadtverwaltung Roms. Mindestalter: 37 Jahre
Quaestoren	20 Quaestoren verwalteten die Staatskasse. Mindestalter: 30 Jahre

❶ Nenne alle Maßnahmen, die die Römer trafen, um eine Alleinherrschaft zu verhindern.
❷ Erkläre, warum die Römer in Notsituationen einen Diktator einsetzten. Welche Vorteile sahen sie wohl in dieser Maßnahme?

---
[1] **Senat**: abgeleitet von lat. *senex*: alter Mann, Ältester. In Deutschland werden die Mitglieder der Landesregierungen von Berlin, Bremen und Hamburg noch heute Senatoren genannt.

Senat und Volk von Rom – SPQR

M 3 Die Verfassung der Republik

Der Geschichtsschreiber Polybios beschreibt im 2. Jh. v. Chr. die Verfassung der Römer so:

Es gab also drei Verfassungsorgane, die im Staat Macht besaßen. Denn wenn wir unseren Blick auf die Macht der Konsuln richten, scheint der Staat ganz und gar monarchisch und eine Art Königs-
5 herrschaft zu sein. Schauen wir aber auf die Macht des Senats, dann handelt es sich so gesehen um eine Art Aristokratie. Würde aber jemand besonders die Macht der Massen ins Auge fassen, so würde er glauben, der Staat wäre völlig
10 klar eine Art Demokratie.

Polybios, Historien, VI 11 (übersetzt und vereinfacht von Susanne Mortensen)

M 4 Senat, Magistrat und Volk arbeiten zusammen

Polybios (siehe M3) schreibt dazu:

Wenn nämlich der Konsul mit seinem Heer zu einem Feldzug aufbricht, scheint er, um die gesteckten Ziele zu erreichen, ein unbeschränkter Alleinherrscher zu sein. Dennoch ist er von Senat
5 und Volk abhängig, und ohne deren Unterstützung ist er nicht in der Lage, seine militärischen Unternehmungen zu einem erfolgreichen Abschluss zu bringen. Es liegt nämlich auf der Hand, dass Heere im Kriegsfall beständig auf Nachschub
10 angewiesen sind. Ohne Senatsbeschluss können Heere aber weder mit Nahrung noch mit Kleidung noch mit Sold versorgt werden. Das hat zur Folge, dass die Planungen von Konsuln undurchführbar werden, wenn der Senat ihnen Böses will
15 oder sie zu behindern versucht. Ob die Konsuln, die einen Kriegszug führen, ihre Absichten und Pläne tatsächlich zum Abschluss bringen können, liegt ebenfalls in der Entscheidungsgewalt des Senats. Er hat nämlich das Recht, sobald die ein-
20 jährige Amtszeit des Kriegführenden abgelaufen ist, einen anderen zu schicken oder aber dem Kriegführenden sein Kommando zu belassen. Besonders notwendig ist es für die Konsuln, auf das Volk Rücksicht zu nehmen. Das gilt auch, wenn
25 sie noch so weit von Rom entfernt sind: Denn … das Volk entscheidet über die Gültigkeit oder Ungültigkeit von Friedensverträgen und Vereinbarungen. Besonders wichtig ist aber, dass die Konsuln, wenn sie ihr Amt niedergelegt haben, vor
30 dem Volk Rechenschaft über ihre Amtshandlungen geben müssen.

Polybios, Historien, VI 15 (übersetzt und vereinfacht von Susanne Mortensen)

M 5 S.P.Q.R.

Foto vom 18. Juni 2009
Die Abkürzung steht für „Senatus Populusque Romanus", zu Deutsch: „Senat und Volk von Rom". Sie wurde in der Antike auf Münzen, Feldzeichen und Gebäuden angebracht. Die Abkürzung wird noch heute verwendet – nicht nur von Fußballfans, sondern auch zur Kennzeichnung öffentlichen Eigentums.

---

3 Erkläre, warum Polybios behauptet, die Verfassung sei zugleich monarchisch, aristokratisch und demokratisch gewesen (M3).

4 Rom plant einen Kriegszug. Wer darf entscheiden, ob Krieg geführt wird? Wer bestimmt, wie viele Soldaten in den Krieg ziehen, und wer führt die Truppen an? Lies dazu die Darstellung und M4. **F**

5 Erläutere, warum wohl die Abkürzung SPQR (M5) noch heute verwendet wird.

6 Vergleicht in Partnerarbeit die römische Staatsordnung mit der Demokratie in Athen. Erstellt dazu ein Verfassungsschema. Nutzt zur Orientierung das Schaubild der athenischen Verfassung (siehe S. 73, M2). Berücksichtigt die drei wichtigsten Staatsorgane. **F**

Ständekämpfe zwischen Plebejern und Patriziern

| Monarchie | ab 510 v. Chr. bis 27 v. Chr.: Zeit der Republik |

600 v. Chr. — 500 v. Chr. — 400 v. Chr. — 300 v. Chr. — 200 v. Chr. — 100 v. Chr. — Chr. Geb.

5 Das römische Weltreich

Sklaven – ein Leben in Ketten?

M 1 Haussklavin
Relief, 1. Jh. v. Chr.

Hörtipp:
„Jetzt brauche ich kein Seeräuber zu werden", siehe Mediencode **31061-22**.

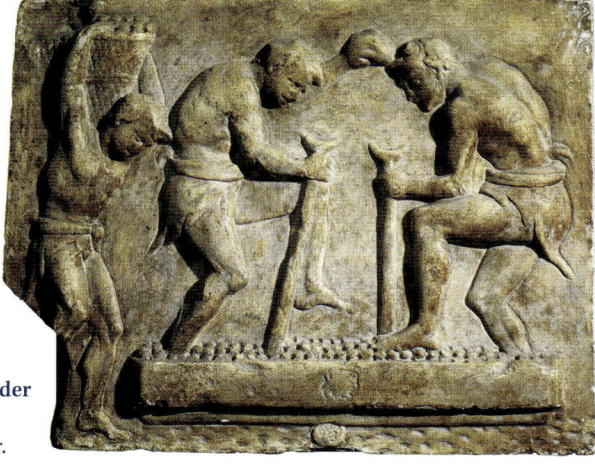

M 2 Sklaven in der Landwirtschaft
Relief, 2. Jh. n. Chr.

Menschen besitzen Menschen
Wie in Griechenland gab es auch in Rom Sklaven. Sie galten rechtlich nicht als Personen, sondern als Sachen. Der Sklavenhalter durfte über sie verfügen wie über seinen Besitz. Er bestimmte, was und wie viel sie zu arbeiteten hatten und mit wem sie zusammen leben durften. Er konnte sie bestrafen, verkaufen, verleihen, verschenken und sogar töten. Sklaven durften weder an Wahlen oder Abstimmungen teilnehmen noch Kriegsdienst leisten.

Wofür brauchen die Römer Sklaven?
Erst als die Römer ihre Herrschaft über Italien auf den gesamten Mittelmeerraum ausdehnten, stieg die Nachfrage nach Sklaven stark an. Vor allem Großgrundbesitzer brauchten sie für ihre immer größer werdenden Landgüter. Außerdem war mit der Ausbreitung der Römer der Lebensstandard der Nobilität stark gestiegen. Ihre Mitglieder beschäftigten Sklaven als Diener, Sekretäre, Ärzte, Köche oder Handwerker. Die Lebensbedingungen der Sklaven hingen davon ab, ob sie einen milden oder strengen Herrn hatten und welche Arbeit sie verrichten mussten. Am schlechtesten ging es den Sklaven, die in Bergwerken und Steinbrüchen arbeiteten. Besonders athletische Sklaven wurden zu Gladiatoren ausgebildet.

Woher kommen die Sklaven?
Kinder von Sklaven waren automatisch ebenfalls Sklaven. Menschen konnten auch zu Sklaven werden, wenn sie ihre Schulden nicht bezahlten. Sehr viele Sklaven waren Kriegsgefangene, denn die Römer betrachteten sie als Beute. Aber auch Seeräuber gingen regelrecht auf Menschenjagd und sorgten vor allem in Friedenszeiten dafür, dass der Sklavenhandel blühte. Auf der Insel Delos wurden seit der Mitte des 2. Jh. v. Chr. an manchen Tagen Tausende Menschen verkauft. Der Preis hing dabei vom Alter, der Gesundheit und der Ausbildung des Sklaven ab. Junge und gesunde Männer und Frauen kosteten Ende des 1. Jh. v. Chr. etwa den Jahreslohn eines Arbeiters. Für gut ausgebildete Fachkräfte wurde jedoch das Hundertfache gezahlt.

Die Sklaven erheben sich
Für die Römer war Sklaverei etwas Selbstverständliches. Selbst die Sklaven kämpften nicht für die Beseitigung der Sklaverei, sondern „nur" für die Verbesserung ihrer Lebensverhältnisse. Der größte Sklavenaufstand brach 73 v. Chr. unter der Führung des Gladiatorensklaven *Spartacus* aus und dauerte fast drei Jahre. Die Erhebung von etwa 70 000 Sklaven und verarmten Römern wurde brutal niedergeschlagen. Viele Aufständische wurden gekreuzigt.

---

❶ *Forsche selbst und berichte: Spartacus – eine Gefahr für die Römische Republik?*

Sklaven – ein Leben in Ketten?

M 3 Im Bergbau
Der Geschichtsschreiber Diodor (1. Jh. v. Chr.) beschreibt die Zustände in den spanischen Bergwerken:

Die Sklaven im Erzbergbau bringen ihren Besitzern einen unglaublich hohen Profit ein. Sie aber müssen unter der Erde in den Gruben Tag und Nacht ihre Körper verschleißen. Viele aber sterben infolge der übermäßigen Leiden, denn Erholung oder eine Pause von der Arbeit wird ihnen nicht erlaubt.

Diodor 5, 38 (übersetzt und vereinfacht von Susanne Mortensen)

M 4 Im Haushalt eines Senators
Der aus Griechenland stammende Schriftsteller Plutarch (ca. 45 - 125 n. Chr.) schreibt über den Sklavenalltag im Haus des M. Porcius Cato:

Jeder seiner Sklaven musste entweder mit Arbeiten für das Gut beschäftigt sein oder er musste sich schlafen legen. Sklaven, die bei der Zubereitung oder beim Auftragen des Essens etwas falsch gemacht hatten, ließ er sofort nach dem Essen auspeitschen. Er war bemüht, Streit und Uneinigkeit zwischen den Sklaven zu schaffen. Einigkeit der Sklaven war ihm verdächtig und erzeugte bei ihm Furcht.

Plutarch, Cato 21 (übersetzt und vereinfacht von Susanne Mortensen)

M 5 In einer Bäckerei
Der Philosoph und Schriftsteller Apuleius (2. Jh. n. Chr.) berichtet:

Guter Gott, was gab es da für Kreaturen! Die ganze Haut mit blauen Striemen gezeichnet, den verprügelten Rücken mit ein paar verschlissenen Fetzen mehr betupft als bedeckt, eingekleidet nur mit einem winzigen Lendenschurz, – alle jedenfalls so angezogen, dass die Knochen durch die Lumpen zu sehen waren!

Zitiert nach: Robert Knapp, Römer im Schatten der Geschichte. Aus dem Englischen von Ute Spengler, Stuttgart 2016, S. 152

M 6 Sorge um einen ehemaligen Sklaven
Der römische Statthalter Plinius (61 - 113 n. Chr.) kümmert sich um seinen Freigelassenen Zosimus:

Als Mensch ist er rechtschaffen, pflichtbewusst und gebildet. Seine Kunst – sie stand auf dem Täfelchen, das er trug, als ich ihn kaufte – besteht im Vortragen von unterhaltsamen Komödientexten. Darin ist er unschlagbar. Dann spuckte er seit einigen Jahren, wenn er längere Zeit sehr angespannt vortrug, Blut. Er wurde von mir deswegen zu einem Kuraufenthalt nach Ägypten geschickt. Erst kürzlich kam er geheilt zurück.

Plinius, Briefe 5, 19, 1 - 6 (übersetzt und vereinfacht von Susanne Mortensen)

M 7 Sklavenmarke aus Rom oder der Umgebung, 4. Jh. n. Chr.
Nicht alle Sklaven mussten solche Marken am Halsband tragen. Die abgebildete Aufschrift lautet sinngemäß: „Hindere mich an der Flucht und bringe mich zu meinem Meister, Viventius, der im Hof des Callistus wohnt, zurück."

M 8 Sklaven – Menschen oder Sachen?

Mindmap mit zentralem Begriff „Sklaven: Menschen oder Sachen?" und Ästen:
- Sklaven arbeiteten als …
- Sklave wurde man durch …
- Über Sklaverei denke ich …
- Ihre Lebensbedingungen waren …
- Für die Römer waren Sklaven …

Lesetipps:
- Kai Brodersen, Ich bin Spartacus. Aufstand der Sklaven gegen Rom, Darmstadt 2011.
- Simon Scarrow, Marcus Gladiator 1: Kampf für Freiheit, Hamburg 2014 und ders., Marcus Gladiator 2: Straßenkämpfer, Hamburg 2016.

2 Zeichne eine Mindmap zum Thema „Sklaven – Menschen oder Sachen?" nach der Skizze (M8) in dein Heft. Vervollständige anschließend die Angaben. Werte dazu die Darstellung sowie die Bild- und Textquellen (M1 - M7) aus.

Zeitleiste: Monarchie | Ständekämpfe zwischen Plebejern und Patriziern | ab 510 v. Chr. bis 27 v. Chr.: Zeit der Republik | Spartacus-Aufstand
600 v. Chr. – 500 v. Chr. – 400 v. Chr. – 300 v. Chr. – 200 v. Chr. – 100 v. Chr. – Chr. Geb.

5 Das römische Weltreich

Die Römer erobern Italien

M 1 Janus – der Gott mit den zwei Gesichtern
Römische Marmorskulptur, 50 n. Chr. (Höhe: 25,8 cm)

Zu den ältesten Gottheiten der Römer gehört Janus, der Gott des Anfangs und des Endes. In seinem Tempel stand ein zwei Meter hohes Kultbild des Gottes mit zwei Gesichtern, die in entgegengesetzte Richtung blickten. Befand sich Rom im Kriegszustand, waren die beiden Tore des Tempels geöffnet, sodass die beiden Gesichter der Janusstatue zu sehen waren. Hatte das Römische Reich jedoch seine Kriege siegreich beendet, dann wurden die Tore des Tempels geschlossen. Voraussetzung für die Schließung war, dass der vorhergehende Krieg – zumindest vorgeblich – mit einem römischen Sieg geendet hatte.

Bündnisse werden geschlossen

Um 270 v. Chr. war Italien mit Ausnahme des keltischen Oberitaliens unter Roms Kontrolle. Die Römer wussten, dass es nicht ausreichte, Gebiete zu erobern. Um die Eroberungen zu sichern, schlossen sie Verträge ab. Die Besiegten mussten sich verpflichten, „auf ewig dieselben Freunde und Feinde zu haben wie das römische Volk". Das bedeutete, sie hatten fortan Seite an Seite mit den Römern zu kämpfen. Dabei entschied Rom allein, ob, wann und gegen wen gekämpft wurde. Durch die Verpflichtung zur Heeresfolge wuchs das römische Heer zu einem der größten der damaligen Welt.

Seinen Bündnispartnern gewährte Rom als Gegenleistung Schutz und Rechte. Zuerst bekamen nur einige latinische Städte das volle römische Bürgerrecht. Bis alle freien Einwohner Italiens römische Bürger waren, dauerte es jedoch bis 89 v. Chr.

Die Startbedingungen

Zu Beginn seiner Geschichte war Rom nicht mehr als ein Dorf in einer günstigen Lage. Deshalb ist die Ausdehnung der römischen Herrschaft über die italische Halbinsel erstaunlich, denn es gab zu dieser Zeit dort bereits größere Städte und stärkere Volksstämme.

Roms Aufstieg

Fast jedes Jahr führten die Römer während der Sommermonate Krieg. Ihre Hauptgegner waren zunächst die benachbarten Etrusker sowie die Latiner und Samniten. Obwohl die Römer selbst Latiner waren, führten sie Kriege um mehr Macht und mehr Land gegen ihre latinischen Nachbarn. Gegen Ende des 4. Jh. v. Chr. mussten sie sich erstmals gegen die Gallier wehren. Dieser keltische Stamm siedelte im heutigen Frankreich und in Norditalien und hatte Rom überfallen.

Kolonien werden gegründet

Ein anderes Mittel der Römer, ihre Vorherrschaft zu sichern, war die Gründung von Kolonien auf dem Gebiet der besiegten Gegner. Anders als bei den Griechen waren die römischen Kolonien militärische Stützpunkte. In ihnen wurden planmäßig römische Bürger und Nichtrömer angesiedelt. Dabei ließen die Römer den Besiegten meist eine gewisse Selbstständigkeit, sodass aus Feinden oft Verbündete werden konnten. Insgesamt sicherten die Kolonien die neu erworbenen Gebiete, brachten den Römern neues Siedlungsland und förderten das kulturelle Zusammenwachsen Italiens.

---

❶ *Vergleicht die Verhältnisse in Rom zur Zeit der Ständekämpfe mit der Zeit der Reformen Solons (siehe S. 68 f.). Was stellt ihr fest?*

Die Römer erobern Italien

M 2 Kriege über Kriege

498 - 493 v. Chr.	Krieg gegen die Latiner
406 - 396 v. Chr.	Krieg gegen Veji (Etruskerstadt)
um 390 v. Chr.	Niederlage der Römer und Latiner gegen die Kelten; Zerstörung Roms
367 - 351 v. Chr.	Kriege gegen weitere Etruskerstädte
343 - 341 v. Chr.	Erster Krieg gegen die Samniten
340 - 338 v. Chr.	Erneuter Krieg gegen die Latiner
326 - 304 v. Chr.	Zweiter Krieg gegen die Samniten
298 - 290 v. Chr.	Dritter Krieg gegen die Samniten
284 - 280 v. Chr.	Krieg gegen die Kelten und Etrusker

Die Übersicht ist unvollständig. Auch wenn die Konflikte mehrere Jahre dauerten, gekämpft wurde in der Regel nur im Sommer.

M 3 Roms Umgang mit seinen Besiegten

Livius (siehe S. 107, M3) berichtet über eine Senatssitzung von 338 v. Chr.:

Den Einwohnern von Tusculum wurde das Bürgerrecht, das sie schon besaßen, belassen. Das Verbrechen, einen Aufstand unternommen zu haben, wurde nicht dem gesamten Volk, sondern
5 wenigen Anstiftern zur Last gelegt. Gegen die Einwohner von Velitrae, die schon von alters her römische Bürger waren, wurde mit weitaus mehr Wut vorgegangen, denn sie hatten schon so oft einen Aufstand unternommen. Ihre Stadtmauern
10 wurden zerstört. Die Einwohner von Tibur und Praeneste wurden mit der Abtretung von Ackerland bestraft.[1] Den übrigen Städten der Latiner verboten die Römer, untereinander zu heiraten, Geschäfte zu betreiben und gemeinsame Ver-
15 sammlungen abzuhalten.

Livius VIII 14, 2-10 (übersetzt und vereinfacht von Susanne Mortensen)

---
[1] Tusculum, Velitrae, Tibur und Praeneste sind Städte in Latium, östlich und südöstlich von Rom

M 4 Ausdehnung römischer Macht in Italien

Legende:
- karthagische Besitzungen
- Einflussbereich Karthagos bis 241 v. Chr.
- griechische Gebiete
- Kelten
- Vorstoß der Kelten
- Rom im Jahr 510 v. Chr.
- römische Eroberungen 510 - 300 v. Chr.
- römische Eroberungen 300 - 264 v. Chr.
- Getreide
- Eisen
- Silber
- Handel

2 Nicht die einzelnen Daten der Tabelle (M2) sind wichtig, sondern die Übersicht. Diskutiert folgende Fragen:
- Was sagen Häufigkeit und Dauer der Kriege über die Römer und ihre Kampfkraft aus?
- Welchen Einfluss hatten die Kriege auf den Alltag und die Politik der Römer?

3 Beschreibe die Mittel, mit denen die Römer ihre Macht sicherten. Lies dazu den Darstellungstext und M3. Nimm dazu Stellung.

4 Erarbeite mithilfe der Darstellung und der Karte M4, warum die Römer ihr Gebiet erweiterten. Nenne die Vorteile, die ihnen die neu eroberten Regionen brachten. (H)

5 Das römische Weltreich

Rom dehnt seine Herrschaft über das Mittelmeer aus

M 1 Römisches Kriegsschiff aus dem 3. Jh. v. Chr. Zeichnung von Peter Connolly, 1975
Die Besatzung dieser Schiffe bestand aus etwa 300 Seeleuten und 120 Fußsoldaten. Im Gefecht versuchten die Schiffe – wie die griechischen Trieren (siehe S. 70, M1) – einander mit dem Sporn zu rammen oder mithilfe der von den Römern erfundenen Enterbrücke in Besitz zu nehmen.

Erste Provinzen
Roms Ansehen war durch seine militärischen Erfolge stark gestiegen. Als es zwischen den griechischen Kolonien Syrakus und Messana auf Sizilien zum Krieg kam, riefen die Messaner Rom um Hilfe. Die Römer sagten zu, obwohl Sizilien von der mächtigen nordafrikanischen See- und Handelsmacht Karthago kontrolliert wurde. Die Punier, so nannten die Römer die Einwohner Karthagos, duldeten aber die Römer auf Sizilien nicht – und so kam es zum 1. Punischen Krieg.
Dabei lernten die Römer von ihren Gegnern. Nach der Strandung eines punischen Schiffes in Italien bauten sie nach diesem Modell eine ganze Flotte. Mit der Zeit verbesserten sie auch ihre Kriegsführung auf dem Meer. So gelang es ihnen, 241 v. Chr. die Punier in einer Seeschlacht zu besiegen. Karthago musste Sizilien an die Römer abtreten. Die Insel wurde die erste römische **Provinz**, also ein Gebiet, das von den Römern verwaltet und somit beherrscht wurde.

Hannibal vor den Toren Roms
Rund 20 Jahre später folgte der 2. Punische Krieg. Anlass war die Plünderung der mit Rom verbündeten spanischen Stadt Saguntum durch die karthagischen Truppen. Ihr Feldherr *Hannibal* zog anschließend mit seinem Heer nach Italien. Mit tausenden Fußsoldaten, Reitern und fast 40 Kriegselefanten überquerte er in einem waghalsigen Unternehmen die Alpen und griff auf italischem Boden eine Stadt nach der anderen an. Bei Cannae kam es 216 v. Chr. zur größten Schlacht, in der die Römer eine schwere Niederlage erlitten. Trotzdem gaben sie nicht auf. Auch die meisten Verbündeten hielten treu zu Rom. Zur Kriegswende kam es, als der römische Feldherr *Scipio* nach Afrika übersetzte, sich dort mit den Numidern verbündete und Karthago angriff. Hannibal wurde daraufhin zurückbeordert. Bei Zama unterlag er den Römern und Numidern. Nach dem 2. Punischen Krieg diktierten die Römer den Karthagern strenge Friedensbedingungen, darunter auch das Verbot, Krieg ohne Genehmigung Roms zu führen.

Karthagos Ende
Als sich Karthago Jahrzehnte später gegen Angriffe der Numider verteidigen musste, sahen die Römer ihre Chance gekommen, die See- und Handelsmacht zu vernichten. Sie legten die Verteidigung der Karthager als eine Vertragsverletzung aus und erklärten den 3. Punischen Krieg. Karthago wurde dem Erdboden gleichgemacht.

Eroberung des östlichen Mittelmeers
In der 2. Hälfte des 2. Jh. v. Chr. besiegten die Römer nicht nur Karthago, sondern eroberten auch Griechenland und Kleinasien. Als Folge verbreitete sich die griechische Kultur im gesamten Römischen Reich, denn die Römer nahmen sich die Kunst, Architektur, Literatur, Wissenschaften und Religion der Griechen zum Vorbild und entwickelten sie weiter.

Führt Rom gerechte Kriege?
Ihrer Meinung nach führten die Römer nur gerechte Kriege, um ihr Herrschaftsgebiet und das ihrer Verbündeten zu verteidigen oder Vertragsbrüche zu rächen. Sie glaubten, nur ein gerechter Krieg würde von den Göttern unterstützt.

---

1. Nenne anhand des Darstellungstextes die Gründe für die drei Punischen Kriege.
2. Beurteile, ob die Kriege der Römer „gerecht" waren.
3. Diskutiert, ob es überhaupt „gerechte Kriege" gibt. (H)

Provinz

Rom dehnt seine Herrschaft über das Mittelmeer aus

M 2 Kriegselefanten
Bild auf einem Teller (Ø 29,5 cm) aus Capena bei Rom, um 250 v. Chr. Die Darstellung soll unter dem Eindruck der Nachrichten über Hannibals Kriegszug entstanden sein.

M 4 Rom erobert das Mittelmeergebiet

Legende:
- Rom um 510 v. Chr.
- Eroberungen zwischen 510 u. 264 v. Chr.
- Eroberungen zwischen 264 v. Chr. und 133 v. Chr. im westlichen und östlichen Mittelmeer
- Grenzen des Römischen Reiches um 133 v. Chr.

M 3 Hannibal über die Römer

Livius (siehe S. 107, M3) überliefert eine Rede, die Hannibal vor der ersten Schlacht auf italischem Boden gehalten haben soll:

Dieser überaus grausame und eingebildete Volksstamm [= die Römer] bemüht sich darum, alles in seine Hände zu bekommen und über alles zu entscheiden. Mit wem wir Krieg führen sollen, mit
5 wem wir in Frieden leben sollen, will er gleichermaßen entscheiden. Grenzen, die sich am Verlauf von Bergen und Flüssen orientieren, zieht er um uns herum und schließt uns darin ein. Wir dürfen nicht über diese hinausgehen, doch respektiert er
10 dann nicht einmal die Grenzen, die er selbst gesetzt hat.

Livius, Römische Geschichte, Buch XXI (übersetzt und vereinfacht von Susanne Mortensen)

M 5 Ein Fürst aus Kleinasien über die Römer

Im Jahre 69 v. Chr. soll nach dem Historiker Sallust (86 - 35 v. Chr.) ein von den Römern vertriebener Fürst aus Kleinasien folgenden Brief an seinen Nachbarfürsten geschrieben haben:

Denn für die Römer gibt es nur einen einzigen Grund, mit allen Stämmen, Völkern und Königen Krieg zu führen. Es ist ihre abgrundtiefe Gier nach Macht und Reichtum. Durch Risikobereit-
5 schaft, Betrug und ständiges Kriegführen sind sie groß geworden.

Sallust, Historiae / Zeitgeschichte IV 69 (übersetzt und vereinfacht von Susanne Mortensen)

---

4. Nenne die Folgen der Kriege (M3).
5. Erläutere die Aussage der Fürsten (M5).
6. Die Römer bezeichneten später das Mittelmeer als „unser Meer" (lat. mare nostrum) Erläutere die Bezeichnung mithilfe der Karte M4.
7. Interpretiere die Karte M4 mithilfe der Methode „Schritt für Schritt".

Schritt für Schritt:
Eine Karte interpretieren

Wie Karten ausgewertet werden können, wurde auf S. 37 und 59 erläutert. Um die in der Karte M4 dargestellten Sachverhalte genauer zu deuten, musst du Folgendes erklären können:
- Wie sah die Mittelmeerwelt vor 264 v. Chr. aus? (Siehe dazu S. 115, M2 und M4.)
- Was veränderte sich danach? Wodurch?

Tipp: Beachte die Namen der Gegner, der Kriege und die großen Schlachten. Erkläre die Zahlen in der Karte.

Zeitleiste:
- 1. Punischer Krieg (264 - 241 v. Chr.)
- 2. Punischer Krieg (218 - 201 v. Chr.)
- 3. Punischer Krieg (149 - 146 v. Chr.)
- ab 510 v. Chr. bis 27 v. Chr.: Zeit der Republik

600 v. Chr. | 500 v. Chr. | 400 v. Chr. | 300 v. Chr. | 200 v. Chr. | 100 v. Chr. | Chr. Geb.

5 Das römische Weltreich

Ein Söldnerheer entsteht

M 1 Römische Legionäre bauen ein Lager
Undatierte Zeichnung von Peter Connolly (Ausschnitt)
Wenn die Legionäre durch Feindesland marschierten, errichteten sie ihre Zelte immer in einem befestigten Lager. Dazu gruben sie einen breiten Graben und bauten aus der ausgehobenen Erde einen Wall. Auf dem Wall errichteten sie aus spitzen Holzpfählen einen Zaun.

[1] Anfang des 1. Jh. n. Chr. verfügte Rom über 28 Legionen
[2] **Klientelwesen**: Lies nochmals S. 108.

Soldat auf eigene Kosten
Alle männlichen Römer zwischen 17 und 45 Jahren waren wehrpflichtig. Das waren vor allem Bauern. Da die Soldaten sich auf eigene Kosten ausrüsten mussten, zogen die einfachen Römer als Leichtbewaffnete in den Krieg. Nur die Angehörigen der reichen Oberschicht konnten sich Pferde und teure Rüstungen leisten. Sie konnten als Reiter oder Schwerbewaffnete kämpfen. Wer sich eine Ausrüstung nicht leisten konnte, wurde vom Militärdienst ausgeschlossen – was als Schande galt.

Gewinner und Verlierer
Kriegsbeute und Zahlungen (*Tribute*) der unterworfenen Länder machten Rom reich. Vor allem die Oberschicht profitierte davon. Sie stellten die Statthalter und Feldherren. Die kleinen Bauernkrieger zählten oft zu den Verlierern. In den Schlachten fielen sie zuerst. Wer überlebte, hatte während der Kriege sein Land nicht bestellen können und Ernteausfälle hinzunehmen. Immer mehr Bauern verarmten und waren nicht mehr in der Lage, für ihre Ausrüstung aufzukommen. Das schwächte das römische Heer.

Marius versucht, die Probleme zu lösen
Das römische Heer bestand aus mehreren Legionen, die nach Bedarf ausgehoben und wieder aufgelöst wurden.[1] Jede Legion zählte bis zu 6 000 Fußsoldaten. Hinzu kamen jeweils bis zu 300 Reiter.

Als die große Zahl der benötigten Bauernsoldaten nicht mehr zustande kam, fürchteten viele Senatoren um die Macht Roms. Mit ihrer Unterstützung änderte der Feldherr *Marius* 104 v. Chr. die Organisation des Heeres. Der Staat zahlte nun seinen Soldaten die Ausrüstung und einen festen Sold. Dadurch konnten sich auch besitzlose Männer für den Kriegsdienst melden. Auf diese Weise wurde aus dem Bauern- ein Söldnerheer. Nach 14 bis 16 Jahren Kriegsdienst erhielten die Legionäre ein Stück Land, damit sie im Alter versorgt waren.

Wechselseitig abhängig
Zwischen Söldnern und Feldherren entwickelte sich ein enges Verhältnis, das mit dem Klientelwesen[2] vergleichbar ist. Ein Feldherr kümmerte sich wie ein Patron um seine Soldaten. Er setzte sich für ihre Versorgung mit Sold, Beute und Land ein. Im Gegenzug waren die Söldner ihrem Feldherrn treu ergeben und unterstützen ihn. Bei Wahlen stimmten sie selbstverständlich für ihn.

---

❶ *Nenne die Vor- und Nachteile eines Söldnerheeres.*

❷ *Erkläre, warum sich das römische Heer von einem Bauern- zu einem Söldnerheer wandelte.*

❸ *Diskutiert die möglichen politischen Folgen der Heeresreform für die Republik.*

Ein Söldnerheer entsteht

Der **Helm** (lat. *cassis*) schützte Stirn und Schläfe durch einen Schirm, die Kopfseiten durch bewegliche Wangenklappen und das Genick durch einen Nackenschirm. Gesicht und Ohren des Soldaten waren frei. Eine Innenpolsterung machte den Helm bequemer.

Der **Wurfspeer** (lat. *pilum*) wurde aus etwa 20 m Entfernung geworfen. Die Metallspitze des Speeres hatte Widerhaken. Sie drang in die Schilde der Gegner ein und machte sie damit unbrauchbar, da die Spitze nicht mehr herausgezogen werden konnte.

Das **Kurzschwert** (lat. *gladius*) war die Hauptwaffe der Legionäre. Es war sowohl eine Hieb- wie eine Stichwaffe. Seine Klinge war auf beiden Seiten scharf. Ziel war es, den Gegner am Kopf zu verletzen.

Der große und etwa 9 kg schwere **Schild** (lat. *scutum*) bestand aus mehreren Holzschichten. Er war mit Leder oder Leinen überzogen, um das Holz vor Nässe zu schützen. An den Rändern war er mit Metall eingefasst. Der Griff und die Hand wurden von einem metallenen Schildbuckel geschützt. Zusätzlich war der Schild mit Symbolen bemalt, z. B. mit Adlerflügeln oder Blitzen. Diese Zeichen des Gottes Jupiter sollten den Soldaten göttlichen Schutz verleihen. Auf dem Marsch befestigte man den Schild mit einem Trageriemen auf der linken Rückenseite.

M 2 Römischer Legionär, Mitte des 1. Jh. n. Chr.
Rekonstruktionszeichnung

Das Leben der Legionäre war hart. Während der Ausbildungszeit trainierten sie mit Waffen und lernten im Gleichschritt marschieren, bis sie etwa 36 km in fünf Stunden zurücklegen konnten. Da sie Rüstung, Waffen, Kochgeschirr, Werkzeuge und Proviant – alles in allem etwa 30 kg – mit sich schleppen mussten, wurden sie auch die „Maulesel des Marius" (lat. *muli Mariani*) genannt.

Die **Sandale** (lat. *caliga*) wurde geschnürt und hatte eine breite Ledersohle mit etwa 80 - 100 Metallnägeln an der Unterseite. Ihr Vorteil war, dass sie schnell trocknete und man kaum Blasen bekam. Ein Paar musste nach 500 bis 1 000 km ersetzt werden.

4 Du bist ein junger besitzloser Römer. Zusammen mit einem Freund überlegst du, ob es eine gute Idee ist, dich für den Dienst in der römischen Legion zu melden. Entwirf zusammen mit deinem Banknachbarn einen Dialog. Berücksichtige dabei die Aufgabe 1 auf S. 118.

---

104 v. Chr.: Heeresreform – Übergang zu einem Söldnerheer
Krise der Republik
ab 510 v. Chr. bis 27 v. Chr.: Zeit der Republik

600 v. Chr. — 500 v. Chr. — 400 v. Chr. — 300 v. Chr. — 200 v. Chr. — 100 v. Chr. — Chr. Geb.

5 Das römische Weltreich

Caesar – Machtkampf mit Folgen

M 1 Gaius Julius Caesar
Marmorbüste, Höhe 33 cm, angefertigt im 1. Jh. n. Chr.
Es gibt viele Bildnisse von Caesar. Diese Büste gilt als das am besten erhaltene Porträt. Sie wurde erst 2003 auf einer Insel im Mittelmeer gefunden.

Lesetipp:
Harald Parigger, Caesar und die Fäden der Macht, Würzburg 2006.

Ein Mann kämpft sich empor

Gaius Julius **Caesar** wurde 100 v. Chr. geboren. Er stammte aus einer angesehenen Patrizierfamilie, die von sich behauptete, von der Göttin Venus abzustammen. Sie war jedoch nicht sehr reich. Caesar wusste, wie wichtig es war, viele Anhänger zu haben, um in einflussreiche Ämter gewählt zu werden. Deshalb vertrat er von Jugend an die Interessen der einfachen Plebejer. Darüber hinaus veranstaltete er prächtige Spiele und machte großzügige Geschenke an einflussreiche Senatoren, um beliebt zu werden. Dafür verschuldete er sich sogar.

Ein Männerbündnis

Nachdem Caesar zum Konsul gewählt worden war, schloss er 60 v. Chr. mit *Crassus*, dem reichsten Römer seiner Zeit, und *Pompeius*, dem erfolgreichsten damaligen Feldherrn, das erste Dreimännerbündnis (lat. *Triumvirat*). Seitdem war keine wichtige Entscheidung in Rom mehr ohne das Einverständnis dieser drei Männer möglich. Vier Jahre später wurde das Bündnis erneuert.

Caesar unterwirft Gallien

Nachdem Caesar das höchste Amt in Rom bekleidet hatte, begann seine militärische Karriere. Innerhalb von sieben Jahren unterwarf er im Auftrag des Senats alle gallischen Stämme. Er vergrößerte damit das Römische Reich um das heutige Frankreich, Belgien, die Niederlande und Teile Deutschlands westlich des Rheins. Caesar setzte mit seinen Legionären sogar nach England über, ohne jedoch die Insel unterwerfen zu können. Eine Million Gallier sollen nach Caesars Angaben in den sieben Kriegsjahren umgekommen und eine weitere in die Sklaverei[1] gegangen sein. Die Reichtümer der besiegten Gebiete füllten Caesars Kasse – und die seiner Soldaten. Sie blieben ihm daher treu ergeben.

Caesar wird Diktator

Einigen Senatoren, darunter auch Pompeius, wurde Caesar zu mächtig. Sie wollten ihn schwächen und setzten ihn kurzerhand als Heerführer und Statthalter seiner eroberten Provinzen ab. Aber Caesar war fest entschlossen, der mächtigste Mann im Staat zu werden. Er führte seine Truppen gegen Rom und kämpfte mit ihnen gegen seine Feinde im Senat und im Volk. Ein Bürgerkrieg zwischen den Anhängern und Gegnern Caesars entstand. Er dauerte vier Jahre. Am Ende siegte Caesar. Seine Feinde flohen oder wurden getötet. Stolz verkündete Caesar: „Ich kam, ich sah, ich siegte" (lat. *veni, vidi, vici*). 45/44 v. Chr. ließ er sich vom Senat zum Diktator auf Lebenszeit ernennen.[2] Seitdem war er der alleinige Herrscher Roms.

---

❶ Übertrage die folgende Tabelle in dein Heft und notiere stichpunktartig, welche Rolle die einzelnen Punkte für Caesars Karriere spielten.

Um in Rom Karriere zu machen, war Folgendes wichtig:

Herkunft	Vermögen	viele Klienten, Wähler	einflussreiche Freunde im Senat	Ansehen durch eigene Leistung

[1] Zur Sklaverei lies S. 112/113.
[2] Zur Diktatur siehe nochmals S. 110.

Caesar – Machtkampf mit Folgen

M 2 Die mächtigsten Männer Roms – erst verbündet, dann verfeindet
- Crassus (115 - 53 v. Chr.)
- Pompeius (106 - 48 v. Chr.)
- Caesar (100 - 44 v. Chr.)

Zusammen bildeten die drei Männer 60 v. Chr. das erste Triumvirat und bestimmten so die Politik in Rom.

M 3 Ein Interview über die Krise Roms

Herr Professor Nollé, Sie lehren an der Universität München Alte Geschichte. Stimmt es, dass Rom im 1. Jh. v. Chr. in eine Krise geraten war?

Ja, und zwar in eine seiner größten. In dieser Zeit
5 versuchten einzelne Römer mehr Macht als ihre Senatskollegen zu erlangen und dauerhaft zu sichern. Manche nutzten dazu ihr Vermögen wie Crassus, der z. B. Beamte bestach und sich Stimmen beim Volk kaufte. Erfolgreicher waren je-
10 doch große Militärkommandos. Die den Feldherren treu ergebenen Truppen wurden nicht wie bisher nur gegen äußere Feinde eingesetzt, sondern auch gegen Rivalen um die Macht sowie gegen politische Gegner. So kam es im 1. Jh. v. Chr.
15 zunehmend zu Bürgerkriegen.

Erklären Sie uns bitte, was Caesar von seinen Rivalen unterscheidet:

Caesar war einer der machthungrigsten Politiker, die Rom je gehabt hat. Er war überaus begabt,
20 aber auch maßlos, rücksichtslos und unvorsichtig. Er dachte, er könne sich über die römische Verfassung sowie die alten Traditionen und Werte hinwegsetzen. So führte er Truppen gegen Rom, sicherte sich die Diktatur auf Lebenszeit
25 und übernahm Symbole der in Rom verhassten Königsherrschaft, wie den goldenen Kranz. Insbesondere ärgerten sich die Senatoren darüber, dass Caesar seine eigenen Interessen über die des Staates stellte. Dadurch kam es zum Konflikt
30 zwischen ihm und den vielen traditionsreichen Familien, die eine gemeinsame und gleichberechtigte Führung des Staates forderten.

Das Interview mit Prof. Dr. Johannes Nollé wurde am 11. Juli 2016 von Susanne Mortensen geführt.

M 4 Wie reagierte das Volk auf Caesars Machtzuwachs?

Warum haben die Römer Caesars Alleinherrschaft zunächst zugelassen? Plutarch (siehe S. 113, M4) schreibt dazu:

Aber dennoch nahmen die Römer das Glück dieses Mannes hin und ertrugen, von ihm gelenkt zu werden. Weil sie die Alleinherrschaft für eine Befreiung vom Bürgerkrieg und dem Bösen hielten,
5 ernannten sie ihn zum Diktator, und zwar auf Lebenszeit. Dies aber war, wenn sie auch auf Zustimmung beruhte, eine Tyrannei, da diese Alleinherrschaft nicht nur keinem mehr Rechenschaft schuldig war, sondern auch nicht mehr
10 enden sollte.

Plutarch, Bioi paralleloi, Caesar 57 (übersetzt und vereinfacht von Susanne Mortensen)

---

2. Arbeite die Gründe der Krise heraus, die in dem Interview (M3) genannt werden.
3. Erkläre, warum es zwischen Caesar und einer Gruppe von Senatoren im Jahre 44 v. Chr. zum Konflikt kam (M3 und M4).
4. Erläutere mögliche Motive, weshalb viele Römer Caesars Alleinherrschaft zuließen (M4).
5. Diskutiert, welche Eigenschaften heute für eine politische Karriere erforderlich sind.

* Zu den Ämtern siehe S. 110, M2.
** Zu dem Amt siehe S. 128.

Gaius Julius Caesar – eine römische Karriere

Geburt (100 v. Chr.) — Quaestor, Pontifex Maximus**, Aedil — Erstes Triumvirat, Praetor* — Krieg in Gallien, Konsul* — Bürgerkrieg, Diktator*, Konsul* — Dikt. ewig, Ermordung in Rom 15.3.44 v. Chr.

5 Das römische Weltreich

Caesars Triumph und Ende

M 1 Die Ermordung Caesars
Ausschnitt aus dem Historiengemälde (155 x 221 cm) von Friedrich Füger, 1815

Diktator und „Vater des Vaterlandes"
Seit 45/44 v. Chr. war Caesar Diktator auf Lebenszeit. Er durfte das purpurfarbene Gewand und den goldenen Lorbeerkranz tragen, was sonst nur dem erfolgreichen Feldherrn am Tage seines Triumphzuges gestattet war. Der Senat verlieh ihm ferner den Titel *pater patriae* (Vater des Vaterlandes). Caesars Geburtsmonat hieß fortan nach ihm Julius.

Caesars Reformprogramm
Seine besonderen Vollmachten nutzte Caesar für ein Reformprogramm, das ihm die Zustimmung großer Bevölkerungsteile einbrachte: So erlaubte er den Städten Italiens, sich selbst zu verwalten, und die Bewohner Norditaliens erhielten das Bürgerrecht. Er senkte die Arbeitslosigkeit durch große Bauprogramme zur Verschönerung und besseren Versorgung Roms, z. B. durch den Ausbau des Hafens. Zur Altersversorgung von Legionären und Proletariern[1] wurden auch außerhalb Italiens neue Kolonien gegründet. Außerdem vergrößerte er den Senat, indem er auch Bewohnern der Provinzen ermöglichte, Senator zu werden. In dem Gremium, das nicht wie früher 300, sondern jetzt 900 Mitglieder zählte, saßen fortan viele Freunde Caesars oder Senatoren, die von seiner Herrschaft profitiert hatten.

Caesar führte auch einen neuen Kalender ein, der das Jahr dem Lauf der Sonne anpasste und aus 365 Tagen bestand.

Mord im Senat
Als Diktator besaß Caesar fast die gleiche Stellung wie ein König. Seit der Vertreibung der etruskischen Könige waren den Römern jedoch die Königsherrschaft und alles, was sie damit verbanden, verhasst. Mehrere antike Geschichtsschreiber berichten, Caesar sei die Königswürde angeboten worden, er habe sie aber unter Beifall des Volkes abgelehnt.
Trotzdem hegten Caesars Gegner im Senat den Verdacht, dass er die Königsherrschaft in Rom wieder errichten wolle. Um die Republik zu retten und die Diktatur zu beenden, schlossen sie sich zusammen und ermordeten Caesar an den Iden des März (= 15. März) 44 v. Chr. mit zahlreichen Dolchstichen. Unter den Verschwörern war auch *Brutus*, den Caesar wie einen Sohn geliebt haben soll.

---

❶ *Nenne die Teile der Bevölkerung, die Caesar mit seinen Reformen für sich gewann.*

---

[1] **Proletarier**: Bezeichnung für die ärmsten Bürger. Sie waren von Steuern und Heeresdienst befreit und hatten als einzigen Besitz nur ihre Nachkommenschaft (lat. *proles*).

Info: Caesar
Caesar wurde zum Beinamen, später zum Titelbestandteil der römischen Kaiser. Er lebt in den Herrschertiteln „Zar" und „Kaiser" fort. Außerdem wurde der Monat Juli nach ihm benannt.

Übergang von der Republik zur Kaiserzeit

Caesars Triumph und Ende

M 2 Aussagen über Caesar

Der römische Schriftsteller Sueton (70-140 n. Chr.) schreibt über Caesar:

Seine Soldaten beurteilte er weder nach ihrer Moral noch nach ihrer äußeren Stellung, sondern nur nach ihren militärischen Fähigkeiten. Weder nahm er alle Vergehen zur Kenntnis, noch
5 bestrafte er sie ihrer Schwere entsprechend, war aber gegenüber Deserteuren[1] und Meuterern[2] ein sehr strenger Richter und Rächer; im Übrigen drückte er ein Auge zu.

Bei Ansprachen redete er sie nicht mit „Soldaten",
10 sondern mit dem schmeichelhaften „Kameraden" an, und er hielt auch auf ihr Äußeres: So stattete er sie mit silber- und goldverzierten Waffen aus, einmal des Aussehens wegen, dann auch, damit sie im Kampf eher darauf achteten und
15 Angst hätten, sie zu verlieren. Auf diese Weise spornte er sie zu größter Ergebenheit und Tapferkeit an.

Gegenüber seinen Freunden war Caesar immer zuvorkommend und nachsichtig. Auf dem Gipfel
20 seiner Macht erhob er auch Leute aus den untersten Schichten zu hohen Ehren.

Und Plutarch (siehe S. 113, M4) berichtet:

Vor Caesars Glück indes beugten die Römer trotz alledem das Haupt und fügten sich willig ins Joch. Und da sie unter der Monarchie Erholung
25 zu finden hofften von den Leiden der Bürgerkriege, ernannten sie ihn zum Diktator auf Lebenszeit. Wenn aber der Hass gegen Caesar immer sichtbarer hervorbrach und ihn schließlich in den Tod hineinriss, so trug daran sein Streben nach
30 der Königswürde die Schuld. Für das Volk war dies der erste Anlass, sich von ihm abzuwenden, für seine Gegner ein besonders günstiger Vorwand.

Sueton, Gaius Iulius Caesar, 65 ff., zitiert nach: Ders., Leben der Caesaren, übers. u. hrsg. von André Lambert, Reinbek 1960, S. 38 ff. u. Plutarch, Große Griechen und Römer, Caesar 57 u. 60, übers. von Walter Wuhrmann, München 1994 (gekürzt)

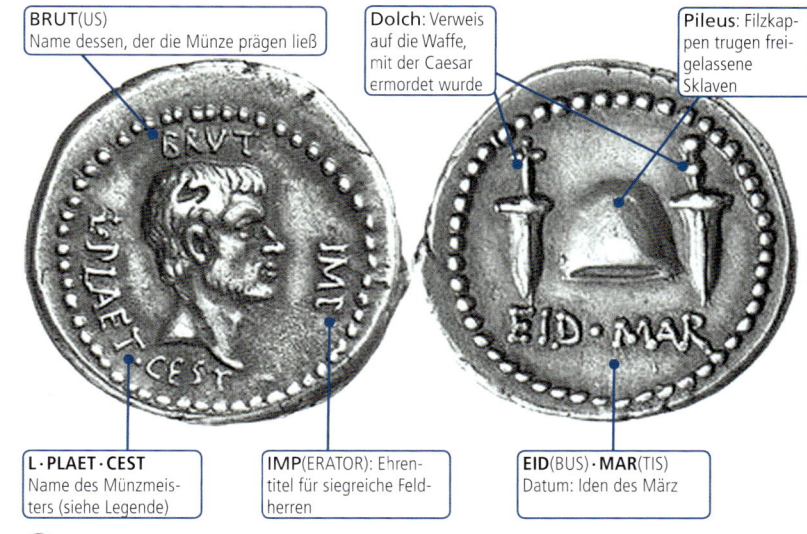

BRUT(US): Name dessen, der die Münze prägen ließ

Dolch: Verweis auf die Waffe, mit der Caesar ermordet wurde

Pileus: Filzkappen trugen freigelassene Sklaven

L · PLAET · CEST: Name des Münzmeisters (siehe Legende)

IMP(ERATOR): Ehrentitel für siegreiche Feldherren

EID(BUS) · MAR(TIS): Datum: Iden des März

M 3 Silbermünze des Brutus
Denar, geprägt 42 v. Chr. in der Heeresmünzstätte des Brutus in Griechenland, Münzmeister: L. Plaetorius Cestianus, Ø 16 mm, Gewicht 3,40 g

Schritt für Schritt:
Münzen untersuchen

Münzen sind gegenständliche Quellen. Sie waren ein sehr wirksames Mittel, im ganzen Reich für einen Herrscher und seine Politik zu werben, da sie ihre Soldaten mit den neuen Münzen bezahlten. Folgende Arbeitsschritte helfen dir, Münzen zu untersuchen:

1. Was sehe ich? Was bedeutet das?
   Welche Personen, Gegenstände, Symbole, Inschriften (Legenden) usw. sind zu erkennen? Wofür stehen sie?
2. Was weiß ich über die Hintergründe?
   Aus welcher Zeit stammt die Münze? Auf welche Personen oder Ereignisse bezieht sie sich?
3. Was ist die Botschaft?
   Was soll dem Beobachter mitgeteilt werden?

---

2 Arbeite heraus, warum Caesar bei seinen Anhängern so hohes Ansehen hatte und bei seinen Gegnern verhasst war (Darstellung und M2).

3 Mache dich mit der Methode „Schritt für Schritt: Münzen untersuchen" vertraut, indem du die Fragen anwendest und mithilfe der Hinweise zu M3 beantwortest.

[1] **Deserteur**: Soldat, der zur Gegenseite überläuft oder seinen Platz verlässt
[2] **Meuterer**: Aufständischer

- 44 v. Chr.: Ermordung Caesars

Zeit der Republik | Übergang von der Republik zur Kaiserzeit
100 v. Chr. | 50 v. Chr. | Chr. Geb. | 50 n. Chr.

5 Das römische Weltreich

Rettet Augustus die Republik?

M1 Augustus und Caesar
Silbermünze (Denar) 17 v. Chr.
Auf der Vorderseite des Denars sind das Porträt von Augustus und die Umschrift AVGVSTVS DIVIF (Augustus, Sohn des Vergöttlichten [= Caesar]) zu erkennen. Die Rückseite zeigt ein Porträt Caesars und den Namen des Münzmeisters, der diese Münze geprägt hat. Über Caesars Kopf steht ein Komet, der nach seinem Tod erschienen und seine Vergöttlichung angezeigt haben soll.

Lesetipp:
Maria Regina Kaiser, Augustus und die verlorene Republik, Würzburg 2014.

Der Erbe Caesars
Nach Caesars Ermordung kam es erneut zum Bürgerkrieg. An der Spitze seiner Rächer stand *Marcus Antonius*. Ihm schloss sich *Gaius Octavius* an, der 18-jährige Großneffe Caesars. Schon als 16-Jährigen hatte Caesar ihn auf einen Feldzug nach Spanien mitgenommen – und schätzen gelernt. Da Caesar keine leiblichen Erben besaß, adoptierte er Octavius und machte ihn zum Haupterben seines riesigen Vermögens. Octavius, der sich nun *Gaius Julius Caesar Octavianus* (= *Octavian*) nannte, rächte den Tod seines Adoptivvaters gemeinsam mit Marcus Antonius. 42 v. Chr. siegten sie über die Mörder Caesars, die bald darauf Selbstmord begingen.

Octavian siegt über Marcus Antonius
Die beiden Sieger über die Mörder Caesars wurden zu Gegnern. Octavian wollte die ererbte Macht nicht mit Marcus Antonius teilen und ging andere Bündnisse ein. Zugleich hetzte er gegen seinen ehemaligen Partner. Er warf ihm vor, Teile des Reiches im Osten an seine Geliebte, die ägyptische Königin *Kleopatra*, verschenkt zu haben. Ein neuer Bürgerkrieg brach aus. Er endete erst nach der *Seeschlacht bei Actium* im Jahre 31 v. Chr. Als die siegreichen Streitkräfte Octavians sich ein Jahr später der ägyptischen Stadt Alexandria näherten, nahmen sich Marcus Antonius und Kleopatra das Leben. Octavian und seine Partner ließen alle ihre tatsächlichen und möglichen Gegner umbringen: Etwa 300 Senatoren und über 2000 angesehene Bürger Roms fielen ihren „Säuberungen" zum Opfer. Damit schaffte Octavian die Grundlage für seine Alleinherrschaft.

Aus Octavian wird Augustus
Octavian hatte aus den Fehlern seines Großonkels gelernt. Nach der Ausschaltung seiner Gegner trat er nicht als Diktator oder wie ein Monarch auf. Er verzichtete darauf, seine Macht äußerlich zur Schau zu stellen, kleidete sich wie die anderen Senatoren und trug keinen goldenen Lorbeerkranz. Betont auffällig gab er 27 v. Chr. alle Ämter und Vollmachten, die er im Bürgerkrieg erhalten hatte, an den Senat zurück und behauptete, er wolle die Verfassung der alten Republik wiederherstellen.
Der Senat, in dem fast nur noch seine Anhänger saßen, bat ihn daraufhin, den Schutz des Reiches zu übernehmen. Für diese Aufgabe übertrugen sie ihm den Oberbefehl über die Heere und andere wichtige Rechte. Octavian stimmte zu. Aus Dankbarkeit verlieh ihm der Senat den Ehrentitel **Augustus**, was „der Erhabene" bedeutet. Später wurden der Monat August nach ihm benannt.

---

① *Untersuche die Münze (M1) und erläutere die Botschaft, die Augustus mit ihr verbreiten wollte. Welche Wirkung hatte die Münze wohl auf die Römer?*

② *Vergleiche den Aufstieg Octavians und Caesars miteinander. Arbeite Gemeinsamkeiten und Unterschiede heraus.* (H)

um Christi Geburt: Zeitalter des Augustus

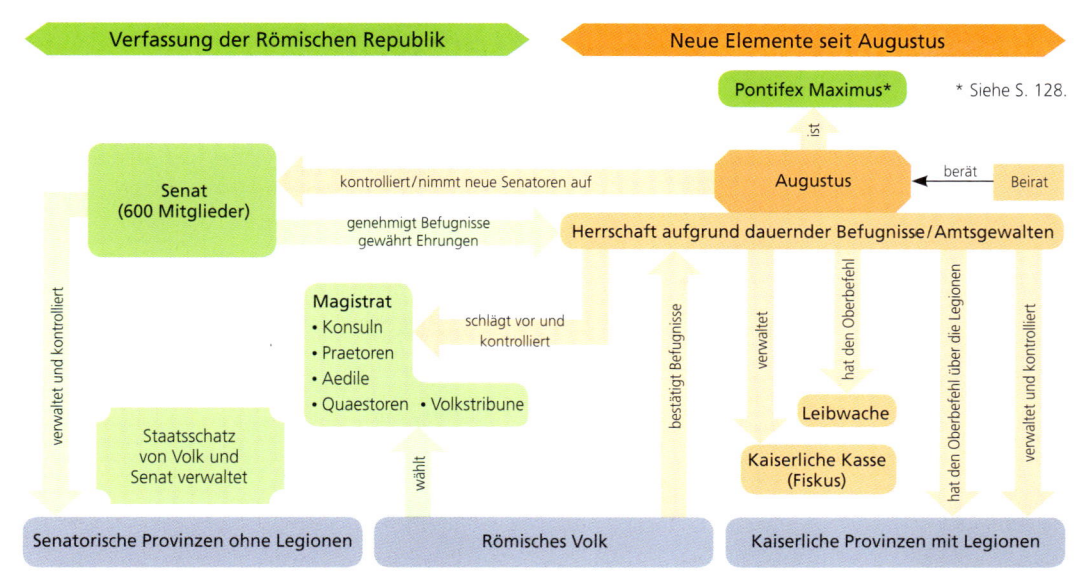

Rettet Augustus die Republik?

Verfassung der Römischen Republik | Neue Elemente seit Augustus

(Schaubild: Senat (600 Mitglieder) – kontrolliert/nimmt neue Senatoren auf; genehmigt Befugnisse, gewährt Ehrungen. Augustus ist Pontifex Maximus*, wird vom Beirat beraten. Herrschaft aufgrund dauernder Befugnisse/Amtsgewalten. Magistrat: Konsuln, Praetoren, Aedile, Quaestoren, Volkstribune – schlägt vor und kontrolliert. Staatsschatz von Volk und Senat verwaltet. Leibwache. Kaiserliche Kasse (Fiskus). Senatorische Provinzen ohne Legionen – Römisches Volk – Kaiserliche Provinzen mit Legionen. Augustus bestätigt Befugnisse, verwaltet, hat den Oberbefehl über die Legionen, verwaltet und kontrolliert.)

* Siehe S. 128.

M 2 Die römische Verfassung unter Augustus

Trickste Augustus? Weil es in der Republik verboten war, mehrere Ämter gleichzeitig innezuhaben (siehe S. 110), ließ sich Augustus nicht die Ämter, aber die Amtsgewalt (= Rechte) der Ämter übertragen. Er war also z. B. nicht Volkstribun, hatte aber die Amtsgewalten eines Volkstribuns. Mit dieser Regelung verstieß er offiziell nicht gegen die Verfassung der Römischen Republik, hatte aber trotzdem mehr Macht als jeder andere im Reich.

M 3 Augustus über seine Stellung im Staat

Augustus fasst in seinem 76. Lebensjahr sein gesamtes politisches Handeln in einem „Tatenbericht" (lat. res gestae) zusammen. In diesem Bericht aus dem Jahre 14 n. Chr., der im Senat verlesen und auf Bronzetafeln veröffentlicht wird, behauptet er von seiner Herrschaft:

Nachdem ich die Bürgerkriege ganz und gar ausgelöscht und mit der Zustimmung aller die absolute Macht erhalten hatte – habe ich den Staat wieder dem Senat und dem Römischen Volk un-
5 terstellt. Für dieses verdienstvolle Verhalten wurde mir durch einen Senatsbeschluss der Name Augustus verliehen. Ein goldener Schild wurde im Senatsgebäude, das Caesar hatte bauen lassen, aufgehängt. Dieser wies darauf hin, dass der Se-
10 nat und das Römische Volk mir diesen geschenkt hatten wegen meines mutigen Auftretens, meiner Bereitschaft zu verzeihen, meiner Gerechtigkeit und meines Respekts gegenüber Göttern und Menschen. Von dieser Zeit an habe ich alle an
15 Ansehen übertroffen, an Amtgewalt habe ich jedoch nicht mehr gehabt als jene anderen, die ich als Amtskollegen hatte.

Augustus, Res gestae 34 (übersetzt und vereinfacht von Susanne Mortensen)

M 4 Die Macht des Augustus

Der römische Historiker und Senator Tacitus (um 56-117 n. Chr.) schreibt:

Sobald er die Soldaten durch Geschenke, das Volk durch die Getreideversorgung, alle aber durch eine angenehme Friedenszeit für sich gewonnen hatte, wurde er allmählich zupackender und
5 übertrug die Aufgaben des Senats, der Beamten und der Gesetzgebung auf sich. Keiner leistete Widerstand, denn die tapfersten waren in der Schlacht oder durch politische Verfolgungen umgekommen. Deshalb blieb, nachdem der Zustand
10 des Staates sich so geändert hatte, überhaupt nichts mehr von alter und rechtschaffener Tradition. Alle schauten, nachdem die Gleichheit der Bürger beseitigt worden war, nur noch auf die Anordnungen des Princeps[1].

Tacitus, Annalen I.2 und 4 (übersetzt von Susanne Mortensen)

[1] Princeps: Siehe S. 126.

---

3 Beschreibe das Schaubild M2. Nutze dazu die Methode „Schritt für Schritt", S. 39. Nenne die Rechte von Augustus, die für die Erhaltung seiner Macht besonders wichtig waren.

4 Beschreibe, was gegenüber der Republik gleich geblieben ist und was sich verändert hat (M2).

5 Vergleiche die Aussage von Augustus (M3) mit der von Tacitus (M4). Erkläre, warum die Aussagen der beiden sehr unterschiedlich sind. (H)

• 44 v. Chr.: Ermordung Caesars
27 v. Chr. - 14 n. Chr.: Zeitalter des Augustus
Krise der Republik | Kaiserreich
200 v. Chr. — 100 v. Chr. — Chr. Geb. — 100 n. Chr. — 200 n. Chr. — 300 n. Chr.

5 Das römische Weltreich

War Augustus ein guter Herrscher?

Eine neue Herrschaftsform: der Principat

Mit Augustus beginnt ein neues Kapitel in der römischen Geschichte. Anders als in der Republik hatte nach 27 v. Chr. nur ein Mann dauerhaft mehr Macht und Einfluss im Staat als alle anderen. Er war der *Princeps* (dt. die erste Stelle einnehmend) – und daher wird seine Herrschaft und die seiner Nachfolger auch als *Principat* oder Kaiserzeit bezeichnet.

Augustus gelingt, wovon Caesar träumte

Während Caesar für seine Diktatur mit dem Leben bezahlte, wurde Augustus vom Senat mit Ehrungen überhäuft und von vielen Zeitgenossen als „guter" Herrscher gefeiert. Was hatte er anders gemacht?

In Rom hatte man eine ganz bestimmte Vorstellung davon, was einen „guten" führenden Bürger auszeichnet. Folgende Tugenden waren in diesem Zusammenhang besonders wichtig: Bescheidenheit, Volksnähe, Großzügigkeit, gutes Einvernehmen mit dem Senat, Wahrung der alten römischen Tradition. Niemand sollte seine Stellung zur Befriedigung persönlicher Bedürfnisse und Interessen missbrauchen, sondern dem Staat und der Allgemeinheit dienen. Hauptaufgabe der führenden Männer war es in den Augen der Römer, für die Sicherheit und das Wohl aller zu sorgen.

Augustus nutzte Münzen, Statuen, Porträtköpfe und andere Darstellungen, um sich und seine Herrschaft positiv darzustellen.

M 1 Augustus
Farbige Rekonstruktion einer Augustus-Statue von 1998/99
Die Figur geht auf eine 2,04 m hohe Marmorstatue zurück, die nach 20 v. Chr. im Auftrag des Senats entstand und 1863 in Prima Porta bei Rom in der Villa von Augustus' Ehefrau gefunden wurde.

Schritt für Schritt: Statuen untersuchen

Herrscherstandbilder wollen auf die Betrachter wirken. Sie sollen zeigen, wie sich ein Herrscher selbst sah oder wie er gesehen werden sollte. Folgende Fragen sind vorab zu klären: Wer ließ die Statue wann aufstellen? Wo stand sie? (Achtung: Der Fundort muss nicht der ursprüngliche Standort sein.) Dann gilt es, die Statue sowohl als Ganzes als auch in ihren Einzelheiten zu beschreiben und zu erklären.

---

1. Von den römischen Staatsmännern wurden bestimmte Tugenden erwartet. Nennt sie und diskutiert, ob sie noch heute Gültigkeit haben sollten.
2. Beschreibe, wie die Statue (M1) auf dich wirkt.
3. Erläutere, was die Statue (M1) über Augustus aussagen soll. Beachte die Methode „Schritt für Schritt" und berücksichtige dabei folgende Informationen:
- Augustus war etwa 1,70 m groß.
- Die Römer stellten nur ihre Götter barfuß dar.
- Die kleine Figur am linken Bein ist Amor, der Sohn der Göttin Venus.
- Auf dem Brustpanzer ist ein Erfolg von Augustus dargestellt: Er bekommt vom König der Parther die Feldzeichen zurück, die die Römer in einer Schlacht verloren hatten.
- Um die Hüfte hat Augustus einen Feldherrnmantel geschwungen, seine rechte Hand erhebt er in der Geste einer Ansprache an seine Soldaten.

War Augustus ein guter Herrscher?

M 2 Frieden
Relief vom Altar des augusteischen Friedens (lat. *Ara Pacis Augustae*), um 9 v. Chr. Der Senat hatte den Altar zu Ehren von Augustus errichten lassen. Der Ausschnitt zeigt die Erdgöttin Tellus, die den Frieden (lat. *pax*) genießt.

M 3 Augustus über seine Leistungen
In seinem Tatenbericht (siehe S. 125, M3) schreibt Augustus:

See- und Landkriege, sowohl gegen Bürger als auch gegen äußere Feinde, habe ich auf der ganzen Welt oft geführt. Als Sieger habe ich allen Bürgern, die um Gnade baten, verziehen. Den Tempel des Janus[1] hat der Senat während meiner Herrschaft als Princeps dreimal schließen lassen. Unsere Vorfahren hatten nämlich festgelegt, dass er geschlossen werden sollte, wenn im gesamten Römischen Reich zu Lande und zu Wasser durch Siege Frieden geschaffen worden war. Eine solche Schließung war von der Gründung der Stadt bis zu der Zeit, als ich geboren wurde, insgesamt nur zweimal erfolgt. Viermal habe ich mit eigenem Geld die Staatskasse unterstützt, indem ich 150 Millionen Sesterzen denjenigen überwies, die die Staatskasse verwalteten. Als Marcus Lepidus und Lucius Arruntius Konsuln waren [im Jahre 6 n. Chr.], habe ich 170 Millionen Sesterzen aus meinem Familienvermögen an die Heereskasse überwiesen. Diese Kasse war nämlich auf meinen Rat hin geschaffen worden. Aus ihr sollten den Soldaten, die zwanzig oder mehr Jahre gedient hatten, Entlassungsgelder gezahlt werden.[2] Das Sitzungsgebäude des Senats, das Caesar hatte bauen lassen, den Tempel des Apollo auf dem Palatin zusammen mit seinen Säulenhallen, auch das Heiligtum des vergöttlichten Caesar habe ich bauen lassen. Das Kapitol und das Pompeiustheater ließ ich wiederherstellen, ohne dass eine einzige Inschrift meine Leistungen erwähnt. Die Wasserleitungen, die an mehreren Stellen aufgrund ihres Alters kurz vor dem Zusammenbruch standen, ließ ich reparieren. Dreimal habe ich in eigenem Namen und fünfmal im Namen meiner Söhne oder Enkelkinder Gladiatorenspiele veranstalten lassen. Ich habe dafür gesorgt, dass man auf dem Meer sicher vor Seeräubern ist. Das Gebiet aller römischen Grenzprovinzen, habe ich vergrößert.

Augustus, Res gestae (übersetzt und stark gekürzt von Susanne Mortensen)

[1] Janus-Tempel: Siehe S. 114, M1.
[2] Die Gesamtsumme des Geldes, das Augustus für die Staatskasse, das römische Volk oder die Veteranen ausgab, soll 600 Millionen Denare betragen haben. Zum Vergleich: Ein Arbeiter verdiente damals im Monat etwa 25 bis 30 Denare.

---

4 Beschreibe die Darstellung auf dem Friedensaltar (M2) und erkläre, was die Römer mit dem Begriff „Pax" verbanden. (H)

5 Mache eine Liste mit allen Tugenden eines – nach römischen Maßstäben – guten Herrschers, die Augustus in seinem Tatenbericht anspricht (M3).

6 Augustus erwähnt in seinem Tatenbericht die Varusschlacht 9 n. Chr. nicht. Forscht in Gruppenarbeit. Geht folgenden Fragen nach: Wo fand die Varusschlacht statt? Wer siegte? Welche Bedeutung hatte der Ausgang der Schlacht? Gestaltet aus den Antworten ein Plakat.

5 Das römische Weltreich

Götter, Geister und Kaiserkult

Minerva war die Tochter Jupiters. Sie war die Göttin der Weisheit und zugleich Schutzgöttin von Rom. Ihr Symbol war die Eule.

Jupiter war – wie bei den Griechen Zeus – der mächtigste Gott. Er herrschte über den Himmel, ließ es regnen und donnern. Sein Symbol war der Adler.

Juno war die Ehefrau Jupiters. Sie wurde als Beschützerin der Frauen, der Ehe und der Geburt verehrt. Ihr Symbol war der Pfau.

M 1 Minerva, Jupiter und Juno – die drei wichtigsten Götter im Römischen Reich
Relief, 2. Jh. n. Chr.

Roms Götter

Religion und Politik bildeten für die Römer eine Einheit. Wie die Griechen glaubten sie an zahlreiche Gottheiten. Siege und Niederlagen wurden als Ergebnis göttlicher Fügungen gewertet. Aus dem Grunde sorgten sich auch die Regierenden um die Verehrung der Götter. Die ältesten und wichtigsten Götter wurden in Tempeln auf dem Kapitol[1] verehrt: *Jupiter*, *Juno* und *Minerva*. Die Aufsicht über alle Staatskulte hatte der *Pontifex Maximus*[2]. Von allen Männern und Frauen wurde verlangt, dass sie an den Festen und Opfern teilnahmen, beteten und opferten, damit es dem römischen Staat gut ginge.

Im Laufe der Jahrhunderte lernten die Römer durch ihre Eroberungen Gottheiten aus anderen Kulturen kennen. Ihnen gegenüber waren sie tolerant. So verehrten sie in der Kaiserzeit beispielsweise auch die ägyptische Göttin *Isis*, deren Priester ein ewiges Leben nach dem Tode verkündeten, und den persischen Gott *Mithras*, einen Gott des Lichts und der Wahrheit.

Römische Schutzgeister

Während die Teilnahme an den staatlichen Kulten erwartet wurde, konnte privat jeder die Götter verehren, die er wollte. Außerdem waren bei den Römern die *Laren* und *Penaten* besonders beliebt. Diese Schutzgeister sollten das Haus und die Familie vor Unheil bewahren. Daher betete die Familie täglich vor einem Hausschrein, dem Lararium, und brachte dort auch kleinere Opfer dar.[3]

Opfer und Wahrsagekunst

Die Römer hielten es für wichtig, den Willen der Götter genau zu kennen. Deshalb wurden vor wichtigen Handlungen oder Entscheidungen immer wieder Orakel eingeholt. Priester oder Seher deuteten dann zum Beispiel den Flug bestimmter Vögel oder die Eingeweide von Opfertieren.

Der Kaiserkult

In der Kaiserzeit wurde die Person des Kaisers so wichtig, dass er in den Staatskult einbezogen wurde. Dies hatten die Römer im Osten kennengelernt. Vom Kaiser hing das Wohl des Staates ab. So war es selbstverständlich, dass man für ihn betete und opferte. Aufgrund seiner gottähnlichen Macht erhielt er den Titel „Divius", was so viel wie „Vergöttlichter" heißt.[4]

---

① *Beschreibe die religiösen Bräuche und Praktiken der Römer. Vergleiche sie mit denen der alten Ägypter und Griechen.*

---

[1] **Kapitol**: Siehe S. 106, M1.
[2] **Pontifex Maximus**: Vorsteher des wichtigsten Priesterkollegiums. Er hatte Disziplinargewalt über die Priester und Priesterinnen und veröffentlichte auch die Beschlüsse des Priesterkollegiums.
[3] Zur römischen Familie lies S. 179 ff.
[4] Über das Verhältnis der Römer zu den Juden und Christen lies S. 130 bis 133.

Götter, Geister und Kaiserkult

M 2 Interview mit einer Priesterin der Vesta

Der Althistoriker Karl-Wilhelm Weeber hat auf der Grundlage historischer Quellen ein „Interview" mit der Priesterin Iunia verfasst. Sie lebte im 1. Jh. n. Chr., kam – wie alle ihre Kolleginnen – aus einer bedeutenden Familie und tat etwa 45 Jahre Dienst.

Endlich Feierabend für Sie, Iunia Torquata? Wie war Ihr Tag?

Sie wissen sicher, welche Obliegenheiten die Römer uns sechs *virgines Vestales*[1] vor allem anvertrauen. Denen bin ich heute nachgegangen. Am Morgen bin ich mit meinem Personal zur Egeria-Quelle aufgebrochen, um das heilige Wasser zu holen, mit dem allein der Vesta-Tempel gereinigt wird. Die Quelle liegt ja außerhalb der Stadt, da ist man eine Zeit lang unterwegs.

Wie ist es nach dem Wasserholen weitergegangen? Konnten Sie sich etwas ausruhen?

Nein, wir waren so spät zurück, dass ich mich sogar beeilen musste, um der nächsten Pflicht zu genügen: das Feuer im Vesta-Tempel zu bewachen.

Das Feuer muss unter ständiger Aufsicht sein?

Es darf unter keinen Umständen ausgehen. Das würde die *pax deorum*, den „Frieden mit den Göttern", infrage stellen und wäre ein schlimmes Omen für die Bürgerschaft. Als deren Repräsentanten sind wir Vestalinnen ja im Vesta-Tempel tätig. Wir halten gleichsam das Staatsfeuer am Brennen – eine hohe Verantwortung.

Sie unterstehen keinerlei Aufsicht?

In persönlichen Dingen nicht, in disziplinarischen Dingen nimmt der *Pontifex Maximus*[2] die Dienstaufsicht wahr. Wenn es Klagen hinsichtlich des dienstlichen Verhaltens oder des Lebenswandels einer Vestalin gibt, führt er die Untersuchung.

Wer beschuldigt wird, erhält die Gelegenheit zur eigenen Stellungnahme?

Selbstverständlich! Beim Verdacht auf *incestus*, also Verstoß gegen die Verpflichtung zur sexuellen Enthaltsamkeit, wird die Kollegin allerdings sofort suspendiert. Wir Vestalischen Jungfrauen sind bei vielen staatlichen Opfern gerade für Reinigungsriten zuständig. Da muss die Ausführende selbst über jeden Verdacht der Unreinheit erhaben sein, sonst wird das Opfer von der Gottheit nicht angenommen.

Auf incestus einer Vestalin steht die Todesstrafe.

Natürlich. Und zwar wird die Schuldige in eine vorbereitete unterirdische Kammer auf dem *campus sceleratus*, dem „Verfluchtenacker", gebracht und dort im Prinzip lebendig begraben.

Karl-Wilhelm Weeber, Wie war Ihr Tag, Caesar?, Darmstadt 2014, S. 52 - 57 (stark gekürzt)

---

[1] **virgines Vestales**: jungfräuliche Priesterinnen der Göttin Vesta
[2] **Pontifex Maximus**: Siehe S. 128, Anm. 2.

M 3 Vesta-Tempel in Rom und Vestalin
Undatierte Zeichnung von Peter Connolly
Vesta war die Göttin des häuslichen Herdes und des Herdfeuers. Auf dem Forum Romanum (siehe S. 144, M2) besaß sie einen Rundtempel, in dem sechs Vestalinnen ein ewiges Feuer unterhielten.

---

2 Kläre zunächst die Wörter, die du nicht verstanden hast, und nenne danach die Aufgaben und Pflichten der Vestalinnen (M2).

3 Erkläre, warum Religion im Römischen Reich nicht nur eine Privatangelegenheit war.

4 Diskutiert die Bedeutung der Religion im Staat damals und heute.

5 Das römische Weltreich

Die Juden unter der Herrschaft der Römer

M 1 Triumphzug nach der Eroberung Jerusalems durch die Römer
Das Relief am Titusbogen auf dem Forum Romanum entstand nach 71 n. Chr. Soldaten trugen 71 n. Chr. die in Judäa erbeuteten Schätze durch die Straßen Roms, darunter befand sich auch der siebenarmige Leuchter, die Menora, aus dem Jerusalemer Tempel. Er gehört zu den wichtigsten Symbolen des jüdischen Glaubens.

[1] **Sabbat**: Für die Juden ist der siebte Wochentag ein Ruhetag, an dem keine Arbeit verrichtet werden darf.

Das Land der Juden wird römisch
Die Anfänge der israelitisch-jüdischen Geschichte und des **Judentums** sind nicht genau bekannt. Die Bibel nennt *Abraham* aus Mesopotamien als Stammvater der Juden. Er soll mit seinem Volk vor etwa 4000 Jahren das Zweistromland verlassen haben, weil ihm sein Gott Land weit im Westen verheißen hat. Als erster König über Israel gilt *Saul*. Sein Nachfolger wurde *David*. Er lebte um 1000 v. Chr. und soll das Königtum Juda gegründet haben. Sein Sohn *Salomon* folgte ihm etwa 30 Jahre später auf den Thron und ließ in Jerusalem einen prächtigen Tempel errichten. Im Verlauf der folgenden Jahrhunderte wurde das jüdische Volk mehrfach Opfer fremder Eroberer: Babylonier, Perser, Griechen und Römer beherrschten es.

Der erste Aufstand gegen Rom
Die Römer gestatteten den Juden eine begrenzte Selbstverwaltung. Auch den Sabbat[1] respektierten sie seit Caesars Zeiten. Trotzdem kam es zwischen Römern und Juden zu Konflikten. Die Juden störten die hohen Abgaben, die sie zahlen mussten. Und sie lehnten die vielen römischen Gottheiten sowie den Kaiserkult ab, da sie ausschließlich an einen einzigen, allmächtigen Gott glaubten. Besonders erbost waren viele Juden über die vielen Römer in ihrer heiligen Stadt, in Jerusalem.
Der erste Aufstand gegen Rom begann im Jahre 66 n. Chr. in Judäa und dauerte vier Jahre. Die Feldherren *Vespasian* und *Titus* – beide wurden später Kaiser – schlugen die Rebellion nieder und zerstörten im Jahr 70 n. Chr. das religiöse Zentrum der Juden: den von Herodes Ende des 1. Jh. v. Chr. neu errichteten Tempel. Wer nicht im Kampf fiel oder fliehen konnte, wurde als Sklave verkauft. Mit dem Geld aus der Kriegsbeute wurde in Rom das Kolosseum gebaut.

Der zweite Aufstand gegen Rom
Im Jahr 132 n. Chr. entfesselten strenggläubige Juden erneut einen Aufstand gegen Rom. Er endete drei Jahre später mit der Einnahme Jerusalems durch die Truppen Kaiser *Hadrians*. Etwa eine halbe Million Juden starben in dem Krieg, viele waren geflohen oder verschleppt worden. Nach dem Aufstand wurde Jerusalem zur römischen Kolonie erklärt. Der Zutritt zur Stadt und zum Tempel wurde allen Juden bei Todesstrafe verboten.

Die Zerstreuung des jüdischen Volkes
Zur Zeit des Augustus lebten rund zwei Millionen Juden in Judäa. Darüber hinaus wohnten zahlreiche Juden verstreut im gesamten römischen Weltreich. Nach dem verlorenen zweiten Aufstand zogen viele Juden aus ihrer Heimat, denn sie hatten mit dem Tempel in Jerusalem ihr religiöses Zentrum verloren. Sie lebten fortan in der *Diaspora*, d. h. zerstreut als religiöse Minderheiten unter Andersgläubigen.

---

❶ *Erkläre, wie sich die jüdische Diaspora in der Antike entwickelte.*
❷ *Beschreibe, wie die Römer reagierten, wenn ihre Herrschaft durch Aufstände gefährdet war. Beurteile ihr Handeln.*

Die Juden unter der Herrschaft der Römer

M 2 Die Juden aus römischer Sicht

Der römische Schriftsteller Tacitus beschreibt in seinen zu Beginn des 2. Jh. n. Chr. geschriebenen Historien:

Unheilig ist dort alles, was bei uns heilig, andererseits ist erlaubt bei ihnen, was für uns als Schande gilt. Bei den Juden gibt es nur eine Erkenntnis im
5 Geist, den Glauben an einen einzigen Gott. Als Gotteslästerer betrachten sie alle, die Götterbilder aus irdischem Stoff nach dem Ebenbild der Menschen schaffen; jenes höchste und ewige We-
10 sen sei weder darstellbar noch vergänglich. Daher stellen sie in ihren Städten keine Götterbilder auf, schon gar nicht in den Tempeln. Eine solche Huldigung erweisen sie nicht den Königen, eine solche Ehre
15 nicht den Caesaren.

Tacitus, Historien V.1-9; zitiert nach: P. Cornelius Tacitus, Historien. Lateinisch/deutsch, übersetzt, erläutert und herausgegeben von Helmuth Vretska, Stuttgart 1984, 601-615 (stark gekürzt)

M 3 Eine römische Herausforderung

Der jüdische Feldherr Josephus berichtet in seiner zwischen 75 und 79 n. Chr. verfassten „Geschichte des jüdischen Krieges":

Kaiser Gaius[1] forderte das Schicksal in ungeheuerlicher Weise heraus: Er wollte als Gott gelten und so angeredet werden; er beraubte die Spitze des Staates ihrer besten Männer und ließ schließ-
5 lich seine Gottlosigkeit auch auf Judäa übergreifen. Er sandte Petronius[2] mit einem Heer nach Jerusalem und gab den Befehl, im Tempel Standbilder von ihm aufzustellen; falls die Juden das nicht zulassen wollten, solle er alle, die Widerstand
10 leisten, töten und das ganze übrige Volk in die Sklaverei verkaufen.

Zitiert nach: Julius H. Schoeps und Hiltrud Wallenborn (Hrsg.), Juden in Europa. Ihre Geschichte in Quellen, Bd. 1, Darmstadt 2001, S. 64

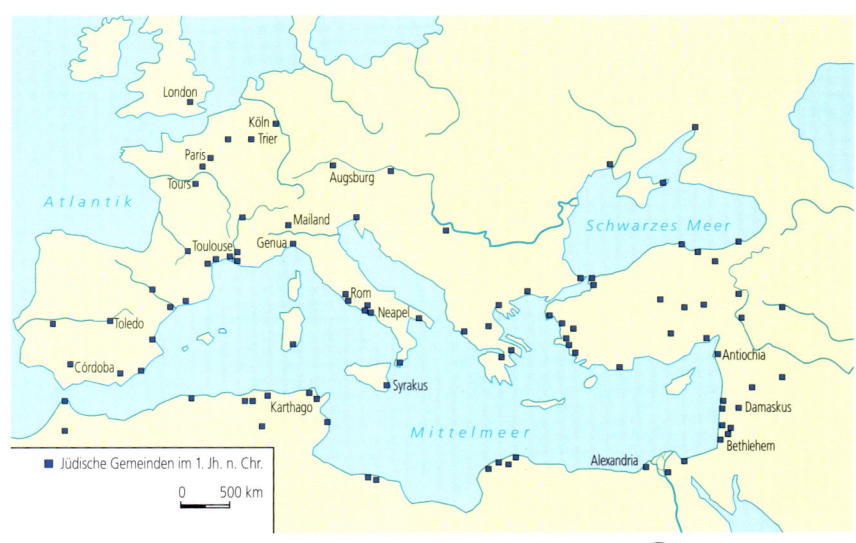

M 5 Jerusalem wird erobert

Cassius Dio (155-229 n. Chr.) schreibt in seiner „Römischen Geschichte":

Titus wurde mit der Führung des Krieges gegen die Juden beauftragt. Nachdem er anfangs versucht hatte, sie durch Gesandtschaften und Versprechungen zur Unterwerfung zu bewegen, da-
5 bei jedoch nichts ausgerichtet hatte, beschloss er, förmlich gegen sie Krieg zu führen. Die ersten Schlachten verliefen unentschieden; dann aber schlug er die Juden und belagerte Jerusalem. Die Juden ihrerseits erachteten es als ein großes
10 Glück, um und für ihren Tempel kämpfend das Leben zu lassen. Und so gering auch ihre Zahl gegen die Übermacht war, so wurden sie doch nicht eher überwunden, als bis ein Teil des Tempels in Brand geriet. Jetzt stürzten sie sich freiwil-
15 lig in die Schwerter der Feinde, töteten einander selbst oder sprangen ins Feuer. Allen erschien es kein Tod, sondern ein Sieg, Heil und Seligkeit, unter den Trümmern ihres Tempels begraben zu werden.

Zitiert nach: Julius H. Schoeps und Hiltrud Wallenborn (Hrsg.), Juden in Europa, a. a. O., S. 64 (gekürzt)

M 4 Juden im römischen Kaiserreich, 1.-3. Jh. n. Chr.

[1] **Gaius Caesar Germanicus, genannt Caligula**: römische Kaiser 37-41 n. Chr.
[2] **Publius Petronius**: Statthalter von Syrien

---

3 *Fasse zusammen, was Tacitus den Juden vorwirft (M2). Inwiefern zeigt er sich intolerant?*

4 *Untersuche die Ursachen und den Verlauf des Aufstandes (M3 und M4).*

5 *Die Juden lebten verstreut im gesamten Imperium Romanum und darüber hinaus in kleinen Gemeinden. Erläutere die Vor- und Nachteile.* (H)

- 66 v. Chr.: römische Herrschaft über Judäa
- 66-70 n. Chr.: erster jüdischer Aufstand
- 132-135 n. Chr.: zweiter jüdischer Aufstand

Ende der Republik | Kaiserreich

Das Römische Reich wird christlich

M 1 Frühes Symbol der Christen
Inschrift aus einer unterirdischen Grabstätte
Das griechische Wort für Fisch ist ICHTHYS. Hinter diesem Wort verbergen sich die Anfangsbuchstaben der Formel: **I**esous **Ch**ristos **Th**eou (Gottes) **Y**ios (Sohn) **S**oter (Erlöser).

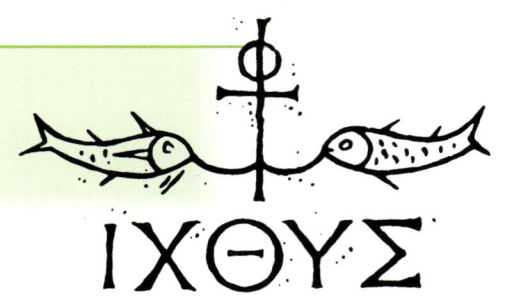

Jesus und seine Lehre

Die Wurzeln des **Christentums** liegen im Judentum. Die Römer lernten es zuerst in ihrer Provinz Judäa kennen. Es ging von dem um das Jahr 4 vor unserer Zeitrechnung geborenen jüdischen Wanderprediger *Jesus von Nazareth* aus. Seine Anhänger nannten ihn *Christus* („Gesalbter"). Er verkündete den Glauben an einen Gott und predigte Nächstenliebe. Um das Jahr 30 wurde Jesus wegen Unruhestiftung verurteilt und gekreuzigt.

Nach seinem Tod verbreiteten Apostel wie *Paulus* die Botschaft von der Liebe des einen Gottes, der seinen Sohn Jesus Christus geopfert habe, um die Menschen von ihren Sünden zu erlösen. Allen, die daran glauben, sei nach dem Tod ein ewiges Leben im Paradies sicher.

Christen werden verfolgt

Ihr Glaube an einen Gott und ihre Ablehnung des Kaiserkults machte die Christen zu Außenseitern, in den Augen mancher Römer sogar zu Staatsfeinden. Wenn Feinde das Reich bedrohten oder Brände, Unwetter und Hungersnöte ausbrachen, wurden sie dafür verantwortlich gemacht. Christ sein wurde lebensgefährlich.

Die ersten großen Christenverfolgungen fanden nach dem Brand Roms unter Kaiser *Nero* statt. Er herrschte von 54 bis 68. Christen wurden zu Zwangsarbeit verurteilt, gekreuzigt oder in Arenen Tieren zum Fraß vorgeworfen. Zwischen 64 und 67 soll auch Paulus an dem Ort, an dem heute der Petersdom in Rom steht, mit dem Kopf nach unten gekreuzigt worden sein.

M 2 Hinrichtung eines Verurteilten
Schale aus Nordafrika, 4. Jh. n. Chr.

Katakomben und Märtyrer

Eine zweite große Welle der Verfolgungen fand im 3. Jh. n. Chr. statt. Gottesdienste wurden bei Androhung der Todesstrafe verboten, kirchliche Bauten und Kultgeräte zerstört und christliche Schriften verbrannt. Ihre Toten begruben die Christen in unterirdischen Begräbnisstätten (*Katakomben*). Ihre hingerichteten Brüder und Schwestern erklärten sie zu *Märtyrern*: zu Zeugen des Glaubens. Später wurden viele Märtyrer und Märtyrerinnen heiliggesprochen. Christliche Namen wie Andreas oder Katharina gehen auf sie zurück.

Kaiser Konstantin gewährt den Christen Glaubensfreiheit

Kaiser *Konstantin*, der von 306 bis 337 regierte, beendete die Christenverfolgungen. Er räumte den Christen sogar Vorrechte ein und ließ Kirchen bauen. Der Grund für diesen Wandel: Vor einer Schlacht soll der Kaiser im Jahr 312 ein Christuszeichen und den Schriftzug IN HOC SIGNO VINCES („In diesem Zeichen wirst du siegen!") am Himmel gesehen haben. Daraufhin habe er das Christuszeichen angenommen – und die Schlacht gewonnen. Im darauf folgenden Jahr bestätigte Konstantin die Glaubensfreiheit für alle Religionen.

Kaiser Theodosius macht das Christentum zur Staatsreligion

Im Jahre 380 bestimmte Kaiser *Theodosius*, dass alle seine Untertanen Christen sein sollen. Wer sich nicht daran hielt, konnte bestraft werden. Elf Jahre später verbot er alle heidnischen Kulte. Die Tempel verfielen, heidnische Feste wie die Olympischen Spiele durften nicht mehr gefeiert werden. Das Christentum war zur Staatsreligion geworden, und die Christianisierung im ganzen Reich begann.

---

❶ *Beschreibe, wie sich das Christentum von einer verfolgten Religion zur Staatsreligion wandelte.*

❷ *Erläutere, welche Rolle die Kaiser im religiösen Bereich spielten, und vergleiche ihre Rolle mit der von heutigen Machthabern.*

Das Römische Reich wird christlich

M 3 Christen werden überprüft

In einem Brief berichtet der römische Statthalter Plinius um 111 n. Chr. seinem Kaiser Trajan:

Ich habe sie selbst gefragt, ob sie Christen seien. Wenn sie es zugaben, fragte ich ein zweites und drittes Mal, wobei ich mit der Todesstrafe drohte. Blieben sie bei ihrer Aussage, ließ ich sie zur Hinrichtung abführen.

Die aber leugneten, Christen zu sein oder es gewesen zu sein, denen sprach ich vor, wie sie die Götter anrufen sollten, und zeigte ihnen, wie sie vor deinem Standbild, das ich mit den Götterbildern hatte herbeischaffen lassen, mit Weihrauch und Wein zu opfern hatten, außerdem, wie sie Christus verfluchen sollten. Zu keiner dieser Handlungen lassen sich – so sagt man – die wahren Christen zwingen. Wer dies aber tat, den glaubte ich freilassen zu müssen. Nicht nur über die Städte, sondern auch über die Dörfer und das flache Land hat sich die Seuche dieses Aberglaubens verbreitet. Es scheint aber, dass man sie noch aufhalten und lenken kann.

Plinius, Briefe 10.96 (übersetzt und vereinfacht von Klaus Gast)

M 4 Religionsfreiheit

Bischof Eusebius hat die Gewährung der Religionsfreiheit durch Konstantin von 313 n. Chr. überliefert:

Nach langer Überlegung haben wir entschieden, dass jeder Mensch die Freiheit haben soll, Christ zu sein und zu leben wie ein Christ. Darüber hinaus soll jeder Mensch die Freiheit haben, die Religion anzunehmen, die er für richtig hält.

Zitiert nach: Hans-Georg Beck (Hrsg.), Leben in Byzanz. Ein Lesebuch, München 1991, S. 216 (vereinfacht)

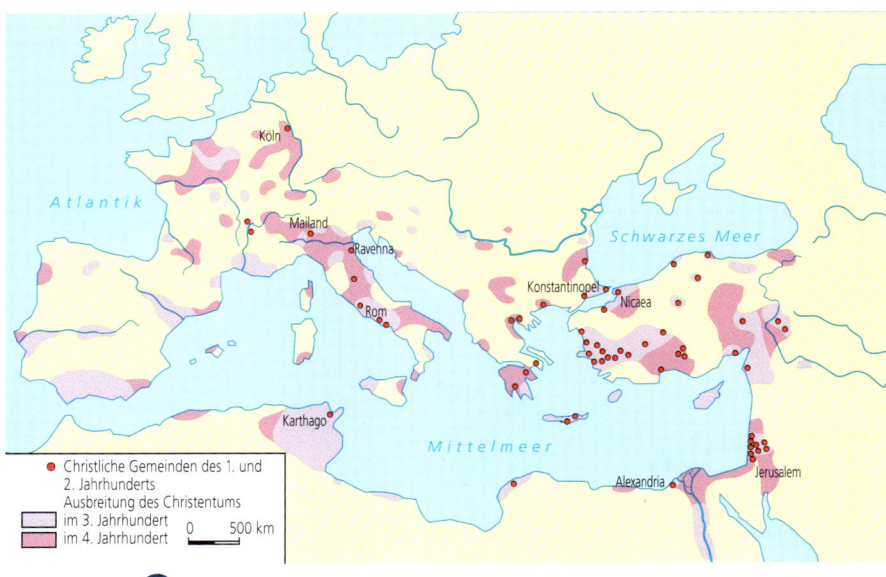

M 5 Ausbreitung des Christentums bis ins 4. Jh. n. Chr.

- Christliche Gemeinden des 1. und 2. Jahrhunderts
- Ausbreitung des Christentums im 3. Jahrhundert
- im 4. Jahrhundert

M 6 Das christliche Bekenntnis wird Gesetz

Kaiser Theodosius erlässt 380 n. Chr. folgende Anordnung:

Alle unter Unserer milden Herrschaft stehenden Völker sollen nach Unserem Willen demjenigen Glauben angehören, den der heilige Apostel Petrus den Römern mitgeteilt hat. Diejenigen, die diesem Gesetze folgen, sollen den Namen katholische[1] Christen führen, die übrigen aber, die Wir als töricht und wahnwitzig erklären, sollen als Abtrünnige vom Glauben mit Ehrlosigkeit bestraft und mit dem Zorne Gottes und dann nach Unserer Entscheidung mit einer Strafe belegt werden.

Zitiert nach: Gottfried Härtel und Frank-Michael Kaufmann (Hrsg.), Codex Justinianus, Leipzig 1991, S. 29 (gekürzt und vereinfacht)

[1] **katholisch**: griech. *katholikos*: allgemein, für alle

Internettipp:
Eine dynamische Karte zur Ausbreitung des Christentums siehe Mediencode **31061-23**.

---

③ Beschreibe die räumliche und zeitliche Ausbreitung des frühen Christentums (M3).

④ Beurteile den Umgang der Römer mit den Christen (M3, M4 und M6).

⑤ Warum ist Religionsfreiheit ein wichtiges Menschenrecht? Diskutiert diese Frage.

- 27 v. Chr. – 14 n. Chr.: Zeitalter des Augustus
- 313 n. Chr.: Konstantin gewährt Religionsfreiheit
- 312 n. Chr.: Schlacht an der Milvischen Brücke
- 380 n. Chr.: Christentum wird Staatsreligion
- Kaiserreich

5 Das römische Weltreich

Rom: Zentrum des Weltreiches

M 1 Rom zur späten Kaiserzeit Rekonstruktionszeichnung
In Rom lebten im 3. Jh. n. Chr. knapp eine Million Menschen.

Ⓐ **Kolosseum**, 1 Jh. n. Chr.; die Arena bot für etwa 50 000 Zuschauer Platz. Sie konnte auch für kleine „Seeschlachten" geflutet werden (siehe S. 142, M1).
Ⓑ **Circus Maximus**: Siehe Darstellung unten.
Ⓒ **Wasserleitungen** (Aquädukte des Kaisers Claudius, 1. Jh. n. Chr.)
Ⓓ **Palatin**: bevorzugtes Wohngebiet der Herrscher
Ⓔ **Tempel des Jupiter** auf dem Kapitol
Ⓕ **Forum Romanum**: Hier fanden seit der Frühzeit der Republik Versammlungen, Gerichtsverhandlungen, religiöse Umzüge (Prozessionen) und Siegesfeiern (Triumphzüge) statt (siehe S. 144, M2).
Ⓖ **Thermen des Kaisers Trajan** (Anfang 2. Jh. n. Chr.)

Medientipp:
Über das antike Rom und seine historischen Stätten findest du Informationen unter **31061-24**.

Wo man sich trifft und wie man wohnt
Das politische und wirtschaftliche Leben spielte sich in der Frühzeit Roms auf dem Marktplatz ab, dem *Forum Romanum*. Wie in Griechenland die Agorá[1] entwickelte sich das Forum zum politischen Zentrum. Es wurde über wichtige Entscheidungen, bevorstehende Wahlen oder Richtersprüche diskutiert. Hier befand sich nicht nur die öffentliche Rednertribüne, sondern auch die *Kurie*, in der der Senat tagte.[2] Zu den beeindruckenden Überresten, die noch heute auf dem Forum Romanum zu sehen sind, zählen Triumphbögen, die der Senat zu Ehren siegreicher römischer Kaiser errichten ließ.

Die Wohnverhältnisse veränderten sich im Laufe der Jahrhunderte. Sie blieben aber immer abhängig vom jeweiligen Vermögen: Während die Reichen in luxuriös ausgestatteten Villen wohnten, lebten die einfachen und armen Leute in dunklen Hütten oder mehrstöckigen Mietshäusern (lat. *insulae*). Letztere konnten bis zu sechs Stockwerke hoch sein. Da Ziegelsteine, Mörtel und Zement teuer waren, bestanden die Wände oft nur aus dünnem Holz oder Fachwerk.

Wie man die Freizeit verbringt
Ein beliebter Treffpunkt waren die öffentlichen Badeanstalten (*Thermen*). Dort reinigten die Römer sich, ließen sich kosmetisch oder medizinisch behandeln, trafen Freunde und spielten oder entspannten sich. Zu den beliebtesten Freizeitvergnügen der Römer an den Festtagen zählten Wettkämpfe und Spiele. Der *Circus Maximus* war der älteste Wettkampfplatz für Wagenrennen, Gladiatorenkämpfe und Tierhetzen in Rom. Der Sage nach sollen erste hölzerne Tribünen schon im 6. Jh. v. Chr. errichtet worden sein. Die Arena wurde immer wieder erweitert. Im 4. Jh. n. Chr. bot sie etwa 250 000 Zuschauern Platz. Sie gilt damit als das größte Veranstaltungsbauwerk aller Zeiten.

❶ *Untersuche mithilfe der Darstellung, welche wichtigen Orte, Plätze und Gebäude auf der Zeichnung (M1) abgebildet sind.*
❷ *Ordne den Ziffern im Bild (M1) die Buchstaben in der Legende zu.*

[1] Siehe S. 74, M4.
[2] Siehe auch S. 110.

Rom: Zentrum des Weltreiches

M 2 Rom – ein Albtraum?
Der römische Dichter Juvenal (um 60-140 n. Chr.) stellt das Großstadtleben wie folgt dar:

Hier sterben viele, weil Schlaflosigkeit sie krank gemacht hat; denn in welcher Mietwohnung kann man schlafen? Sehr reich muss man sein, um in Rom schlafen zu können. Das ist die Hauptursa-
5 che des Übels: Wagen biegen in scharfer Wendung um die Straßenecken, die Treiber schimpfen laut, wenn ihre Herde nicht weiter kann. Und sieh nur, mit wie viel Rauch die Überreichung des Essens zum Mitnehmen vor sich geht. Da sind hun-
10 dert „Gäste", deren jeder einen kleinen Holzkohleofen hinter sich hertragen lässt. Auf dem Karren, der dir entgegenkommt, schwankt gefährlich ein langer Fichtenstamm, auf einem anderen Wagen führt man Pinienholz, das hochgetürmt bebt
15 und die Passanten bedroht. Wenn aber ein mit Marmorblöcken beladener Karren umkippt und seine Ladung auf die dichte Menschenmenge ergießt, was bleibt da noch vom Körper übrig? Betrachte jetzt noch andere Gefahren der Nacht:
20 Wie hoch die Häuser sind, von denen dir ein Dachziegel auf den Schädel fällt, wie oft man ein undichtes oder gesprungenes Gefäß aus dem Fenster wirft, mit welcher Wucht sie auf dem Pflaster ihre Spuren hinterlassen oder sie zerbre-
25 chen. Für leichtsinnig magst du gelten oder als einer, der sich vor plötzlichem Unfall nicht vorsehen will, wenn du zum Abendessen ausgehst, ohne dein Testament gemacht zu haben. So viele Gefahren bedrohen dich, wie beleuchtete Fenster
30 offen stehen, unter denen du vorbeigehst. Begnüge dich also mit der kläglichen Hoffnung, dass man wenigstens nur den Inhalt der Nachttöpfe auf dich ausleert.

Juvenal, Satiren, übersetzt von Harry C. Schnur, Stuttgart 1969, S. 36 f. (vereinfacht und gekürzt)

M 3 Straßenszene in Rom aus dem 1. Jh. n. Chr.
Zeichnung von Peter Connolly, 1998
Die städtische Bevölkerung lebte vor allem in Mietshäusern (lat. *insulae*). Im Erdgeschoss dieser Häuser befanden sich oft Geschäfte oder Garküchen. Unter dem Dach wohnten die ärmsten Mieter. Kohlebecken beheizten die Räume und wurden als Grill benutzt. Frisches Wasser musste aus öffentlichen Schöpfstellen geholt werden.

M 4 Latrinen: öffentliche Toiletten, 1. Jh. n. Chr.
Foto aus Ostia bei Rom von 2000
Da nur die Villen der Reichen mit der Zeit eigene Wasseranschlüsse hatten, gab es in den meisten Häusern keine Bäder oder Toiletten. Die Römer waren auf öffentliche Badeanstalten, Thermen und Latrinen angewiesen. Letztere waren nur in den Zentren der Städte zu finden. Unter den Steinsitzen befand sich ein Kanal, der das verschmutzte Wasser abtransportierte.

---

3 Zwei Römer unterhalten sich über die Lebensbedingungen in Rom. Verfasse mit deinem Banknachbarn einen Dialog über die Vor- und Nachteile des Großstadtlebens. Berücksichtige dabei folgende Bereiche: Wohnung, Freizeit, Hygiene und Gefahren. Beachte die Textquelle (M2) sowie die Bilder M3 und M4.

5 Das römische Weltreich

Das Imperium Romanum – ein Reich ohne Grenzen?

M 1 Limesmodell
Aufnahme aus dem 2012 eröffneten Limeseum (Römerpark Ruffenhofen im Landkreis Ansbach)
Wo es keine natürlichen Grenzen wie z. B. Flüsse gab, schützten die Römer ihr Reich zum Teil durch Wälle und Wachtürme, hinter denen sich Kastelle (von lat. *castellum*: Festung) befanden (siehe das Bild im Hintergrund von M1). Bekanntestes Beispiel hierfür ist in Deutschland der Limes. Mit seinem Bau wurde Ende des 1. Jh. n. Chr. begonnen. In Obergermanien bestand er aus Baumstämmen (Palisaden), in der Provinz Rätien (Teile des heutigen Bayern gehörten dazu) wurden die Palisaden Ende des 2., Anfang des 3. Jh. n. Chr. durch Mauern ersetzt. Der Limes war rund 550 km lang und erfüllte seinen Zweck bis ins 3. Jh. n. Chr.

M 2 Hinweis auf den Limesweg
Der Limeswanderweg führt auf rund 115 Kilometern von Gunzenhausen bis Bad Gögging.

Kartentipp:
Zum Verlauf des Limes siehe **31061-25**.

[1] Siehe die Karte auf S. 105.
[2] **Kaiserkult**: Siehe S. 128.

Herrschaft ohne Ende

Nach Meinung vieler Römer waren sie dazu auserwählt, über die Welt zu regieren. Denn sie glaubten, dass der Gott Jupiter ihnen eine weder zeitlich noch örtlich begrenzt Macht gegeben habe. Von ihren Herrschern erwarteten viele Römer daher auch eine stetige Vergrößerung des Reiches. Seine größte Ausdehnung erreichte es dann unter Kaiser *Trajan*, der von 98 bis 117 herrschte. Damals lebten etwa 60 Millionen Menschen in Rom und den etwa 40 Provinzen des Reiches.[1]

Die Römer glaubten, über die reichsten und kultiviertesten Gebiete der Welt zu herrschen. Ihr wichtigstes Ziel war es daher, das Imperium Romanum nach außen zu sichern und nach innen zu vereinheitlichen. Gleiche Gesetze, ein gemeinsamer Kaiserkult[2] sowie die Verbreitung der lateinischen Sprache und römischen Kultur unterstützten sie dabei.

Um ihr Reich von den anderen Herrschaftsgebieten abzugrenzen, bauten die Römer Grenzbefestigungen wie den **Limes**. Militärisch waren diese Anlagen keine uneinnehmbaren Bollwerke. Sie erfüllten die Aufgaben einer bewachten Grenzlinie und dienten vor allem der Kontrolle des Warenaustausches sowie der Abwehr räuberischer Streifzüge.

„Baumeister des Imperiums"

Eine wichtige Aufgabe bei der Grenzsicherung und der Kontrolle der Provinzen spielten die römischen Truppen. Sie wurden hinter dem Limes in Militärlagern (*Kastellen*) stationiert. Die Soldaten sorgten für Ruhe und Ordnung und wurden die „Baumeister des Imperiums". Die meisten hatten einen Handwerksberuf erlernt, bevor sie in den Militärdienst traten. Unter ihrer Anleitung entstanden in den eroberten Gebieten Straßen, Aquädukte, Thermen oder Amphitheater. Sie spielten also eine entscheidende Rolle bei der **Romanisierung**: der Verbreitung der römischen Kultur und Lebensweise.

Die Errungenschaften hatten ihren Preis: Die unterworfenen Völker mussten hohe Steuern zahlen, Kriegsdienst leisten und sich den römischen Gesetzen unterwerfen.

---

① *Beschreibe, wie die Römer den Frieden in den Grenzgebieten sicherten.*
② *Beurteile, ob das Imperium Romanum ein Weltreich ist.* (F)

Romanisierung   Limes

Das Imperium Romanum – ein Reich ohne Grenzen?

M 3 Ohne Worte
Karikatur aus der englischen Zeitschrift „Punch" von 1912

M 4 Die Romanisierung von Britannien
Der römische Senator und Historiker Tacitus (56 - 117 n. Chr.) verfasst eine Lebensbeschreibung seines Schwiegervaters Julius Agricola. Dieser ist Provinzstatthalter in Britannien gewesen. Über dessen dortige Tätigkeiten berichtet Tacitus:

Damit sich die zerstreut wohnenden, groben und daher leicht zum Krieg bereiten Menschen durch Genüsse an Ruhe und Frieden gewöhnen, ermahnte er sie persönlich und unterstützte sie aus
5 Staatsmitteln, damit sie Tempel, Marktplätze und Häuser bauten, wobei er die Willigen lobte und die Faulen tadelte. So trat der Wetteifer um Ehren an die Stelle des Zwanges. Er ließ sogar die Söhne der Fürsten in Wissenschaften unterrichten, wo-
10 bei er den Geist der Briten dem Fleiß der Gallier vorzog.
So kam es, dass die, die noch vor Kurzem die römische Sprache verschmähten, nun nach dem Erwerb der Redekunst verlangten. Von nun an
15 wurde auch unsere Kleidung beliebt und die Toga gebräuchlich. Allmählich ließ man sich von den Lastern verlocken, den Säulenhallen, den Bädern und der Feinheit der Gastmähler. Und dies hieß bei den einfachen Leuten „Bildung", obwohl es
20 doch ein Teil der Knechtschaft war.

Tacitus, Das Leben des Iulius Agricola 21, übersetzt von Rudolf Till, Berlin ⁴1984, S. 39 (vereinfacht und gekürzt)

---

3 *Beschreibe die Zeichnung M3. Wie wird das Verhältnis zwischen den Römern und den Provinzbewohnern dargestellt? Gib der Zeichnung eine passende Überschrift.*

4 *Arbeite aus M4 heraus, wie die römische Herrschaft in den Provinzen beurteilt wird. Gestalte anschließend einen kleinen Vortrag zu der Frage, wie die Romanisierung deiner Meinung nach zu bewerten ist.*

- 1. Jh. n. Chr.: Bau des Limes beginnt
- 117 n. Chr.: größte Ausdehnung des Römischen Reiches

Kaiserreich

100 v. Chr. | Chr. Geb. | 100 n. Chr. | 200 n. Chr. | 300 n. Chr. | 400 n. Chr. | 500 n. Chr.

5 Das römische Weltreich

Die Römer bei uns

M 1 Bau der Lagermauer und der „Porta Praetoria"
Modell der Toranlage aus dem 2. Jh. n. Chr. aus dem Museum der Stadt Regensburg

Das Leben auf dem Lande
Um die Soldaten zu versorgen, bauten die Römer die Landwirtschaft in den Provinzen aus. Über das ganze Land waren Gutshöfe (lat. *villae rusticae*) verstreut. Die Ernteerträge steigerten die Römer durch Dünger und neue Ackergeräte, wie den eisernen Wendepflug. Sie führten neue Obst-, Salat- und Gemüsesorten ein, darunter verschiedene Apfel-, Birnen- und Pflaumensorten, Pfirsiche und Kirschen, aber auch Fenchel, Knoblauch und Dill. Der Weinanbau nördlich der Alpen geht ebenfalls auf die Römer zurück. Die einheimischen Rinder und Pferde wurden durch größeres und kräftigeres Vieh aus Italien ersetzt. Ebenso geht die Tradition, Katzen und Hunde als Haustiere zu halten, auf die Römer zurück.

Städte werden gegründet
Die Römer eroberten in der 1. Hälfte des 1. Jh. n. Chr. auch große Gebiete des heutigen Bayern. Sie wurden als Provinz *Raetia* Teil des Römischen Imperiums. Um das neue Gebiet zu sichern, bauten sie befestigte Soldatenlager (Kastelle). In ihrer Nähe ließen sich Handwerker und Händler nieder, die die Truppen mit allem Nötigen versorgten. So entstanden im Laufe der Zeit auch im heutigen Bayern die ersten Städte. Sie waren wichtig für die Romanisierung. Denn in den Städten bauten die Römer Tempel, Theater, Aquädukte, Marktplätze, Thermen und Häuser mit Fußboden- und Wandheizung. Von hier aus wurde das Land verwaltet, hier sprachen die Römer Recht, hier handelten sie mit Waren aus dem gesamten Reich. Hier lernte die einheimische Bevölkerung die römische Lebensart kennen. Die Zahl der Stadtbewohner betrug jedoch nie mehr als fünf bis zehn Prozent der Gesamtbevölkerung. Der Großteil des Lebens spielte sich auf dem Land ab.

Straßen erschließen die Provinz
Damit die Römer im gesamten Römischen Reich Handel treiben und ihre Soldaten und Verwaltungsbeamten überall gut versorgen konnten, bauten sie ein fortschrittliches Straßennetz. Die Qualität der Straßen war teilweise so hervorragend, dass manche von ihnen noch heute gut erhalten sind. Rund 80 000 km Straßennetz durchzogen im 2. Jh. n. Chr. das Römische Reich. So konnten Befehle, Nachrichten, neue Gesetze und Vorschriften, aber auch die römischen Heere und Waren schnell in alle Winkel des Imperiums gelangen.

---

❶ *Nenne die Vor- und Nachteile, die die Einheimischen von der Herrschaft der Römer hatten.*
❷ *Verfasse einen kleinen Lexikonartikel, in dem du den Begriff Romanisierung erklärst.*

Die Römer bei uns

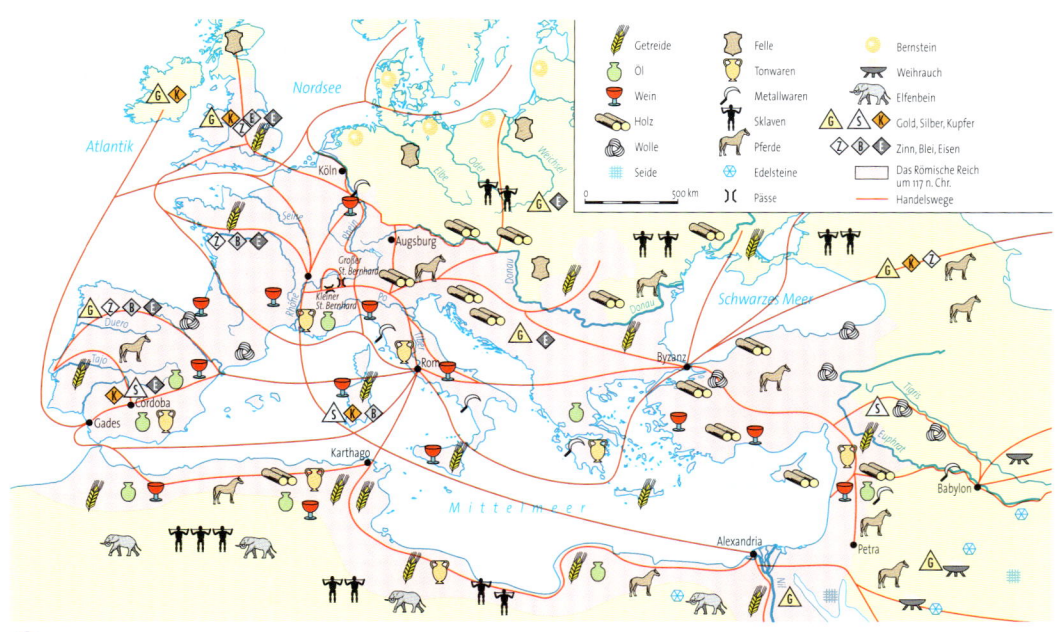

M 2 Fernhandel im Römischen Reich (1.–3. Jh.)
Auf den Römerstraßen legte ein Warentransport bis zu 60 km pro Tag zurück.

M 3 Was haben Straßen mit Kultur zu tun?
Der Schriftsteller Tertullian schreibt Anfang des 3. Jh. n. Chr.:

Dieses planmäßig ausgeführte Netz geregelter Straßenanlagen beförderte die allgemeine Sicherheit, erleichterte den Ackerbau, garantierte den Reisenden ein sicheres und bequemes Fortkom-
5 men, gewährte dem Handelsverkehr die unberechenbarsten Vorteile, schützte den Frieden des Reiches, ermöglichte den geordneten Gang der großen Verwaltungsmaschine, rief Ansiedlungen hervor und begünstigte auf das Wirksamste die
10 Entwicklung der Kultur.

Zitiert nach: Ludwig Friedländer, Sittengeschichte Roms, Wien 1934, S. 277

M 5 Römisches Weinschiff
Grabmal eines Weinhändlers, Neumagen (Rheinland-Pfalz), 3. Jh. n. Chr.

M 4 Römische Straße
Foto aus Klais (Landkreis Garmisch-Partenkirchen) von 2001

Internettipps:
Zum Bau der römischen Straßen siehe Mediencode **31061-26**.

3 Ordne die in der Karte M2 genannten Handelsgüter in verschiedene Gruppen. (H)

4 Erkläre, wie die Bewohner des Imperium Romanum vom guten Straßennetz profitierten (Darstellung, M2 und M3).

- 1. Jh. n. Chr.: Bau des Limes beginnt
- 117 n. Chr.: größte Ausdehnung des Römischen Reiches

Kaiserreich

100 v. Chr. — Chr. Geb. — 100 n. Chr. — 200 n. Chr. — 300 n. Chr. — 400 n. Chr. — 500 n. Chr.

139

5 Treffpunkt Geschichte

Die Römer in Bayern – Spurensuche

Schritt für Schritt:
Eine Exkursion durchführen

Museen sammeln und stellen aus, was Menschen früherer Zeiten hinterlassen haben. Mithilfe dieser ausgewählten Überreste vermitteln sie historisches Wissen über Gesellschaft, Wirtschaft, Herrschaft und Religion früherer Zeiten. Manche Museen zeigen nicht nur Ausstellungsstücke (Exponate), sondern sie bieten ihren Besuchern auch die Möglichkeit auszuprobieren, wie früher getöpfert, geschneidert, gewebt oder gekocht wurde. Mit folgenden Tipps könnt ihr eine Exkursion planen:

1. Informiert euch
Geht auf die Homepage des jeweiligen Museums und recherchiert folgende Informationen:
- Was wird ausgestellt?
- Gibt es spezielle Angebote für Klassen (z. B. Führungen, Workshops, Materialien etc.)?
- Ist das Museum leicht zu erreichen? (Verkehrsmittel? Anfahrtszeit? Kosten?)
- Wie sind die Öffnungszeiten und Preise?

2. Legt das Ziel fest und bereitet die Exkursion vor
- Stellt eure Rechercheergebnisse in der Klasse vor und einigt euch auf ein Exkursionsziel.
- Überlegt, ob ihr ein Angebot des Museums wahrnehmen oder lieber „auf eigene Faust" Erkundungen durchführen wollt.
- Legt in Absprache mit der Lehrkraft den Termin fest und organisiert die Anfahrt bzw. das Museumsangebot.
- Lasst Expertenteams aus eurer Klasse kurze Referate zu Themen des Museums vorbereiten.
- Überlegt euch Fragen, die ihr vor Ort Fachleuten stellen wollt.
- Verteilt vorab bestimmte Aufgaben wie Skizzen anfertigen, Notizen machen, Interviews führen, Fotos bzw. ein Video machen etc.

M 1 Rudern auf einem römischen Kriegsschiff
Foto vom 19. Juni 2017
Die Schüler der 6. Klassen des Gregor-Mendel-Gymnasiums aus Amberg rudern eine nachgebaute „Navis Lusoria" auf der Donau bei Regensburg. Mit diesen bis zu 22 m langen und etwa 2,80 m breiten Ruderbooten sicherten die Römer im 3./4. Jh. n. Chr. den „nassen" Limes.

3. Führt die Exkursion durch
- Verschafft euch vor Ort gemeinsam einen Überblick.
- Erledigt dann eure jeweiligen Aufgaben. Seid aber auch offen für Neues, denn ihr werdet wahrscheinlich vor Ort auf spannende Fragen, Ausstellungsstücke und Erkenntnisse stoßen, die ihr bei euren Planungen nicht berücksichtigt habt.

4. Wertet eure Exkursion aus und dokumentiert sie
- Stellt eure Ergebnisse der Klasse vor, besprecht sie und klärt offene Fragen.
- Dokumentiert eure Exkursion, z. B. mit einem Wandposter, einem kleinen Reiseführer, einem Informationsfaltblatt, einem Artikel für die Schülerzeitung oder einem kleinen Video.

M 2 Römisches Speisezimmer im Pompejanum in Aschaffenburg
Undatiertes Foto
Der bayerische König Ludwig I. ließ Mitte des 19. Jh. in Aschaffenburg eine Villa im römischen Stil errichten. Hier sind Nachbildungen römischer Wohn- und Wirtschaftsräume sowie Gebrauchsgegenstände zu sehen. Das Foto zeigt ein rekonstruiertes Speisezimmer (lat. *triclinum*) mit drei typischen Speisesofas um einen Tisch (lat. *mensa*).

Die Römer in Bayern – Spurensuche

M 3 Die Provinz Raetia im 2./3. Jh.

M 5 Vergoldeter Pferdekopf aus Bronze vom Reiterstandbild eines Kaisers
1. Hälfte des 2. Jh. n. Chr.
Dieser Pferdekopf (75 x 30 x 65 cm) wurde 1769 in der Wertach bei Augsburg-Pfersee gefunden und befindet sich heute im Römermuseum in Augsburg.

M 4 Ausstellungssaal
Foto aus dem RömerMuseum in Weißenburg von 2017

Internettipps:
Für ein Verzeichnis von Römermuseen in Bayern siehe Mediencode **31061-27**.
Für Tipps zum Umgang mit dem Internet siehe S. 165.

M 6 Tempelbezirk im Archäologischen Park Cambodunum (Kempten)
Foto von 1999

1. Ordnet den römischen Ortsnamen auf der Karte (M3) die heutigen Städte Augsburg, Kempten, Regensburg, Straubing und Weißenburg zu.
2. Teilt eure Klasse in Gruppen ein. Recherchiert im Internet zu den verschiedenen Museen in Bayern, in denen ihr mehr über Bayern zur Römerzeit erfahrt. Stellt die verschiedenen Museen der Klasse vor.
3. Erläutert, was die hier gezeigten Abbildungen über das Leben in Bayern zur Römerzeit verraten.

5 Das weiß ich! – Gelerntes vertiefen

M 1 Das Kolosseum in Rom
Foto, um 2005
Siehe auch das Foto auf S. 102/103.

Medientipp:
Eine dynamische Karte zum Thema „Von der Gründung Roms bis zum Untergang des Römischen Reiches" findest du unter **31061-28**.

Auf einen Blick: Das römische Weltreich

Archäologen und Historiker gehen heute davon aus, dass seit dem 11. Jh. v. Chr. Latiner und Sabiner auf dem Palatin siedelten. Den alten Römern war – ähnlich wie den Griechen – der **Gründungsmythos** ihrer Stadt wichtiger. Sie führten die Herkunft Roms auf Romulus und Remus zurück. Dazu legten sie ein Gründungsdatum fest. Nach unserer Zeitrechnung war das der 21. April **753 v. Chr.** Dieser Gründungsmythos verlieh der Stadt besondere Bedeutung und stärkte den Stolz und das Selbstbewusstsein ihrer Einwohner.

Im 6. Jh. v. Chr. beendeten die Römer die etruskische Königsherrschaft. Rom wurde eine **Republik**, in der sich die Magistrate, allen voran die Konsuln, der **Senat** und die Volksversammlung die Macht teilten und gegenseitig kontrollierten. In diesen Gremien gab eine kleine reiche Oberschicht, die Nobilität, den Ton an. Ihr war die Masse der Plebejer wirtschaftlich, gesellschaftlich und politisch untergeordnet.

Diese politische Ordnung bestand fast 500 Jahre. Im 1. Jh. v. Chr. kam es zu einer Krise der Republik. Sie war beeinflusst von der großen Ausdehnung des Reiches und geprägt von Machtkämpfen ehrgeiziger Feldherren. Ihren Höhepunkt fand die Krise in der **Diktatur** Caesars. Auch wenn **Caesars** Nachfolger und Erbe, **Augustus**, vorgab, die Republik wiederhergestellt zu haben, hatte er in Wahrheit eine Monarchie errichtet. Das **Zeitalter des Augustus um Christi Geburt** stellt den **Übergang von der Republik zur Kaiserzeit** dar. Fortan war die Macht nicht mehr auf viele verteilt, sondern lag allein in den Händen eines Mannes: des Kaisers.

Zu dieser Zeit war Rom bereits ein Weltreich (Imperium). In vielen Kriegen hatten die Römer ihre Macht zunächst auf ganz Italien, dann auf das gesamte Mittelmeergebiet und schließlich auf weitere Teile Europas, Nordafrikas und Vorderasien ausgedehnt. Grundlage für diese gewaltige Expansion war das Militär. Die Soldaten eroberten nicht nur neue Länder. Sie sicherten auch das Reich, errichten an den Außengrenzen den **Limes** und leisteten einen großen Beitrag zur **Romanisierung** der neuen **Provinzen**. So entstanden auch im Gebiet des heutigen Bayern die ersten Straßen und Städte mit Theatern, Bädern, Wasserleitungen und einem Kanalisationssystem.

Die Römer verehrten viele Götter und waren im Grunde tolerant gegenüber fremden Religionen. Das änderte sich in der Kaiserzeit. Juden und Christen, die sich weigerten die römischen Kaiser besonders zu verehren, wurden verfolgt. Während das **Judentum** mit Jerusalem sein religiöses Zentrum im 1. Jh. n. Chr. verlor und die Juden seitdem noch verstreuter lebten, wurde das **Christentum** im 4. Jh. n. Chr. von den Römern zur Staatsreligion gemacht. Durch die Römer wurde Europa christlich.

Die Römer prägten also unsere Kultur, unsere Sprache und unsere Rechtsvorstellungen – und bis heute finden wir noch überall ihre Spuren.

- 753 v. Chr.: Gründung Roms der Sage nach

| 800 v. Chr. | 700 v. Chr. | 600 v. Chr. | 500 v. Chr. | 400 v. Chr. | 300 v. Chr. | 200 v. Chr. |

Römische Republik
Blütezeit Athens
Ende der ägyptischen Hochkultur

Das weiß ich! – Gelerntes vertiefen

M 2 Vom Dorf am Tiber zum Weltreich

Legende:
- 272 v. Chr.
- 146 v. Chr.
- 44 v. Chr.
- 14 v. Chr.
- 117 n. Chr.

45 v. Chr. / 44 v. Chr.	Das Christentum wird Staatsreligion
27 v. Chr. – 14 n. Chr.	Ende der Ständekämpfe
70 n. Chr.	Zeitalter des Augustus
133 v. Chr. – 27 v. Chr.	Zerstörung des Tempels in Jerusalem
380 n. Chr.	Caesar wird Diktator auf Lebenszeit und ermordet
287 v. Chr.	Krise der Römischen Republik

M 3 Was war wann?

1 Erarbeitet eine Präsentation, in der ihr das Kolosseum in Rom vorstellt (M1). Recherchiert zu zweit und entwerft dann eine informative und unterhaltsame Präsentation über das bekannte Wahrzeichen Roms.
Folgende Punkte könntet ihr dabei beachten:
- Herkunft des Namens, Ausmaße, Aufbau und verschiedene Teile des Bauwerks
- Verwendung in der Römerzeit, Verwendung heute (siehe S. 102/103).

2 Entwirf in deinem Heft eine Legende zu der Karte M2. Ordne den Farben folgende Informationen zu:
1. Eroberungen bis zum Tod Caesars
2. Das Reich nach den Punischen Kriegen
3. Das Reich zur Zeit des Augustus
4. Rom beherrscht fast das gesamte heutige Italien
5. Die größte Ausdehnung des Imperium Romanum

3 In der Tabelle M3 ist einiges durcheinandergeraten. Ordne die Daten den richtigen Antworten zu.

Römische Kaiserzeit

Chr. Geburt — 100 n. Chr. — 200 n. Chr. — 300 n. Chr. — 400 n. Chr. — 500 n. Chr. — 600 n. Chr.

Das kann ich! – Gelerntes anwenden

M 1 Rom wird 2 750 Jahre alt
Briefmarke von 1997

M 3 „Iudaea capta"
Rückseite einer Münze, die um 71 n. Chr. geprägt wurde
Unter Kaiser Vespasian und seinen Nachfolgern wurden Münzen mit der Aufschrift *Iudaea capta* (dt. erobertes Judäa) geprägt. Das Kürzel „SC" steht für *senatus consultum*: auf Beschluss des Senats.

M 2 Das Forum Romanum in der frühen Kaiserzeit, 1. Jh. n. Chr.
Modell der Antikensammlung der Friedrich-Alexander-Universität Erlangen-Nürnberg
① Basilica Iulia
② Saturn-Tempel
③ Tabularium
④ Concordia-Tempel
⑤ Rostra
⑥ Curia Iulia (siehe S. 110, M1)
⑦ Basilica Aemilia
⑧ Tempel des Divus Iulius
⑨ Heiligtum der Vesta
⑩ Dioskuren-Tempel

Medientipp:
Für eine Rekonstruktionszeichnung und Informationen zum Forum Romanum siehe Mediencode 31061-29.

- 753 v. Chr.: Gründung Roms der Sage nach

Römische Republik

800 v. Chr. 700 v. Chr. 600 v. Chr. 500 v. Chr. 400 v. Chr. 300 v. Chr. 200 v. Chr.

Blütezeit Athens
Ende der ägyptischen Hochkultur

Das kann ich! – Gelerntes anwenden

M 4 Die Wohltaten Roms

Der griechische Redner und Schriftsteller Aelius Aristides (117 - 181 n. Chr.) über die Leistungen und Wohltaten der Römer:

Städte strahlen nun in Glanz und Anmut, und die ganze Erde ist wie ein paradiesischer Garten geschmückt. Rauchwolken aus den Ebenen und Feuersignale von Freund und Feind sind ver-
5 schwunden, als hätte sie ein Wind davongetragen, jenseits von Land und Meer. An ihre Stelle sind anmutige Schauspiele aller Art und Wettkämpfe in unbegrenzter Zahl getreten. Daher verdienen allein diejenigen Mitleid, die außerhalb
10 eures Reiches wohnen, wenn es irgendwo noch welche gibt, weil sie von solchen Wohltaten ausgeschlossen sind. Ja, das von jedem gebrauchte Wort, dass die Erde die Mutter aller und das für alle gemeinsame Vaterland sei, wurde durch euch
15 aufs Beste bewiesen. Jetzt ist es sowohl dem Griechen wie dem Barbaren möglich, mit oder ohne Habe ohne Schwierigkeit zu reisen, wohin er will, gerade als ob er von einer Heimatstadt in eine andere zöge. Ihr habt den ganzen Erdkreis ver-
20 messen, Flüsse überspannt mit Brücken verschiedener Art, Berge durchstochen, um Fahrwege anzulegen, in menschenleeren Gegenden Poststationen eingerichtet und überall eine kultivierte und geordnete Lebensweise eingeführt.
25 Überall kehrte Ordnung ein und helles Licht im Leben und im Staat, Gesetze kamen auf und den Altären der Götter vertraute man sich an.

Romrede des Aelius Aristides, 99 - 103, herausgegeben, übersetzt und mit Erläuterungen versehen von Richard Klein, Darmstadt 1983

M 5 Die römische Göttin „Viktoria" in Berlin

Foto, um 2000
Die vergoldete Bronzefigur steht auf einer 67 m hohen Säule, die 1873 eingeweiht wurde. Im Volksmund wird sie „Goldelse" genannt.

Kompetenztest:
Einen Test, mit dem du überprüfen kannst, was du kannst und was du noch üben solltest, findest du unter **31061-30**.

---

❶ Diskutiert in Partner- oder Gruppenarbeit, ob sich die Briefmarke zum 2750. Geburtstag von Rom (M1) als Ausstellungsposter zum Thema „Imperium Romanum" eignet. Gehe dabei auf die verschiedenen Abbildungen der Marke ein.

❷ Ihr plant für eine Klassenfahrt eine Führung durch das Forum Romanum. Zur Vorbereitung untersucht ihr das Modell (M2). Erarbeite mit einem Partner einen Vortrag, indem ihr euch über die verschiedenen Gebäude des Forums informiert und ihre Bedeutung kurz und lebendig erklärt.

❸ Beschreibe und erläutere die Münze (M3). Was war wohl mit der Darstellung auf der Rückseite der Münze beabsichtigt?

❹ Arbeite aus M4 heraus, welche Leistungen und Wohltaten der Römer für das gesamte Imperium erwähnt werden.

❺ Beurteile das Bild, das Aelius Aristides vom Römischen Reich hat (M4), und erkläre, was bei einer kritischen Quellenarbeit zu beachten ist.

❻ Was hat die „Viktoria" in Berlin verloren (M5)? Informiere dich über die Bedeutung der Göttin und den Anlass zur Errichtung der Säule.

❼ Übertrage die Tabelle in dein Heft und fülle sie aus.

	Das dachten die Römer darüber	Das denke ich / das denken wir heute
Sklaverei		
Kriege und Expansion		
Gleichberechtigung zwischen Mann und Frau		
Religionsfreiheit		

❽ Führt eine Gesprächsrunde durch, bei der ihr diskutiert, welche Vorzüge und Nachteile ein Leben im antiken Rom mit sich bringen konnte.

Römische Kaiserzeit

| Chr. Geburt | 100 n. Chr. | 200 n. Chr. | 300 n. Chr. | 400 n. Chr. | 500 n. Chr. | 600 n. Chr. |

6
Von der Antike zum Mittelalter

Die vierteilige Fernsehdokumentation „Sturm über Europa" stellt einen Zeitabschnitt dar, in dem die Antike zu Ende ging und eine neue Epoche begann: das Mittelalter. Die Filmemacher haben sich gründlich informiert und dann versucht, mithilfe von Kommentaren, Spielszenen und Experteninterviews die wichtigsten Etappen der Zeit dazustellen. Ihre Dokumentation setzt um 100 v. Chr. ein. Damals drangen die ersten „Germanen" in das Römische Reich ein. Der letzte Teil zeigt schließlich, wie germanische Völker auf dem Boden des Imperium Romanum eigene Reiche errichten und das Reich der Franken um 500 n. Chr. entsteht.

1 *Diskutiert den Titel „Sturm über Europa". Was erwartet ihr von dem Titel?*

M 1 Dreharbeiten zur ZDF-Dokumentation „Sturm über Europa"
Film von Christian Feyerabend und Uwe Kersken, 2002

6 Orientierung in Raum und Zeit

M 2 Flüchtlingstreck in der Spätantike? Szenenbild aus der ZDF-Dokumentation „Sturm über Europa" von 2002
So wie es die Fernsehdokumentation zeigt, stellte man sich lange Zeit vor, dass in der Spätantike ganze „Völker" in das Imperium Romanum einwanderten.

Von einer Epoche zur anderen

Die Fernsehdokumentation „Sturm über Europa" beschäftigt sich intensiv und ausführlich mit der sogenannten Völkerwanderungszeit. Der Zuschauer bekommt dadurch den Eindruck, dass für den Übergang von der **Antike** zum **Mittelalter** diese **Migration**[1] besonders wichtig war. Aber war das ausschlaggebend für die Übergang von der Antike zum Mittelalter?

Das Imperium Romanum erreichte im 2. Jh. seine größte Ausdehnung. Überall hatte die römische Lebensweise Fuß gefasst und Anfang des 3. Jh. hatte ein römischer Kaiser das Bürgerrecht auf fast alle Bewohner des Imperiums ausgedehnt. Drei Jahrhunderte später gab es im Westteil des Imperiums keinen Kaiser mehr. Herrscher nichtrömischer Herkunft hatten sich dort niedergelassen. Und weitere dreihundert Jahre später war das frühere Imperium Romanum in drei große Teile zerfallen: in ein Byzantinisches Reich, ein Reich der Franken und in islamische Herrschaftsgebiete.

Die politischen und kulturellen Veränderungen waren für die europäische Geschichte so umwälzend, dass die westlichen Historiker rückblickend feststellen: In diesem Zeitraum ging die Antike zu Ende und eine neue Epoche begann, das Mittelalter. So wird seit rund 600 Jahren die Epoche zwischen 500 und 1500 in der westeuropäischen Geschichte bezeichnet. Die Anfänge der mittelalterlichen Geschichte waren aber von Dauer und Wandel geprägt, da Herrschaft und Religion an antike Verhältnisse anknüpften.

Am Ende des Kapitels kannst du die Veränderungen in der Mittelmeerwelt vom 4. bis zum 9. Jh. beschreiben und erklären, warum in dieser Zeit des Neuanfangs auch antike Traditionen weiterlebten. Du kannst auch folgende Fragen beantworten:

- *Waren die Wanderungsbewegungen die Ursache für den Zerfall des Imperium Romanum?*
- *Wie verbanden sich römische, germanische und christliche Traditionen?*
- *Welche Auswirkungen hatte die Ausbreitung des Islam auf die Mittelmeerwelt?*
- *Woran lässt sich die Epochengrenze zwischen Antike und Mittelalter festmachen?*

[1] **Migration:** Siehe S. 66 f.

Antike | 200 n. Chr. | 250 | 300 | 350 | 400 | 450 | 500

Orientierung in Raum und Zeit

M 3 Die Mittelmeerwelt um 800

M 4 Innenraum der Hagia Sophia in Konstantinopel (Istanbul)
Foto von 2012
Mit dem Bau des Gotteshauses begann man im 6. Jh.

M 6 Pfalzkapelle in Aachen
Undatiertes Foto
Der Bau dieser Kirche wurde 796 begonnen. Er ist heute Teil des Aachener Doms.

M 5 Moschee in Damaskus
Foto von 2011
Die ältesten Teile des Gotteshauses sind aus dem 8. Jh.

2 Untersucht in Gruppenarbeit die Karte zur Mittelmeerwelt um 800 (M3). Eine Gruppe übernimmt das Reich der Franken, eine das Byzantinische Reich und eine die islamischen Gebiete. Bestimmt grob die Ausdehnung der drei Bereiche und vergleicht sie. Nennt die heutigen Staaten der Gebiete. Siehe dazu die Karte im Buch hinten.

3 Recherchiert im Internet Bauzeit, Auftraggeber und Funktion der Sehenswürdigkeiten (M4–M6). Fasst eure Ergebnisse in einer Tabelle zusammen. Beachte dabei die Methode „Schritt für Schritt: Im Internet surfen" auf S. 165.

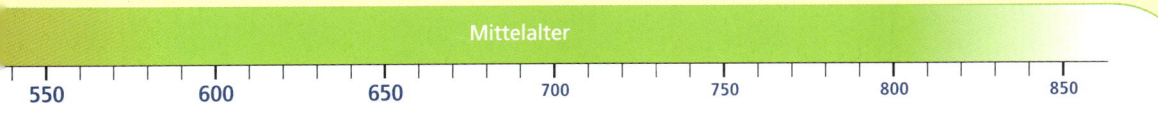

Mittelalter

6 Von der Antike zum Mittelalter

Warum zerfällt das Imperium Romanum?

M 1 Der römische Kaiser Hostilianus kämpft gegen die Goten
Relief auf einem Marmorsarg, nach 251 (Ausschnitt)
Hostilianus könnte der Reiter mit dem weit ausgestreckten Arm in der Mitte des Reliefs sein. Er soll 251 an der eingeschleppten Pest gestorben sein.

Kartentipp:
Eine dynamische Karte zu den Wanderungsbewegungen findest du unter 31061-31.

[1] Siehe die Karte auf S. 167.
[2] **Odoaker** (um 433-493) war ein weströmischer Offizier germanischer Herkunft, der 476 den Kaiser Romulus Augustulus absetzte und König von Italien wurde.
[3] **Konstantinopel**: Siehe S. 152.
[4] **Barbaren**: Das Wort „Barbar" steht hier für alle Menschen nichtrömischer Herkunft.
[5] **Gesellschaft**: alle Menschen in einem Staat

Das Ende Westroms

Ab dem Ende des 2. Jh. kam es im Kaiserreich immer häufiger zu Kämpfen um die Macht in dem großen Reich. Nicht der Senat in Rom bestimmte, wer Kaiser sein sollte, sondern die römischen Heerführer. Sie stützten ihre Macht auf die Grenzarmeen, die sie mit Schenkungen und Vergünstigungen belohnten.

In diesem Zusammenhang erhielten 212 auch die nicht-römischen Bewohner der Provinzen das römische Bürgerrecht. Als dann ab 375 die Eroberungszüge der Hunnen begannen, löste das weitere Wanderungsbewegungen in das Römische Reich aus.[1] Um das von innen und außen bedrohte Reich regierbar zu halten, wurde es schließlich 395 in einen östlichen und westlichen Herrschaftsbereich mit je einem Kaiser geteilt.

Um das Weströmische Reich zu sichern und die Wirtschaft zu fördern, warben die Römer immer wieder Soldaten und Bauern aus Gebieten an, die nördlich ihres Reiches lagen. Sie nannten die Menschen aus dem Norden „Germanen". Der Name bezeichnete kein einheitliches Volk, das eine gemeinsame Herkunft, Sprache und Kultur unter einem Herrscher hatte, sondern viele kleiner Völker wie die Goten, Franken, Sueben usw., deren Zusammensetzung sich immer wieder veränderte.

Für ihre Kriegsdienste erwarteten die angeworbenen Legionäre Bezahlung oder Ackerland auf römischem Gebiet. Verweigerten ihre Auftraggeber eine Entlohnung, blieben die nicht-römischen Legionäre unter ihren Anführern zusammen und plünderten die Bevölkerung aus.

Die Hunnen zogen sich nach der *Schlacht auf den Katalaunischen Feldern* 451 endgültig aus dem Reich der Römer zurück. Sie hatten auch gar nicht die Absicht, sich auf Reichsboden anzusiedeln.

Die Kaiser in Rom verloren allmählich die Kontrolle über die Provinzen. 476 setzte der germanische Heerführer *Odoaker*[2] den letzten weströmischen Kaiser ab. Im Westen endete damit die Geschichte des Römischen Reiches. Das Oströmische Reich mit seiner Hauptstadt Konstantinopel[3] bestand hingegen noch fast weitere tausend Jahre bis 1453.

Wandel und Übergang

Zwischen dem 3. und 5. Jh. nahm die Zahl der „Barbaren"[4] zu, die ins Römische Reich zogen. Der Großteil kam in der Absicht, sich friedlich auf römischem Boden niederzulassen und am römischen Wohlstand teilzuhaben. Viele Einwanderer betrachteten sich bald als Römer. Einige wurden sogar kaiserliche Beamte und Heerführer. Wenn durch Konflikte die römische Herrschaft in bestimmten Gebieten zusammenbrach, folgte die aus Alteingesessenen und Zugewanderten bestehende Bevölkerung oft den zugewanderten Heerführern.

Diese sogenannte „Völkerwanderung" war ein langfristiger Migrationsprozess, der Gesellschaft[5] und Herrschaft allmählich veränderte. Ob er ausschlaggebend für das Ende des Römischen Reiches war, ist umstritten.

---

1 Fasst die genannten möglichen Gründe für den Zerfall des Römischen Reiches zusammen.

Warum zerfällt das Imperium Romanum?

M 2 Vertrag mit den Goten
Kaiser Theodosius schließt nach einer Niederlage 382 folgenden Vertrag mit den Goten, der zum Vorbild für weitere Bündnisse zwischen Römern und „Barbaren" wird:

Am 3. Oktober 382 stellte sich das ganze Volk der Goten mit seinem König unter die Herrschaft der Römer und bildete mit den römischen Soldaten gleichsam einen Körper. Der Kriegsdienst der Ver-
5 bündeten, der schon unter Konstantin[1] eingerichtet worden war, wurde erneuert und sie selbst „Verbündete" (*foederati*) genannt.

Zitiert nach: Hans-Jürgen Hillen und Gerhard Fink, Die Geschichte Roms. Römische und griechische Historiker berichten, Düsseldorf 2006, S. 419

M 3 „Barbaren" kommen
Der römische Geschichtsschreiber Ammianus Marcellinus (4. Jh.) schreibt:

Es verbreiteten sich schreckliche Nachrichten von Völkern im Norden, die neue Bewegungen in Gang gesetzt hatten, welche größer als gewöhnlich waren: In das gesamte Gebiet, das sich bis zum
5 Schwarzen Meer erstreckt, ergieße sich eine Masse von Barbaren unbekannter Herkunft, die von ihren Wohnsitzen durch plötzliche Gewalt vertrieben worden seien und zusammen mit ihren Angehörigen die Donau entlang hin- und herstreifen.
10 Unsere Leute nahmen das zunächst aus dem Grund auf die leichte Schulter, weil sie gewohnt waren, aus jenen fernen Gegenden von Kriegen nur zu hören, wenn sie schon wieder beendet oder eingeschlafen waren. Doch dann kamen im-
15 mer zuverlässigere Nachrichten von den Ereignissen, deren Bestätigung die Ankunft von Stammesgesandten lieferte, die flehentlich und beschwörend darum baten, dass ihr heimatlos gewordenes Volk diesseits des Flusses Aufnahme
20 finde.

Zitiert nach: Klaus Rosen, Die Völkerwanderung, München ⁴2009, S. 16 (gekürzt)

M 4 Adlerfibel aus Gold und Edelsteinen
Schmuckstück (12 cm hoch), um 500

Das Schmuckstück wurde 1892 in Domagnano (San Marino) gefunden und gehörte wohl einer Frau aus dem Umkreis des Ostgotenkönigs Theoderich (451/56 - 526), die es wie eine Sicherheitsnadel verwendete. Das Adlermotiv spielt möglicherweise auf die Feldzeichen der römischen Armee an. Die Fibel befindet sich heute im Germanischen Nationalmuseum in Nürnberg.

M 5 Wer zerstörte das Römische Reich?
Die Historiker Hubert Fehr und Philipp von Rummel schreiben:

Das völkerwanderungszeitliche Europa war unbestreitbar Schauplatz bedeutender Migrationen und Wanderungsbewegungen. Alarichs[2] Heer zog vom östlichen Rand Europas bis nach Spanien,
5 die Vandalen setzten nach Afrika über, und Langobarden gingen nach Italien. Diese Züge waren von Schlachten begleitet, von Plünderungen, von Gewalt und Tod – wie letztlich alle Kriege in Vergangenheit und Gegenwart. So lag es nahe, den
10 Untergang des Römischen Reiches im Westen durch militärische Niederlagen zu erklären. Beim näheren Hinsehen zeigt sich jedoch, dass kaum eine der handelnden Figuren der Völkerwanderungszeit Interesse daran hatte, das Römi-
15 sche Reich zu zerstören. Das Gegenteil war der Fall: Viele der großen Ereignisse der Völkerwanderungszeit wurden von Menschen bestimmt, die eine gesicherte Zukunft innerhalb des Reiches suchten. Die Schlachten der Völkerwanderungs-
20 zeit waren zumeist Kämpfe um die Integration in das Reich. Insofern haben nicht Germanen das Römische Reich besiegt – vielmehr haben sie in und mit diesem einen Entwicklungsprozess durchlaufen, an dessen Ende neue Herrschaftsge-
25 bilde standen, welche die Grundlage des mittelalterlichen Europa bildeten.

Hubert Fehr und Philipp von Rummel, Die Völkerwanderung, Stuttgart 2011, S. 164 f. (vereinfacht und stark gekürzt)

---

[1] **Konstantin**: Siehe S. 132.
[2] **Alarich I.** (um 370 - 410): Anführer der Westgoten, führte um 400 sein Heer nach Oberitalien und eroberte 410 die Stadt Rom. Unter seinen Nachfolgern zogen die Westgoten weiter nach Gallien und Spanien und gründeten ein Königreich.

---

② Untersuche die Quellen M2 und M3. Welche Anlässe für die Wanderungsbewegungen nennen sie?

③ Ein Christ ließ die Adlerfibel (M4) herstellen. Begründe die Behauptung.

④ Arbeite die Unterschiede und Gemeinsamkeiten zwischen dem Verfassertext (S. 150) und M5 heraus.

- 212: Die nicht-römischen Einwohner der Provinzen erhalten das römische Bürgerrecht
- 375: Eroberungszüge der Hunnen beginnen
- 395: Teilung des Römischen Reiches
- 476: Der letzte weströmische Kaiser wird abgesetzt

Antike | Mittelalter

6 Von der Antike zum Mittelalter

Von Rom nach Byzanz

M 1 Der Kaiser vor Christus
Mosaik aus der Hagia Sophia (Ausschnitt), um 900 n. Chr.

[1] **Konstantin:** Siehe S. 132.
[2] **Bischof** (griech. Aufseher): Vorsteher einer Gemeinde; er überwacht den richtigen Glauben in seinem Verwaltungsbezirk (Bistum).
[3] **Papst** (lat. *papa*: Vater): Bischof von Rom; Oberhaupt der römisch-katholischen Kirche und Stellvertreter Jesu Christi auf Erden. Er versteht sich als Nachfolger des Apostels Petrus, der den Schlüssel zum Himmelreich hat.
[4] **Liturgie:** öffentliche Form des Gottesdienstes

Das „zweite Rom"

Schon im Jahr 330 hatte Kaiser *Konstantin I.*[1] am Bosporus eine neue Hauptstadt eingeweiht, die seinen Namen trug: *Konstantinopel* (heute Istanbul). Sie lag an der Stelle der alten griechischen Stadt Byzantion. Nach ihr wurde später das Oströmische Reich bezeichnet: *Byzanz*.
Konstantinopel bzw. Byzanz wurden zum „zweiten Rom". Die Stadt war Schnittpunkt wichtiger Handelsstraßen zwischen Europa, Afrika, Indien und China. Sie wurde befestigt, erhielt große Paläste, prächtige Kirchen und eine gewaltige Arena.

Keine Rückkehr zu alter Größe

Im Jahre 527 wurde *Justinian* oströmischer Kaiser. Sein Regierungsprogramm lautete: „Wir glauben, dass Gott uns die Wiedergewinnung aller der Länder gewähren wird, die einst die Römer von einem Ozean bis zum anderen besessen haben." In langen Kriegen in Afrika, in Italien und in Südspanien konnten seine Truppen die römische Herrschaft dort neu errichten. Das Ziel, die Grenzen des gesamten Reiches wiederherzustellen, erreichte Justinian nicht. Und auch seine Eroberungen gingen im Lauf der folgenden Jahrhunderte wieder verloren.

Einheit von Reich und Kirche

Justinian ging es nicht nur um die Wiederherstellung (lat. *renovatio*) der Reichseinheit. Er wollte auch ein Reich schaffen, in dem Herrschaft und Kirche eine Einheit bildeten. Justinian und seine Nachfolger betrachteten sich als Statthalter Christi auf Erden und regierten unumschränkt. Sie glaubten, für die Reinheit der christlichen Lehre, die Orthodoxie (*orthodox*: rechtgläubig), verantwortlich zu sein. Ihren Bischöfen[2] erteilten sie Weisungen wie ihren Beamten.
Die oströmischen Herrscher missbilligten bis Anfang des 9. Jh. alle Versuche, im Westen das Kaisertum neu zu errichten. Ebenso weigerte sich der oberste Geistliche der orthodoxen Kirche, der Patriarch von Byzanz, den römischen Papst[3] als Oberhaupt aller Christen anzuerkennen. Die griechisch-orthodoxe Kirche grenzte sich bald durch Sprache und Liturgie[4] immer mehr von der römisch-katholischen ab. Trotz seiner Randlage beeinflusste Byzanz die Geschichte Europas stark. Hier wurden das antike Wissen und die Kultur der Griechen und Römer gepflegt und weitergegeben. Auf diese Weise war Byzanz seinen westeuropäischen Nachbarn lange Zeit kulturell weit überlegen. In vielen Ländern wurde die byzantinische Kunst nachgeahmt und die Gesetzessammlung Kaiser Justinians prägt bis in die Gegenwart unsere Rechtsprechung. Darüber hinaus wurden von Byzanz aus mehrere slawische Völker Osteuropas zum orthodoxen Christentum bekehrt.

---

❶ Beschreibe die Haltung des Kaisers auf dem Mosaik (M1).
❷ Erläutere die Herrschaftsform der oströmischen Kaiser.

Von Rom nach Byzanz

M 2 Kaiser Justinian mit Gefolge
Mosaik (2,70 x 4,10 m) aus der im Jahre 547 geweihten Kirche San Vitale in Ravenna
Von der Mitte des 6. Jh. bis ins 9. Jh. war Ravenna byzantinischer Vorposten in Italien. Die griechischen Buchstaben XP auf dem Schild stehen für die Abkürzung Chr.: Christus.

M 3 „Aus Gottes Vollmacht regieren wir"
Auszüge aus der 533 fertiggestellten Gesetzessammlung Justinians:

Aus Gottes Vollmacht regieren wir das Reich, das uns von der himmlischen Majestät übertragen wurde, führen wir Kriege mit Erfolg, sichern Frieden und halten den Bau des Staates aufrecht.
⁵ Was ist größer, was geheiligter als die kaiserliche Majestät? Wer ist so hochmütig, das Urteil des Fürsten zu verachten, wenn die Gesetzgeber festgelegt haben, dass kaiserliche Entscheidungen die volle Kraft des Gesetzes besitzen?
¹⁰ Nicht als Nebensache behandeln wir die Schlaflosigkeit, sondern wenn wir die Tage daransetzen und die Nacht zum Tage machen, wenden wir sie dazu an, damit unsere Untertanen frei sind von jeder Sorge, da wir die Sorge für alle auf uns nehmen.
¹⁵

Zitiert nach: Franz G. Maier (Hrsg.), Byzanz, Frankfurt am Main 1973, S. 54 f.

M 4 Zweck der kaiserlichen Mühen
Der byzantinische Geschichtsschreiber Prokopios, ein Zeitgenosse Justinians, schreibt:

Der Kaiser hatte sozusagen kein Schlafbedürfnis und sättigte sich auch nie an Speise und Trank. Nur mit den Fingerspitzen und ganz nebenbei nahm er die Speisen und hatte dann schon genug.
⁵ Vielfach blieb er zwei Tage und zwei Nächte ohne Nahrung. Er schlief gelegentlich eine Stunde, den Rest der Nacht verbrachte er mit dauerndem Umhergehen. Das dauernde Wachen und Mühen nahm er einzig und allein zu dem Zwecke auf
¹⁰ sich, täglich grässlichere Übel für die Untertanen auszuhecken.
Er war, wie gesagt, außerordentlich scharfsinnig im Ersinnen und schnell im Ausführen ruchloser Taten, sodass bei ihm sogar die Vorzüge der
¹⁵ Natur zum Schaden der Untertanen ausschlugen.

Zitiert nach: Walter Arend (Bearb.), Altertum. Geschichte in Quellen, München ³1978, S. 831 (vereinfacht und gekürzt)

Rollenspieltipp:
„Audienz bei Kaiser Justinian", siehe Mediencode 31061-32.

❸ Beschreibe, wodurch Kaiser und Bischof auf dem Mosaik (M2) hervorgehoben werden. Nenne die Gegenstände, die der Kaiser und die – vom Betrachter aus – rechts neben ihm stehenden Personen in ihren Händen halten. Wozu dienten sie?

❹ Diskutiert die Aussagen der Quellen M3 und M4. Was sagen sie über den Kaiser aus?

- 330: Konstantinopel wird Hauptstadt des Oströmischen Reiches
- 391: Christentum wird alleinige Staatsreligion
- 395: Teilung des Römischen Reiches
- 476: Der letzte weströmische Kaiser wird abgesetzt
- 527: Justinian wird Kaiser in Byzanz

Antike | Mittelalter

200 | 300 | 400 | 500 | 600 | 700 | 800 | 900

6 Von der Antike zum Mittelalter

Das Reich der Franken entsteht

Seine Stellung als **König** verdankte Chlodwig seinen alten und neuen Gefolgsleuten – und seiner Abstammung von den Merowingern. Denn die Franken glaubten daran, dass nur ein Blutsverwandter der Herrscherfamilie Kriege gewinnen, Kranke heilen und über ein Volk herrschen könne, da nur er das sogenannte *Königsheil* der Familie besitze.

M 1 König Chlodwig I. wird getauft
Elfenbeinschnitzerei auf einem Buchdeckel, 9. Jh.
Die Taufe wurde damals durch ein dreimaliges Untertauchen des Täuflings in einem großen Taufbecken vollzogen. Erst im 13. Jh. ging die katholische Kirche zur heutigen Form der Taufe über.

Aus Eindringlingen werden Verbündete

Wie auf dem Gebiet des Römischen Reiches aus „Altem" etwas „Neues" entstand, zeigt das Beispiel der *Franken*. Unter der Bezeichnung sind seit Ende des 3. Jh. kleinere germanische Verbände überliefert, die am Niederrhein lebten. Den Namen gaben sie sich selbst. Er bedeutet so viel wie „die Mutigen". Die Franken zogen immer wieder auf römischen Boden, entweder um Beute zu machen oder um ein Auskommen in der Armee oder als Bauern zu finden. Einigen Gruppen gewährten die Römer das Recht, sich im heutigen Belgien und Nordfrankreich niederzulassen. Als Bündnispartner verteidigten Römer und Franken die römische Grenze.

Ein Merowinger setzt sich durch

Im Jahr 481 oder 482 trat *Chlodwig* (= Ludwig) die Nachfolge seines Vaters *Childerich* an. Er stammte aus der fränkischen Adelsfamilie der *Merowinger*. Chlodwig unterwarf die übrigen fränkischen Herrscher und besiegte den letzten römischen Statthalter in Nordgallien. Danach schlug er auch noch die Alamannen (Schwaben) und die Westgoten. Unter Chlodwig begann damit **um 500 die Reichsbildung der Franken**.

Ein christliches Königtum

In dem größer gewordenen Reich lebten Christen und Nichtchristen. Während die einfache Bevölkerung noch an die germanischen Götter glaubte und fränkische Dialekte sprach, bekannten sich die führenden Familien zum Christentum und verstanden auch Latein. Um seine Herrschaft zu festigen und die Einheit des Reiches zu stärken, nahm Chlodwig den katholischen Glauben an. Das war vermutlich im Jahr 498 – und der Anfang des christlichen Königtums im Reich der Franken. Darüber hinaus ließ er das Gesetz der Franken, die *Lex Salica*, aufschreiben.

Herrschaft, Gesetz und Glauben sollten das Zusammengehörigkeitsgefühl der Franken unterschiedlicher Herkunft stärken. Chlodwigs Vorbild war Byzanz. Von dort übernahm er die Reichsidee und schuf im Westen eine Art „Römisches Reich ohne Rom". Der oströmische Kaiser erkannte Chlodwigs Macht zwar an, doch den Kaisertitel beanspruchte er allein für sich.

---

1 *Nenne die Gründe für Chlodwigs Taufe. Berücksichtige dabei auch die Folgen für sein Reich.*

Das Reich der Franken entsteht

M 2 Über die Franken
Ein Rechtsgelehrter aus dem Oströmischen Reich schreibt im 6. Jh.:

Die Franken sind keine Nomaden[1], wie das bei den Barbaren so häufig der Fall ist. Sie machen Gebrauch von römischer Verwaltung und römischem Recht. Mit den Römern gemeinsam haben
5 sie Handelsrecht, Eherecht und die Verehrung Gottes. Sie haben Beamte und Priester. Wie es scheint, sind sie für ein Barbarenvolk recht zivilisiert und kultiviert: Von den Römern unterscheiden sie sich tatsächlich nur durch Sprache und
10 Tracht. Schon früher wurde ihr Reich unter drei oder sogar noch mehr Könige aufgeteilt. Das ist für sie aber keineswegs ein Anlass zum Bürgerkrieg. Was ich am meisten an ihnen bewundere, ist ihre Rechtschaffenheit und Eintracht. Natür-
15 lich drohen die Könige einander und ihre Heere ziehen ins Feld. Wenn sich die Franken dann aber wirklich gegenüberstehen, ziehen sie die Verständigung vor und setzen ihre Könige in diesem Sinn unter Druck: Es ist bei ihnen weder Recht noch
20 Gewohnheit, dass wegen Streitigkeiten unter den Königen der Staat in eine Krise gerät. Eben deswegen besitzen die Franken starke Macht und feste Gesetze.

Zitiert nach: Karl Ferdinand Werner, Die Ursprünge Frankreichs bis zum Jahr 1000. Aus dem Französischen übertragen von Cornelia und Ulf Dirlmeier, Stuttgart 1989, S. 332 f.

[1] **Nomaden**: Siehe S. 34.

M 3 Chlodwigs Eroberungen

M 4 Chlodwig wird Konsul
Der Bischof und Geschichtsschreiber Gregor von Tours (538 - 594) berichtet:

Damals erhielt Chlodwig vom oströmischen Kaiser ein Patent als Konsul[1] und legte in der Kirche des heiligen Martin den Purpurrock und Mantel an und schmückte sein Haupt mit einem Dia-
5 dem[2]. Dann bestieg er ein Pferd und streute unter das anwesende Volk mit eigener Hand Gold und Silber auf dem ganzen Weg von der Pforte der Vorhalle bis zu der Bischofskirche der Stadt mit der größten Freigiebigkeit. Von diesem Tag an
10 wurde er Konsul oder Augustus genannt.

Zitiert nach: Wolfgang Lautemann (Bearb.), Mittelalter. Reich und Kirche, Geschichte in Quellen, München ²1978, S. 30 (übersetzt von R. Buchner, vereinfacht)

[1] **Patent als Konsul**: Er wurde zum Konsul ernannt.
[2] **Diadem**: kostbarer Kopf- oder Stirnschmuck

---

2 Erläutere die Einstellung des oströmischen Gelehrten über die Franken (M2). Was hebt er hervor und warum?

3 Beschreibe die Ausdehnung des Frankenreiches (M3) und die damit verbundenen Probleme.

4 Untersuche M4 darauf, welche römischen Ideen und Begriffe bei Chlodwigs Ehrung eine Rolle spielten. Nenne mögliche Gründe für die dargestellte Großzügigkeit Chlodwigs. (H)

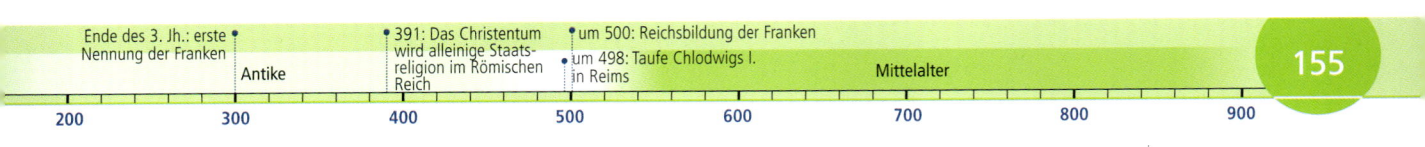

- Ende des 3. Jh.: erste Nennung der Franken
- 391: Das Christentum wird alleinige Staatsreligion im Römischen Reich
- um 500: Reichsbildung der Franken
- um 498: Taufe Chlodwigs I. in Reims

Antike | Mittelalter

Von der Antike zum Mittelalter

Von den Merowingern zu den Karolingern

M 1 Fränkische Panzerreiter
Buchmalerei, 1. Hälfte des 9. Jh.
Ihre Macht verdankten die Karolinger den gepanzerten Reitern. Aus ihnen gingen die späteren Ritter hervor.

[1] **Muslimische Araber** und **Schlacht von Tours und Poitiers**: Siehe S. 164 sowie die Karte auf S. 149.
[2] **Bonifatius**: Siehe S. 160.

Die Macht der Verwalter
Ungefähr drei Jahrhunderte kamen die fränkischen Könige aus der Familie der Merowinger. Allmählich verloren sie ihre Macht an die Familie der *Karolinger*. Sie bekleidete seit dem Ende des 7. Jh. immer wieder das wichtigste und höchste Amt am Königshof, das der *Hausmeier*. Die Karolinger verwalteten somit das Königsgut und führten die Regierungsgeschäfte der Merowinger.
Anfang des 8. Jh. war der Karolinger *Karl Martell* einflussreicher als alle anderen Adligen und der König im Reich. Seine Macht und sein Ansehen festigte er in zahlreichen Feldzügen gegen Konkurrenten im Reich und gegen äußere Feinde. Unter seinem Kommando besiegten die Franken auch mit ihren Verbündeten 732 die nach Norden vorgestoßenen muslimischen Araber in der Schlacht von Tours und Poitiers.[1] Aufgrund seiner militärischen Erfolge hatte er den Beinamen „Martell" erhalten: der Hammer.

Wer soll König sein?
Karl Martell regierte wie ein „ungekrönter König". Um aber an die Spitze des Reiches treten zu können, fehlte ihm das Königsheil: die Blutsverwandtschaft mit den Merowingern. Diesen Mangel glich Karls Sohn *Pippin* Mitte des 8. Jh. mithilfe des Papstes aus.
Durch hohe Geistliche ließ er beim Papst anfragen, wer die Macht haben solle. Da der Papst einen starken Verbündeten suchte, fiel seine Antwort wie erwartet zu Pippins Gunsten aus. Daraufhin wurde der Karolinger von den Großen des Reiches zum König der Franken gewählt, auf den Thron erhoben und möglicherweise von Bischof Bonifatius[2] wie die Könige des Alten Testaments der Bibel mit heilbringendem Öl gesalbt. Den Merowinger Childerich aber verbannte man in ein Kloster.

Pippin und der Papst
754 besuchte der Papst Pippin. Er bat ihn erneut um Schutz vor den Langobarden in Italien. In dem Zusammenhang krönte und salbte er Pippin und ernannte ihn zum Schutzherrn der römischen Kirche. Als Gegenleistung nahm Pippin den Papst in den fränkischen Königsschutz auf, zog erfolgreich gegen die Langobarden und schenkte der Kirche umfangreichen Landbesitz um Rom und Ravenna. Die nicht eindeutige und daher umstrittene „*Pippinische Schenkung*" bildete dann die Grundlage für die spätere Ausbildung des Kirchenstaates (ein Überrest davon ist der heutige Staat Vatikanstadt).

Ein anerkanntes Reich
Das Fränkische Reich hatte durch den Papst an Ansehen gewonnen. Pippins Königshof pflegte aber auch Kontakte zum Kaiserhof in Byzanz und in die muslimische Welt. Kurz vor seinem Tode im Jahr 768 verfügte Pippin, dass die Königswürde an seine beiden Söhne übergehen solle. Die Bischöfe und Vornehmen des Reiches akzeptierten diese Erbfolgeregelung der Karolinger.

---

❶ *Erläutere die Aussage: Pippin ließ sich sein fehlendes „Königsheil" durch ein „göttliches Heil" ersetzen.*

Von den Merowingern zu den Karolingern

M 2 Das Ende der Merowinger

Der Gelehrte Einhard stammt aus der Maingegend und kommt 790 an den Hof Karls des Großen (siehe S. 162). Er wird Vertrauter des Karolingers und verfasst nach dessen Tod (814) eine Lebensbeschreibung über ihn. Über den letzten König aus der Familie der Merowinger schreibt er:

Das Geschlecht der Merowinger, aus dem die Franken ihre Könige zu wählen pflegten, herrschte nach allgemeiner Ansicht bis zur Zeit Childerichs. Obwohl das Geschlecht dem Anschein nach
5 erst mit ihm ausstarb, hatte es schon lange an Bedeutung eingebüßt und besaß nur mehr den leeren Königstitel. Die wirkliche Macht und Autorität im Königreich hatten die Hofmeister des Palastes, die sogenannten Hausmeier, die an der
10 Spitze der Regierung standen. Dem König blieb nichts anderes übrig, als sich mit seinem Titel zu begnügen und mit wallendem Kopfhaar und ungeschnittenem Bart auf dem Thron zu sitzen und den Herrscher zu spielen.[1] Er durfte die Gesand-
15 ten anhören, die von überall her kamen, und sie dann mit Worten entlassen, die seine eigenen zu sein schienen, die man ihm aber in Wirklichkeit vorgeschrieben und oft sogar aufgezwungen hatte. Der König besaß fast nichts, das er sein Eigen
20 hätte nennen können, außer dem wertlosen Königstitel und einem unsicheren Lebensunterhalt, den ihm der Hausmeier gewährte.
Auch gehörte ihm ein Landgut, das aber nur ein geringes Einkommen brachte. Auf diesem Land-
25 gut hatte er sein Wohnhaus mit einer kleinen Anzahl von Dienern, die ihm die nötigsten Dienste leisteten. Wenn er eine weitere Reise machen musste, wurde er von einem Knecht nach Bauernart in einem Wagen gefahren, den ein Ochsen-
30 gespann zog. So fuhr er zum Palast, so auch zu den öffentlichen Volksversammlungen, die zweimal im Jahre zum Wohle des Reiches abgehalten wurden, und so pflegte er wieder nach Hause zurückzukehren. Der Hausmeier aber besorgte
35 die gesamte Staatsverwaltung und alles andere, was an inneren und äußeren Regierungsgeschäften angeordnet und ausgeführt werden musste.

Einhard, Vita Karoli Magni/Das Leben Karls des Großen. Lateinisch und Deutsch, übersetzt von Evelyn S. Firchow, Stuttgart 1968, S. 9–10 (vereinfacht)

M 3 Der Merowinger Childerich wird abgesetzt
Holzstich von 1875

M 4 Wer soll König der Franken sein?

In den Fränkischen Reichsannalen, das sind nach 788 verfasste Jahresrückblicke, steht für die Jahre 749 und 750:

Der Bischof von Würzburg und ein weiterer Geistlicher wurden zum Papst gesandt, um wegen der Könige im Reich der Franken zu fragen, die damals keine Macht als Könige hatten: ob das
5 gut sei oder nicht.
Der Papst ließ Pippin ausrichten, es sei besser, den als König zu bezeichnen, der die Macht habe, als den, der ohne königliche Macht blieb. Um die Ordnung nicht zu stören, ließ er kraft seiner
10 Autorität den Pippin zum König machen.
Pippin wurde nach der Sitte der Franken zum König gewählt und gesalbt und von den Franken in dem französischen Ort Soissons zum König erhoben. Childerich aber, der Scheinkönig, wurde
15 geschoren und ins Kloster geschickt.

Zitiert nach: Reinhold Rau (Bearb.), Quellen zur karolingischen Reichsgeschichte, 1. Teil, Darmstadt 2008, S. 15 (vereinfacht)

[1] Lange Haare und Bart galten als Zeichen von Macht und Lebenskraft.

2 Fasse die Aussagen über die Macht und Regierungsweise der Merowinger zusammen (M2 und M4).

3 Diskutiert, ob die Aussagen objektiv sind (M2). Beachtet, dass zur Zeit Einhards bereits die Karolinger herrschten. Welche seiner Aussagen sind daher zu hinterfragen?

4 Erkläre, warum dem Merowinger Childerich die Haare geschoren wurden. Wer war daran beteiligt (M3 und M4)?

- 751: Absetzung der Merowinger
- 754: Der Papst krönt und salbt Pippin

6 Treffpunkt Geschichte

Wer sind die Bajuwaren?

M 1 Besuch beim „Krieger von Kemathen"
Foto aus dem „Römer und Bajuwaren Museum Burg Kipfenberg" (Ldkr. Eichstätt) vom 1. August 2017
1990 wurde der „Krieger von Kemathen" im Altmühltal gefunden. Er stammt aus einer Grabanlage des frühen 5. Jh. Auf der Grundlage des Skeletts, der Grabbeigaben und ähnlicher Funde wurde eine lebensgroße Figur mit Waffen und Kleidung erstellt (im Hintergrund). Ob man damit einen echten ersten „Bajuwaren" gefunden hat, bleibt weiter im Dunkeln. Die Wissenschaftler warten auf weitere Funde, um Lücken in der Geschichte des Frühmittelalters schließen zu können.

[1] **Herzog**: der gewählte oder durch Los bestimmte Heerführer; der, der „vor dem Heer zog". Mit der Zeit wurde das Amt erblich.
[2] **Pfalz** (lat. *palatium*): besonderes Gebäude für den reisenden Herrscher. Von ihren Pfalzen aus verwalteten die Herrscher ihr Reich, dort sprachen sie Recht und versammelten die Großen ihres Landes, bevor sie in Kriege zogen.
[3] Zur Mission lies S. 160 f.

Ein rätselhaftes Volk

In der zweiten Hälfte des 5. Jh. konnte die römische Armee auch zwischen Donau und Alpen den Zusammenbruch der Herrschaft nicht mehr aufhalten. Im Jahr 488 forderte Rom die Bevölkerung auf, die Provinz Raetia zu räumen und sich nach Italien zu begeben. Wie viele Bürger dieser Aufforderung nachkamen, wissen wir nicht.

Um die Mitte des 6. Jh. erscheint jedenfalls in den Quellen für die Menschen, die im östlichen Voralpenland lebten, der Name „Baibarii", also Bajuwaren oder Bayern. Bis heute ist ungeklärt, woher sie kamen und was ihr Name bedeutet. Die Historiker nehmen an, dass es sich bei den Bajuwaren nicht um einen geschlossenen Stamm von Zuwanderern mit eigener Kultur und Sprache handelt. Vielmehr gehen sie davon aus, dass in der ehemaligen Provinz Raetia verschiedene Gruppen zusammentrafen: römische Bürger, die nach dem Abzug der Armee geblieben waren, und Zugezogene verschiedener Herkunft, deren frühere Heimat wir nicht kennen. Vielleicht waren darunter auch Einwanderer, die sich nach ihrem Herkunftsgebiet „Baiaheima" (Böhmen) nannten.

Das Herzogtum Bayern entsteht

Der erste namentlich bekannte Herrscher Bayerns hieß *Garibald*. Er stammte aus der vornehmen Familie der *Agilolfinger*. Garibald heiratete in die merowingische Königsfamilie ein, die ihm den Titel eines Herzogs[1] (lat. *dux*) verlieh. Er führte sein Amt offenbar zur Zufriedenheit der fränkischen Herrscher aus. Bis Ende des 8. Jh. konnte die Familie der Agilolfinger Bayern selbstständig regieren. Sie hatten ein eigenes Heer und eigene Kontakte zum Papst in Rom. Die waffenfähigen Männer, die Freien, waren ihre Gefolgschaft und erhielten für ihre Dienste von den Herzögen Land.

Man gehört zusammen

Die bayerischen Herzöge festigten ihre Macht und sorgten für stabile Verhältnisse. Für die Rechtsprechung ließen sie zwischen dem 6. und 8. Jh. ein „Gesetzbuch der Bajuwaren" (lat. *Lex Baiuvariorum*) zusammenstellen. Offensichtlich wuchs die Bevölkerung, denn es wurden neue Siedlungen gegründet. In der zweiten Hälfte des 7. Jh. richteten die Herzöge in der Nordostecke des ehemaligen Römerlagers in Regensburg eine Pfalz[2] ein. In der Folgezeit wurde Regensburg der Hauptort Bayerns. Schon Garibald und seine Familie hatten sich zum christlichen Glauben bekannt. Damit möglichst viele ihrer Untergebenen diesen Schritt auch taten, unterstützten sie die Ausbreitung des Christentums durch Missionare und gründeten Klöster.[3]

Die unangefochtene Herrschaft der Agilolfinger und die Ausbreitung eines gemeinsamen Glaubens haben sicherlich viel dazu beigetragen, unter den Bewohnern des Herzogtums das Zusammengehörigkeitsgefühl allmählich zu stärken. Sie verstanden sich seit dem 7. Jh. als „Bajuwaren". Die Selbstständigkeit Bayerns endete 787 mit der Unterwerfung durch die Franken.

---

1 Sammle aus dem Verfassertext Hinweise, die gegen eine Bezeichnung des Kriegers (M1) als „ersten Bajuwaren" sprechen.

2 Prüfe folgende Aussage: „Das Volk der Bajuwaren ist in die ehemalige Provinz Raetia eingewandert."

Wer sind die Bajuwaren?

M 2 Regensburg: Zentrum, Hauptort oder Hauptstadt?

Regensburgs Rolle in der Frühzeit des Herzogtums beschäftigt bis heute die Forschung. Der Historiker Wilhelm Störmer schreibt:

Es bleibt zu fragen nach den vorrangigen herzoglichen Zentren. Aus der Sicht des 8. Jahrhunderts muss an erster Stelle Regensburg genannt werden, das von Bischof Arbeo von Freising[1] als
5 *Metropolis* des Stammes gepriesen wird, „uneinnehmbar, aus Quadersteinen erbaut, stolz aufragend mit mächtigen Türmen, mit Brunnen reich ausgestattet". Auch wenn erst seit etwa 700 Regensburg als Herzogssitz belegbar ist, so darf man
10 doch annehmen, dass es schon im 6. Jahrhundert diese wichtige Funktion hatte. Nach wie vor ist die genaue Lage der agilolfingischen Herzogspfalz in Regensburg unklar, doch es zeichnet sich meines Erachtens nur der Bereich zwischen Alter
15 Kapelle im Süden und Dom im Norden ab.

Der Landeshistoriker Alois Schmid merkt an:

Die Suche nach einer bayerischen Hauptstadt führt im Altertum wie auch im Frühen Mittelalter an der historischen Wirklichkeit vorbei. Sowohl die antike Provinz Raetia als auch das Herzogtum
20 der Agilolfinger verfügen über mehrere Hauptorte, denen jeweils unterschiedliche Aufgaben zufielen.

Erstes Zitat: Wilhelm Störmer, Die Bajuwaren. Von der Völkerwanderung bis Tassilo III., München 2002, S. 95 (vereinfacht)
Zweites Zitat: Alois Schmid, Probleme der Frühgeschichte Regensburgs aus historischer Sicht, in: Hubert Fehr und Irmtraut Heitmeier (Hrsg.), Die Anfänge Bayerns: von Raetien und Noricum zur frühmittelalterlichen Baiovaria, St. Ottilien ²2014, S. 661 (vereinfacht)

[1] Arbeo von Freising (um 723-784): ab 764 Bischof von Freising

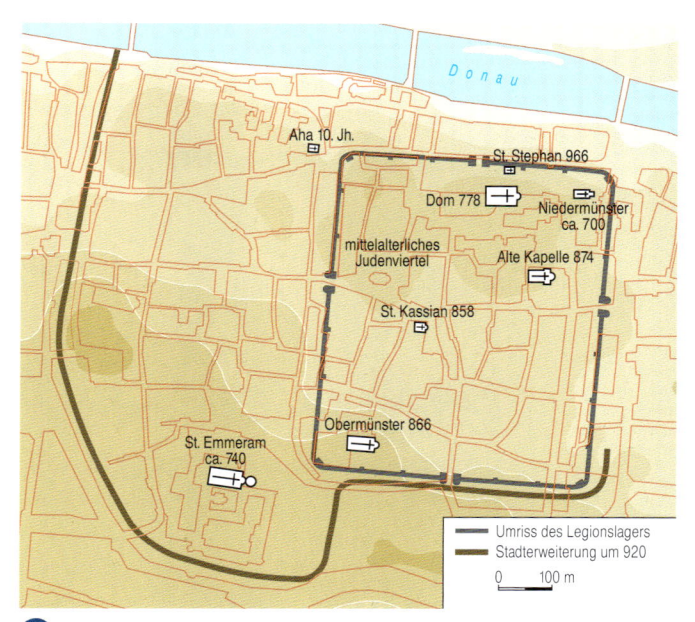

M 3 Römisches und bayerisches Regensburg

M 4 Regensburg
Luftbild von 1983
Eingetragen ist der Verlauf des römischen Legionslagers (siehe M3).

3 „Zentrum", „Hauptort" oder „Hauptstadt": Erarbeitet Gemeinsamkeiten und Unterschiede der Begriffe (M2). Recherchiere, welcher Begriff am besten zu der von Arbeo gewählten Bezeichnung „Metropolis" passt.

4 Verortet mithilfe der Luftaufnahme (M4) die Angaben der Forschung (M3) zu Regensburg. Welcher Umstand begünstigt die Rekonstruktion des frühmittelalterlichen Stadtbildes?

5 Im heutigen Bayern gibt es einige Städte, die auf römische Siedlungen oder Militärlager zurückgehen (siehe die Karte auf S. 141). Wählt einen Ort aus und stellt seine Geschichte vom 2. bis zum 9. Jh. dar.
- Stellt fest, welche Überreste aus dieser Zeit wo zu finden sind.
- Gestaltet aus euren Forschungsergebnissen eine Präsentation. Lest dazu die Tipps auf S. 193.

- 212: Die nicht-römischen Einwohner der Provinzen erhalten das römische Bürgerrecht — Antike
- 395: Teilung des Römischen Reiches
- 476: Der letzte weströmische Kaiser wird abgesetzt
- 488: Ende der römischen Provinz Raetia — Mittelalter
- 787: Die Franken unterwerfen die Bayern

6 Von der Antike zum Mittelalter

Mission und Macht

M 1 Aus dem Leben des Heiligen Bonifatius
Buchmalerei (22,4 x 16,5 cm), um 1000

[1] **Mönche**: Männer, die ein ausschließlich religiöses Leben in Armut, Ehelosigkeit und Gehorsam gegenüber Gott und ihren Vorgesetzten führen. Das frühe Mönchtum war teilweise missionarisch tätig. Neben Mönchen gab es auch Nonnen, die aber im frühen Mittelalter nicht direkt missionierten.

M 2 Wo Bonifatius wirkte

Neues Land – neue Christen

„Gehet hin und verkündet allen Völkern das Wort Gottes" – mit diesem Auftrag aus dem Neuen Testament zogen im 7. und 8. Jh. Mönche[1] aus Irland und England als Missionare in das Reich der Franken. Denn die meisten Menschen jenseits der früheren Grenzen des Römischen Reiches verehrten noch immer heidnische Götter. Die Mönche missionierten im Auftrag des Papstes und mit dem Einverständnis und der Unterstützung der weltlichen Herrscher. Sie tauften die Bewohner der von den Franken eroberten Gebiete, gründeten Klöster und richteten Verwaltungsbezirke (Bistümer) ein. Damit festigten sie zum einen die Kirchenorganisation und halfen zum anderen den fränkischen Königen, ihre Herrschaft in dem wachsenden Reich durchzusetzen.

Bonifatius – Missionar und Organisator

Unter den zahlreichen Missionaren war auch der aus Sussex (England) stammende Mönch *Winfrid*. Er kam 716 erstmals ins Reich der Franken. Da war er etwa 45 Jahre alt. Drei Jahre später begann Winfrid, dessen Name „Freude und Friede" bedeutet, zu missionieren. Damals erhielt er wohl auch vom Papst, der ihn zum Missionsbischof weihte, den Namen *Bonifatius* (dt. Wohltäter).
Bonifatius bekehrte viele Menschen zum Christentum, gründete zahlreiche Klöster und richtete die Bistümer Büraburg (bei Fritzlar), Würzburg und Erfurt ein. 754 zog der etwa 80-jährige Bonifatius in den Norden des Fränkischen Reiches nach Friesland. Dort sollen ihn Räuber am 7. Juni erschlagen haben. Sein Leichnam wurde einen Monat später in Fulda bestattet. Fränkische Truppen rächten den Mord.

---

① *Beschreibe und erläutere die Szenen der Abbildung (M1).*
② *Seit dem 12. Jh. wird Bonifatius „Apostel der Deutschen" genannt. Kläre den Begriff „Apostel" und begründe den Beinamen.*

Mission und Macht

M3 Missionsauftrag
Am 15. Mai 719 erteilt Papst Gregor II. Bonifatius diesen Auftrag:

Es erfordert deinen Eifer und die uns vorliegende, aufrichtige und erprobte Kenntnis deines Glaubens, dass wir dich zum Mitdiener an der Verbreitung des Wortes Gottes erheben, um den gottlosen Völkern den Glauben zu bringen.

Wir befehlen, dass du zu allen Völkern, die im Irrtum des Unglaubens befangen sind, dich schleunigst aufmachst und den Namen Christi überzeugend verbreitest.

Zitiert nach: Wolfgang Lautemann und Manfred Schlenke (Bearb.), Geschichte in Quellen, Bd. 2: Mittelalter, München ²1978, S. 42 f. (gekürzt und vereinfacht)

M4 Empfehlung des Papstes
Im Dezember 722 schreibt Papst Gregor II. an Karl Martell (siehe S. 156):

Da wir erfahren haben, dass du bei vielen Gelegenheiten frommen Sinn bewiesen hast, so teilen wir mit, dass wir diesen unseren Bruder Bonifatius entsandt haben, um den Völkern von germanischem Stamme und in verschiedenen Gegenden östlich des Rheins zu predigen, die in heidnische Irrlehren verfallen sind oder bisher noch in der Finsternis der Unkenntnis stecken. Zu diesem Zwecke empfehlen wir ihn deinem höchst gnädigen Wohlwollen, auf dass du ihn immer unterstützen mögest, wenn es nötig ist, und ihn gegen alle Feinde schützest, denen du im Herrn ja überlegen bist. Und was du auch immer in heiligem Eifer hierfür aufwendest, das wirst du mit Gottes Hilfe zurück erhalten. Denn Gott hat seine heiligen Apostel zur Erleuchtung der Völker bestimmt, und er hat gesagt, dass ihn selber aufnehme, wer jene beherberge.

Zitiert nach: Wolfgang Lautemann und Manfred Schlenke (Bearb.), Geschichte in Quellen, Bd. 2: Mittelalter, a. a. O., S. 44 (gekürzt und vereinfacht)

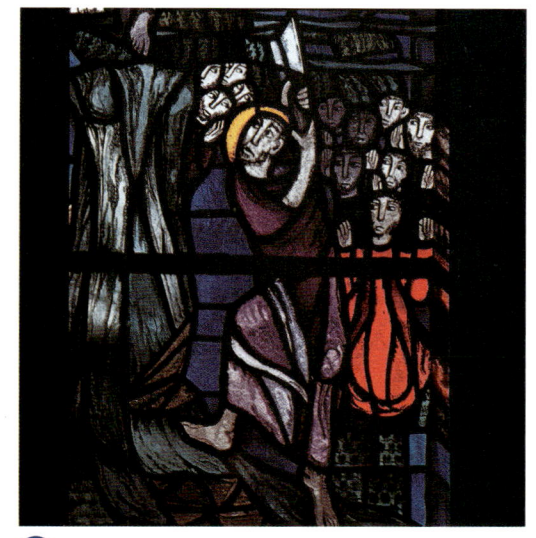

M5 Bonifatius fällt die Donar-Eiche
Glasfenster der St.-Bonifatius-Kirche zu Hünfeld bei Fulda, um 1970

M6 Über Bonifatius
In einer Lebensbeschreibung aus dem späten 8. Jh. heißt es:

Bonifatius unternahm es, im Beisein der Gottesknechte, bei Geismar eine Eiche von seltener Größe, die mit ihrem alten heidnischen Namen die Donar-Eiche[1] hieß, zu fällen. Als er nun entschlossen einige Axthiebe gegen den Baum geführt hatte – es stand aber eine große Heidenmenge dabei, die den Feind ihrer Götter heftig verfluchte –, da zerbarst die Eiche in vier Teile, und vier gewaltig große, gleich lange Stücke waren zu sehen, ohne dass die dabeistehenden Brüder mitgeholfen hatten.

Bei diesem Anblick priesen die Heiden, die zuvor geflucht hatten, den Herrn, ließen von ihrem früheren bösen Willen ab und glaubten.

Zitiert nach: Johannes Bühler, Das Frankenreich. Nach zeitgenössischen Quellen, Leipzig 1923, S. 416 f. (gekürzt und vereinfacht)

[1] **Donar**: einer der wichtigsten altgermanischen Götter; ihm war die Eiche geweiht.

---

3. Nenne die Gründe für den Missionsauftrag (M3).
4. Erkläre, weshalb Bonifatius unter den besonderen Schutz Karl Martells gestellt wurde (M4).
5. Beschreibe, woran die Menschen glaubten, bevor sie Christen wurden (M6).
6. Erkläre, was Bonifatius den Menschen mit dem Fällen der Donar-Eiche zeigen wollte (M6). Was hatten die Zuschauer wohl erwartet und warum ließen sie sich dann taufen?

6 Von der Antike zum Mittelalter

Karl der Große – ein neuer römischer Kaiser?

M 1 Karl der Große Vorder- und Rückseite einer Silbermünze (Ø 2 cm), 813/814
Die Umschrift auf der Vorderseite lautet KAROLVS IM[perator] AVG[ustus]. Die Bedeutung des Buchstabens F unter der Büste ist unklar. Die Rückseite zeigt eine viersäulige Kirche mit Kreuz in der Mitte und auf dem Giebel, umgeben von der Umschrift XPICTIAN RELIGIO (= lat. die christliche Religion).

Weihnachtstag 800 fand die **Kaiserkrönung** in der Peterskirche in Rom statt. Der römische Stadtadel bestätigte die Entscheidung des Papstes. Damit war das weströmische Kaisertum erneuert und das mittelalterliche Kaisertum begründet worden. Übrigens: Byzanz erkannte Karl erst zwei Jahre später als „zweiten" Kaiser an. Karls Stellung sollte aber nur für den Westen gelten, das sogenannte *Abendland* (lat. *occidens*: die Länder im Westen).

Eroberer und Missionar
Pippins Nachfolger wurde 768 sein 20-jähriger Sohn Karl. Er setzte sich über die Erbansprüche seines Bruders hinweg und errichtete eine Alleinherrschaft in einem ungeteilten Reich. Mit seinem Heer führte er Kriege in Italien und in Spanien. 774 machte er sich zum König der Franken und der Langobarden. Vier Jahre später rückten seine Panzerreiter über die Pyrenäen nach Spanien ein, wo die Araber herrschten. 787 beendete er die Selbstständigkeit Bayerns.

Über dreißig Jahre kämpften fränkische Heere gegen die Sachsen, um sie zu unterwerfen und zum christlichen Glauben zu bekehren. Wo Karl auf Widerstand stieß, ließ er Zwangstaufen anordnen oder die Bevölkerung umsiedeln. 804 war das Gebiet der Sachsen endgültig in das Frankenreich eingegliedert.

Karl wird Kaiser
Das Herrschaftsgebiet der Franken war durch die Eroberungen der Karolinger zum größten Reich des heutigen Europa geworden. Was Karl fehlte, war ein Kaisertitel, wie ihn die Herrscher in Byzanz trugen.

Als Papst Leo III. 799 in Rom von Mitgliedern des Adels überfallen wurde, flüchtete er nach Paderborn. Dort traf er Karl, der ihm Königsschutz versprach. Das fränkische Heer zog daraufhin unter Karls Führung nach Rom. Es sorgte für die Sicherheit des Papstes sowie für Recht und Ordnung. Danach erhob der Papst Karl zum **Kaiser**, zur höchsten weltlichen Macht auf der Erde. Am

Die antike Kultur lebt wieder auf
Karl holte an seinen Hof viele Gelehrte: Iren, Angelsachsen, Langobarden, Westgoten und Franken. Diese Männer waren meist Geistliche. Um sich untereinander verständigen zu können, sprachen sie Latein. Sie berieten Karl bei der Gesetzgebung und der Verwaltung. Mit ihrer Hilfe setzte er eine umfangreiche Bildungsreform in Gang. Neue Schulen, Klöster und Kirchen wurden gegründet und gebaut. Alte Handschriften wurden abgeschrieben. Überall orientierte man sich an griechischen und römischen Vorbildern. Diese Wiederbelebung der Antike wurde später Karolingische Renaissance (dt. *Wiedergeburt*) genannt.

814 starb Karl in Aachen. Er hatte 46 Jahr lang geherrscht, ein Großreich errichtet und den kulturellen Wandel geprägt. Dafür nannte man ihn ab etwa 1000 regelmäßig **Karl den Großen**. Ende des 12. Jh. erfolgte seine Heiligsprechung – gegen den Willen das Papstes.

M 2 Reiterfigur eines Herrschers
Das Reiterstandbild ist 24 cm hoch und wahrscheinlich um 870 in Metz gemacht worden. Es stellt möglicherweise Karl den Großen dar.

Kartentipps:
Zum Frankenreich bis zum Tod Karls siehe S. 149, M3, S. 168, M4 und Mediencode 31061-33.

① *Vergleiche die Münze (M1) mit der Vorderseite der Augustus-Münze von S. 124. Warum ließ Karl sich so darstellen?*

② *Recherchiere im Internet zur „Bildungsreform" Karls des Großen. Suche Beispiele und stelle sie vor. Beachte die Methode „Schritt für Schritt: Im Internet surfen" (siehe S. 165).*

Kaiser   800: Kaiserkrönung Karls des Großen

Karl der Große – ein neuer römischer Kaiser?

M 3 Einhards Sicht der Kaiserkrönung
Einhard (siehe Seite 157, M2) schreibt zum Ablauf der Kaiserkrönung:

Karls letzte Reise nach Rom hatte mehrere Gründe. Die Römer hatten Papst Leo schwer misshandelt, ihm die Augen ausgestochen und die Zunge ausgerissen, sodass er sich gezwungen sah, den
5 König um Schutz zu bitten. Daher begab sich Karl nach Rom, um die verworrenen Zustände der Kirche zu ordnen. Das dauerte den ganzen Winter. Bei dieser Gelegenheit erhielt er den Kaiser- und Augustus-Titel, der ihm anfangs so zuwider war,
10 dass er erklärte, er würde die Kirche selbst an jenem hohen Feiertag nicht freiwillig betreten haben, wenn er die Absicht des Papstes geahnt hätte. Die Eifersucht der oströmischen Kaiser, die ihm die Annahme der Titel schwer verübelten, ertrug
15 er dann allerdings mit erstaunlicher Gelassenheit.

Einhard, Vita Karoli Magni/Das Leben Karls des Großen. Lateinisch und Deutsch, übersetzt von Evelyn S. Firchow, Stuttgart 1968, S. 59 (vereinfacht)

M 4 Byzantinischer Bericht
Der oströmische Geschichtsschreiber Theophanes (um 760 - 817) berichtet:

Im selben Jahr erhoben sich in Rom die Verwandten des seligen Papstes Hadrian, die das Volk auf ihre Seite gebracht hatten, gegen Papst Leo, und nachdem sie ihn gefangengenommen
5 hatten, ließen sie ihn blenden. Sie vermochten aber nicht sein Augenlicht zum Erlöschen zu bringen, da die Leute, die ihn blenden sollten, menschlich mit ihm verfuhren und ihn schonten. Er floh zum Frankenkönig Karl, der grausame
10 Rache an den Feinden des Papstes nahm und ihn wieder auf seinem Thron einsetzte. Seit jener Zeit steht Rom unter der Macht der Franken. Als Belohnung dafür krönte der Papst ihn am 25. Dezember zum römischen Kaiser in
15 der Kirche des heiligen Apostels Petrus, nachdem er ihn vom Kopf bis zu den Füßen gesalbt und ihm das kaiserliche Gewand angelegt und die Krone aufgesetzt hatte.

Zitiert nach: Wolfgang Lautemann (Bearb.), Mittelalter. Geschichte in Quellen, Bd. 2, München 1975, S. 71

M 5 Thron Karls des Großen
Foto von 2000

Der um 800 errichtete Thron befindet sich im Aachener Dom (siehe S. 149, M6). Seine Marmorplatten stammen möglicherweise von den heiligen Stätten Jerusalems, die beiden Säulen rechts aus antiken römischen Gebäuden.

Lesetipp:
Maria Regina Kaiser, Karl der Große und der Feldzug der Weisheit, Würzburg 2009.

Filmtipp:
Karl der Große und die Sachsen. ZDF-Reihe „Die Deutschen" II, 2009.

Internettipp:
Weitere Informationen über Karl den Großen siehe Mediencode **31061-34**.

M 6 Die römisch-fränkische Kaiseridee
In Quellen aus der Umgebung Karls des Großen und des Papstes heißt es:

Der König Karl übertrifft alle Könige auf der ganzen Welt an Würde und Weihe, er ist gerechter und mächtiger als alle. König Karl, das Haupt der Welt, die Liebe und Zierde des Volkes, die bewun-
5 dernswerte Spitze Europas, der beste Vater, der Held, der Augustus. Er ist auch mächtig in der Stadt, die als zweites Rom zu neuer Blüte gewaltig emporwächst, mit hochgebauten Kuppeln die Sterne berührend.[1]

Zitiert nach: Wolfgang Lautemann (Bearb.), Mittelalter. Geschichte in Quellen, München 1970, S. 68 (übersetzt von Wolfgang Lautemann; vereinfacht)

[1] Dies ist eine Anspielung auf Aachen, das hier als „zweites Rom" bezeichnet wird, und auf die Bauten, die Karl in seiner Lieblingsstadt plante und zum Teil auch ausführte.

---

③ *Vergleiche Einhards Bericht (M3) mit dem des oströmischen Geschichtsschreibers (M4). Arbeite Gemeinsamkeiten und Unterschiede heraus.*

④ *Arbeite aus M6 die römisch-fränkische Kaiseridee heraus. Wie wird sie wohl der byzantinische Hof beurteilt haben?*

Anderer Glaube, neue Macht: der Islam

M 1 Geburt Mohammeds
Persische Buchmalerei, 15. Jh.
Der Künstler hat die Gesichter Mohammeds und seines Großvaters bewusst ausgelassen, denn die Darstellung heiliger Personen wurde und wird von vielen Muslimen abgelehnt.

[1] **Prophet**: Verkünder göttlicher Wahrheiten
[2] **Moschee**: „Ort, an dem man sich niederwirft"; Gebets- und Versammlungsort der Muslime
[3] **Dschihad**: Das arabische Wort bedeutet „Anstrengung" oder „Mühe". Zwei Arten des Dschihad kennt der Islam: Der kleine Dschihad bezeichnet einen Kampf, den man zur Verteidigung gegen Angreifer führen muss. Der große und für Muslime wichtigere Dschihad ist die Auseinandersetzung jedes Gläubigen mit sich selbst, um ein besserer Mensch zu werden und den Geboten des Koran zu folgen.
[4] Siehe dazu die Karte auf S. 149.

Mohammed: Prophet und Herrscher

Der **Islam** entstand Anfang des 7. Jh. auf der arabischen Halbinsel. Er wurde von *Mohammed* begründet. Dieser lebte zunächst in der großen Handelsstadt Mekka. Dort wohnten Christen und Juden sowie Menschen, die an viele Götter glaubten. Als Mohammed etwa vierzig Jahre alt war, hatte er eine Eingebung (*Offenbarung*): Ein Engel befahl ihm, Allahs Willen zu verkünden.
Als Prophet[1] lehrte er die Menschen, nur noch an Allah zu glauben. Die Gottesvorstellungen der Juden und Christen hielt er für unvollständig – Allah sei der einzige Gott. Mohammed wurde zum Gründer des Islam, der Lehre von der völligen Hingabe an Allahs Willen. Nach Mohammeds Tod wurden seine überlieferten Offenbarungen im heiligen Buch des Islam, dem *Koran*, gesammelt.
In Mekka stieß Mohammed zunächst auf Ablehnung. Er und seine Anhänger wurden verspottet und verfolgt. Mohammed zog daher mit seinen Anhängern 622 nach Medina. Mit dieser Auswanderung (arab. *Hedschra*) beginnt die islamische Zeitrechnung. In Medina ließ Mohammed die erste Moschee[2] errichten. In dieser Stadt war er nicht nur Prophet, sondern auch weltlicher Herrscher. Religion und Staat waren eng miteinander verbunden. Das kennzeichnet den Islam noch heute.

Sunniten und Schiiten

Schon bald nach Mohammeds Tod (632) gab es Kriege um seine rechtmäßige Nachfolge. Die *Schiiten* (von arab. *Schia*: Partei) erkannten nur die Nachkommen des 661 ermordeten *Ali* als Nachfolger des Propheten (*Kalifen*) an. Er war ein Vetter und Schwiegersohn Mohammeds. Die *Sunniten* machten neben dem Koran die *Sunna*, eine im 8. Jh. aufgezeichnete Sammlung von Sprüchen und Lehrsätzen Mohammeds, zum Maßstab ihres Handelns. Sie bilden heute die Mehrheit der Muslime.

Die arabische Expansion

Als Mohammed starb, stand Arabien unter seiner Herrschaft und bekannte sich zum Islam. Seine Nachfolger forderten von ihren Untertanen den Dschihad[3], einen „Einsatz für den Glauben". Aber nicht die Mission war ausschlaggebend für die Eroberungen, sondern die Aussicht auf Beute und der Wunsch, den Machtbereich zu erweitern.
Im Juli 710 begann die Eroberung der iberischen Halbinsel (Spanien), die später von den Arabern als al-Andalus bezeichnet wurde. Bald darauf stand fast die gesamte Halbinsel unter muslimischer Herrschaft. Ihre Ausdehnung ins Reich der Franken endete 732 nach der Niederlage in der *Schlacht bei Tours und Poitiers*. Damit war das Imperium Romanum in drei große Teile zerfallen: in islamische Gebiete, das Reich der Franken und in das Byzantinische Reich. Historiker sprechen daher heute von einer „Dreiteilung der Mittelmeerwelt".[4]

Muslime, Christen und Juden

Die muslimischen Eroberer waren gegenüber Juden und Christen in der Regel tolerant. Sie mussten zwar die neue Herrschaft anerkennen und besondere Abgaben zahlen, durften aber ihren Glauben behalten. Muslime, Christen und Juden arbeiteten zusammen – zum Vorteil von Handel, Handwerk, Dichtung und Wissenschaft. Das änderte sich grundlegend erst im 11. Jh., als die christlichen Herrscher begannen, die muslimischen Gebiete zurückzuerobern und die Juden zu vertreiben.

Anderer Glaube, neue Macht: der Islam

M 2 Elefant mit Sänfte und Treiber im Genick
Schachfigur (5,5 cm hoch) aus dem Iran, 8./9. Jh.
Entstanden ist das Schachspiel wohl in Indien. Von da gelangte es nach Persien (Iran), das im 7. Jh. von den Arabern erobert wurde. Über die Araber kam das Spiel dann im 10. Jh. nach Europa. Seinen persischen Namen Schach (*shah*: König) hat es bis heute beibehalten.

M 3 Eine neue Weltordnung
Der britische Historiker Peter Frankopan fasst den Siegeszug des Islam so zusammen:
Die islamischen Eroberungen schufen eine neue Weltordnung, einen Wirtschaftsriesen, der auf Selbstvertrauen, Toleranz und einem leidenschaftlichen Drang nach Fortschritt gründete.
⁵ Dieses enorm wohlhabende Reich, das zudem kaum ernst zu nehmende politische oder selbst religiöse Rivalen hatte, war ein Ort, wo Kaufleute ein Vermögen anhäufen konnten, wo kluge und kreative Leute geehrt wurden und verschiedene
¹⁰ Ansichten diskutiert und erörtert werden konnten.
Dies blieb nicht unbemerkt. Ehrgeizige Männer, geboren im Einzugsbereich der Muslime oder auch weit davon entfernt, wurden angezogen wie
¹⁵ die Bienen vom Nektar. Die Aussichten in den Sumpfländern Italiens, in Mitteleuropa und Skandinavien waren nicht allzu gut für junge Männer, die sich einen Namen machen (und Geld verdienen) wollten.

Peter Frankopan, Licht aus dem Osten. Eine neue Weltgeschichte. Aus dem Englischen von Michael Bayer und Norbert Juraschitz, Berlin 2016, S. 154 f. (vereinfacht)

Schritt für Schritt:
Im Internet surfen

Das Internet ist ein weltweites Netz (*www: World Wide Web*), das Millionen von Computern verbindet. Es enthält Daten aller Art: Texte, Grafiken, Bilder, Filme oder Tonaufnahmen. Da grundsätzlich jeder Nutzer Informationen ins Netz stellen kann, fällt es schwer, zwischen zuverlässigen und unzuverlässigen Informationen zu unterscheiden. Außerdem: Die allermeisten Informationen sind gar nicht für junge Leser geschrieben worden. Sie sind deshalb oft kompliziert und umfangreich.
Suchmaschinen helfen, Informationen zu finden. Dazu tippt man Stichwörter des gesuchten Themas in das Suchfeld ein. Je genauer die Angaben sind, desto nützlicher und übersichtlicher sind die Treffer. Folgende Fragen solltest du beim Surfen im Internet beachten:
1. Enthält die aufgerufene Seite tatsächlich die gesuchten Informationen oder wird eher geschäftliches Interesse verfolgt? (Dies trifft häufig auf die ersten Treffer zu!)
2. Ist nachgewiesen, woher die Informationen stammen? Gibt es einen Autor oder Quellenangaben?
3. Kann ich mich an die Verfasser wenden, wenn ich Fragen habe (E-Mail-Adresse)?
4. Ist die Website aktuell (letztes Update)?

Fremde Informationen, die du für deine Arbeit nutzt, sind nachzuweisen, damit sie überprüft werden können. Das gilt für eine Website ebenso wie für Bücher. Nenne auch immer das Zugriffsdatum, da sich die Angaben im Netz ständig ändern können. Siehe z. B. den Textnachweis auf S. 172, M4.

---

① Nenne die von Frankopan hervorgehobenen Folgen des Siegeszuges des Islam (M3).

② Erläutert die Ursachen und Folgen des Zerfalls der Mittelmeerwelt (Verfassertext und M3).

③ Recherchiere die erste Sure des Koran. Vergleiche sie mit dem Anfang des christlichen Glaubensbekenntnisses.

④ Der Koran schreibt jedem Muslim fünf Pflichten vor. Sucht die Gebote sowie die Erläuterungen dazu im Internet. Stellt sie der Klasse auf einem Plakat vor. Beachte dabei die Methode „Schritt für Schritt: Im Internet surfen".

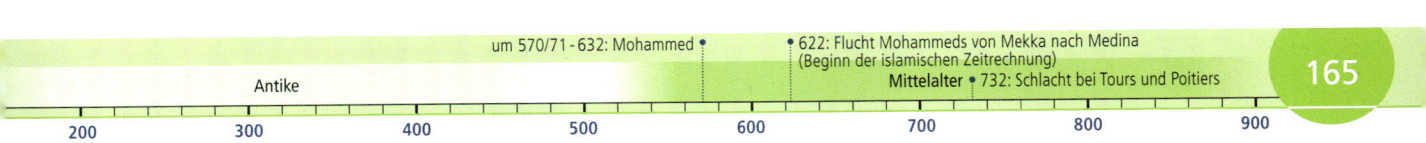

Das weiß ich! – Gelerntes vertiefen

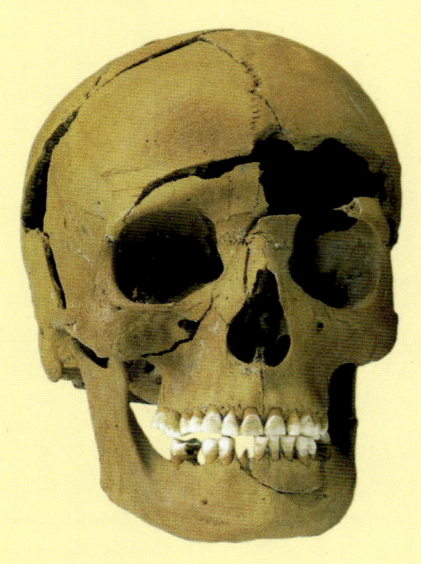

M 1 Schädel einer im 3. Jh. erschlagenen Frau
Der zertrümmerte Schädel wurde mit einem weiteren Schädel in einem Brunnen eines römischen Gutshofes bei Regensburg gefunden. Eine Untersuchung ergab, dass die Frau durch Schwerthiebe getötet und anschließend skalpiert worden war.

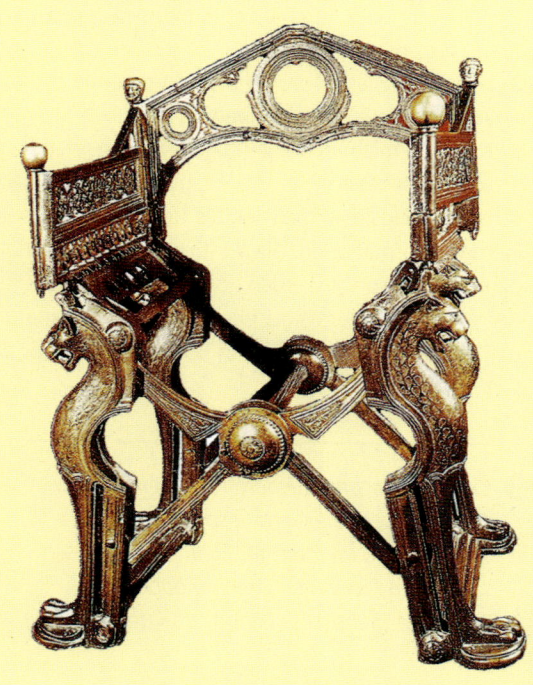

Auf einen Blick: Von der Antike zum Mittelalter

Für das Ende der Antike und den Beginn des **Mittelalters** lässt sich weder ein genauer Zeitpunkt noch ein einzelner Grund nennen. Begann das Ende des Imperiums mit dem Einfall der Hunnen in
5 das Reich (375), mit der Teilung in ein Oströmisches und ein Weströmisches Reich (395)? Waren innere Machtkämpfe der Heerführer verantwortlich für den Zerfall des Imperiums oder die vielen Kriege zur Verteidigung der Grenzen des großen
10 Reiches? Welche Bedeutung kam der sogenannten „Völkerwanderung" zu – also der Migration von Angehörigen unterschiedlicher germanischer Völker? Sie waren von den Römern angeworben worden, vor Feinden in das Römische Reich geflohen
15 oder hatten sich dort wegen der besseren Lebensverhältnisse dauerhaft niedergelassen. Einige Männer germanischer Herkunft waren aufgestiegen, hatten Anhänger um sich gesammelt und innerhalb des Imperium Romanum neue Reiche gründet.
20 det. Als 476 der germanische Heerführer *Odoaker* den weströmischen Kaiser absetzte, bedeutete das das politische Ende des Weströmischen Reiches. Daran konnte auch der oströmische Kaiser in Konstantinopel nichts mehr ändern, obwohl er ver-
25 suchte, die Einheit des Imperium Romanum wiederherzustellen.

Im Westen des Römischen Reiches hatten im 5. Jh. die Truppen des fränkischen Heerführers *Chlodwig* aus dem Geschlecht der Merowinger die römische
30 Herrschaft beendet. Chlodwig fand die Unterstützung des Papstes, wurde christlicher **König** und ließ sich taufen. Unter ihm begann **um 500 die Reichsbildung der Franken**.

In dem von römischen, germanischen und christ-
35 lichen Einflüssen geprägten Reich der Franken ging im 8. Jh. die Königswürde von den Merowingern auf die Karolinger über. Seine größte Ausdehnung und Macht erreichte das Reich der Franken unter **Karl dem Großen**. Der Karolinger hatte den Papst
40 gegen Feinde unterstützt und dafür dessen Anerkennung gefunden. Weihnachten **800** wurde er vom Papst zum (weströmischen) **Kaiser** gekrönt.

Neben dem byzantinischen (östlichen) und dem abendländischen (westlichen) Kaisertum gab es
45 auf der arabischen Halbinsel eine weitere Macht: den von Mohammed gegründeten **Islam**. Mohammeds Nachfolger dehnten ihre Herrschaft von Asien über Nordafrika bis Spanien aus. Die Folge dieser Entwicklungen war die sogenannte „Dreitei-
50 lung der Mittelmeerwelt".

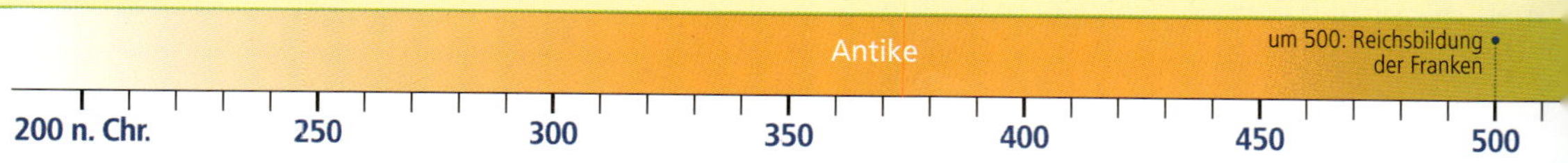

M 2 Der sogenannte Dagobert-Thron
Faltthron aus Bronze, zwischen 800 und 850
Dieser „Klappstuhl" entstand im Großraum Köln – Aachen – Lüttich und konnte auf Reisen mitgenommen werden. Er wurde in der Abtei Saint Denis (Frankreich) gefunden und nicht ganz korrekt nach dem Merowingerkönig Dagobert I. (um 608 - 639) benannt. Schon römische Konsuln saßen auf solchen Klappstühlen. Der Dagobert-Thron gilt als eines der wichtigsten mittelalterlichen Kunstwerke Frankreichs.

Antike | um 500: Reichsbildung der Franken
200 n. Chr. — 250 — 300 — 350 — 400 — 450 — 500

Das weiß ich! – Gelerntes vertiefen

M 3 Welche Gründe gibt es, seine Heimat zu verlassen?

Lange bevor immer mehr Menschen aus dem Norden und Osten in das Römische Reich einwandern, verfasst der römische Schriftsteller und Philosoph Seneca im 1. Jh. n. Chr. eine Trostschrift an eine Mutter zum Thema; er schreibt:

Leicht entschlossen zogen die Menschen durch unwegsames, unbekanntes Gelände. Ihre Kinder und Frauen und ihre vom Alter gebeug-
5 ten Eltern nahmen sie mit. Manche wählten sich, nachdem sie lange umhergeirrt waren, nicht nach reiflicher Überlegung einen Platz, sondern erschöpft besetzten sie den
10 nächstliegenden; andere verschafften sich auf fremder Erde mit Waffengewalt ihr Recht. Einige Stämme verschlang auf dem Marsch ins Ungewisse das Meer, und es gab welche, die ließen sich, weil sie überhaupt
15 nichts mehr hatten, dort nieder, wo sie gerade waren. Auch hatten nicht alle denselben Grund, ihre alte Heimat zu verlassen und eine neue zu suchen. Die einen, die den Waffen der Feinde entkommen und des eigenen Landes beraubt waren,
20 trieb die Zerstörung ihrer Wohnstätten in fremde Länder; andere verdrängte der innenpolitische Streit; dritte zwang das übermäßige Bevölkerungswachstum weg, damit die vorhandenen Ressourcen[1] entlastet wurden; wieder andere ver-
25 jagte die Pest oder häufige Erdbeben oder irgendwelche unerträglichen Missstände des armseligen Bodens; manche lockte die Kunde von einem fruchtbaren und hoch gepriesenen Landstrich fort. Den einen führte dieser, den anderen jener
30 Grund aus seiner Heimat. Eines jedenfalls ist offenkundig: Ein Verbleiben am Ort der Geburt gab es nicht. Dauernder Wechsel gehört eben zum Menschengeschlecht. Täglich verändert sich etwas auf dem großen Erdenrund: Fundamente
35 neuer Städte werden gelegt, neue Völkernamen kommen auf, nachdem die alten ausgelöscht oder in einem größeren Volk aufgegangen sind.

Zitiert nach: Klaus Rosen, Die Völkerwanderung, München ⁴2009, S. 23

[1] **Ressourcen**: Nahrungsmittel, Rohstoffe, Geld oder sonstige Sachen

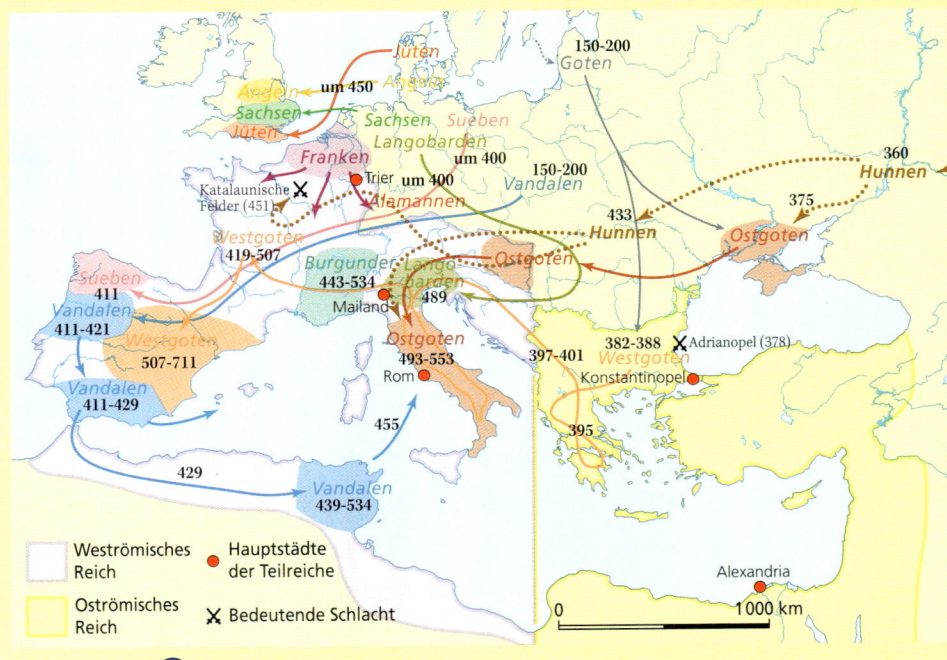

M 4 „Völkerwanderung" und „germanische" Reichsgründungen, 4. bis 6. Jh.

---

❶ *Die Zusammenfassung (S. 166) enthält Daten, Begriffe und Namen, die den Wandel von der Antike zum Mittelalter beschreiben. Erkläre sie. Welche Sicht auf die Epoche steht hier im Vordergrund? Wie könnte eine andere Sichtweise aussehen? Nenne Beispiele und erläutere sie.*

❷ *Der Texte von Seneca (M3) macht auf Ursachen und Folgen von Wanderungsbewegungen aufmerksam. Untersuche, ob sie auch den Übergang von der Antike zum Mittelalter prägten. Hat Seneca Folgen der Migration übersehen? Gibt es Unterschiede zu heute?*

❸ *Diskutiert, ob die Karte M4 die Wanderungsbewegungen der Völkerwanderungszeit treffend wiedergeben kann. Beachtet dazu die Informationen auf S. 150.* **Ⓗ**

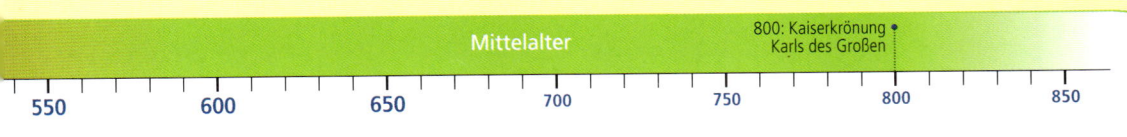

Das kann ich! – Gelerntes anwenden

M 1 Leo III. und Karl der Große
Nachbildung eines Mosaiks, das Papst Leo III. nach seinem Besuch bei Karl dem Großen 797/798 im Empfangssaal des Papstpalastes in Rom anbringen ließ
Der heilige Petrus übergibt dem Papst Leo ein Stoffband mit Kreuzen (Pallium = Zeichen der geistlichen Macht) und König Karl eine Lanze (Zeichen der weltlichen Macht).

M 3 Über die Dreiteilung der Mittelmeerwelt
Der Historiker Heinrich August Winkler schreibt 2009 im ersten Band seiner „Geschichte des Westens":
Der Übergang von der Antike zum Mittelalter war in der Tat ein langer Prozess, der sich über drei Jahrhunderte hinzog. Der Islam hat wohl eher mittelbar als unmittelbar zum Zusammenbruch
5 beigetragen, und das Kaisertum Karls des Großen hat selbstverständlich auch noch andere Gründe als das Erscheinen Mohammeds. Dennoch spricht alles dafür, dass der endgültige Bruch zwischen dem byzantinischen Osten und dem rö-
10 misch geprägten Westen nicht ohne die Expansion des Islam und der historische Pakt[1] zwischen Papsttum und Frankenreich nicht ohne diesen Bruch zu erklären ist.
Heinrich August Winkler, Geschichte des Westens. Von den Anfängen in der Antike bis zum 20. Jahrhundert, München 2009, S. 42 (vereinfacht)

[1] **Pakt**: Bündnis, Übereinkunft

M 2 Wozu ein König?
Der aus England stammende Gelehrte Alkuin (735 - 804) kommt an den fränkischen Königshof und berät Karl den Großen. Er beschreibt das Königtum so:
Der König ist eingesetzt zu keinem anderen Zweck als dem, das Volk zu leiten und zu fördern. Dem von Gott erwählten König wird Macht und Weisheit zuteil. Macht, damit er die Übermütigen
5 im Zaume halte, Weisheit, damit er in frommem Eifer die Untertanen regiere und unterrichte.
Zitiert nach: Wolfgang Lautemann (Bearb.), Mittelalter. Geschichte in Quellen, München 1970, S. 66 (übersetzt von Theodor Mayer; vereinfacht)

M 4 Das fränkische Herrschaftsgebiet um 814

Antike

200 n. Chr.   250   300   350   400   450   500

Das kann ich! – Gelerntes anwenden

M 5 An Karl den Großen erinnern

Anlässlich der Eröffnung des Ausstellung „Karl der Große. Macht – Kunst – Schätze" in Aachen sagt Bundespräsident Joachim Gauck am 19. Juni 2014:

Karl war ein Mann der Tat und des entschiedenen politischen Wirkens. Er war Heerführer und Kriegsherr, Richter und Herrscher, Reformer und Anreger. Die Einigung des Weströmischen Rei-
5 ches war ein gewaltiges Werk, das ihn auch in den folgenden Jahrhunderten zum bewunderten und verehrten Herrscher machte, vielleicht dem bedeutendsten des Mittelalters. Dass er Vater Europas genannt wurde, ist auch aus heutiger Sicht
10 noch legitim[1].
Zum ersten Mal seit der Antike trug jemand den Titel des Römischen Kaisers. Karl hatte ihn sich durch seine Taten verdient, denen die Vision eines römischen Reiches, wenigstens seiner west-
15 lichen Hälfte, zugrunde gelegen haben dürfte. In einem immer noch erstaunlichen politischen und militärischen Kraftakt schuf er die Einigung jener europäischen Länder und Regionen, die auch Jahrhunderte später noch an der Wiege der Euro-
20 päischen Union standen. Karl wusste auch, dass politische Einheit und militärische Stärke allein den Bestand eines solchen Reiches nicht würden sichern können. Deshalb galten seine Kraft und seine Energie auch der Kultur und der Bildung,
25 wie auch dem Recht – wir nennen diese Trias[2] Zivilisation[3].

Zitiert nach: www.bundespraesident.de/SharedDocs/Downloads/DE/Reden/2014/06/140619-Rede-Karl.pdf (Zugriff: 14. 07. 2017)

---

[1] **legitim**: berechtigt
[2] **Trias**: Dreiheit
[3] **Zivilisation** (von lat. *civis*: römischer Volksangehöriger): politischer, wirtschaftlicher und kultureller Entwicklungsstand der Gesellschaft

M 6 Ausstellung: „Karl der Große. Macht – Kunst – Schätze" in Aachen
Foto vom 19. Juni 2014
Bundespräsident Joachim Gauck direkt vor der Vitrine mit dem Dagobert-Thron (siehe S. 166, M2).

---

① *Beschreibe, wie der Papst das Verhältnis zu Karl dem Großen auf dem Mosaik darstellen ließ (M1).*

② *Alkuin beschreibt das Königtum (M2). Erkläre, worin es sich vom Kaisertum unterscheidet.*

③ *Heinrich August Winkler (M3) erläutert die Dreiteilung der Mittelmeerwelt. Wie begründet er sie? Diskutiert, ob auch eine andere Sichtweise denkbar ist. Lest dazu nochmals S. 165, M3.*

④ *Untersuche, welche heutigen Staaten auf dem Gebiet des Frankenreiches liegen (M4). Siehe dazu die Karte im Buch hinten.*

⑤ *Untersuche den Redeauszug (M5). Welche Leistungen Karls des Großen hebt der Bundespräsident hervor? Gibt es dafür Gründe, die noch für unser politisches Leben von Bedeutung sind?*

⑥ *Finde den Grund für die Ausstellung (M6) heraus.*

Kompetenztest:
Einen Test, mit dem du überprüfen kannst, was du kannst und was du noch üben solltest, findest du unter **31061-35**.

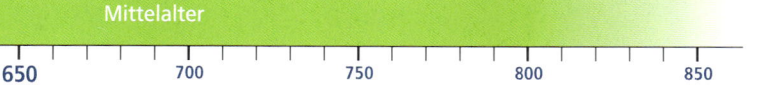

7 Leben in der Familie – damals und heute

Bis heute sind Familien der Kern der Gesellschaft, daran hat sich seit der Frühzeit der Menschen nichts geändert. Was sich aber sehr wohl verändert hat, ist, was eine Familie genau ausmacht. So waren beispielsweise die Aufgaben sowie die rechtliche Stellung der einzelnen Familienmitglieder in der Antike ganz anders als heute.

❶ *Beschreibe die dargestellten Personen auf dem Foto. Wie sind die Kinder, wie die Erwachsenen gekleidet?*

M 1 Familientag im Römerkastell
Foto aus dem Saalburgmuseum in Bad Homburg vor der Höhe, 2011
Im Saalburgmuseum, einem wieder aufgebauten Militärlager (Kastell) aus der Römerzeit, könnt ihr euch an den Familientagen als Römerinnen und Römer einkleiden lassen. Auch über die Schönheitspflege römischer Frauen, den Unterricht und die Spiele der antiken Römer gibt es dann viel zu erfahren.

7 Orientierung in Raum und Zeit

Gesellschaftsordnung im Kleinen – Leben in der Familie

Deine Familie prägt dich: In ihr wächst du auf, in ihr wirst du erzogen und auf das Leben vorbereitet.

Eltern kümmern sich um ihre Kinder. Meistens sind es leibliche Mütter und Väter, manchmal auch nur einer von ihnen. Häufig leben auch Partner zusammen, die schon Kinder aus einer früheren Beziehung haben.

Aber wer gehörte in der **Antike** zur Familie? Wie lebten Väter, Mütter und Kinder in der athenischen Gesellschaft[1] oder in der römischen Zeit zusammen? In welchem Alter wurde zum Beispiel geheiratet? Wie sahen die Hochzeitsfeiern aus? Was wurde von Vätern und Müttern erwartet? Wann und warum kam es zu Trennungen? Welchen Einfluss hatten Herrschaft, Gesellschaft und Religion auf das Familienleben? Diese Fragen des Zusammenlebens sind bis heute aktuell.

Auch wenn wir über die antike Familie viel weniger Informationen haben als über unser heutiges Zusammenleben, können wir mithilfe von Text- und Bildquellen interessante Vergleiche ziehen. Am Ende des Kapitels kannst du Zusammenhänge und Unterschiede zwischen den familiären Lebenswelten in der Antike und heute herstellen und folgende Fragen beantworten:

- Welche Rollen spielten Frauen und Männer in der athenischen Gesellschaft?
- Wer gehörte zur Familie in römischer Zeit und welche Aufgaben hatte sie?
- Wie sehr haben sich die antiken Vorstellungen von der Familie im Vergleich zu unserer Lebenswelt verändert?

[1] Gesellschaft: Siehe S. 150.

M 2 Mutter und Kind in der Antike
Innenbild einer attischen Schale, um 450 v. Chr.

M 3 Vater mit Kindern – der Mann von heute
Foto vom November 2015

In der Bundesrepublik Deutschland heirateten 2014 Frauen im Durchschnitt mit 31 und Männer mit 38 Jahren.
Angabe nach: www.destatis.de (Zugriff: 20.5.2017)

74 Prozent der Deutschen glauben, dass Familie glücklich macht. Etwa 30 Prozent verbinden mit ihr Streit.
Nach: fluter – Magazin der Bundeszentrale für politische Bildung, Ausgabe 49, Thema Familie, Bonn 2013/14, S. 6-7

M 4 Statistische Informationen

Blütezeit Athens | Übergang Roms von der Republik zur Kaiserzeit
500 v. Chr. — Chr. Geb. — 500

Orientierung in Raum und Zeit

M 5 „Vater und Mutter" in anderen Sprachen

Griechisch	Ο πατέρας και η μητέρα
	(O patéras kai i mitéra)
Latein	pater et mater
Italienisch	padre e madre
Englisch	father and mother
Französisch	père et mère
Türkisch	baba ve anne

M 6 „Familie" in anderen Sprachen

Griechisch	οικογένεια
	(oikogéneia)
Latein	familia
Italienisch	famiglia
Englisch	family
Französisch	famille
Türkisch	aile

M 8 Imperium Romanum (größte Ausdehnung 117 n. Chr.)

M 7 Griechenland im 5. Jh. v. Chr.

M 9 Bundesrepublik Deutschland nach 1990

② Was geht den abgebildeten Personen auf den Bildern M2 und M3 wohl durch den Kopf? Entwerft dazu Denk- bzw. Sprechblasen.

③ Erstellt in Partnerarbeit eine Mindmap zum Thema „Familie". Verwendet dazu M2, M3 und M4.

④ Vergleicht die Bezeichnungen für „Vater", „Mutter" und „Familie" in den verschiedenen Sprachen (M5 und M6). Worauf lassen sich die Ähnlichkeiten zurückführen? Ergänzt die Sammlung in eurer Klasse mit den entsprechenden Wörtern aus anderen Sprachen, die ihr kennt.

1949: Gründung der Bundesrepublik Deutschland und der Deutschen Demokratischen Republik

1000 — 1500 — 2000

1990: Wiedervereinigung der beiden deutschen Staaten

7 Leben in der Familie – damals und heute

Familie im antiken Athen

Hausgemeinschaft gleich Familie?
Die alten Griechen hatten kein Wort für das, was wir heute Familie nennen. Für sie waren Vater, Mutter und Kinder Teile einer Hausgemeinschaft (griech. *oikos*). Zum Oikos gehörten auch alle mit ihnen lebenden Verwandten sowie die Bediensteten und die Sklaven. Darüber hinaus zählte der gesamte Besitz dazu: das Land und die Gebäude, das Vieh, die Arbeitsgeräte und die Waffen.
Die Hausgemeinschaften einer **Polis** waren nicht nur soziale und wirtschaftliche, sondern auch religiöse Gemeinschaften: Gemeinsam verehrten alle zum Oikos zählenden Personen die Götter.

M 1 Eine Hausgemeinschaft am Altar
Marmorrelief aus der Umgebung von Korinth, um 200 v. Chr. Rechts sitzt ein Gott auf dem Thron, vor ihm steht seine Gemahlin. Beide halten in ihrer rechten Hand einen langen Stab: ihr Herrschaftszeichen (Zepter). In der Mitte stehen Männer, Frauen und Kinder um einen Altar.

M 2 Die Hausgemeinschaft – ein Zusammenschluss
Der Athener Philosoph Aristoteles beschreibt im 4. Jh. v. Chr. den Zusammenhang von Haus, Dorf und Polis wie folgt:
Zuerst müssen sich diejenigen als Paar zusammenschließen, da sie nicht ohne einander leben können und damit sie Kinder bekommen. Aus diesen beiden Verbindungen entsteht der Oikos. Jede
5 Hausgemeinschaft wird von dem Ältesten nach Art eines Königs geleitet. Die erste Gemeinschaft, die aus mehreren Hausgemeinschaften besteht, ist ein Dorf. Eine Polis ist schließlich die aus mehreren Dörfern gebildete vollendete Gemeinschaft,
10 bei der vollständige Unabhängigkeit besteht.

Aristoteles, Politik 1252 b, übersetzt von Eckart Schütrumpf, Hamburg 2012 (gekürzt und stark vereinfacht)

1. Nenne die Unterschiede zwischen der Hausgemeinschaft (Oikos) der alten Griechen und deiner Familie.
2. Zeichne ein Schaubild, das den Zusammenhang zwischen Familie, Haus, Dorf und Polis erklärt (M2).
3. Historiker leiten ihre Erkenntnisse von Quellen ab. Überprüfe den Verfassertext, indem du ihn mit M1 und M2 vergleichst. Du kannst dabei in diesen Schritten vorgehen:

a) Beschreibe das Steinrelief (M1). Welche Personen kannst du erkennen? Welche Szene ist dargestellt?
b) Suche in M2 weitere Hinweise darauf, wer zum Oikos gehörte.
c) Vergleiche deine Ergebnisse mit dem Verfassertext.

4. Diskutiert mögliche Gründe, warum die Griechen ein Wort für die Hausgemeinschaft hatten, aber keines für die Familie. (H)

Familie im antiken Athen

Eine Hausgemeinschaft entsteht

Die Hochzeit war schon im alten Athen ein bedeutendes Ereignis im Leben eines Paares. Die Braut war etwa 15 Jahre alt, während ihr Bräutigam in der Regel doppelt so alt war. Damals zählte nicht die Liebe des Paares. Entscheidend für die Eheschließung war, was die Eltern des Brautpaares vereinbarten.

Bis zur Hochzeit lebte das Mädchen im Haus ihrer Eltern. Dort musste sie ihrem Vater gehorchen. Mit der Eheschließung zog sie in das Haus ihres Ehemannes. Er bestimmte fortan über sie. Oft übernahm der Sohn dann auch vom Vater die Herrschaft über den Oikos.

Zweck der Ehe war der Erhalt der Hausgemeinschaft. Der war erfüllt, wenn aus ihr mindestens ein Sohn hervorging. Er hatte die Eltern im Alter zu versorgen und den Oikos weiterzuführen.

M 3 Eine Hochzeitsfeier

Über den Ablauf einer Hochzeitsfeier im antiken Griechenland schreibt eine Historikerin:

Vor der Heirat opfert die Braut verschiedenen Göttinnen ihr Spielzeug, eine Haarsträhne und ihren Gürtel als Zeichen ihrer Unschuld und ihrer Kindheit. Am Morgen des Festtages wird sie in einen bestickten Mantel gehüllt. Sie trägt einen roten Schleier – Rot ist die Farbe der Fruchtbarkeit. Nach einem Opfer für die Hausgötter finden sich die beiden Familien zu einem Festmahl zusammen. Bei Einbruch der Nacht verlässt die frisch vermählte Braut endgültig das Haus ihres Vaters. Noch immer hinter ihrem Schleier verborgen, nimmt sie mit ihrem Gemahl auf einem Wagen Platz. Im Schein von Fackeln, umgeben von jungen Leuten ziehen die Jungvermählten in das Haus des Bräutigams, gefolgt von den Dienstmädchen mit der Mitgift[1]. An der Tür ihres neuen Zuhauses wird die junge Ehefrau von ihren Schwiegereltern empfangen. Durch eine Zeremonie vor dem Herdfeuer wird sie in ihrer neuen Familie aufgenommen.

Sophie Royer u. a., Leben im alten Griechenland. Aus dem Französischen von Isa Odenhardt-Donvez, Stuttgart 2005, S. 15

M 4 Griechischer Hochzeitszug
Kolorierter Holzstich von Heinrich Leutemann nach einer Vasenmalerei aus dem 5. Jh. v. Chr., um 1865

M 5 Ein Athener berichtet

Der griechische Politiker, Feldherr und Schriftsteller Xenophon (431–354 v. Chr.) hat ein Werk über die „Hauswirtschaftslehre" (griech.: Oikonomikos) verfasst. Er lässt den Athener Ischomachos, der Chrysilla geheiratet hat, Folgendes erklären:

Es war also so, mein lieber Sokrates. Da sie fügsam und leicht zu lenken war, sodass man sie unterweisen konnte, fragte ich sie etwa so: „Sag mir, mein liebes Weib, hast du schon darüber nachgedacht, weswegen ich dich nahm und warum dich die Eltern mir gaben? Denn dass jeder von uns beiden auch einen anderen hätte finden können, ist, wie ich genau weiß, auch dir klar. Als ich nun über mich nachdachte, so wie auch deine Eltern über dich, mit wem man am besten ein gemeinsames Hauswesen und Kinder haben könnte, da wählte ich dich aus, und deine Eltern nahmen von den infrage kommenden Partnern mich.

Xenophon, Die Hauswirtschaftslehre, in: Ders., Die Sokratischen Schriften. Übertragen und hrsg. von Ernst Bux, Stuttgart 1956, S. 259 (gekürzt und vereinfacht)

---

5 Beschreibe die Abbildung M4. Berücksichtige dabei die Informationen in M3.

6 Nenne die wichtigsten Etappen der Hochzeitsfeier (M3). Was erfährst du über die Gründe der Eheschließung?

7 Stell dir vor, Chrysilla hat das Gespräch ihres Mannes gehört (M5) und schreibt anschließend ihrer Freundin. Verfasse diesen Brief. (H)

[1] **Mitgift**: Geld und Güter, die eine Braut mit in die Ehe bringt

7 Leben in der Familie – damals und heute

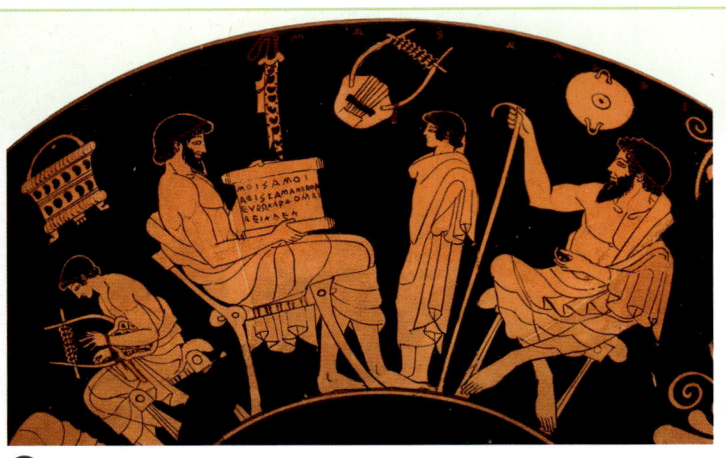

M 6 Schulunterricht
Griechische Vasenmalerei (Höhe 11,5 cm), um 480 v. Chr.
Vor dem Schüler sitzt ein Lehrer mit einer Schriftrolle. Der Mann mit dem Krückstock ist wohl ein Sklave, der auf den Schüler aufpasst. Über dem Jungen befindet sich ein Saiteninstrument, eine Kithara.

Athen – eine Männerwelt?

In einer Polis wie Athen bestimmten die Männer das Zusammenleben – im Frieden wie auch im Krieg. In der Hausgemeinschaft hatte zwar oft die Frau das Sagen, aber gegenüber Fremden besaß immer der Mann das letzte Wort. Er traf andere Bauern, Handwerker und Händler auf dem Marktplatz, auf den Volksversammlungen und im Theater. Die Männer blieben in der Öffentlichkeit unter sich – wie im Krieg. Reiche Bürger luden Freunde zu Gastmählern (Symposien) nach Hause ein. Dabei traf man sich ohne Ehefrauen.

Der Familienvater bestimmte auch die Ausbildung der Kinder. Da sie nicht kostenlos war, lernten die meisten Athener weder Lesen noch Schreiben. Reiche Eltern stellten Erzieher (Pädagogen) ein. Sie unterrichteten vor allem ihre Jungen, aber manchmal auch ihre Mädchen.

Hierzu suche ich Antworten

Platon (ca. 428–348 v. Chr.): Philosoph
Protagoras (490–411 v. Chr.): Philosoph, der auch in Athen lehrte

Was ist mit den Mädchen?

Welche großen Dichter sind gemeint? (siehe S. 62 und 78) → Lesen → Verse der großen Dichter → Begründung

Was ist eine Kithara? (siehe M6) → Musik → Begründung
Was sind Lyriker?
Was ist mit „Rhythmus und Harmonie in den Seelen" gemeint?
Gab es weitere Fächer?

M 7 Wie und was wurde im alten Athen gelernt?
Von Platon ist ein Werk mit dem Titel „Protagoras" überliefert. Es ist zwischen 390 und 360 v. Chr. entstanden und berichtet Folgendes über die Erziehung:
Die Lehrer bemühen sich um die gute Erziehung der Jungen, und wenn sie lesen gelernt haben und so weit sind, dass sie das Geschriebene verstehen, so legen sie ihnen die Verse der großen Dichter zum Lesen vor und lassen sie daraus auswendig lernen. Darin finden sie manche guten Lehren und viele Schilderungen, Lobeserhebungen und Verherrlichungen trefflicher Männer der Vorzeit, damit sie der Junge eifrig nachahmt und danach strebt, ebenso gut zu werden. Und ähnlich bemühen sich auch die Musiklehrer darum, dass die jungen Leute anständig sind und nichts Schlechtes tun. Haben sie das Kitharaspiel erlernt, so führen sie sie in die Werke anderer großer Dichter, der Lyriker, ein und unterlegen deren Texte den Gesangsweisen zur Kithara. Sie bemühen sich mit allem Nachdruck, dass Rhythmus und Harmonie in den Seelen der Kinder heimisch werden, damit diese sanftmütiger sind und, innerlich von Rhythmus und Harmonie erfüllt, zum Reden und Handeln taugen. Denn das ganze Leben des Menschen bedarf des schönen Maßes und der Harmonie.

Platon, Protagoras 325e–326c, übersetzt von Rudolf Rufener, Düsseldorf 2005 (gekürzt und vereinfacht)

---

8 Beschreibe das Vasenbild (M6). Lies dazu M7.
9 Werte die Textquelle (M7) aus. Erste Schritte wurden bereits vorgenommen. Weitere Tipps: Siehe „Schritt für Schritt: Textquellen verstehen …", S. 76.
10 Erläutere die Argumentation in der Textquelle (M7).
11 Beurteile die Quelle M7. Welche Fragen beantwortet sie, welche bleiben offen?

Blütezeit Athens

Familie im antiken Athen

Frauen ohne Rechte?

Ob als Tochter oder Ehefrau: Während ihres ganzen Lebens unterstand eine Athenerin der Herrschaft eines Mannes. Sie sollte keinen Beruf ausüben und durfte kein eigenes Vermögen besitzen. Es galt der Satz: „Eine ehrbare Frau bleibt im Haus, die Straße gehört den Frauen, die nichts wert sind." Zu den Aufgaben der Ehefrauen gehörten die Vorratshaltung, die Sorge für Kinder und Kranke, die Aufsicht über das Gesinde und die Sklaven sowie die Herstellung von Textilien.

Da sie nicht mit in den Krieg ziehen mussten, durften Frauen weder an den Volksversammlungen noch an den Volksgerichten teilnehmen. Sogar der Besuch des Theaters war ihnen untersagt. Das galt auch für die **Blütezeit Athens im 5. Jh. v. Chr.** Nur zu religiösen Feiern, Hochzeiten oder Beerdigungen von Verwandten sollten sie ihr Heim verlassen. Natürlich gab es Ausnahmen: Priesterinnen sorgten für den Segen der Götter, um das Wohlergehen der Polis sicherzustellen. Außerdem mussten Frauen aus einfachen Verhältnissen außerhalb des Hauses arbeiten. Sie trugen als Händlerin, Hebamme oder Wäscherin zum Lebensunterhalt ihrer Familien bei.

M 8 Frauen verarbeiten Wolle
Nachzeichnung einer griechischen Vasenmalerei, um 550 v. Chr.

M 9 Über die Aufgaben einer Frau
In Xenophons Werk (siehe S. 175, M5) findet sich folgender Dialog:

„Aber auch das, mein lieber Ischomachos", fiel ich ihm ins Wort, „möchte ich gerne von dir erfahren, ob du selbst deine Frau erzogen hast, sodass sie ist, wie sie sein muss, oder ob sie schon in allem
5 unterrichtet war, als du sie von ihrem Vater und ihrer Mutter bekamst."

„Wie hätte sie schon alles verstehen können?", meinte Ischomachos. „Sie war doch noch nicht fünfzehn Jahre alt, als ich sie heiratete. Die Zeit
10 vorher hatte man fürsorglich auf sie aufgepasst, dass sie möglichst wenig sah, hörte und fragte. Ich war schon damit zufrieden, dass sie bei ihrem Kommen bereits verstand, mit Wolle umzugehen und ein Gewand anzufertigen, und dass sie auch
15 schon bei der Spinnarbeit der Dienerinnen zugesehen hatte. Außerdem war sie in der Magenfrage ganz vorzüglich erzogen, mein lieber Sokrates, was mir bei Mann und Frau die wichtigste Erziehungsfrage zu sein scheint."

Xenophon, Die Hauswirtschaftslehre, in: Ders., Die Sokratischen Schriften. Übertragen und hrsg. von Ernst Bux, Stuttgart 1956, S. 258 f.

M 10 Was eine gute Frau ausmacht
In einem um die Mitte des 4. Jh. v. Chr. verfassten griechischen Werk heißt es:

Ein gutes Weib soll im Innern des Hauses walten und nach den Gesetzen über alles dort Vollmacht haben. Sie soll niemandem den Zutritt gestatten, wenn es der Mann nicht weiß, und sich beson-
5 ders in Acht nehmen vor dem Weibergeklatsch, das die Seele verdirbt.

Als Herrin über die Ausgaben und Aufwendungen für Festlichkeiten, soweit der Mann damit einverstanden ist, soll sie in Anschaffungen, Kleidung
10 und Ausstattung immer bedenken: Nicht modern geschnittene Kleider oder teurer Goldschmuck machen den Wert einer Frau aus, sondern ihre Mäßigung und ihr Streben nach einem ehrenwerten, geregelten Leben.

Nach: Rolf Rilinger (Hrsg.), Leben im antiken Griechenland. Ein Lesebuch. München 1990, S. 205 f. (übersetzt von Paul Gohlke, vereinfacht und gekürzt)

---

12 Nenne die wichtigsten Aufgaben einer Ehefrau. Berücksichtige die Abbildung M8 sowie die Textquellen (M9 und M10).

13 Nimm Stellung zu den Erwartungen an eine „gute" Frau.

7 Leben in der Familie – damals und heute

Eine Männergesellschaft?
Eine Gesellschaft[1], in der wie in Athen die Männer bestimmen und Frauen nur wenige Rechte besitzen, wird Patriarchat (aus griech. *archos*: Herrschaft, und lat. *pater*: Vater) genannt. Bemerkenswert ist, dass in der attischen Demokratie die Macht der Männer über die Frauen größer wurde. Philosophen und Historiker diskutieren seit der Antike darüber, wie diese „Väterherrschaft" zu erklären ist und was sie für die Frauen bedeutete.

[1] Gesellschaft: Siehe S. 150.

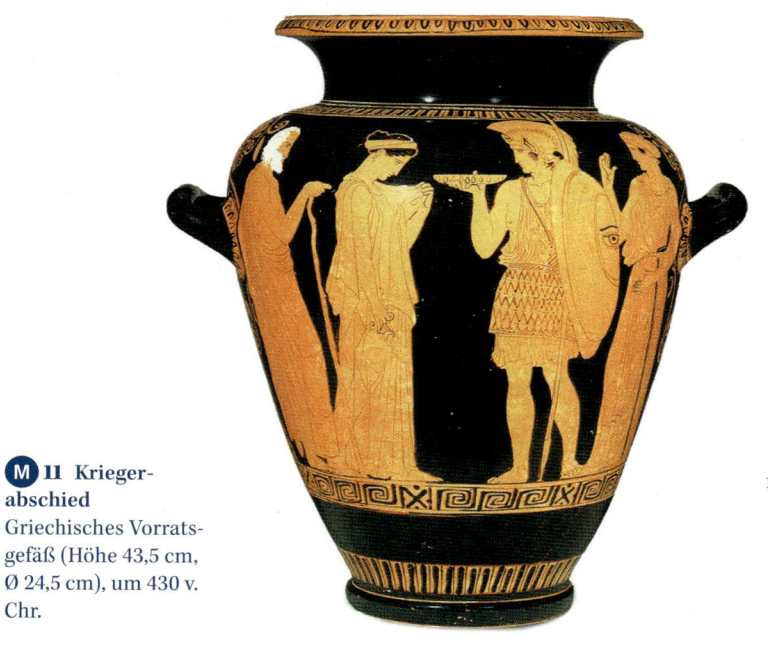

M 11 Kriegerabschied
Griechisches Vorratsgefäß (Höhe 43,5 cm, Ø 24,5 cm), um 430 v. Chr.

M 12 Von Natur aus zur Führung bestimmt?
Aristoteles (siehe S. 174, M2) prägt das europäische Denken bis in die Gegenwart. Er schreibt über die Rolle des Mannes:
Es steht dem Manne zu, über die Frau und die Kinder zu herrschen. Über die Frau nach der Art eines Staatsmannes, über die Kinder aber nach der eines Königs. Denn das Männliche ist von Natur zur Führung mehr geeignet als das Weibliche, und das Ältere und Reife ist das mehr als das Jüngere und Unreife.

Nach: Aristoteles, Politik 1259a, übersetzt von Franz Schwarz, Stuttgart 1989 (gerafft und vereinfacht)

M 13 Frauen tragen Verantwortung
Der Historiker Walter K. Lacey schreibt um 1968:
Nur ein Mann konnte Herr einer Familie sein. Dies soll aber nicht besagen, dass Frauen nicht in der Lage gewesen wären, sich um den Besitz eines Mannes zu kümmern, wenn er für den Militärdienst abwesend war oder wenn er zu Handelszwecken oder in Staatsdiensten verreist war. Sie konnten dies offensichtlich; als Beispiel können wir Penelope bei Homer zitieren, die verhindern konnte, dass Odysseus' Haus in seiner Abwesenheit von einem anderen übernommen wurde. Für diese Zeiträume hatten Frauen Aufsicht über den Besitz bis zur Rückkehr des tatsächlichen Herrn.

Walter K. Lacey, Die Familie im antiken Griechenland. Übersetzt von Ute Winter, Mainz 1968, S. 18 (gekürzt und vereinfacht)

---

14 Die Malerei zeigt (von links nach rechts) einen alten Mann, eine junge Frau, einen Mann mit Rüstung und eine weitere Frau (M11). Beschreibe die Szene und die Stimmung. Recherchiere Ereignisse der Entstehungszeit.

15 „Frauen wurde in Athen zwar respektiert, alle wichtigen Aufgaben in der Polis waren aber Männersache." Ist die Rolle der Frau damit treffend beschrieben? Führt in eurer Klasse ein Streitgespräch durch. Ihr könntet dabei in folgenden Schritten vorgehen:

a) Arbeitet aus den Materialien M12 und M13 heraus, wie hier die Rolle der Frau in Athen beurteilt wird.
b) Vergleicht eure Ergebnisse mit dem, was ihr über die Rolle der Frau in diesem Kapitel gelernt habt.
c) Entscheidet, ob ihr der Aussage eher zustimmt oder sie ablehnt. Begründet eure Positionen.

Familie in römischer Zeit

Wer gehört zur römischen „familia"?

In unserer Sprache bezeichnen wir mit dem Begriff „Familie" die Verbindung aus Vater, Mutter und Kindern. Im Lateinischen gibt es ebenso wenig wie im Griechischen eine Entsprechung für diesen Begriff. Bei den alten Römern bedeutet das Wort „familia" alle Personen, die der Macht des *pater familias* („Vater der Familie") unterstanden, einschließlich den Sklaven und Freigelassenen. Eine römische *familia* war also sehr viel umfassender als eine Familie heute. Darüber hinaus besaßen nicht nur die lebenden Mitglieder der *familia* für die Römer große Bedeutung, sondern auch ihre Vorfahren, die Ahnen. An ihre Bedeutung für die *familia* wurde immer wieder feierlich erinnert.

M 1 Was bedeutet „familia"?

Im 2. Jh. n. Chr. erklärt ein römischer Rechtsgelehrter den Begriff „familia":

Familia nennt man auch eine große Zahl von Leuten, die entweder durch das Recht oder durch die Natur der Gewalt eines Einzelnen unterworfen sind. Die *familia* umfasst den Familienvater,
5 die Mutter, den Sohn, die Tochter und alle Folgenden, wie zum Beispiel Enkel, Enkelinnen und so fort. Familienvater (lat. *pater familias*) aber wird genannt, wer im Haus die Herrschaft über die Personen und Sachen hat, aus denen die Fa-
10 milie besteht. Ebenso werden als Familie alle Personen bezeichnet, die von dem Blut desselben ersten Erzeugers abstammen, so zum Beispiel, wenn wir von der Familie der Iulier[1] sprechen.

Digesten 50, 16, 195, 2 und 4, übersetzt, gekürzt und vereinfacht von Marcus Gerber

---

[1] **Iulier**: ein vornehmes römisches Patriziergeschlecht, das seine Abstammung auf Iulus, den Sohn des trojanischen Adligen Aeneas, zurückführte und über diese beiden auf die Göttin Venus. Zu diesem Geschlecht gehörten Julius Caesar und Augustus.

M 2 Patrizier mit den Bildnissen seiner Vorfahren
1,65 m hohe Marmorstatue aus dem 1. Jh. v. Chr. Ahnenbildnisse wurden zu festlichen Anlässen öffentlich gezeigt.

---

① Zähle alle Mitglieder einer römischen „familia" auf (M1).

② Arbeite heraus, was die Römer im Unterschied zu heute unter dem Begriff Familie verstanden. Berücksichtige dabei die Textquelle (M1) und das Standbild (M2). Achte auf Gemeinsamkeiten und Unterschiede.

7 Leben in der Familie – damals und heute

Der „Vater der Familie"

An der Spitze der römischen *familia* stand seit der Gründung Roms der *pater familias*. Das war das älteste männliche Mitglied des miteinander verwandten Familienverbandes. Der „Vater der Familie" war verantwortlich für die Bewahrung der Familientradition und verfügte über den gesamten Familienbesitz. Seiner väterlichen Gewalt (lat. *patria potestas*) waren alle Mitglieder der *familia* unterworfen. Das konnten in alten Adelsfamilien über hundert Personen sein.

Die hervorgehobene Stellung des *pater familias* war bereits in dem um 450 v. Chr. aufgezeichneten Zwölftafelgesetz geregelt, wonach der Hausvater über seinen Hausstand und sein Vermögen völlig frei verfügen konnte. Das gab ihm das Recht, Mitglieder seiner *familia* zu bestrafen, sogar mit dem Tode. Bis ins 4. Jh. n. Chr. konnte er auch Neugeborene aussetzen, wenn sie unehelich oder krank waren.

Das Ansehen eines *pater familias* aus einem alten Geschlecht war sehr hoch, weshalb Senatoren offiziell als *patres* angesprochen wurden.

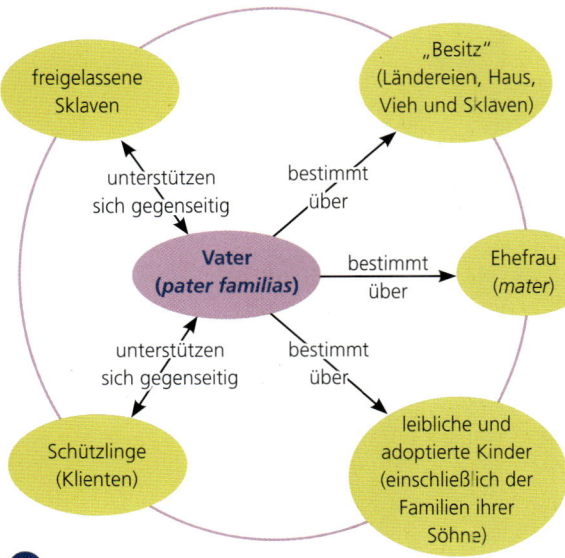

M 3 Die Macht des „pater familias"
Schaubild

M 4 Der „pater familias" im frühen Rom
Der Althistoriker Géza Alföldy schreibt:

Der *pater familias* hatte die Aufgabe, den Familienbesitz zu verwalten und die wirtschaftliche Tätigkeit der Familie zu leiten, vor allem die Bebauung des Familiengrundstückes. Unter Anhörung
5 der erwachsenen Männer bestimmte er, wer z. B. durch Heirat in die Familie aufgenommen wurde oder sie verlassen durfte. Außerdem entschied er über die Bestrafung von Familienmitgliedern bei Straftaten und vertrat die Familie nach außen.
10 Als Priester pflegte er den Kult der Ahnen.

Géza Alföldy, Römische Sozialgeschichte, Stuttgart ⁴2011, S. 20 (stark gekürzt und vereinfacht)

M 5 Töchter und Söhne
In einem Jugendsachbuch wird die Stellung des „pater familias" wie folgt beschrieben:

Fragen wir doch einfach mal, was ein römischer Vater tat, wenn er eine Tochter bekam. Freute er sich? Natürlich, es konnte gut sein, dass er sich freute, sogar sehr freute. Wirklich groß war die
5 Freude allerdings dann, wenn schon ein oder zwei Söhne da waren. Denn einen Sohn brauchte ein Römer dringender als alles andere. Nur ein Sohn konnte die Familie weiterführen, nur ein Sohn konnte ihr Ehre machen.
10 Eine Tochter brachte dem Vater, wenn er es recht anfing, einen politisch willkommenen Schwiegersohn und die Beziehungen zu dessen Familie ein. Ein Schwiegersohn konnte also ein Wunsch-Sohn sein, beinahe so nützlich wie ein Adoptivsohn.
15 Denn das ist wichtig zu wissen: Ein Vater konnte seine Familie ein wenig zurechtbasteln, indem er einen jungen Mann seiner Herzenswahl adoptierte. Aber ein Schwiegersohn war vielleicht noch bequemer und für den brauchte er eine Tochter.
20 Eine Tochter gerne. Auch zwei. Aber dann wurde es kritisch. Denn jede Tochter musste verheiratet werden. Jede Heirat aber kostete eine Mitgift.

Wiebke von Thadden, Eine Tochter ist kein Sohn, Weinheim/Basel 2000, S. 59-61 (Text gekürzt)

---

3 Fasse die Rechte zusammen, die der „pater familias" gegenüber den Mitgliedern seiner „familia" hatte (M3 bis M5).

4 Ein römischer Adliger bezeichnete einmal die „familia" als kleines Königreich. Beurteile seine Einschätzung. Berücksichtige dazu die Darstellung sowie M3 und M4.

Familie in römischer Zeit

Zweck der römischen Ehe

Im alten Rom durften Mädchen bereits mit zwölf und Jungen mit 14 Jahren heiraten. In der Regel war ein Römer bei der Eheschließung 30 Jahre alt und seine Braut etwa halb so alt wie er. Die Ehen gründeten nicht auf Liebesbeziehungen, sondern wurden von den Eltern arrangiert. Erst seit Mitte des 5. Jh. v. Chr. waren Ehen zwischen Patriziern und Plebejern möglich.

Anfangs war die Ehefrau vollständig von ihrem Ehemann abhängig. Nach dem **Übergang Roms von der Republik zur Kaiserzeit im 1. Jh. v. Chr.** wurde eine freiere Form der Ehe üblich. Die Frau konnte ihr Vermögen behalten, blieb aber in der Gewalt ihres leiblichen Vaters.

Zweck der Ehe war, für rechtmäßige männliche Erben zu sorgen. Wurde er nicht erfüllt, ließ man sich in der Regel scheiden. Im eigenen Haus waren die Frauen für die Führung des gesamten Haushaltes verantwortlich. Sie kümmerten sich um die Erziehung der Kinder. Auch ohne politische Rechte hatten Frauen je nach Stellung ihrer Männer Macht und Einfluss. Nicht selten waren sie in politische Skandale verwickelt.

Im **Zeitalter des Augustus**, um Christi Geburt, wurde ein Ehegesetz eingeführt, dass alle Männer von 25 bis 60 und alle Frauen von 20 bis 50 Jahren verpflichtete, eine Familie zu gründen und Kinder zu bekommen. Die Maßnahme hatte nur wenig Erfolg, obwohl Ehelosigkeit bestraft wurde.

M 6 Lob der Ehe
Auf einer Grabinschrift (um 120 v. Chr.) steht:
Fremder, was ich sage, ist kurz; bleib stehen und lies:
Hier ist das nicht schöne Grab einer schönen Frau.
Mit Namen nannten die Eltern sie Claudia.
Ihren Gatten hat sie von ganzem Herzen geliebt.
5 Zwei Kinder brachte sie zur Welt: Eines von beiden lässt sie auf der Erde zurück, eines ist unter der Erde beigesetzt.
Ihre Rede war anmutig, ihr Gang indes gefällig.
Sie hütete das Haus, spann Wolle. Ich bin zu Ende,
10 geh!

Römische Frauen. Ausgewählte Texte Lateinisch/Deutsch. Übersetzt und hrsg. von Ursula Blank-Sangmeister, Stuttgart 2001, S. 35

M 7 Römische Hochzeitszeremonie
Relief von einem Steinsarg, 2. Jh. n. Chr.

Die Eheschließung war nur bei den Patriziern der alten Zeit ein religiöser Akt. Später wurde sie allgemein zu einer Handlung mit rechtlichen Auswirkungen. Die Hochzeitszeremonie bestand darin, dass sich die Eheleute die rechte Hand gaben.

M 8 Familienpolitik
Der Schriftsteller Sueton wird um 70 n. Chr. geboren. Er beschreibt in seinem Werk die Familienverhältnisse von Augustus (siehe S. 203):

Von seiner ersten Frau Scribonia hatte Augustus eine Tochter, nämlich Julia. Von seiner zweiten Frau Livia hatte er kein Kind, obwohl er sich sehr danach sehnte. Julia verheiratete er zuerst mit
5 Marcellus, dem Sohn seiner Schwester Octavia, obwohl er fast noch ein Kind war. Als Marcellus starb, verheiratete er Julia mit seinem engsten Vertrauten Marcus Agrippa.
Nachdem auch Agrippa verstorben war, suchte
10 er lange nach einem neuen Ehemann für seine Tochter Julia. Schließlich wählte er seinen Stiefsohn Tiberius[1] aus. Er zwang ihn, seine schwangere Frau, mit der er bereits ein Kind hatte, zu verstoßen.
15 Aus der Ehe von Agrippa und Julia hatte Augustus drei Enkel und zwei Enkelinnen. Die beiden älteren Enkel adoptierte er.

Nach: Sueton, Augustus. Lateinisch/Deutsch. Übersetzt von Dietmar Schmitz, Stuttgart 1988, S. 99–101 (gekürzt und vereinfacht)

---

5 Arbeite die Gemeinsamkeiten und Unterschiede zwischen der griechischen und römischen Ehe heraus (Darstellung und M6).

6 Erkläre und beurteile das Verhalten des Augustus gegenüber seiner Tochter Julia (M8).

[1] Tiberius: einer der beiden Söhne Livias aus ihrer ersten Ehe

7 Leben in der Familie – damals und heute

Familie heute

M 1 Eine vierköpfige Familie
Foto von 2007

M 2 Patchwork-Familie
Foto von Enno Kapitza, 2011
Carl Mirwald (36) und Petra Mirwald (35) mit Kindern aus erster und zweiter Ehe und ihre Ex-Ehegatten.
In einer Patchwork-Familie leben Kinder mit einem leiblichen Elternteil und dessen neuem Partner zusammen, der manchmal auch Kinder aus seiner früheren Beziehung mitbringt.

Familie heute – wer gehört zu wem?

Familie heute, das ist viel mehr als Vater, Mutter, Kind. Familien sehen im 21. Jh. oft ganz anders aus als noch vor fünfzig Jahren. Natürlich gibt es immer noch viele traditionelle Familien, in denen die Eltern mit ihrem Kind bzw. ihren Kindern zusammenleben. Aber daneben gibt es viele neue Formen des Zusammenlebens. So verschieden die Familien heute sind, ist doch allen gemeinsam, dass Menschen aus mindestens zwei Generationen zusammenleben: Familie ist da, wo Kinder sind.

Die Vielfalt der heutigen Familien hängt auch damit zusammen, dass sich die Aufgaben der Familie, aber auch die Rollenverteilung der Familienmitglieder in den letzten Jahrzehnten stark verändert haben.

M 3 Was ist Familie?
In einem Jugendlexikon steht folgende Definition von Familie:

Was Familie ist, wissen wir natürlich alle: Dazu gehören Eltern, Kinder, Großeltern und die weitere Verwandtschaft. Früher lebte die ganze Familie oft unter einem Dach zusammen. So erklärt sich
5 auch das Wort, denn „Familie" kommt von lateinisch „familia", das bedeutet „Hausgenossenschaft". Solche Großfamilien gibt es heute bei uns nur noch selten. Meistens leben Eltern und Kinder in einer Kleinfamilie zusammen. Das hat viele
10 Gründe. Ein Grund ist, dass es in den Städten nicht genug Wohnraum für große Familien gibt.

Gerd Schneider und Christiane Toyka-Seid, Das junge Politik-Lexikon, Bonn ³2008, S. 88

① Nenne mindestens drei Formen von Patchwork-Familien und stelle die Verwandtschaftsbeziehungen in einem Schaubild dar.

② Tauscht euch in eurer Klasse aus und erzählt von euren Familien. Fragt auch eure Eltern und Großeltern danach, in welcher Familienform sie aufgewachsen sind.

Familie heute

M 4 Fakten zur Familie

In einem Magazin-Beitrag von 2013 werden folgende Fakten zur Familie genannt:

8,1 Millionen Familien mit Kindern gibt es in Deutschland. Die häufigste Familienform sind Ehepaare mit minderjährigen Kindern. Alleinerzie-
5 hende Mütter und Väter machen 20 Prozent der Familien aus, neun Prozent sind Lebensgemeinschaften. Jede Familie hat im Schnitt 1,61 Kinder.

Nach: fluter – Magazin der Bundeszentrale für politische Bildung, Ausgabe 49, Thema Familie, Bonn 2013/14, S. 3 und 7

M 5 „Etwas ist besonders …"

In einem Zeitschriftenbeitrag von 2013 heißt es über die Familie:

Etwas ist besonders an der Familie: Man kann sie sich nicht aussuchen. Sie ist ein kleiner, besonderer Club, dem man beitritt, wenn man geboren wird. Ein Club, der ganz schön viel Einfluss dar-
5 auf hat, was für eine Art Mensch man wird. Dass Familien zusammenhalten, ist keine Regel der Natur. Bei uns Menschen hat sie sich entwickelt, weil es eine Zeit gab, in der sie überlebenswichtig war: Wer nicht selber dafür sorgen konn-
10 te, genug zu essen auf dem Tisch und ein Dach über dem Kopf zu haben, war auf seine Familie angewiesen. Kranke, Schwache und alte Menschen mussten sich darauf verlassen können, dass die Verwandten sie durchfüttern. Heute hilft
15 der Staat denjenigen Menschen, die in Not geraten sind: Wer in Deutschland seine Arbeit verliert oder krank ist, bekommt Unterstützung. Und wenn wir irgendwann nicht mehr arbeiten können, bekommen wir eine Rente. Wer das eigent-
20 lich bezahlt? Wir alle! Weil wir nämlich Steuern zahlen, also dem Staat etwas von unserem Geld abgeben. Und wie eine Art große Familie unterstützt der Staat dann mit einem Teil des Geldes diejenigen, die sich gerade nicht um sich selbst
25 kümmern können.

Moritz Baumstieger, Familie. Die beste Bande der Welt!, in: ZEIT LEO 6/2013, S. 11 - 16 (leicht verändert und gekürzt)

M 7 Kinder in Regenbogenfamilien

In der Bundesrepublik Deutschland leben heute etwa 11 000 Kinder in Regenbogenfamilien (M6). Über ihre Lebensverhältnisse heißt es in einer Untersuchung von 2009:

Die Ergebnisse der Kinderstudie legen in der Zusammenschau nahe, dass sich Kinder und Jugendliche in Regenbogenfamilien ebenso gut entwickeln wie Kinder in anderen Familienformen.
5 Unabhängig von der Familienform wirken sehr ähnliche Einflussfaktoren. Entscheidend für die Entwicklung der Kinder ist nicht die Struktur der Familie, sondern die Qualität der innerfamilialen Beziehungen.

Marina Rupp und Pia Bergold, Zusammenfassung, in: Marina Rupp (Hrsg.), Die Lebenssituation von Kindern in gleichgeschlechtlichen Lebenspartnerschaften, Köln 2009, S. 308

M 6 Eine Regenbogenfamilie

Foto von 2015

Gleichgeschlechtliche Partner, bei denen Kinder leben, werden Regenbogenfamilien genannt. Die Kinder haben dann zwei Mamas oder zwei Papas.

---

③ Fasse die in den Materialien M4 und M7 genannten Familienformen in einer Tabelle zusammen.

④ Untersuche M5. Welche Gründe für die Veränderung der Familie werden genannt?

⑤ Erläutere, was wichtig und was unwichtig ist, damit Familien gut zusammenleben können. Berücksichtige dabei M7.

• 1949: Gründung der Bundesrepublik Deutschland und der Deutschen Demokratischen Republik

• 1990: Wiedervereinigung der beiden deutschen Staaten

1940 | 1950 | 1960 | 1970 | 1980 | 1990 | 2000

7 Leben in der Familie – damals und heute

M 8 Familienausflug
Foto aus den 1970er-Jahren

Von den Grundbedürfnissen zu den Grundrechten

Jahrtausende scheint die Aufgabenverteilung in den Familien klar geregelt gewesen zu sein – egal, wer in der attischen Demokratie, in der Römischen Republik oder im römischen Kaiserreich regierte. Die Männer ernährten ihre Familien, machten Politik und zogen in den Krieg und die Frauen hatten sich um den Haushalt und die Erziehung der Kinder zu kümmern. Obwohl die Wirklichkeit viel differenzierter war, bestimmten Männer über Frauen. Das war bei uns noch bis vor wenigen Jahrzehnten so.

Gesellschaftlicher und wirtschaftlicher Wandel in den letzten 100 Jahren haben unser Zusammenleben stark verändert. Der Wunsch nach einem sicheren Auskommen, nach Gesundheit, Sicherheit, Zuneigung und Verständnis in der Familie sind aber unverändert geblieben. Manche Einstellungen haben sich jedoch im Laufe der Zeit verändert. Das zeigt beispielsweise die Forderung nach Gleichberechtigung der Geschlechter. Anders als früher garantiert heute unser Staat die gleichen Rechte aller seiner Bewohner, unabhängig von Geschlecht, Alter und Religion.[1] Vollständig verwirklicht sind diese Rechte im Alltag aber immer noch nicht.

[1] Siehe S. 77, M4.

M 9 Ehe und Familie im Grundgesetz
Unser Grundgesetz (GG) gibt vor, an welche Regeln wir uns in unserem Staat halten müssen. Es ist 1949 in Kraft getreten und wird seitdem bei Bedarf weiterentwickelt. Artikel 6 lautet:
(1) Ehe und Familie stehen unter dem besonderen Schutz der staatlichen Ordnung.
(2) Pflege und Erziehung der Kinder sind das natürliche Recht der Eltern und die zuvörderst
5 ihnen obliegende Pflicht. Über ihre Betätigung wacht die staatliche Gemeinschaft.
Zitiert nach: www.gesetze-im-internet.de/gg/art_6.html (Zugriff: 6.12.2016)

M 10 Pflichten und Rechte der Eltern
Unser Bürgerliches Gesetzbuch (BGB) nennt folgende Pflichten und Rechte der Eltern:
(1) Die Eltern haben die Pflicht und das Recht, für das minderjährige Kind zu sorgen (elterliche Sorge). Die elterliche Sorge umfasst die Sorge für die Person des Kindes (Personensorge) und das
5 Vermögen des Kindes (Vermögenssorge).
(2) Bei der Pflege und Erziehung berücksichtigen die Eltern die wachsende Fähigkeit und das wachsende Bedürfnis des Kindes zu selbstständigem verantwortungsbewusstem Handeln. Sie
10 besprechen mit dem Kind, soweit es nach dessen Entwicklungsstand angezeigt ist, Fragen der elterlichen Sorge und streben Einvernehmen an.
Zitiert nach: www.gesetze-im-internet.de/bgb/__1626.html (Zugriff: 6.12.2016)

6 *Erläutere, warum unser Staat Ehe und Familie besonders schützt (M9). Was hat sich gegenüber der Antike verändert?* **F**

7 *Diskutiert, was es bedeutet, dass Eltern das Recht, aber auch die Pflicht haben, für ihre Kinder zu sorgen (M10). Sucht Beispiele, worin sich diese Regelungen im Alltag zeigen.*

8 *Vergleiche die Stellung von Eltern und Kindern heute mit der in der Antike.*

• 1949: Gründung der Bundesrepublik Deutschland und der Deutschen Demokratischen Republik
• 1990: Wiedervereinigung der beiden deutschen Staaten

Familie heute

M 11 Das „bürgerliche Familienmodell"
Sarah Lutz schreibt 2013:

Dass die Mutter das Essen kocht und abends auf den Tisch stellt, war für viele lange Zeit selbstverständlich. Bis Mitte 1977 war das „bürgerliche Familienmodell", in dem der Vater arbeitet und die Mutter sich um Haushalt und Kinder kümmert, sogar im Bürgerlichen Gesetzbuch verankert.

Sarah Lutz, Kühlen Kopf bewahren, in: fluter – Magazin der Bundeszentrale für politische Bildung, Ausgabe 49, Thema Familie, Bonn 2013/14, S. 16

M 12 „Rollentausch"
Felix Huber übernimmt für mehrere Jahre die Rolle des Hausmanns. Er muss manchmal erklären, warum er zu Hause geblieben ist – und nicht seine Frau.

„Das ist einfach so gekommen", sagt er. Als sich das erste Kind ankündigte, studierte seine Frau noch, er hatte seine Schauspielausbildung abgebrochen und war auf der Suche nach einer neuen Perspektive. „Die eröffnete sich dann mit der Geburt unserer Tochter." Felix Huber blieb zu Hause, um für seine Kinder da zu sein, während seine Frau ihr Medizinstudium beendete und begann, als Ärztin Vollzeit zu arbeiten.

Schlussendlich haben sich beide zu einer Rollenaufteilung entschlossen, die noch immer als untypisch gilt: Er blieb bei den vier Kindern, sie ging arbeiten.

Er beobachtet, dass bei Familien, in denen beide Elternteile arbeiten und insbesondere die Väter stark in ihren Beruf eingebunden sind, die Mütter oft mehr oder weniger alleinerziehend seien. Dabei würde Felix Huber anderen Vätern auf jeden Fall empfehlen, auch eine gewisse Zeit zu Hause zu bleiben und sich um die Kinder zu kümmern. „Man muss dabei nicht unbedingt komplett die Rollen tauschen", betont er, aber die Chance, den eigenen Kindern beim Aufwachsen zuzusehen, sei unwiederbringlich. „Jeden Tag erlebt man etwas Neues und die Bindung zu den Kindern ist eine ganz andere."

Bundesministerium für Familie, Senioren, Frauen und Jugend (Hrsg.), Rollenbilder im Wandel. Interaktive Ausstellung, Berlin 2008, S. 46f. (gekürzt)

M 13 Typische Frauenrolle?
Werbung aus den 1960er-Jahren

---

9. *Beschreibe und bewerte das „bürgerliche Familienmodell" (M11) aus der Sicht eines Kindes, einer Mutter und eines Vaters. Frage deine Großeltern danach.*
10. *Erzähle in der Rolle eines der Kinder vom Familienleben der Hubers (M12). Erkläre dabei, warum der „Rollentausch" in dieser Familie gut funktioniert.*
11. *Deute die Werbung (M13). Was sagt sie über die 1960er-Jahre aus?*
12. *Recherchiere, in welchem Alter man in der Bundesrepublik Deutschland heiraten darf. Vergleiche dies mit dem Heiratsalter im alten Rom.*

- 1949: Gründung der Bundesrepublik Deutschland und der Deutschen Demokratischen Republik
- 1990: Wiedervereinigung der beiden deutschen Staaten

7 Das weiß ich – das kann ich!

M 1 Kinder, Frauen und Männer
Foto, um 2005
So könnte eine *familia* in einer römischen Provinz im 3. Jh. n. Chr. ausgesehen haben.

Auf einen Blick: Leben in der Familie – damals und heute

In der **Antike** zeigen sich viele Unterschiede zu unserem heutigen Familienleben: Die alten Griechen besaßen kein Wort für die Familie. In einer **Polis** wie Athen bildete die Hausgemeinschaft, der Oikos, die Basis des Zusammenlebens. Hier führte normalerweise der Familienvater alle Geschäfte außerhalb des Hauses. Seine Ehefrau überwachte die Arbeiten im Haus und die Erziehung der Kinder. Sie sicherte das Auskommen der Hausgemeinschaft. Politische Rechte hatte sie nicht. Sie standen gar nicht zur Diskussion – auch nicht zur Zeit der Demokratie während der **Blütezeit Athens im 5. Jh. v. Chr.**

Ähnlich wie bei den Griechen umfasste die *familia* in römischer Zeit einen sehr viel größeren Personenkreis als in einer heutigen Familie: Zur *familia* gehörten alle, die der Macht des *pater familias* (Vater der Familie) unterstanden. Das waren neben den Verwandten auch Sklaven und Freigelassene. Der *pater familias* bildete das Bindeglied zwischen seiner *familia* und dem Staat. Innerhalb der Nobilität vereinbarten die Familienoberhäupter oftmals eine Heirat, um den politischen Einfluss ihrer Familien zu sichern oder auszubauen. Wie in Athen diente auch in Rom die Ehe vor allem dazu, für rechtmäßige männliche Erben zu sorgen.

Während **Roms Übergang von der Republik zur Kaiserzeit im 1. Jh. v. Chr.** wurde eine neue Form der Ehe üblich, bei der die Ehefrau auch nach der Hochzeit der Macht ihres Vaters unterstand. Kam es zur Scheidung, kehrte sie mit ihrem Vermögen in dessen *familia* zurück. Weil in der Zeit der Bürgerkriege die Zahl der Eheschließungen zurückging, wurden im **Zeitalter des Augustus (um Christi Geburt)** deshalb strenge Ehegesetze erlassen. Augustus wollte damit den Zusammenhalt der neuen Nobilität stärken und für ausreichend Soldaten sorgen. An politische Rechte für Frauen wurde auch hier zu keiner Zeit gedacht.

Anders als in der Antike gibt es heute in den demokratischen Staaten Europas kaum mehr festgelegte Rollen für Frauen und Männer in der Familie. Mütter und Väter haben in Deutschland die gleichen Rechte und Pflichten. Kinder haben grundlegende Rechte, die ihnen durch Gesetze garantiert werden. Außerdem bestehen Familien heute nicht nur aus Vater, Mutter und gemeinsamen Kindern, wie es noch vor wenigen Jahrzehnten der Normalfall war. Mittlerweile gibt es eine bunte Vielfalt möglicher Familienformen, die von der klassischen Kleinfamilie über Alleinerziehende bis zu Patchwork- und Regenbogenfamilien reicht. Auch wenn die Familie nach wie vor der Kern unserer Gesellschaft ist, gibt es heutzutage zudem viele Singles, also Menschen, die ohne einen festen Partner und ohne Kinder leben. Diese Vielfalt an Lebensformen war in der Antike undenkbar. Ohne Oikos bzw. *familia* konnte man damals kaum überleben.

Blütezeit Athens	Übergang Roms von der Republik zur Kaiserzeit	
500 v. Chr.	Chr. Geb.	500

Das weiß ich – das kann ich!

M 2 Frauen in der Demokratie?
Platon entwirft in seinem um 370 v. Chr. verfassten Dialog „Der Staat" einen Idealstaat. Dabei geht er auch auf die Rolle der Frau ein.

„Du hast Recht: Fast in allen Beschäftigungen ist das männliche Geschlecht überlegen. Freilich gibt es viele Frauen, die in mancher Hinsicht besser sind als die Männer. Aber im Ganzen hast du Recht."

„Es gibt also keinen öffentlichen Beruf, der nur für eine Frau oder nur für einen Mann geeignet wäre, sondern die Anlagen sind in beiden Geschlechtern gleich verteilt, und die Frau hat, nach ihrer Anlage, an allen Berufen Anteil, ebenso der Mann, überall aber ist die Frau schwächer als der Mann."

Platon, Der Staat (Politeia) 5, 455 d, übersetzt und hrsg. von Karl Vretska, Stuttgart 1958, S. 250

M 3 Stimmt das?
Familie gab es schon immer.
Stimmt nicht. Bei Griechen und Römern zählten Sklaven zur *familia*, wie sie in Rom hieß. Dieses Prinzip hielt sich in Europa bis in die Neuzeit: Zur Hausgemeinschaft, die gleichzeitig auch eine Wirtschaftsgemeinschaft war, gehörten Knechte und Mägde. Sie arbeiteten gemeinsam mit den Familienangehörigen, wohnten im selben Haus und unterstanden rechtlich dem Hausherrn. Der Begriff „Familie" tauchte erst Ende des 17. Jahrhunderts in der deutschen Alltagssprache auf. Erst im Laufe des 18. und 19. Jahrhunderts setzte sich dann die Vorstellung einer Kernfamilie aus Vater, Mutter und Kindern durch.

Früher waren Mütter mehr für ihre Kinder da.
Stimmt nicht. In Rom und Griechenland waren häufig Sklaven und Ammen die Bezugspersonen der Kinder. Vor allem in den Oberschichten stillte die Amme die Babys.

Zitiert nach: www.zeit.de/zeit-wissen/2010/01/Familien mythen (Zugriff: 6.12.2016; gekürzt)

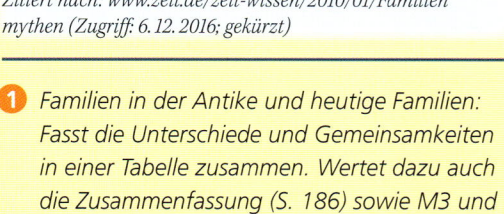

M 4 Familien heute
Undatierte Illustration

M 5 Gleiche Rechte?
In einem Zeitungsartikel vom 2. März 2017 heißt es zu dem Thema:

„Männer und Frauen haben die gleichen Rechte", dieser Satz klingt für dich heute selbstverständlich. Es ist aber noch nicht einmal 100 Jahre her, da durften Frauen nicht zur Wahl gehen. Sie konnten bei politischen Entscheidungen also nicht mit abstimmen und so ihre Meinung äußern. Das wurde ihnen in Deutschland erste 1918 erlaubt, in der Schweiz sogar erst 1971!
Im deutschen Grundgesetz, in dem die wichtigsten Regeln für unser Zusammenleben stehen und das vor knapp 70 Jahren geschrieben wurde, war die Gleichberechtigung zwar von Anfang an enthalten. Es dauerte aber auch danach noch lange, bis Frauen wirklich alles durften. Ein eigenes Bankkonto eröffnen zum Beispiel ist ihnen erst seit 1953 erlaubt, also seit gut 60 Jahren. Und bis vor 40 Jahren durften verheiratete Frauen nur dann arbeiten, wenn ihr Mann einverstanden war und sie ihre „Pflichten im Haushalt" nicht vernachlässigten.[1] Erst seit 1995 gibt es in Deutschland Feuerwehr-Frauen, seit 2001 Soldatinnen bei der Bundeswehr.

Magdalena Hamm und Katrin Hörnlein, Mädchen gegen Jungs, in: Die Zeit Nr. 10 vom 2. März 2017

Kompetenztest:
Einen Test, mit dem du überprüfen kannst, was du kannst und was du noch üben solltest, findest du unter **31061-36**.

[1] Zum 1. Juli 1977 trat eine Reform des Ehe- und Familienrechts in Kraft, darin steht unter Anderem: „Beide Ehegatten sind berechtigt, erwerbstätig zu sein."

---

1 Familien in der Antike und heutige Familien: Fasst die Unterschiede und Gemeinsamkeiten in einer Tabelle zusammen. Wertet dazu auch die Zusammenfassung (S. 186) sowie M3 und M5 aus. (H)

2 Fasst Platons Überlegungen zusammen (M2) und diskutiert sie.

3 Ermittelt aus den Bildern M1 und M4 die verschiedenen Familienformen. Vergleicht und diskutiert die Unterschiede.

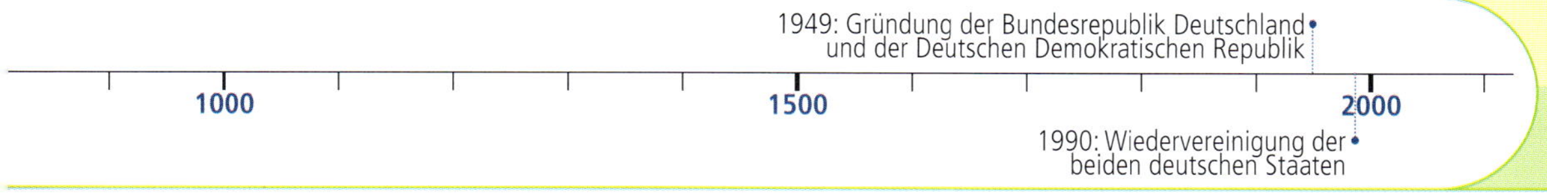

1949: Gründung der Bundesrepublik Deutschland und der Deutschen Demokratischen Republik

1000 — 1500 — 2000

1990: Wiedervereinigung der beiden deutschen Staaten

Anhang

Arbeitstechniken für das Fach Geschichte

Schritt für Schritt:
Quellen von Darstellungen unterscheiden

Die Vergangenheit hinterlässt Überreste und Spuren: Sie sind die Grundlage für die Erforschung der Geschichte. Wir nennen sie Quellen. Archäologen und Geschichtswissenschaftler untersuchen und deuten Quellen. Sie versuchen damit, sich ein Bild von der Vergangenheit zu machen. Ihre Ergebnisse fassen sie in Texten zusammen, die wir Darstellungen nennen. Um herauszufinden, ob es sich um eine Quelle oder eine Darstellung handelt, gehe so vor:

1. Untersuche die Angaben zu den Abbildungen und Texten.
2. Beantworte mit deren Hilfe folgende Frage: Stammt der Text oder der Gegenstand aus der Zeit, über die wir etwas wissen möchten?
   → ja: **Quelle**
   → nein, er stammt aus einer späteren Zeit: **Darstellung**

Schritt für Schritt:
Informationen aus Darstellungen entnehmen

Darstellungen enthalten Informationen. Sie geben die Kenntnisse und die Vorstellungen wieder, die ein Autor von etwas hat. Folgende Fragen und Tipps helfen dir, Informationen aus einer Darstellung zu entnehmen:

1. Stelle fest, worum es im Text insgesamt geht. Berücksichtige dabei die Überschrift.
2. Schreibe die wichtigsten Begriffe (Stichworte) in dein Heft. Wenn du einen Begriff nicht kennst, sieh in einem Wörterbuch, einem Lexikon oder im Internet nach. Zur Arbeit mit dem Internet siehe auch die allgemeine Arbeitstechnik *Im Internet surfen*.
3. Fasse anhand der Stichworte den Inhalt des Textes zusammen.

Schritt für Schritt:
Textquellen verstehen, einordnen und deuten

Textquellen sind die wichtigsten geschichtlichen Zeugnisse. Im Schulbuch findest du in der Regel nur Quellenauszüge. Um ihren Inhalt zu erfassen, solltest du so vorgehen:

Erster Schritt: die Textquelle verstehen
- Lies den Text sorgfältig durch. Oft erschließt sich sein Sinn beim zweiten Lesen schon besser.
- Notiere dir unbekannte Namen und Begriffe. Kläre sie mithilfe eines Wörterbuches, eines Lexikons oder des Internets. Du kannst auch das Internet nutzen. *Lies dazu die allgemeine Arbeitstechnik Im Internet surfen*.

Zweiter Schritt: die Textquelle einordnen
- Wann und wo entstand der Text?
- Wer hat ihn verfasst? Suche nach Informationen über den Verfasser (z. B. Lebenszeit, Herkunft, Beruf usw.).
- Informiere dich über die Textsorte. Handelt es sich um einen öffentlichen Beitrag wie ein Gesetz, ein Buchauszug oder eine Rede oder um einen privaten Text wie einen Brief?

Dritter Schritt: die Textquelle deuten
- Nenne die wichtigsten Aussagen des Textes.
- Stelle fest, was der Verfasser wohl damit bewirken wollte.
- Beurteile, ob die Informationen richtig oder falsch bzw. subjektiv oder objektiv dargestellt sind.

Arbeitstechniken für das Fach Geschichte

Schritt für Schritt:
**Gegenständliche Quellen:
Bauwerke erforschen**

Bauwerke sind geschichtliche Quellen. Ihre Gestaltung enthält Hinweise auf die Zeit, in der sie entstanden sind. Wir können ihnen Informationen über die Architektur und die Technik sowie Zweck und Funktion entnehmen. Folgende Fragen helfen dir, ein Bauwerk zu erforschen:
1. Wann und wo entstand das Bauwerk?
2. Welchem Zweck diente es?
3. Wer gab den Auftrag?
4. Welche Form und Größe hat es?
5. Welche Materialen wurden verwendet?
6. In welchem Zustand befindet es sich heute?

Schritt für Schritt:
**Gegenständliche Quellen:
Münzen untersuchen**

Münzen sind gegenständliche Quellen. Sie waren wirksame Mittel, für das Ansehen und die Politik der Regierenden in ihrem Herrschaftsbereich und darüber hinaus zu werben, da mit den Münzen Waren und Löhne bezahlt wurden. Folgende Arbeitsschritte helfen dir, Münzen zu untersuchen:
1. Was sehe ich? Was bedeutet das?
   Welche Personen, Gegenstände, Symbole, Inschriften (Legenden) usw. sind zu erkennen? Wofür stehen sie?
2. Was weiß ich über die Hintergründe der Münzprägung?
   Aus welcher Zeit stammt die Münze? Auf welche Personen oder Ereignisse bezieht sie sich?
3. Was ist die Botschaft?
   Was soll dem Empfänger mitgeteilt werden?

Schritt für Schritt:
**Gegenständliche Quellen:
Keramiken erforschen**

Gegenstände sind wichtige Quellen der Geschichte. Keramikfunde können z. B. viele Auskünfte geben über ihre Entstehungszeit. Herstellungsweise, Bemalung und Verwendung lassen Rückschlüsse auf Alltag, Gesellschaft, Religion und Handelsbeziehungen zu. Mit folgenden Fragen kannst du Keramiken erforschen:
1. Um welche Art von Keramik handelt es sich? Wozu wurde sie verwendet?
2. Wo und wann wurde sie hergestellt?
3. Wo wurde sie gefunden?
4. Wie groß ist sie?
5. Wurde sie unbeschädigt, teilweise oder nur in Bruchstücken überliefert?
6. Ist sie mit Bildern verziert? Was zeigen sie?

Schritt für Schritt:
Bildquellen lesen lernen

Bilder teilen uns immer etwas über die Zeit mit, in der sie entstanden sind, und über die Vorstellungen der Menschen. Du kannst sie lesen und verstehen lernen, indem du sie genau beschreibst und Fragen an sie stellst. Nicht alle Fragen lassen sich bei jedem Bild beantworten. Oft musst du weitere Informationen einholen. Folgende Fragen helfen dir:
1. Wann, wo und für wen wurde das Bild geschaffen?
2. Welche Personen/Götter erkennst du?
3. Was ist auf dem Bild besonders hervorgehoben? Woran erkennst du das?

Schritt für Schritt:
Grafiken ▶ *Schaubilder verstehen und interpretieren*

Anhang

Schritt für Schritt:
Karten auswerten und interpretieren

Geschichtskarten verbinden geografische und historische Angaben. Sie enthalten nur ausgewählte und stark vereinfachte Informationen. Folgende Tipps helfen dir, eine Geschichtskarte zu lesen:
1. Stelle das Thema der Karte fest. Beziehe den Titel und die Zeichen der Legende mit ein.
2. Auf welchen Raum und auf welche Zeit bezieht sich die Karte?
3. Welche historischen Informationen enthält sie?
4. Zeigt die Karte einen bestimmten Zustand oder eine Entwicklung?

Wirtschaftskarten enthalten ausgewählte Informationen über Güter, die die Bewohner eines Gebietes zum Lebensunterhalt und für den Handel zu einer bestimmten Zeit nutzten. Folgende Tipps helfen dir, sie auszuwerten:
1. Welche wirtschaftlichen Informationen enthält sie?
2. Welche Zeichen sind besonders häufig, wie sind sie verteilt?

Um die in einer Karte dargestellten Sachverhalte zu deuten, musst du Folgendes erklären können:
1. Was weißt du über den Raum und die Zeit, auf die sich die Karte bezieht?
2. Welche politischen oder wirtschaftlichen Ereignisse oder Veränderungen zeigt sie?
3. Welche Informationen liefert die Legende?

Schritt für Schritt:
Schaubilder verstehen und interpretieren

Schaubilder vereinfachen komplizierte Zusammenhänge grafisch. Um sie verstehen zu können, muss man die Beziehungen zwischen den einzelnen Bestandteilen eines Schaubildes erläutern. Manchmal ist auch die Form der Grafik wichtig für die Deutung. Mögliche Arbeitsfragen für ein Schaubild sind:
1. Wer steht an der Basis und wer an der Spitze der Gesellschaft?
2. Wer hat welche Aufgaben, Rechte und Pflichten?

An ein *Verfassungsschema* kannst du folgende Fragen stellen:
1. Welche Ämter, Einrichtungen und Gruppen der Bevölkerung werden erwähnt?
2. Wer hat welche Aufgaben, Rechte oder Pflichten?
3. Wer arbeitet mit wem zusammen?
4. Wer hat wie viel Macht? Ist jemand von der Macht ausgeschlossen?

Bevor du mit deiner Deutung beginnst, musst du dich entscheiden, an welcher Stelle des Schaubildes du beginnen willst und in welcher Reihenfolge du fortfährst.

Schritt für Schritt:
Statuen untersuchen

Herrscherstandbilder wollen auf die Betrachter wirken. Sie sollen zeigen, wie sich ein Herrscher selbst sah oder wie er gesehen werden sollte. Folgende Fragen sind vorab zu klären:
1. Wer ließ die Statue wann aufstellen?
2. Wo stand sie? (Achtung: Der Fundort muss nicht der Standort sein.)

Danach musst du die Statue sowohl als Ganzes als auch in ihren Einzelheiten beschreiben.

Allgemeine Arbeitstechniken

Schritt für Schritt:
Bücher finden

Wenn du ein Thema gründlich erarbeiten willst, benötigst du Fachliteratur. In der Schul- oder Stadtbücherei sind Bücher alphabetisch in einem Verfasser- und in einem Sachkatalog aufgelistet. Auf einer Karteikarte oder auf einem Bildschirm erhältst du Angaben über Verfasser, Erscheinungsort und -jahr sowie die Signatur: eine Folge von Zahlen und Buchstaben, mit denen das Werk in der Bibliothek zu finden ist. Entdeckst du zu deinem Thema mehr Bücher, als du auswerten kannst, musst du einige auswählen. Prüfe auf jeden Fall anhand des Inhaltsverzeichnisses, ob das Buch für dich ergiebig sein könnte.

Informationen, die du für ein Referat oder eine Präsentation nutzt, sind nachzuweisen, damit sie überprüft werden können. Gib dazu den Autor des Buches, den Titel, Ort und Jahr der Veröffentlichung und die Seitenzahlen an, z. B. so:

Vorname und Name des Verfassers	Titel	Verlagsort und Jahr der Veröffentlichung	bei Zitaten Seitenangaben
Gabriele Beyerlein	*Steinzeit. Die Welt unserer Vorfahren*	*Würzburg 2008*	*S. 28*

Schritt für Schritt:
Im Internet surfen

Das Internet ist ein weltweites Netz (*www: World Wide Web*), das Millionen von Computern verbindet. Es enthält Daten aller Art: Texte, Grafiken, Bilder, Filme oder Tonaufnahmen. Da grundsätzlich jeder Nutzer Informationen ins Netz stellen kann, fällt es schwer, zwischen zuverlässigen und unzuverlässigen Informationen zu unterscheiden. Außerdem: Die allermeisten Informationen sind gar nicht für junge Leser geschrieben worden. Sie sind deshalb oft kompliziert und umfangreich.

Suchmaschinen helfen, Informationen zu finden. Dazu tippt man Stichwörter des gesuchten Themas in das Suchfeld ein. Je genauer die Angaben sind, desto nützlicher und übersichtlicher sind die Treffer. Folgende Fragen solltest du beim Surfen im Internet beachten:

1. Enthält die aufgerufene Seite tatsächlich die gesuchten Informationen oder wird eher geschäftliches Interesse verfolgt? (Dies trifft häufig auf die ersten Treffer zu!)
2. Ist nachgewiesen, woher die Informationen stammen? Gibt es einen Autor oder Quellenangaben?
3. Kann ich mich an die Verfasser wenden, wenn ich Fragen habe (E-Mail-Adresse)?
4. Ist die Website aktuell (letztes Update)?

Fremde Informationen, die du für deine Arbeit nutzt, sind nachzuweisen, damit sie überprüft werden können. Das gilt für Bücher ebenso wie für eine Website. Nenne auch immer das Zugriffsdatum, da sich die Angaben im Netz ständig ändern können.

Beispiel: *Zusammengestellt nach: www.iceman.it/de/oetzi-der-mann-aus-dem-Eis [Zugriff: 20. 3. 2017]*

Internettipps findest du auf vielen Seiten des Buches.

Anhang

Schritt für Schritt:
Exkursionen in ein Museum durchführen

Museen sammeln und stellen aus, was Menschen früherer Zeiten hinterlassen haben. Mithilfe dieser ausgewählten Überreste vermitteln sie historisches Wissen über Gesellschaft, Wirtschaft, Herrschaft und Religion früherer Zeiten. Manche Museen zeigen nicht nur Ausstellungsstücke (Exponate), sondern sie bieten ihren Besuchern auch die Möglichkeit auszuprobieren, wie früher getöpfert, geschneidert, gewebt oder gekocht wurde. Mit folgenden Tipps könnt ihr eine Exkursion planen:

Erster Schritt: Informiert euch
Recherchiert auf der Homepage des jeweiligen Museums folgende Informationen:
- Was wird ausgestellt?
- Gibt es spezielle Angebote für Klassen (z. B. Führungen, Workshops, Materialien etc.)?
- Ist das Museum leicht zu erreichen? (Verkehrsmittel? Anfahrtszeit? Kosten?)
- Wie sind die Öffnungszeiten und Preise?

Zweiter Schritt: Legt das Ziel fest und bereitet die Exkursion vor
- Stellt eure Rechercheergebnisse in der Klasse vor und einigt euch auf ein Exkursionsziel.
- Überlegt, ob ihr ein Angebot des Museums wahrnehmen oder lieber „auf eigene Faust" Erkundungen durchführen wollt.
- Legt in Absprache mit der Lehrkraft den Termin fest und organisiert die Anfahrt bzw. das Museumsangebot.
- Lasst Expertenteams aus eurer Klasse kurze Referate zu Themen des Museum vorbereiten.
- Überlegt euch Fragen, die ihr vor Ort Fachleuten stellen wollt.
- Verteilt vorab bestimmte Aufgaben wie Skizzen anfertigen, Notizen machen, Interviews führen, Fotos bzw. ein Video machen etc.

Dritter Schritt: Führt die Exkursion durch
- Verschafft euch vor Ort gemeinsam einen Überblick.
- Erledigt dann eure jeweiligen Aufgaben. Seid aber auch offen für Neues, denn ihr werdet wahrscheinlich vor Ort auf spannende Fragen, Ausstellungsstücke und Erkenntnisse stoßen, die ihr bei euren Planungen nicht berücksichtigt habt.

Vierter Schritt: Wertet eure Exkursion aus und dokumentiert sie
- Stellt eure Ergebnisse der Klasse vor, besprecht sie und klärt offene Fragen.
- Dokumentiert eure Exkursion, z. B. mit einem Wandposter, einem kleinen Reiseführer, einem Informationsfaltblatt, einem Artikel für die Schülerzeitung oder einem kleinen Video.

Schritt für Schritt:
Diskussionen vorbereiten

In einer Diskussion werden verschiedene Meinungen zu einer Sache ausgetauscht. So bereitet ihr eine Diskussion vor:
1. Ihr legt das Thema oder die Streitfrage fest, über die ihr diskutieren wollt.
2. Ihr sammelt für jede Meinung Begründungen (Argumente und Beispiele).
3. In der Diskussion tragt ihr Argumente und Beispiele vor und begründet damit eure Meinung.

Allgemeine Arbeitstechniken

Schritt für Schritt:
**Poster präsentieren –
PowerPoint-Präsentationen erstellen**

Hast du dich mit einem Thema gründlich beschäftigt, kannst du dein Arbeitsergebnis anschaulich als Poster oder als PowerPoint mit Texten, Abbildungen und Grafiken präsentieren.

1. Der Umfang bzw. Platz sowie die zur Verfügung stehende Zeit sind begrenzt. Darauf musst du dich einstellen.
2. Ordne deine Ergebnisse wie in einer kurzen Zeitungsmeldung nach Wichtigkeit.
3. Formuliere klar, genau und verständlich in kurzen, einfachen Sätzen wie in einer Inhaltsangabe.
4. Verdeutliche wichtige Aussagen mit großen Abbildungen, Schaubildern oder Karten.
5. Gib dem Poster oder der PowerPoint-Präsentation einen Titel, der motiviert und informiert.
6. Wähle eine einheitliche Schrift in angemessener Größe, sodass sie einwandfrei lesbar ist. Kurze Abschnitte mit knappen Überschriften machen den Text übersichtlich!
7. Gestalte dein Poster bzw. die PowerPoint-Präsentation vielfältig und übersichtlich. Achte darauf, dass der Text- den Bildanteil nicht übertrifft.
8. Vergiss nicht, die Quellen deiner Informationen, Texte und Bilder anzugeben.

Poster und PowerPoint-Präsentationen kann man auch in Gruppen bearbeiten.

Anhang

Gewusst wie?
Tipps und Anregungen für die Aufgaben

Kapitel 1: Der Mensch und seine Geschichte

S. 14, 3 (H) Untersuche das Bild genau und stelle dir Fragen wie: *Welchen Gesichtsausdruck haben die Personen? Verständigen sich die Personen? Was machen die Kinder im Bildhintergrund?*

S. 15, 5 (F) Schreibe über Wohnort und Umgebung, Nahrung, Tätigkeiten, Begegnungen mit Tieren, benutzte Gegenstände …

S. 16, 2 (H) Informiere dich über die Religionen, die du nicht kennst.
Recherchiere im Internet, nutze z. B. die Suchbegriffe „Religionen + entdecken".
Erstelle dann eine Tabelle nach folgendem Muster:

	schriftliche Quelle	bildliche Quelle	gegenständliche Quelle
Christentum	• …	• *Kirchenfenster mit Christusdarstellung* • …	• … • …
Judentum	• *Tora* • …	• … • …	
Islam	• …	• …	• *Moschee* • …

S. 17, 4 (F) Folgende Liste kann hilfreich sein:

gemeinsame Elemente der Geschichten	Unterschiede
• … • …	• … • …

S. 19, 5 (H) Sammelt dafür Antworten zu folgenden Fragen und formuliert weitere: *Was ist passiert? Wobei könnte es passiert sein? Was haben die Frauen mit dem Verletzten gemacht?*

S. 25, 6 (H) Bereite Karteikarten vor, für jede Frage eine. Sammle auf jeder Karteikarte Antworten, indem du M3 bis M6 nacheinander durchgehst.
Für die Begründung brauchst du konkrete Beispiele. Diese findest du in den Materialen. Siehe auch die Erläuterung des Operators „begründe" vorne im Buch.

Kapitel 2: Ägypten – eine frühe Hochkultur

S. 33, 4 (H) Auf der Homepage der UNESCO findest du das „Welterbelexikon". Unter dem Stichwort „Aufnahmekriterien" wird definiert, was unter „Welterbe" verstanden wird und welche Eigenschaften es haben soll.
Formulierungsvorschlag: *Die Pyramiden von Gizeh sind …*

S. 34, 2 (H) Löse die Aufgabe in mehreren Schritten. Formuliere Fragen wie: *Was ist notwendig, damit Bauern Getreide anpflanzen können? Wo befindet sich in Ägypten fruchtbares und unfruchtbares Land?* Abschließend beantwortest du die Aufgabe, indem du Begründungen mit „weil" formulierst: *Herodots Aussage trifft zu. Ägypten ist ein „Geschenk des Nils", weil …*

Gewusst wie? Tipps und Anregungen für die Aufgaben

S. 35, 5 (F) Beschreibe die Landschaft und berücksichtige die Jahreszeiten. Überlege dir, wie das Land nach der Aussaat zwischen Oktober und Februar fruchtbar bleiben kann.

S. 36, 2 (H) Lies die Bildlegende zu M1 und beschreibe dann die Abbildung systematisch von oben nach unten. Berücksichtige die Details am Kopf, im Gesicht und in den Händen.

S. 39, 3 (F) Beachtet zunächst den Methodentipp „Schritt für Schritt: Eine Diskussion vorbereiten" (siehe S. 23). Nennt dann die Informationen über das Leben der Bauern aus dem Text. Geht auf folgende Fragen ein: *Wer könnte den Text verfasst haben? Wer sind die Adressaten? Welche Absicht kann der Verfasser mit dem Text gehabt haben?*

S. 39, 4 (H) Werte das Schaubild nach der Methode „Schritt für Schritt" aus. Formuliere die Informationen in Worte um. Lies den Verfassertext auf S. 38. Beachte, welche Aussagen des Verfassertextes das Schaubild nicht zeigt, und beziehe sie in deine Erklärung der ägyptischen Gesellschaft mit ein.

S. 39, 6 (H) Die Begründung kannst du finden, wenn du folgende Fragen beantwortest: *Wie ist die Gesellschaft im alten Ägypten aufgebaut? Welche geometrische Figur kann das gut ausdrücken? Ein Kreis, ein Quadrat oder ein Dreieck?*

S. 41, 4 (H) Sammle in einer Tabelle die Informationen, die über die Berufe gegeben werden:

Schreiber	andere Berufe
• *Schönheit der Schrift (Z. 3)*	• *Steinmetz: große körperliche Anstrengung (Z. 6-10)*
• ...	• *Töpfer ...*

S. 43, 4 (F) Informiert euch vorab über die Geschichte der lateinischen Schrift. *Wann ist sie entstanden? Wozu wurde sie genutzt? Wer konnte überhaupt schreiben?* Sammle dann in einer Tabelle Gemeinsamkeiten und Unterschiede. Tipp: Suche im Internet. Nutze z. B. die Suchbegriffe: „Erfindung + Schrift + Alphabet".

S. 44, 2 (F) Fasse zunächst die auf der Seite genannten Informationen über den Glauben der alten Ägypter zusammen. Informiere dich dann über andere Religionen. *Wann sind sie entstanden? An wen glauben z. B. Christen, Muslime und Juden? Worin bestehen die Unterschiede zum Glauben der alten Ägypter?* Informiere deine Klasse über die Gemeinsamkeiten und Unterschiede.

S. 45, 4 (H) Wenn du die Kennzeichen der ägyptischen Hochkultur benennst, kannst du begründen, weshalb die Religion dazu zählte. Beachte besonders S. 40 und S. 44 f.

S. 53, 3 (H) Über den Standort der ägyptischen Kunstwerke informieren z. B. die Bildlegenden auf den Seiten 36, 38, 40, 41, 42, 46, 47 und 53. Um die Rückgabeforderungen beurteilen zu können, gilt es z. B. auf folgende Fragen einzugehen: *Wie begründet die ägyptische Altertümerverwaltung die Rückforderung? War die Ausfuhr der Nofretete nach damaligem Recht ordnungsgemäß? Kann das von der deutschen Seite belegt werden?* Deine Stellungnahme kannst du wie folgt beginnen: *Ich bin der Meinung, dass …*

S. 53, 4 (F) In dem Beitrag wären Größe, Alter, Bauweise und Funktion der Pyramiden und ihre Bedeutung für die Religion und Kultur der alten Ägypter hervorzuheben. Hilfreich kann es sein, wenn du auf deine Ergebnisse zur Aufgabe 4, S. 33, zurückgreifst oder die Tipps und Anregungen zu dieser Frage zu Hilfe nimmst.

Anhang

Kapitel 3: Die griechische Antike

S. 57, 4 (H) Löse die Aufgabe in mehreren Schritten, indem du griechische und ägyptische Landschaften (Küsten, Gebirge usw.) vergleichst. Erläutere zum Abschluss, was die Unterschiede für die Menschen bedeuten, die dort leben.

S. 63, 7 (H) Die Entstehungszeit der Vorlagen macht die Bezüge deutlich. Die Antwort könnte wie folgt beginnen: *Die Abbildung auf der Zwei-Euro-Münze von 2002 bezieht sich auf die antike Sage der …, weil wir …*

S. 66, 1 (H) Für die Erklärung musst du den bildhaften Vergleich verstehen und auflösen. Überlege zunächst: *Wer steht für die Tiere? Was bedeutet der „Teich"?* Du kannst dir auch eine Zeichnung machen. Vergleiche anschießend mit der Geschichtskarte M1.

S. 67, 6 (H) Du kannst die Auswanderungsgeschichte wie folgt gliedern:
1. Die Gründe für den Aufbruch nennen. 2. Die Schwierigkeiten bei der Überfahrt oder bei der Ankunft schildern. 3. Erklären, warum am neuen Wohnort ein Tempel gebaut wurde.

S. 67, 7 (F) Übernehmt zu zweit die Leitung der Diskussion. Bereitet euch dafür besonders gründlich vor und notiert schriftlich einige Behauptungen (Thesen) auf Kärtchen, z. B. *„Die Flüchtlinge wissen gar nicht, welche Gefahren sie auf sich nehmen."* Als Diskussionsleiter streut ihr Behauptungen ein, auf die die Diskussionsteilnehmer reagieren. Außerdem achtet ihr auf die Reihenfolge der Diskussionsbeiträge.

S. 68, 1 (H) Informiere dich, auf welche Weise bei uns ein Gesetz erarbeitet, beschlossen und in Kraft gesetzt wird. Hilfreich können Seiten im Internet sein, auf die du kommst, wenn du „Gesetzgebung + erklärt" oder „Gesetze + wozu?" eingibst.

S. 69, 5 (H) Um die Kritik beurteilen zu können, helfen Fragen wie: *Wer war von den Veränderungen betroffen? Wer äußerte die Kritik?* Nimm dann Stellung für oder gegen die Kritik.

S. 71, 4 (H) Notiere zunächst die Aussagen, die du im Text über die Perser und über die Griechen findest. Überlege dann, an wen sich Herodot mit seiner Geschichte wendet. Für die Diskussion kannst du dir die Frage stellen, was Herodot mit einer Erzählung erreichen will.

S. 76, 3 (H) Formuliert den Text in einfacher Sprache mit kurzen Sätzen. Beispiel: *„Ich spreche von der Verfassung der Athener. Ich lobe es nicht, dass sie sich für diese Verfassung entschieden haben."* Nun könnt ihr wie in „Schritt für Schritt" vorgehen. Erst dann beginnt ihr mit dem Vergleich.

S. 77, 4 (H) Legt eine Tabelle an, in der ihr Gemeinsamkeiten und Unterschiede gegenüberstellt. Geht dabei von den fünf Kennzeichen der Demokratie bei uns aus (siehe M5).

Kapitel 4: Menschen machen Geschichte

S. 88, 2 (H) Um die Hintergründe mithilfe der Materialien erklären zu können, helfen dir folgende Fragen: *Was sagen sie über Hatschepsuts Familie (Vater, Ehemann), über die Rolle ihres Stiefsohnes Thutmosis III. und über ihr Umfeld aus?*

S. 89, 6 (H) Nutze zur Untersuchung der Tempelanlage den Methodentipp „Schritt für Schritt: Bauwerke erforschen" (siehe S. 49). Beschreibe die Anlage mit eigenen Worten, vergleiche sie mit anderen ägyptischen Bauwerken und bewerte sie dann mithilfe der Angaben in der Bildlegende.

S. 95, 10 (F) Kann das Verhalten der Athener mit dem Hinweis auf den persischen Großkönig angemessen beurteilt werden? Überprüfe, ob die Einleitung und M11 für eine Beurteilung ausreichend Informationen liefern.

Gewusst wie? Tipps und Anregungen für die Aufgaben

S. 97, 4 (H) Im Verfassertext sowie in der Kartenbezeichnung und -legende findest du alle notwendigen Informationen.

S. 97, 5 (H) Die Strecke kann mithilfe des Maßstabs errechnet werden. Benutze ein Lineal oder einen Zirkel. Um die Dauer des Feldzuges zu ermitteln, musst du den Darstellungstext auswerten. Die „Meilensteine" des Feldzuges sind in der Karte M4 mit Jahreszahlen angegeben.

S. 99, 12 (H) Stellt positive und negative Eigenschaften und Verhaltensweisen Alexanders sowie die Auswirkungen seiner Herrschaft in einer Tabelle einander gegenüber. Bildet euch auf dieser Basis eine eigene Meinung, ob und warum Alexander den Beinamen „der Große" (nicht) verdient. In der Diskussion tauscht ihr dann eure Meinungen aus, indem ihr euren Standpunkt begründet. Ihr könnt folgende Formulierungen nutzen: *„Meiner Meinung nach ..., denn ..."* *„Ich bin der Überzeugung, dass ..., weil ..."* Hört den anderen genau zu und antwortet auf deren Argumente. Achtet dabei darauf, sachlich zu bleiben.

S. 101, 2 (H) Berücksichtige die jeweilige Herrschaftsform: *Wie kann in einer Monarchie, in einer Aristokratie und in einer Demokratie Herrschaft ausgeübt werden? Mit wem muss die Macht geteilt werden? Wer hat etwas gegen den/die Herrscher und wer unterstützt sie? Herrscht Krieg oder Frieden?*

S. 101, 3 (H) Zunächst musst du entscheiden, welches Ereignis aus dem Leben welcher der drei Personen du auswählst. Lies dazu die Darstellungen und Materialien und achte darauf, zu welchen Episoden du besonders viele Fakten erhältst.

S. 101, 6 (F) Kürzt das Zitat auf seine Kernaussage. Überlegt dann, wo ihr schon Beispiele kennengelernt habt, auf die die Kernaussage zutrifft. Berücksichtigt auch die Informationen auf S. 85 f. sowie die Antworten auf die 2. Aufgabe.

Kapitel 5: Das römische Weltreich

S. 108, 1 (F) Sucht im Darstellungstext alle neu gewonnenen Rechte der Plebejer heraus und überlegt, warum sie Verbesserungen darstellen. So habt ihr Argumente, warum die Plebejer zufrieden sein können. Findet anschließend heraus, welche Hindernisse bei der Umsetzung der Rechte in die Praxis bestehen und warum nicht jeder Plebejer die neuen Rechte tatsächlich nutzen kann, dann habt ihr Gründe für weitere Forderungen.

S. 111, 4 (F) Halte fest, wer über Krieg und Frieden entscheiden darf und wer die Truppen anführt. Lies dazu die Darstellung und M4.

S. 111, 6 (F) Geht bei einem Vergleich schrittweise vor. Legt zunächst ein Schaubild mit den römischen Staatsorganen an. Ihr könnt euch dabei an der Grafik M2, S. 73 orientieren. Klärt dann folgende Fragen: *Wer entspricht in Rom dem „Rat der 500"? Wie setzt er sich zusammen? Welche Aufgabe hat er? Bestimmt Gemeinsamkeiten und Unterschiede der Volksversammlungen. Worüber durften sie entscheiden?*
Setzt dann die einzelnen Organe zueinander in Beziehung, indem ihr wie in der Grafik M2 auf S. 73 Pfeile benutzt. Vergleicht zuletzt die beiden Schaubilder. Stellt euch wieder Fragen wie: *Wer hat mehr Macht – die Volksversammlung in Athen oder in Rom?* Letztlich soll das Schaubild die Unterschiede der beiden Staatsordnungen deutlich machen.

Anhang

S. 115, 4 (H) Lege zur Bearbeitung der Aufgabe eine Tabelle an. Nutze zum Ausfüllen den Darstellungstext, M2 und M4. Einige Felder sind schon ausgefüllt.

Gegner	Nahrungsmittel / Bodenschätze	Kriegsgrund	Nutzen für die Römer
	Eisen		
			Vergrößerung des Territoriums
		Angriff	
Samniten			

S. 116, 3 (H) Erstellt eine Liste mit möglichen Gründen für einen Krieg. Berücksichtigt dabei eure Ergebnsse von Aufgabe 1. Welche Gründe werden in M3 und M4 genannt? Fallen euch noch weitere ein? Tipp: Schaut nochmal auf die Karte auf S. 115. Diskutiert nun, welche Motive ihr verständlich und welche ihr nicht akzeptabel findet.

S. 124, 2 (H) Vergleiche vor allem folgende Aspekte miteinander: „Herkunft und Vermögen", „einflussreiche Freunde und Verbündete", „militärische Erfolge und Kampf um die Macht" sowie „Verhalten nach dem Erreichen der Alleinherrschaft".

S. 125, 5 (H) Folgende Fragen könnten dir hier helfen: *Warum schrieb Augustus am Lebensende einen Bericht über seine Taten? Welche Merkmale sind typisch für solch einen Bericht über das eigene Leben? Welcher Gruppe gehörte Tacitus an, wann lebte er und was war er von „Beruf"? Welches Ziel verfolgte er wohl mit seiner Schilderung?*

S. 127, 4 (H) Eine Erklärung findest du, wenn du folgende Fragen beantwortest: *Wofür könnten die Tiere, die Früchte und die Kleinkinder stehen? Welche Stimmung wird in der Darstellung vermittelt?*

S. 131, 5 (H) Berücksichtige dabei folgende Frage: *Wie gestaltet sich das Leben von Minderheiten in einer Gesellschaft?*

S. 136, 2 (F) Beachte, dass der Name „Imperium Romanum" eine Selbstbezeichnung ist.

S. 139, 3 (H) Lege eine Tabelle mit folgenden Spalten an:

Rohstoffe	Nahrungsmittel	tierische Rohstoffe	Luxuswaren	Sonstiges
Zinn, Blei, Eisen	Wein	Tierhäute	Seide	

Gewusst wie? Tipps und Anregungen für die Aufgaben

Kapitel 6: Von der Antike zum Mittelalter

S. 155, 4 (H) Der kurze Text enthält sehr viel Information. Liste deshalb tabellarisch auf, was genau passiert ist, und überprüfe anschließend, ob sich der Vorgang oder das Ereignis von dem der römischen Kaiser unterscheidet:

Textstelle	Erklärung	Überprüfung
„erhielt das Patent als Konsul"	Chlodwig wurde Konsul	gab es auch in Rom
„legte Purpurrock […] an"	Purpur: typische Farbe für höchste Beamte und Kaiser	?
„schmückte sein Haupt mit einem Diadem"	?	?

S. 157, 3 (H) Richte zunächst einige Fragen an den Text, die du selbst beantwortest:
- Was sagt Einhard über den letzten Merowinger?
- Wessen Lebensleistung will Einhard hervorheben?
- …

Anschließend kannst du Behauptungen (Thesen) für die Diskussion aufstellen.
Beispiel: *Einhard behauptet, dass die Hausmeier mächtiger waren als die Könige, weil …*

S. 167, 3 (H) Die Karte kann z. B. nicht die Gründe, den Umfang und die Absicht der Wanderungsbewegungen darstellen, auch die Zusammensetzung der Bevölkerung aus Alteingesessenen und Zugewanderten in den neu entstandenen „Reichen" zeigt sie nicht.

Kapitel 7: Leben in der Familie – damals und heute

S. 174, 4 (H) In der Diskussion gilt es verschiedene Gründe zu nennen und gegeneinander abzuwägen. Folgende Fragen können helfen, Erklärungen für das Fehlen des Wortes „Familie" bei den alten Griechen zu finden: *Wer war in kriegerischen Zeiten für das Überleben wichtiger? Eltern und Kinder oder Hausgemeinschaft? Wurde bei der Verehrung der Götter ein Unterschied zwischen Eltern, Kindern und Hausgemeinschaft gemacht? Welche Rolle haben nach Aristoteles (M2) Vater, Mutter und Kinder? Wem sind sie zugeordnet?* Antworten auf diese und weitere Fragen können die Diskussion bestimmen.

S. 175, 7 (H) Lies vor allem Zeile 8 bis 13 der Quelle M5 genau. Beachte darüber hinaus, was du inzwischen über das Heiratsalter und die Rolle der Frauen für die Hausgemeinschaft weißt.

S. 184, 6 (F) Kläre den Zusammenhang zwischen Ehe und Familie und wie Kinder ohne Familien aufwachsen. Informiere dich darüber, was wir unter einem „Sozialstaat" verstehen. Recherchiere im Internet z. B. mit den Suchbegriffen „Bundesrepublik Deutschland" und „Sozialstaat".

S. 187, 1 (H) Fasst Unterschiede und Gemeinsamkeiten in einer Tabelle zusammen. Wertet besonders die Zusammenfassung (siehe S. 186) sowie M3 bis M5 aus.

	Oikos in Athen	„familia" in Rom	Familie heute
Vater			
Mutter			

Anhang

Grundlegende Daten, Begriffe und Namen

In den Verfassertexten haben wir die **Grundlegenden Daten, Begriffe und Namen des Lehrplans** bei der ersten Nennung im Text **hervorgehoben**. Sie wurden auf der entsprechenden Seite unten und in den Zusammenfassungen ("Das weiß ich! – Gelerntes vertiefen") wiederholt. Auf den folgenden Seiten findest du nun eine Zusammenstellung dieser Daten, Begriffe und Namen.
Über das Sach- und Namensregister (ab S. 204) kannst du Erklärungen weiterer Begriffe und Namen finden.

Daten

ab 3000 v. Chr.	▸*Hochkultur* in Ägypten
753 v. Chr.	mythische Gründung Roms (▸*Gründungsmythos*)
5. Jh. v. Chr.	Blütezeit Athens
1. Jh. v. Chr.	Übergang von der Römischen ▸*Republik* zur Römischen ▸*Kaiserzeit*
um Christi Geburt	Zeitalter des ▸*Augustus*
um 500 n. Chr.	▸*Reichsbildung der Franken*
800 n. Chr.	Kaiserkrönung ▸*Karls des Großen*

Begriffe

Altsteinzeit: erster Abschnitt der Geschichte, der vor etwa 2,6 Millionen Jahren begann. Damals zogen die Menschen ihrer Nahrung hinterher und lebten vom Jagen und Sammeln. Sie lernten, das Feuer zu gebrauchen und Werkzeuge und Waffen aus Stein, Knochen und Holz herzustellen. Diese Lebens- und Wirtschaftsform änderte sich in der ▸*Jungsteinzeit*.

Antike (lat. *antiquus*: alt): in der europäischen Geschichte die Zeit von etwa 1000 v. Chr. bis ins 5. Jh. n. Chr., in der die Griechen und Römer den Mittelmeerraum beherrschten und kulturell prägten.

Aristokratie (griech. *aristos*: Bester; *kratia*: Herrschaft = „Regierung der Besten"): Ordnung des Zusammenlebens, in der die Abstammung von einer vornehmen Familie (Adel) Voraussetzung für das Ansehen in der Gemeinschaft (Gesellschaft) und den Einfluss im Staat ist.

Christentum: der auf Jesus Christus zurückgehende Glaube an einen einzigen Gott. Diese Religion ging aus dem ▸*Judentum* hervor. Im römischen Weltreich (Imperium Romanum) wurde das Christentum nach 391 n. Chr. zur alleinigen Staatsreligion. Es teilte sich später in einen katholischen und griechisch-orthodoxen Teil auf. Das Judentum und das Christentum beeinflussten die Religion der Muslime, den ▸*Islam*.

Demokratie (griech. *demos*: Volk; *kratia*: Herrschaft): Herrschaft des Volkes über sich selbst. In der ▸*Polis* Athen konnten sich seit Mitte des 5. Jh. v. Chr. alle einheimischen und wehrfähigen Bürger an der Regierung, Gesetzgebung und Rechtsprechung beteiligen. Bei Wahlen und Abstimmungen entschied die Mehrheit der Stimmen. Nachdem der König von Makedonien Athen Mitte des 4. Jh. v. Chr. erobert hatte, musste die Demokratie der ▸*Monarchie* weichen.

Diktator (lat. *dictator*: der, der zu sagen hat): Um Notlagen zu überwinden, konnte in der Römischen Republik (▸*Republik*) einer der beiden höchsten Beamten (Konsul) für sechs Monate allein regieren; seinen Anweisungen mussten sich alle fügen. Der römische Politiker und Feldherr ▸*Caesar* ließ sich 44 v. Chr. vom ▸*Senat* zum Diktator auf Lebenszeit ausrufen.

Gründungsmythos: sagenhafte Erzählung über den Anfang und Ursprung einer Stadt oder eines Reiches oder einer alten und vornehmen Familie.

Grundlegende Daten, Begriffe und Namen

Der Gründungsmythos beruft sich auf die Götter und beschreibt übernatürliche Ereignisse. Ein Beispiel ist die mythische Gründung Roms im Jahre 753 v. Chr. durch Romulus.

Hochkultur: eine gegenüber dem Leben in der ▸*Jungsteinzeit* weiterentwickelte Lebensform. Ihre Kennzeichen sind Schrift, große Bauwerke wie z. B. die ▸*Pyramiden*, ausgedehnte Städte sowie eine besondere Religion, umfangreicher Handel und spezialisiertes Handwerk.

Islam: Anfang des 7. Jh. von Mohammed gegründete Religion. Das arabische Wort bedeutet die völlige Hingabe der gläubigen Muslime an ihren Gott Allah. Nur derjenige, der diese Hingabe zeigt, gilt als Muslim. Der Glaube der Muslime an einen einzigen Gott wurde vom ▸*Judentum* und ▸*Christentum* beeinflusst.

Judentum: Bezeichnung für die Religion des „Volkes Israel" sowie aller Menschen, die der jüdischen Gemeinschaft durch Geburt oder Glauben angehören. Die Juden waren die ersten, die an einen einzigen Gott glaubten. Ihre Religion beeinflusste ▸*Christentum* und ▸*Islam*.

Jungsteinzeit: Abschnitt der Geschichte, der in Mitteleuropa nach der letzten Eiszeit etwa 12 000 v. Chr. beginnt und in dem sich Menschen von wandernden Jägern und Sammlern (Nomaden) zu sesshaften Ackerbauern und Viehzüchtern entwickelten. Der Übergang dauerte viele Jahrhunderte. Lange Zeit lebten wandernde und sesshafte Menschen nebeneinander.

Kaiser: Der Titel „Kaiser" stammt von dem Namen „Caesar". Er ist zusammen mit dem Beinamen ▸*Augustus* Bestandteil eines Herrschertitels. Ein Kaiser steht an der Spitze einer ▸*Monarchie*. Er hat die alleinige Befehlsgewalt (lat. *imperium*) über ein Reich und kann seine Macht an seine Nachfahren vererben. Nach der Teilung des Römischen Reiches 395 n. Chr. verstanden sich die oströmischen Kaiser in Byzanz (Konstantinopel) zunächst weiterhin als allen anderen Herrschern überlegen. In Konkurrenz dazu entstand im frühen ▸*Mittelalter* das weströmische Kaisertum. Die Päpste in Rom suchten den Schutz der mächtigsten Herrscher des ehemaligen Weströmischen Reiches, machten sie zu Schutzherren der katholischen Kirche und krönten sie zu Kaisern.

Kaiserzeit: die von ▸*Augustus* begründete Zeit, in der das römische Weltreich von einem Herrscher allein regiert wurde (▸*Monarchie*), der seine Macht vererben konnte. Die römische Kaiserzeit endete im Westen mit der Zerfall des Weströmischen Reiches 476 n. Chr., im Osten mit dem Untergang des Byzantinischen Reiches 1453. Im frühen ▸*Mittelalter* erneuerten die Franken zusammen mit den Päpsten das weströmische Kaisertum (▸*Karl der Große*, ▸*Kaiser*).

König: Herrschertitel; der König regiert eine ▸*Monarchie*. Nach dem Zerfall des Weströmischen Reiches wurden Könige oft von einer vornehmen und mächtigen Führungsschicht (Adel) eines Gebietes gewählt. Manche Feldherren ernannten sich auch selbst zu Königen. Ein Monarch gab seinen Titel an einen Erben weiter; das musste in der Regel von den Vornehmen des Reiches bestätigt werden.

Limes: die durch Wälle, Befestigungspfähle oder Mauern und Wachtürme gesicherte Grenze des römischen Weltreiches, hinter der militärische Befestigungsanlagen (Kastelle) lagen. Auf germanischem Gebiet begann Ende des 1. Jh. n. Chr. der Bau des insgesamt 550 Kilometer langen Limes. Über den Limes hinweg wurde umfangreicher Handel betrieben.

Migration (von lat. *migratio*: Wanderung): Wanderungsbewegung, dauerhafter Wohnortswechsel. Ein- und Auswanderungen prägen die Geschichte der Menschen von Anfang an. Die Gründe dafür sind vielfältig. Sie reichen von Vertreibung durch Eroberer über Flucht vor Krieg bis zur Suche nach besseren Lebensverhältnissen.

Mittelalter: in der europäischen Geschichte die Zeitspanne von etwa 500 bis 1500. Die mittelalterliche Kultur entwickelte sich auf den Grundlage von ▸*Antike*, germanischen Traditionen und ▸*Christentum*.

Monarchie (griech. *mon-archia*: Allein-Herrschaft): Königsherrschaft; Regierung eines ▸*Pharaos*, ▸*Königs* oder ▸*Kaisers*. Monarch konnte man werden durch die gewaltsame Übernahme der Macht, durch Erbfolge oder durch Wahl der Vornehmen und Mächtigen eines Herrschaftsgebietes.

Anhang

Pharao: Fachbegriff für ägyptische Könige; seit dem 2. Jt. v. Chr. einer der Titel der ägyptischen Herrscher. Pharaonen waren die weltlichen und geistlichen Herrscher der alten Ägypter und galten als gottähnlich.

Polis: zunächst die griechische Bezeichnung für eine Burg und die dazugehörige Siedlung, nach 800 v. Chr. für einen Ort, der aus einem städtischen Zentrum und seinem Umland bestand und deren Bürger sich selbstständig regierten. Das Zentrum war geschützter Wohnort, Sitz der Regierung und Mittelpunkt der religiösen Feiern (Tempel). Auf dem Umland wurde die Nahrung für die Einwohner angebaut. Im 5. Jh. v. Chr. gab es bis zu 1 000 griechische Stadtstaaten (Poleis). Große Stadtstaaten wie Athen und Sparta waren Ausnahmen.

Provinz: anfangs der Amtsbereich eines römischen Magistrats (Staatsbeamten). Im 3. Jh. v. Chr. wurde jedes von den Römern gewonnene außeritalische Gebiet, das ein Statthalter verwaltete, als Provinz bezeichnet. Gegen Ende der ▸Republik verfügte Rom über 18 Provinzen.

Pyramide: Grabmal über einer quadratischen Grundfläche mit dreieckigen, spitz zulaufenden Seiten. Solche Anlagen wurden zwischen 2620 und 1500 v. Chr. nur für die Pharaonen (▸Pharao) erbaut, später konnten auch andere Ägypter Pyramiden errichten lassen. Sie sind Ausdruck der ägyptischen ▸Hochkultur.

Quellen: Texte, Bilder, Gegenstände (Überreste) und mündliche Überlieferungen, aus denen wir Kenntnisse über die Geschichte gewinnen. Sie sind die Grundlage für die Geschichtsschreibung (Darstellungen).

Reichsbildung der Franken: Die Siege der Franken über die römischen Statthalter in Gallien, die Taufe des fränkischen Königs Chlodwig und dessen Bindung an den Papst in Rom bildeten um 500 die Voraussetzungen zur Bildung des Frankenreiches. Höhepunkt der Reichsbildung war die Kaiserkrönung ▸Karls des Großen im Jahr 800.

Republik (lat. *res publica*: öffentliche Angelegenheit): Staatsform mit jährlich wechselnder Regierung hoher Beamter, die nach der Vertreibung der etruskischen Könige in Rom um 500 v. Chr. entstand. Sie endete mit der ▸Kaiserzeit.

Romanisierung: Ausbreitung der Sprache, Kultur und Lebensweise der Römer im Imperium Romanum. Sprache und Brauchtum der einheimischen Bevölkerung wurden verdrängt.

Senat (lat. *senatus*: Rat erfahrener Politiker): Seine Mitglieder bestimmten die Politik. Senatoren stammten vor allem aus adligen Familien (Patrizier) und waren vorher Regierungsbeamte. In der römischen ▸Kaiserzeit verloren die Senatoren ihre politische Bedeutung.

Verfassung: eine Vereinbarung, die die Ordnung des Zusammenlebens von Menschen in einer ▸Polis, einer ▸Republik oder einer ▸Monarchie beschreibt. Sie fasst die Rechte und Aufgaben der Bürger sowie der Regierenden zusammen. Die Verfassungen in der ▸Antike und im ▸Mittelalter waren keine schriftlichen Gesetzeswerke, sondern überlieferte Abmachungen.

Grundlegende Daten, Begriffe und Namen

Namen

Augustus (63 v. Chr. - 14 n. Chr.): geboren als Octavius; nachdem Caesar ihn adoptiert hatte, nannte er sich Gaius Julius Caesar Octavianus (= Octavian). Nach Caesars Ermordung 44 v. Chr. verbündete sich Octavian mit dessen Anhängern und verfolgte die Mörder. Alle römischen Feldherren, die über Truppen verfügten, besiegte er nach und nach. 31 v. Chr. war Octavian in Rom der „erste Mann im Staat" (lat. *Princeps*). Der ▸*Senat* verlieh ihm 27 v. Chr. den Ehrentitel „Augustus" („der Erhabene"). Augustus vererbte seine Stellung und gilt als erster römischer ▸*Kaiser*. Mit ihm endete die ▸*Republik* und begann die römische ▸*Kaiserzeit*. Der Monat August wurde nach ihm benannt. Die Kaiser des Weströmischen Reiches übernahmen die Bezeichnung „Augustus" in ihren Titel.

Caesar (Gaius Julius Caesar, 100 - 44 v. Chr.): römischer Politiker, Feldherr und Geschichtsschreiber. Er nutzte seine politischen Ämter, um den Oberbefehl über Truppen zu bekommen. Mit diesen brachte er dem Römischen Reich große Gewinne. Das Heer unterstützte ihn auch, als er im Bürgerkrieg alle konkurrierenden Politiker bekämpfte und besiegte. Vom ▸*Senat* ließ er sich Anfang 44 v. Chr. zum ▸*Diktator* auf Lebenszeit ausrufen. Seine Gegner befürchteten, er wolle damit eine Königsherrschaft (▸*Monarchie*) errichten. Sie töteten ihn an den Iden (15.) des März 44 v. Chr. Der Monat Juli wurde nach Caesar benannt. Sein Name wurde zum Bestandteil des Titels der Herrscher und lebt in dem Herrschertitel ▸*Kaiser* fort.

Karl der Große (lat. *Carolus Magnus*, frz. *Charlemagne*; 748 - 814): ▸*König* der Franken (seit 768) und Langobarden (seit 774). Karl der Große dehnte seine Herrschaft über weite Teile des heutigen Europa hinaus und machte das Fränkische Reich zur bedeutendsten Macht im untergegangenen Weströmischen Reich. Der Papst und Karl der Große erneuerten 800 das weströmische Kaisertum (▸*Kaiser*). Karl der Große schützte die Kirche, unterstützte die Christianisierung und förderte die Bildung, Wissenschaft, Kunst und Architektur.

Anhang

Sachregister

Die hervorgehobenen **Seitenzahlen** verweisen auf Erklärungen.

Aachener Dom 149, 163
Abendland 162, 166
Abgaben, Steuern 36, 38, 39, 40, 51, 68, 69, 110, 130, 136, 164, 183
Ackerbau 20, 21, 22, 23, 60, 139, **201**
Adel ▶ *Aristokratie*
Aedil 110, 121, 125
Ägypten, Ägypter 30-53, 58, 60, 80, 85-91, 97-98, 100, 113, 124, 128, **202**
Ämterlaufbahn 110
Akropolis 55, 58, 74, 79, 80, 93, 95
Alamannen 154, 155, 167
Alleinherrschaft ▶ *Monarchie*, ▶ *Tyrannis*
Alphabet 40, 66
Altertum ▶ *Antike*
Altsteinzeit 10-11, 13-17, 20, 22-24, 26-27, 29, **200**
Amphitheater 103-104, 136
Antike 56, 63, 80, 86-87, 99, 104, 111, 148, 162, 166-167, 169, 171-172, 175, 178, 186-187, **200**
Apostel 132-133, 152, 160-161, 163
Aquädukt 104-105, 134, 136, 138
Ara Pacis Augustae 127
Archäologie, Archäologe 10-13, 18, 20-21, 23-24, 26, 48, 53, 81, 106, 142, 188
Architektur 49, 56, 89, 116, 189
Archon 92
Areopag 70
Aristokratie, Adel 58, 66, 68-70, 72, 76-77, 80-82, 96, 100, 109, 111, 154, 162, 180, **200**
Athen 54-60, 68-76, 78-82, 87, 92-96, 100, 172-178, 186, **200**
Attika 57, 59, 68, 70-71, 78, 93
Attische Demokratie ▶ *Demokratie*

Augusta Vindelicum (Augsburg) 104, 141

Babylon, Babylonien, Babylonier 71, 87, 97, 130
Bajuwaren 158-159
Barbaren **62**, 93, 95-96, 98, 145, 150-151, 155
Beduinen **37**
Bewässerung 34-35, 50-51
Bibel 130, 156
Biriciana (Weißenburg) 104, 141
Bischof 133, **152**, 155-157, 159, 160
Britannien/England 105, 137, 143
Bürgerkrieg 68, 69, 109, 120-121, 123-125, 155, 186, 203
Bundesrepublik Deutschland 77, 172-173, 182-187
Byzanz 152-154, 156, 162, **201**

Cambodunum (Kempten) 104, 141
Castra Regina (Regensburg) 104, 141
Christen, Christentum, christlich 64, 104, 128, 132-133, 142-143, 152-154, 158, 160-162, 164, 166, **200**
Christenverfolgung 132
Circus Maximus 134
Cursus honorum ▶ *Ämterlaufbahn*

Deir el-Bahari 89
Demokratie, demokratisch 56, 70, 72-73, 75-77, 78-83, 92, 95-96, 100, 111, 178, 184, 186-187, **200**
Deserteur **123**
Diadochen 97
Diaspora 130
Diäten 73
Diktator, Diktatur **200**
Donar-Eiche 161
Dschihad **164**

Ehe, -frau, -recht, -schließung 126, 128, 155, 175-177, 180-184, 186-187
Eiszeit 12, 14, 20, 26, 34, **201**
Epen **62**, 66
Etrusker 66, 106, 114-115

Familie 38, 60-61, 66-67, 76, 88, 92, 108-109, 120-121, 127-129, 154, 156-158, 170-187
Faustkeil 12, 13
Forum Romanum 106, 109, 129-130, 134, 144
Franken, fränkisch 147-150, 154-155, 156-158, 160, 162-163, 164, 166-168, **200**-203
Frankreich 16, 18, 105, 114, 120, 154, 166
Frauen 16, 21, 26, 38, 45, 64, 67-69, 75, 77-79, 85, 88, 93, 95, 112, 128-129, 167, 171, 174, 176-178, 181, 184-187

Gallien, Gallier 114, 117, 120, 137, 151, 154-155, **202**
Geld 66, 69, 73, 92, 108, 127, 130, 165, 175, 183
Gericht ▶ *Volksgericht*, ▶ *Totengericht*
Germanen, germanisch 136, 143, 147-148, 150-151, 154, 161, 166, 167, **201**
Geschichte **10**, 13, 18, 20, 23, 40, 56, 63, 67, 86, 97, 100, 101, 148, 188, 189
Gesellschaft **150**, 171, 172, 178, 184, 186
Gladiatoren, -kämpfe 103, 112, 113, 127, 134
Götter 36, 40, 44-45, 47-48, 50, 60-65, 69, 78, 80, 89-90, 93, 95, 99, 107, 116, 125-126, 128-129, 131, 133, 142, 145, 154, 160-161, 164, 174-175, 177, 189, **201**
Griechenland, Griechen 56-81, 92-97

Sachregister

Großkönig 71, 95, 97, 99, 196
Gründungsmythos 106, 107, 142, **200**
Grundgesetz 77, 184, 187

Hadrianswall 105
Hagia Sophia 149, 152
Hausmeier 156
Hedschra 164
Heeresreform 118
Hellas, Hellenen ▶ *Griechenland, Griechen*
Heros, Heroen **60**, 62
Herrschaft, Herrscher, herrschen 32, 34, 36-37, 40, 44, 48, 50-51, 53, 58-59, 64, 68, 70, 72-75, 80, 85-86, 88-89, 91, 95-98, 100-101, 106-108, 110-112, 114, 116, 120-127, 130-134, 136-138, 140, 142, 148, 150-152, 154, 157-160, 162, 164, 166, 169, 1672, 175, 177-179, 189
Herzog, Herzogtum **158**, 159
Hierarchie 39
Hieroglyphen 39, 40-41, 42-43
Hochkultur 40, 44, 46, 50, 89, 100, **200**, **201**
Hochzeit, -feier 60, 108, 172, 175, 177, 181, 186
Höhlen, -bilder 10-12, 14, 16-18, 21, 27, 29
Hopliten 68-70, 98
Hunnen 150, 166-167

Iden des März 122
Ilias und Odyssee 62, 67, 80
Imperium Romanum 102-145, 147-148, 150-151, 164, 166, 173, **200**, **202**
Islam 148, 149, 164-166, 168, **200**, **201**
Israel 130, **201**

Jäger und Sammler 10, 12-13, 20, 23, 26
Jerusalem 130-131
Jetztmensch 14-15, 26
Juden, Judentum 11, 104, 128, 130-131, 132-133, 142, 159, 164, **200**, **201**

Jungsteinzeit 10-11, 20-24, 26-28, 50, **200**, **201**

Kaiser, -tum 103, 122, 128-132, 134, 136, 142, 148, 150, 152-155, 162-163, 166, 168-169, 181, 184, **201**, **202**, 203
Kaiserkult 128, 130, 132, 136
Kaiserzeit 104, 122, 126, 128, 134, 142, 144, 186, **200**, **201**, **202**, **201**
Kalender 34-35, 50, 122
Kapitol 106-107, 127-128, 134
Karolinger 156-157, 162, 166
Karthago 66, 115-117
Kastell 136, 138, 171, **201**
Katakomben 132
Katholisch 133
Keramik 22-23, 27, 61, 63, 80, 189
Klient, Klientelwesen 108, 118, 120, 180
König, -tum, Königswürde 36-38, 40, 42, 44, 48-49, 56, 58, 61, 71-72, 87-88, 90-91, 95-96, 99, 106, 108, 110, 112, 121-123, 126, 130-131, 140, 142, 151, 154-158, 160, 162-163, 166, 168-169, 174, 178, **200**, **201**
Königsheil 154, 156
Kolonien, Kolonisation 61, 66-67, 80-81, 114, 116, 122, 130
Kolosseum 103, 130, 134, 142-143
Komödie 78, 113
Konstantinopel 149-150, 152, 153, 166, **201**
Konsul 110-111, 120, 125, 127, 142, 155, 166, **200**
Koran 164-165
Krieger von Kemathen 158
Kriegselefanten 116, 117
Kurie (Curia Iulia) 134, 144

Langobarden 151, 156, 162, 167, 203
Lararium 128
Latiner 106, 114-115
Legion, Legionäre 118-120, 122, 125, 150

Legionslager 141, 159
Limes 104, 136, 140-142, **201**

Maat 36, 44, 47
Märtyrer 132
Magistrate 110-111, 125, 142, **202**
Makedonien 57, 72, 86-87, 96-98, 100, **200**
Medina 164, 165
Mekka 164, 165
Merowinger 154, 156-157, 166
Metöken 68, 69
Migration 66-67, 80, 148, 150-151, 166-167, **201**
Mission, Missionare 158, 160-161, 162, 164
Mitgift **175**
Mittelalter 147, **148**, 158-165, 166-169, **201**
Monarch, Monarchie 36, 50-51, 58, 72, 77, 80, 82, 89, 96, 100, 108, 111, 123-124, 142, **201**
Mönche **160**
Monotheismus 44
Moschee 44, 149, 159, **164**
Münzen 56, 58, 63, 66, 74, 96, 107, 111, 123-124, 126, 144, 162, 189
Mumie, Mumifizierung 25, 36, 46
Mythos 62, 81

Neandertaler 9-15, 18-19, 26, 27
Nobilität 108, 112, 142, 186
Nomaden 34, 155, **201**
Nubien 89

Obelisk **43**, 45, 91
Odyssee ▶ *Ilias und Odyssee*
Oikos 174-175, 186
Olympische Spiele 56, 64-65, 83, 132
Orakel 60-61, 80, 93, 128
Orthodox, Orthodoxie 152, **200**
Ostraka 40, 95
Ostrakismos ▶ *Scherbengericht*
Oströmisches Reich, oströmisch 150, 152-155, 163, 166, 167, **201**

Anhang

Papst **152**, 156-158, 160-163, 166, 168-169, **201**-203
Papyrus 34, 40-41, 46-47
Parthenon-Tempel 55-56
Patchwork-Familie 182, 186
Pater familias 179-180, 186
Pater patriae 122
Patriarch 152
Patriarchat 178
Patrizier 108-110, 120, 179, 181, **202**
Patron 108, 118
Pax 127, 129
Peloponnesischer Krieg 76, 82
Perser, -kriege, -reich 55, 61, 70-72, 75, 80-81, 86, 93-95, 97-98, 100, 130
Pfalz, -kapelle 149, **158**, 159
Phalanx 68, 98
Pharao 32, 36, 38, 43-44, 46, 48-51, 53, 88-89, 97, 100, **201**
Phönizien, Phönizier 63, 66
Plebejer 108-110, 120, 142, 181, 197
Plebs, -versammlung 108
Pnyx 72, 74
Polis 57-60, 62, 64, 66, 68-69, 70, 73-75, 78, 80, 93, 96, 100, 174, 176-178, 186, **200**, **201**
Polytheismus 44, 50
Pontifex Maximus 121, 125, **128**, 129
Praetor **110**, 121, 125
Principat, Princeps 125-127, 203
Priester, -innen 36, 38-39, 44-46, 50-51, 58, 60-61, 68, 78, 88, 93, 108, 128-129, 155, 177, 180
Proletarier **122**
Provinz 97, 116, 120, 125, 127, 132, 136-138, 141-142, 150, 158-159, 186, **202**
Punische Kriege 116-117, 143
Punt 90
Pyramide 32, 33, 37, 48-51, 53, 89, **201**, **202**

Quaestor 110, 121, 125
Quellen 10, 13, **201**

Rat der 500 73
Raetia 136, 141, 143, 158, 159
Reichsbildung der Franken 154-155, **201**
Republik 108, 110, 111, 122, 124, 125, 126, 134, 142, 143, 181, 184, 186, **200**, **201**, **202**
Römisches Weltreich ▶ *Imperium Romanum*
Rom 103, 105, 106-107, 134-135, 142, 144
Romanisierung 136-138, 142, **202**

Sabbat **130**
Samniten 114-115, 198
Satrapen 97-98
Schach 165
Scherbengericht **72**, 73, 75, 95
Schiiten 164
Schlacht an der Milvischen Brücke 132-133
Schlacht auf den Katalaunischen Feldern 150, 167
Schlacht bei Cannae 116, 117
Schlacht bei Marathon 71, 93
Schlacht bei Tours und Poitiers 156, 164
Schreiber, -gott 34, 38-39, 41, 44, 47
Schulden, -erlass, Schuldknechtschaft 68-69, 81, 112
Seeschlacht bei Actium 124
Seeschlacht bei Salamis 70, 93-95
Senat, Senatoren 110-111, 113, 115, 118, 120-122, 124-127, 134, 137, 142, 144, 150, 180, **200**, **201**
Sizilien 66, 116-117
Sklaven, Sklaverei 68-69, 75, 112-113, 120, 123, 130-131, 139, 145, 174, 176-177, 179-180, 186-187
Söldnerheer 118-119
Sparta 57-58, 71
Speere 12-15, 65, 71, 119
Sphinx 32, 48
Staatsreligion 132-133, 142-143, **200**
Ständekämpfe 108-109, 143
Stein von Rosette 42

Steuern ▶ *Abgaben*
Strategen 73-74, 82
Sunna, Sunniten 164
Syrien 20, 105, 131

Theater 56, 64, 78-79, 80, 103-105, 127, 138, 142, 176-177
Therme 105, 134-136, 138
Titusbogen 130
Tochterstädte 66, 80-81
Toga 108, 137
Totenbuch, -gericht 46-47
Tragödie 78-79, 98
Triere 70, 80, 94, 116
Triumvirat 120-121
Trojanischer Krieg 62
Tyrann, Tyrannis **68**, 72, 79, 92, 121

Ur- und Frühgeschichte 10, 20, 27

Vandalen 151, 167
Varus-Schlacht 127
Verfassung 72, 73, 76-77, 80, 110-111, 121, 124-125, 190, **202**
Vesta, Vestalinnen 129, 144
Veto 108
Vieh, -halter, -zucht 20-23, 39, 138, 174, 180, **201**
Villa rustica 138, 140
„Völkerwanderung" 148, 150-151, 166-167
Volksgericht 68, 70, 73, 75, 177
Volksherrschaft ▶ *Demokratie*
Volkstribun 108, 125
Volksversammlung 68, 70, 72-75, 78, 82, 92, 110, 142, 157, 176-177
Vorherrschaft 96, 114

Walhalla 56
„Welterbe" 32-33, 55
Wesir 38-39
Westgoten 151, 155, 162, 167
Weströmisches Reich, weströmisch 150, 166, 167

Zeitrechnung 11
Zwölftafelgesetz 160

Namensregister

Die hervorgehobenen **Seitenzahlen** verweisen auf Erklärungen.

Abraham   130
Achilles (Heros)   62
Agilolfinger   158, 159
Agricola   137
Aischylos   78, 95
Alarich   151
Alexander der Große   **86-87**, 96-99, 100-101
Alföldy, Géza   180
Ali   164
Alkuin   168
Amenophis IV. (Echnaton)   53
Ammianus Marcellinus   151
Amor (Gott)   126
Amun (Gott)   44
Antigone   78
Antonius   124
Anubis (Gott)   44, 46-47
Aphrodite (Göttin)   60, 63
Apollon (Gott)   60-61
Apuleius   113
Arebo von Freising   159
Ares (Gott)   60
Aristides   145
Aristophanes   78
Aristoteles   96, 174, 178
Artemis (Göttin)   60
Athene (Göttin)   60
Augustus   124-127, 130, 142, 143, 181, 186, **203**

Ban Ki-moon   83
Beyerlein, Gabriele   17, 21
Bonifatius   156, 160, 161
Brodersen, Kai   11
Brutus   123
Bukephalos   96

Caesar, Gaius Julius   120-123, 124, 126, 127, 142, **203**
Caligula   131
Carlyle, Thomas   85
Cassius Dio   131
Champollion, Jean-François   42-43
Cheops   48
Childerich   154, 157
Chlodwig   154, 155, 166
Christus ▸ *Jesus*
Coubertin, Pierre de   83
Crassus   120-121

Dagobert I.   166
Dareios III.   99
David   130
Demeter (Göttin)   60
Diodor   99, 113
Dionysos (Gott)   78
Djoser   48-49

Echnaton   53
Einhard   **157**, 163
Euripides   78-79
Eusebius   133
Europa   63, 81

Faustulus   106-107
Fehr, Hubert   151
Frankopan, Peter   165

Garibald   158
Gauck, Joachim   169
Gehrke, Hans-Joachim   95
Gregor II.   161
Gregor von Tours   155

Hadrian   130
Hadrian (Papst)   163
Hannibal   116-117
Hapi (Gott)   35
Hatschepsut   36, 38, **86-87**, 88-91, 100-101
Hektor   62
Hephaistos (Gott)   60
Hera (Göttin)   60, 64
Herakles (Halbgott)   62
Hermes (Gott)   60
Herodes   130
Herodot   34, **71**, 93
Hestia   60
Homer   **62**, 67, 96
Horus (Gott)   44, 47
Hunefer   47

Isis (Göttin)   128
Isokrates   65

Jacq, Christian   88, 90
Janus (Gott)   114, 127
Jesus Christus   132, 152
Josephus   131
Juno (Göttin)   128
Jupiter (Gott)   128, 134, 136
Justinian   152, 153
Juvenal   135

Kaiser, Maria Regina   98
Karl der Große   157, 162-163, 166, 168, 169, **203**
Karolinger   156-157, 162, 166
Karl Martell   156, 161
Kleopatra VII.   36, 124
Konstantin I.   132, 133, 152
Koser, Khalid   67
Kybele (Göttin)   64

Lacey, Walter K.   178
Leo III.   162, 168
Livius   107, 109, 115, 117
Ludwig I. von Bayern   56, 140

Maat (Göttin)   36, 44, 47
Marius, Gaius   118
Marx, Karl   101
Mars (Gott)   106
Menenius Agrippa   109
Meretites   38
Merikare   37
Merowinger   154, 156-157, 166
Minerva (Göttin)   128
Mithras (Gott)   128
Mohammed   164-165, 166
Montet, Pierre   45

Nero   103, 132
Nofretete   53
Nollé, Johannes   121

Octavius, Octavian ▸ *Augustus*
Odoaker   150, 166
Odysseus   62
Ötzi   24-25, 27
Omphalius, Ruth   19
Osiris (Gott)   44, 91

Paulus   132
Pepi I.   37
Perikles   72, **76**
Petronius   131
Petrus   133, 163
Philipp II. von Makedonien   96, 99

Anhang

Pippin 156, 157, 162
Platon 66, 176, 187
Plinius d. J. 113, 133
Plutarch 92, 94, 96, 98, 113, 121, 123
Polybios 111
Pompeius 120-121
Poseidon (Gott) 60
Prokopios 153
Protagoras 176
Pythia 61

Ramses II. 40, 46
Re (Gott) 35, 36, 44
Remus 106-107
Röder, Brigitte 23
Romulus 106-107
Romulus Augustulus 150
Rosen, Klaus 59

Sallust 117
Salomon 130
Schmitz, Winfried 95
Schnittger, Marianne 88
Schwieger, Frank 61
Scipio 116
Seneca 99, 167
Sokrates 175, 177
Solon 68-69
Sophokles 78
Spartacus 112
Störmer, Wilhelm 159
Sueton 123, 181

Tacitus 131, 137
Tellus (Göttin) 127
Tertullian 139
Themistokles 70, 86-**87**, 92-95, 100-101
Theodosius 132, 133, 151
Theophanes 163
Thetis (Göttin) 62
Thot (Gott) 44, 47
Thukydides **76**, 92,
Thutmosis II. 88
Thutmosis III. 88, 91
Tiberius 181
Titus 130
Trajan 133, 134, 136
Tutanchamun 36

Venus (Göttin) 126
Vespasian 130, 144

Vesta (Göttin) 129
Viktoria (Göttin) 145

Weeber, Karl-Wilhelm 129
Willig, Hans-Peter 15
Wilkinson, Toby 91
Winfrid ▶ *Bonifatius*
Winkler, Heinrich August 168
Xenophon 175, 177

Zeus (Gott) 60, 63, 64, 93

Bildnachweis

© 1990 / Photo Scala, Florence – S. 107 • © 1990 / Photo Scala / courtesy of the Ministero Beni e Att. Culturali, Florence – S. 106 • © 2008 Arena Verlag GmbH, Würzburg – S. 13 (4), 14 (2), 15 (2), 19, 22, 23 (2), 26 • Agency Giraudon, Vanves – S. 105 • Agora-Museum, Athen – S. 172 • Ägyptisches Museum, Kairo – S. 46 • akg-images, Berlin – S .117, 121, 175; - / Pietro Baguzzi – S. 114; - / Bible Land Pictures / Z. Radovan / www.BibleLandPictures.com – S. 144; - / Bildarchiv Steffens – S. 62, 89, 91, 139; - / Hervé Champollion – S. 57(2); - / Peter Connolly – S. 79, 80, 98, 110, 116, 118, 119, 129, 135; - / De Agostini Picture Library – S. 127; - / De Agostini Picture Library / G. Dagli Orti – S. 87, 100; - / De Agostini Picture Library / S. Vannini, Berlin – S. 34; - / Gerard Degeorge – S. 40, 135; - / Marc Deville – S. 43; - / Werner Forman – S. 87, 100; - / Rainer Hackenberg – S. 57; - / Andrea Jemolo – S. 87. 100, 168; - / Erich Lessing – S. 149, 152, 179; - / Nimatallah – S. 122; - / Nicolo Orsi Battaglini – S. 108; - / Osprey Publishing / Salamis 480 BC / Peter Dennis – S. 94; - / Pictures From History – S. 90 • Alamy / Arco Images GmbH / G. A. Rossi – S. 105; - / ASP / GeoImaging / NASA – S. 33, 52; - / J. D. Dallet – S. 88; - / Maximilian Weinzierl – S. 56 • Antikensammlung der Friedrich-Alexander-Universität Erlangen-Nürnberg / Foto: Archiv i.motion GmbH, Bamberg – S. 144 • AP / Associated Press / Antonio Calanni – S. 111 • Aquarelle de Jean-Claude Golvin / Musée départemental Arles Antique © Jean-Claude Golvin / Éditions Errance – S. 64 • Araldo de Luca – S. 150 • Archäologische Staatssammlung / M. Eberlein, München – S. 126 • Archäologischer Park Cambodunum, Kempten – S. 141 • Archäologisches Landesmuseum Baden-Württemberg / Foto: Manuela Schreiner, Konstanz - Seite 186 • Archäologisches Museum der Westfälischen Wilhelms-Universität Münster / Foto: Robert Dylka – S. 128 • Badisches Landesmuseum / Thomas Goldschmidt, Karlsruhe – S. 132 • Bayerische Schlösserverwaltung / Foto: Alfen, Aschaffenburg – S. 140 • Bayerisches Landesamt für Denkmalpflege, München – S. 21, 139 • Bildagentur Huber, Garmisch-Partenkirchen – S. 149 • © Éditions Larousse / www.editions-larousse.fr, Paris – S. 35 • Stephan Bleitzhofer, Eichstätt – S. 82 • bpk-Bildagentur / Antikensammlung / SMB / Ingrid Geske, Berlin – S. 81; - / Antikensammlung / SMB / Johannes Laurentius – S. 61, 176; - / Münzkabinett / SMB / Lübke & Wiedemann – S. 162(2); - / Münzkabinett / SMB / Reinhard Saczewski – S. 96, 123(2); - / Museum für Islamische Kunst / SMB / Georg Niedermeiser – S. 165; - / RMN / Grand-Palais / Jean-Gilles Berizzi – S. 162; - / RMN / Grand-Palais / Ayman Khoury – S. 36; - / Scala – S. 65, 120; - / The Trustees of the British Museum London – S. 113, 181 • Dagli Orti, Paris – S. 60 • Deutsches Theater, München / Christian Schieckel, Berlin – S. 79 • Dingemann, Rüdiger: Das waren noch Zeiten! Deutschland in den 60er Jahren, 2006, S. 62, München – S. 185 • Domkapitel, Aachen – S. 163 • dpa Picture-Alliance / akg-images – S. 42, 95, 157, 174; - / akg-images / Erich Lessing – S. 99; - / ANE Edition / Andreas Neumeier – S. 54/55; - / AP Images / Winfried Rothermel – S. 28/29; - / AP Photo / Matt Dunham – S. 65; - / DEA / A. De Gregorio - S. 153; - / Heritage Images / CM Dixon – S. 121; - / Lad Esslingen / Meuhleis Yam, Frankfurt – S. 17; - / Mary Evans Picture Library – S. 18; - / Michael Kappeler – S. 77; - / Michael Sohn / Pool – S. 53; - / Westend61 / Martin Siepmann – S. 149 • fotolia / © amriphoto.com – S. 182; - / © philipk – S. 145 • Germanisches Nationalmuseum, Nürnberg – S. 151 • Getty Images / AFP / Tiziana Fabi, München – S. 103; - / Anadolu Agency – S. 67; - / DEA / A. Dagli Orti / De Agostini – S. 112; - / Werner Forman – S. 112; - / Dorling Kindersley – S. 50; - / Staff / Cris Bouroncle – S. 32 • Markus Gläßel, Veitshöchheim – S. 85 • Staatliche Antikensammlung und Glyptothek, München – S. 70, - / Josef Koller – S. 86 • Gorny & Mosch Giessener Münzhandlung GmbH, München – S. 124 • Gregor-Mendel-Gymnasium, Amberg – S. 140 • Historisches Museum, Regensburg – S. 138 • Imago-Stock / Beautiful Sports / Axel Kohring – S. 83 • Enno Kapitza, Gräfelfing – S. 182 • KHM Museumsverband, Wien – S. 63, 88 • Julian Kümmerle, Tübingen – S. 132 • Ostfriesisches Landesmuseum, Emden – S. 27 • LIMESMUSEUM und Römerpark Ruffenhofen / Foto: O. Heinl, Wittelshofen – S. 136 • Kevin Maddison, London – S. 72 • Martin-von-Wagner-Museum der Universität Würzburg / Foto P. Neckermann – S. 79 • Mauritius / Günter Rossenbach – S. 142 • Museen Weißenburg / Simon Sulk / Foto: Hugo Beyer – S. 104 • Museum der Brotkultur, Ulm – S. 27 • Museum für Urge-schichte(n), Zug / RES Eichenberger – S. 22 • Museum Weißenburg / Simon Sulk – S. 141 • Museum Zitadelle, Jülich – S. 27 • National Archaeological Museum, Athen / Photographer: Giannis Patrikianos / © Hellenic Ministry of Culture and Sports / Archaeological Receipts Fund – S. 61 • Neanderthal Museum, Mettmann – S. 10, 12, 18 • Photo Scala / De Agostini / Picture Library, Florenz – S. 39, 52 • Plainpicture / R. Wolf, Hamburg – S. 184 • Preahistoric-archery-com / Walter Mehlem – S. 15 • Republik Österreich Parlamentsdirektion, Wien – S. 109 • Römer- und Bajuwaren Museum, Kipfenberg – S. 158 • Römerkastell Saalburg / Foto: Claudia Rothenberger – S. 170/171 • Römisches Museum, Augsburg – S. 141 • Foto-Design Nik Schlölzel, Neu-Ulm – S. 78 • Shutterstock / © Pascal Ratenau – S. 105; - / © Waj – S. 48 • Staatliches Museum Ägyptischer Kunst, München – Cover, S. 38; - / Marianne Franke – S. 30/31 • Staatsbibliothek Bamberg – S. 160 • Stadt Aachen / www.medien.aachen.de / Andreas Herrmann – S. 169 • St. Bonifatius-Kirche, Hünfeld/Fulda – S. 161 • Südtiroler Archäologiemuseum / www.iceman.it, Bozen – S. 24; - / Paul Hanny – S. 24; - / Kennis / A. Ochsenreiter – S. 25 • The British Museum, London – S. 46, 47 • thinkstock / iStock / © askold romanov – S. 187; - / iStock / © DGLimages – S. 183; - / iStock / © evgord – S. 57; - / iStock / © gertvansanten – S. 105; - / iStock / © monkeybusinessimages – S. 172 • Ullstein-Bild, Berlin – S. 33; - / Joker / Rainer Steußloff – S. 81; - / Pictures From History – S. 16 • Universität Leipzig / Ägyptologisches Institut – S. 40 • Universität Tübingen / Foto Hilde Jensen – S. 17, 27 • Fritz Wendler, Weyarn – S. 20 • Württembergische Landesbibliothek, Cod. Bibl. Fol. 23, f. 21v, Stuttgart – S. 156 • www.wikimedia.org – S. 76 • www.wikimedia.org / Acauired by Henry WalterrS. 1924 – S. 46 • www.wikimedia.org / Bernard Gagnon / CC BY-SA 3.0 – S. 105 • www.wikimedia.org / Gbaotic / CC BY-SA 3.0 – S. 41 • www.wikimedia.org / Diagram Lajard – S. 121 • www.wikimedia.org / Norbert Nagel / CC BY-SA 3.0 – S. 67 • www.wikimedia.org / Marie-Lan Nguyen – S. 76 • www.wikimedia.org / pethrus – S. 154 • www.wikimedia.org / Sterrpike / CC BY-SA 3.0 – S. 130 • www.wikimedia.org / Olaf Tausch – S. 49 • ZDF / Peter Arens, Mainz – S. 146/147, 148; - / Presseportal / Foto Jan Prillwitz, Mainz – S. 8/9.

NORWEGEN
Oslo
FINNLAND
Helsinki
GROSSBRITANNIEN UND NORDIRLAND
IRLAND
Dublin
SCHWEDEN
Stockholm
Tallinn
ESTLAND
DÄNEMARK
Kopenhagen
LETTLAND
Riga
RUS
Mosk
London
NIEDER-LANDE
Amsterdam
LITAUEN
Vilnius
Berlin
Minsk
WEISSRUSSLAND
Brüssel
BELGIEN
DEUTSCH-LAND
Warschau
POLEN
Paris
LUXEMBG.
FRANKREICH
Prag
TSCHECH.REP.
Kiew
PORTUGAL
Bern
SCHWEIZ
Wien
ÖSTERREICH
SLOWAKEI
UKRAINE
Budapest
UNGARN
Kischinau
MOLDAU
Lissabon
SPANIEN
Madrid
KROATIEN
Belgrad
RUMÄNIEN
San Marino
BOSNIEN HERZEG.
Sarajewo
SERBIEN
Bukarest
Rom
MONTE-NEGRO
KOSOWO
BULGARIEN
Sofia
ITALIEN
Tirana
ALBA-NIEN
MAZE-DONIEN
Rabat
MAROKKO
Algier
Ankara
GRIECHENLAND
TÜRKEI
Tunis
Athen
TUNESIEN
MALTA
Valetta
ALGERIEN
Lefkosia
ZYPERN
Tripolis
Beirut
LIBANON
ISRAEL
Jerusalem
LIBYEN
Kairo
ÄGYPTEN
MALI
NIGER
TSCHAD
SUDAN
0
500
1000
2000 km